BASTEI
LÜBBE

LINDA LAEL MILLER IM TASCHENBUCH-PROGRAMM:

18 100 Wer das Paradies nur finden will …
18 101 Wer ein Lächeln des Glücks einfängt ..
18 102 Wer dem Zauber der Liebe verfällt …
18 103 Wer dem Weg des Herzens folgt …
18 104 Wie der Glanz des silbernen Mondes …
18 105 Wie das helle Feuer der Sterne …
18 106 Lily und der Major
18 108 Emma und der Rebell
18 110 Caroline und der Bandit
18 112 Bis ans Ende meines Lebens …
18 113 Bis die Liebe dich bezwingt …
18 114 Bis du deinem Herzen folgst …
18 115 Eine widerspenstige Geliebte
18 116 Ein sündiger Engel
18 117 Eine ungezähmte Braut
18 119 Verzaubert von deinen Augen
18 123 Goldene Sonne, die dich verbrennt
18 127 Silbernes Mondlicht, das dich streichelt
18 138 Und liebe dich ein ganzes Leben
18 142 Ein heller Stern brennt in der Nacht
18 150 Süße Annie, wildes Herz
18 154 Ein anderes Leben, ein anderes Glück
18 162 Im dunklen Rausch der Nacht
18 168 Dein für alle Ewigkeit
18 173 Wie ein Streicheln auf der Haut

Linda Lael Miller

Denn dein Herz kennt den Weg

Ins Deutsche übertragen
von Katherina Braun

BASTEI
LÜBBE

BASTEI LÜBBE TASCHENBUCH
Band 18 176

Erste Auflage: Mai 1998

Deutsche Lizenzausgabe 1998 by
Bastei-Verlag Gustav H. Lübbe GmbH & Co.,
Bergisch Gladbach
Originaltitel: Together
Lektorat: Katharina Woicke
Titelbild: Pino Daeni
Umschlaggestaltung: QuadroGrafik, Bensberg
Satz: KCS GmbH, Buchholz/Hamburg
Druck und Verarbeitung: 42050
Groupe Hérissey, Évreux, Frankreich
Printed in France
ISBN 3-404-18176-X

Der Preis dieses Bandes versteht sich einschließlich der gesetzlichen Mehrwertsteuer

Und liebe dich für alle Zeit

Prolog

1503

Sie waren noch halbe Kinder, er vierzehn, sie erst zwölf, als sie an jenem Mittsommerabend im verwilderten Garten von Wellingsley Castle unter einen Bogen aus Kletterrosen traten, sich an den Händen faßten und einander in die Augen schauten.

Es war eine Trauung, die für ihre jungen Herzen so echt und unumstößlich war wie jede andere, ob sie nun im Himmel, auf Erden oder in irgendeiner anderen Dimension geschlossen wurde.

Ich, Christian Lithwell, schwöre, daß ich dich, Melissande Bradgate, immer lieben werde, mein Leben lang, in guten wie in schlechten Zeiten, und dich stets achten und beschützen werde.

Und ich, Melissande, leiste den gleichen Schwur für dich, Geliebter; ich werde dich immer lieben, werde dir mein Herz und meine Seele schenken und stets deine Freundin, Vertraute und Beschützerin sein.

1. Kapitel

Fünf Jahre später
Cornwall, 1508

Durch eine gnädige Fügung – oder Grausamkeit – des Schicksals war es ausgerechnet Melissande Bradgate (die sich Schwester Pieta nennen wollte, falls man ihr je gestatten sollte, das letzte, endgültige Gelübde abzulegen), die Christian Lithwell ohnmächtig, blutend und verwundet vor dem Tor der Abtei St. Bede's entdeckte. Es war eine kalte, regnerische Nacht, obschon es bereits Mitte Juni war, und Melissande war auf Wunsch der Äbtissin mit Brot und Käse für die hungrigen Bettler oder Reisenden hinausgegangen, die so häufig draußen vor den Klostermauern um eine milde Gabe baten.

Es war jedoch niemand da außer dem Mann, der leblos auf den nassen Pflastersteinen lag, durchnäßt von Blut und Regen, schmutzbedeckt, als ob er wie Lazarus bereits einmal bestattet worden und wieder aus seinem Grabe auferstanden wäre. Melissande erkannte ihn augenblicklich. Mit einem leisen Schrei ließ sie den Korb fallen und sank neben dem Verwundeten auf die Knie.

Sanft nahm sie seine Hand in ihre und drückte sie, um ihn dazu zu bringen, die Augen zu öffnen.

Seine Ohnmacht war jedoch so tief, daß er kaum noch Lebenszeichen von sich gab.

Von Panik übermannt, hätte Melissande fast ihr Schweigegelübde – das nichts als ein verzweifelter Versuch war, die Äbtissin davon zu überzeugen, daß sie eine gute Nonne sein würde – gebrochen und gellend aufgeschrien. Statt dessen jedoch strich sie das strähnige blonde Haar aus dem geliebten Gesicht zurück, flehte Christian in Gedanken an, am Leben festzuhalten, und stürzte zurück durchs Tor ins Kloster. Auf dem großen Innenhof ergriff sie das dicke Tau der Warnglocke und zog daran – einmal, zweimal, dreimal.

Die Nonnen von St. Bede's, die ihrer hervorragenden Befähigungen wegen als Eliteorden galten, strömten aus der Kapelle, aus dem Hospital, dem Speisesaal und den verschiedenen großen Kammern, in denen einige von ihnen lange, erschöpfende Stunden damit verbrachten, Abschriften von der Heiligen Schrift und auch von weltlichen Manuskripten anzufertigen und sie dann mit Illustrationen zu versehen. Die Äbtissin, Mutter Erylis, war die erste, die im Hof erschien.

»Was ist, mein Kind?« fragte sie streng, aber nicht unfreundlich.

Melissande, deren Ordenstracht und Haube inzwischen vollkommen durchnäßt waren, ließ das Glockenseil, an dem sie im wahrsten Sinne des Wortes mit beiden Händen gehangen hatte, los und deutete auf das Tor, bevor sie sich abwandte und wieder nach draußen hastete. Mutter Erylis und alle anderen Nonnen folgten ihr.

Ein Chor entsetzter Ausrufe erhob sich, als sie den Schauplatz erreichten, und die Äbtissin kniete neben dem großen reglosen Mann auf den Boden nieder und tastete vorsichtig nach dem Puls an seiner Kehle. »Es ist noch Leben in ihm«, sagte sie, als sie den Blick zu Melissandes flehendem Gesicht erhob. »Aber ich weiß nicht, wie lange noch.« Damit richtete Mutter Erylis sich auf, klatschte in die Hände und begann Befehle zu erteilen. »Bringt sofort eine Bahre her! Jemand soll Wasser erhitzen, saubere Tücher bereitlegen und ein Huhn für eine kräftige Brühe kochen.«

Schwester Elisabeth, die recht gut reiten konnte, erhielt den Auftrag, Butterpat, dem kleinen braunen Esel der Abtei, ein Halfter anzulegen und die fünf Meilen zur Pfarrei St. Paul's zu reiten, um Bruder Nodger zu holen. Der Mönch war bekannt für seine Heilkünste, doch wenn er zu solch später Stunde und in einer derart kalten Nacht nach St. Bede's gerufen wurde, dann nur, weil er männlichen Geschlechts und deshalb besser geeignet als die Nonnen war, die Wunden eines Mannes zu versorgen.

Beide Hände vor den Mund gepreßt, um nicht zu

schreien, verfolgte Melissande, wie der Verwundete auf eine Bahre gehoben und von vier Schwestern ins Hospital getragen wurde.

Christian, schrie sie innerlich, während sie hinter der Bahre herstolperte. *O Christian! Sie sagten, ihr wärt tot, ihr alle – Queech, Lord James, mein Vater und meine Stiefmutter, und ich glaubte ihnen. Der Himmel ist mein Zeuge, daß ich ihnen glaubte.*

In der Krankenstation des Klosters wurden Lampen angezündet und ein Feuer im Kamin, um die feuchte Kälte des uralten Gemäuers zu vertreiben. Christian wurde auf ein Bett gelegt und Melissande, die inzwischen zitterte vor Kälte, sanft aus dem Weg geschoben, damit der Verwundete versorgt werden konnte, wenn auch zunächst nur oberflächlich.

Seine Verletzungen, zumindest jene, die sichtbar waren, wurden mit warmem Wasser ausgewaschen, bevor die Schwestern ihn in eine jener grobgewebten Decken hüllten, die alles waren, worüber die Abtei verfügte.

Melissande zog sich einen Schemel ans Kopfende des Betts, setzte sich darauf und legte eine Hand auf Christians Schulter, um ihm etwas von ihrer Kraft zu übermitteln. Tränen strömten über ihre Wangen, und sie zitterte vor Kälte, aber nichts hätte sie dazu bewegen können, ihn zu verlassen.

Erinnerungen an vergangene Zeiten bedrängten sie und erfüllten ihr wundes Herz. Sie und Christian hatten sich verliebt, als sie noch halbe Kinder gewesen waren, und sich geschworen, immer füreinander dazusein ... Doch nur wenige Wochen bevor sie rechtmäßig getraut worden wären, war Christian auf See vermißt worden, als er auf dem Weg nach Irland gewesen war, um für seinen älteren Bruder James, Lord Wellingsley, eine Botschaft zu überbringen.

Oder zumindest hatte Melissande das geglaubt.

»Du kennst diesen jungen Mann«, sagte Mutter Erylis leise, nachdem sie die anderen Nonnen fortgeschickt hatte. Sie und Melissande wachten jetzt allein bei Christian, während sie auf Bruder Nodger warteten, der schon alt war und eine beträchtliche Entfernung zur Abtei zurückzulegen hatte.

Melissande nickte. Es wäre sinnlos gewesen, ihr Schweigegelübde zu brechen, obwohl ihr Herz so voll war, daß sie gern gesprochen hätte. Aber ihre Gefühle in Worte zu fassen, hätte Christian in diesem Augenblick auch nicht helfen können.

O ja, Mutter, antwortete sie deshalb im stillen. *Ich kannte ihn einst. Sein Herz gehörte mir, und ich liebte ihn. Doch selbst wenn er überleben sollte, wird er für immer für mich verloren sein, denn ich kann sehen, daß ihm Verletzungen zugefügt wurden, die niemals heilen werden und deren Schmerz ich vielleicht nicht einmal lindern kann.*

Sich bekreuzigend, sprach sie ein stummes Gebet, und ihre Lippen bewegten sich im tröstlichen Rhythmus der vertrauten Worte.

Mutter Erylis seufzte schwer. Es war für niemanden ein Geheimnis, daß sie Zweifel an Melissandes Berufung hegte, und aus diesem Grund war es der jungen Frau noch nicht gestattet worden, offiziell in den Orden einzutreten. Melissande hatte das Versprechen zu schweigen abgelegt und es ein volles Jahr gehalten, um sich der Aufnahme in den Orden würdig zu erweisen, aber die Äbtissin, die in anderer Hinsicht sehr vernünftig war, schien noch immer nicht zufrieden.

Vielleicht hegte sie ja den Verdacht, daß ihr Schützling nicht ganz aufrichtig zu ihr gewesen war.

»Du darfst sprechen, Melissande«, sagte sie jetzt. »Ich entbinde dich von deinem Schwur.«

Melissande biß sich auf die Unterlippe. Sie war nicht sicher, ob sie nach zwölf Monaten, in denen kein einziges Wort über ihre Lippen gekommen war, auch nur einen Ton hervorbringen würde, selbst wenn sie es wollte. Vor allem aber weckte Christians bedenklicher Zustand die Furcht in ihr, Gottes Zorn auf sich herabzurufen, wenn sie ihr Gelübde brach. Selbst die Äbtissin, in all ihrer Güte und Weisheit, konnte Melissande nicht von diesem Eid befreien, denn er war etwas ganz Persönliches, eine Art spiritueller Pakt zwischen einem unwürdigen Menschenwesen und der Heiligen Mutter Gottes selbst.

Die Äbtissin schien nicht erfreut, als Melissande nicht antwortete, beharrte aber nicht auf ihrem Vorschlag.

Auf dem Bett wand Christian sich vor Schmerzen und rief einen Namen, an den Melissande sich gut erinnerte – er rief seinen Freund und treuen Diener Robert. Zärtlich strich sie dem Geliebten mit einer Hand das Haar zurück und wischte mit der anderen eine Träne aus ihrem Augenwinkel.

»Bleib bei ihm sitzen, solange du willst«, sagte Mutter Erylis zu Melissande, als Bruder Nodger kurz darauf erschien. Und dann ging die alte Nonne, weil sie außer Beten für den Verwundeten nichts mehr tun konnte.

Melissande blieb und obwohl ihre Kehle vor Schmerz wie zugeschnürt war und ihre Augen brannten, wandte sie keine Sekunde lang den Blick von Christian, aus Angst, daß er ihr entgleiten könne in jene andere Welt, um sie erneut allein in dieser hier zurückzulassen. Ihn einmal zu verlieren, war beinahe ihr Ruin gewesen; ihn ein zweites Mal gehen zu lassen, hätte sie mit Sicherheit zerstört.

Bruder Nodger, ein kleiner, einfacher Mann mit grauem Haar und einer Nase, die so breit und rund war, daß sie schon grotesk wirkte, warf dem Mädchen einen neugierigen Blick zu, versuchte aber nicht, es fortzuschicken. Stattdessen stellte er seinen Korb mit Kräutern und anderen Medikamenten auf den Tisch, klappte den Deckel auf und begann herauszunehmen, was er brauchte.

Nachdem er Christian die Stiefel abgestreift hatte, zerschnitt der Mönch seine Hosen und sein Hemd und entfernte beides vorsichtig.

»Ganz ruhig«, murmelte Bruder Nodger, als Christian sich in einem Anfall innerer Qual aufbäumte. »Friede sei mit dir, mein Bruder. Du bist in guten Händen, niemand wird dir hier etwas zuleide tun.«

Melissande erhitzte Wasser und holte es, als der Mönch sie darum bat, und dann beobachtete sie in atemlosem

Schweigen, wie er verschiedene Salben auf Christians Wunden auftrug und sie mit den sauberen Leinentüchern verband, die die Schwestern zurechtgelegt hatten.

Was, in Gottes Namen, mag ihm nur zugestoßen sein? fragte sie sich jetzt, wo sie etwas ruhiger war und sich endlich wieder auf einen klaren Gedanken konzentrieren konnte.

Als Bruder Nodger seine Aufgabe beendet hatte, räumte er seine Medikamente fort, schloß den großen Korb und richtete einen ernsten Blick auf seinen Patienten.

»Gottes Segen sei mit dir, mein Sohn«, sagte er leise und segnete den reglosen jungen Mann vor ihm. Dann, seinen gütigen Blick auf Melissandes gequälte Miene richtend, fügte er liebevoll hinzu: »Und auch mit dir, mein Kind.«

Melissande verspürte ein jähes, fast überwältigendes Bedürfnis, sich in die Arme des Mönchs zu stürzen und an seiner Brust zu weinen, aber mit siebzehn war sie eine erwachsene Frau, und nur Kindern war es gestattet, auf diese Art und Weise Trost zu suchen. Außerdem wäre es unschicklich gewesen, solch persönliche Gefühle öffentlich zur Schau zu stellen.

Bruder Nodger ging nach einem letzten, resignierten Blick auf seinen Patienten, und Melissande, noch immer in ihrer regennassen Ordenstracht und Haube, setzte sich auf einen Hocker, weil sie Christian nicht einmal lange genug verlassen wollte, um trockene Sachen anzuziehen. Die Lampen brannten aus, eine nach der anderen, und mußten aufgefüllt werden, was Melissande an eine Zeichnung erinnerte, die sie erst kürzlich von mürbem Schafsleder auf schweres Pergament kopiert hatte. Es war die Geschichte von zehn Jungfrauen, die ihren Bräutigam bei Nacht erwarteten. Einige achteten darauf, daß ihre Lampen nicht erloschen; andere ließen sie ausgehen und durften als Strafe für ihre Nachlässigkeit nicht an der Hochzeit teilnehmen.

Irgendwann mitten in der Nacht öffnete Christian endlich seine Augen. Er schaute Melissande sehr lange an und während sein hübsches, zerschlagenes Gesicht anfangs noch starr vor Fassungslosigkeit war, wurde es schließlich hart vor Groll. Mit einer Stimme, die so rauh klang, daß es Melissandes eigene Kehle verletzte, sie zu hören, stieß er hervor: »Es ist also, wie ich gehofft hatte! Ich bin tot und in der Hölle ... und das ist ganz gewiß ein besserer Ort als jener, an dem ich diese letzten beiden Jahre war. Wie könnte es auch anders sein ... wo du doch hier bist ... des Teufels Liebste!« Er hielt inne, um mühsam Luft zu holen. »Sag mir doch, Melissande – wo ist Luzifer, dein Gebieter?«

2. Kapitel

Es war wirklich Melissande und nicht ein Traum, eine Vision oder gar ein Gespenst, wie er zuerst vermutet hatte.

Christian starrte zu ihr auf, durch einen Nebel aus Zorn und Qual. Die Qual war sowohl körperlich als auch seelisch, während sein Zorn etwas viel Elementareres war und tief in seinem Herzen wurzelte.

Melissande Bradgate – seine Geliebte, seine Freundin, sein Ideal.

Seine Verräterin.

Tränen glitzerten in ihren schönen Augen, und einige Strähnen ihres dunklen Haars hatten sich aus dem Schleier gelöst und klebten an ihrer hellen, makellosen Haut. Ihre Unterlippe zitterte.

Christian konnte nicht verhindern, daß er an den süßen Vollzug ihrer Liebe zurückdachte, im schwachen Dämmerlicht in einem Garten, drei volle Jahre nachdem sie sich zum erstenmal ihre Liebe gestanden hatten, aber er verdrängte das Bild aus seinem Bewußtsein, so rasch er konnte. Lieber hätte er sich an einen Mast binden und auspeitschen lassen, als den Hohn dieser Erinnerung noch einmal zu ertragen.

»Wenn ich jetzt mein Schwert hätte«, wisperte er, »dann würde ich dich damit durchbohren, das schwöre ich dir bei allem, was mir heilig ist.« *Und dann mich selbst, weil ich nicht mehr weiterleben könnte, wenn ich eine solche Gewalttat an dir begangen hätte.*

Melissande hob das Kinn, straffte die schmalen Schultern und wischte mit dem Handrücken über ihre Augen. Sie war schon immer ein eigensinniges kleines Ding gewesen, und sein älterer Bruder hatte ihn oft gewarnt, daß es nicht leicht sein würde, sie zu handhaben.

Dumm und närrisch jedoch, wie er damals gewesen war, hatte Christian nur erwidert, er habe nicht die Absicht, Melissande zu ›handhaben‹, sondern sie zu *lieben*. Sie hatten an einem Samstagmorgen Anfang Juni heiraten wollen, im großen Saal des prächtigen Landsitzes, den ihr Vater in Taftshead, in der Nähe von London, besaß, doch statt dessen hatte Melissande ihn in die Sklaverei verkauft. Zwei qualvolle Jahre hatte er im stinkenden Bauch einer Galeere verbracht, eines Handelsschiffes, das Melissande einmal erben würde, und war zwischen den Küsten Englands und Frankreichs hin- und hergerudert. Ihretwegen hatte er Hunger und Erniedrigung kennengelernt, war er wiederholt brutal geprügelt worden und hatte Qualen erfahren, die so tiefgingen, daß er nicht einmal wagte, ihnen Namen zu verleihen.

»Was tust du hier?« fragte er mit letzter Kraft. »Du wirst es doch nicht wagen – nicht einmal *du* – dich als unbefleckte Jungfer auszugeben?«

Heiße Röte stieg in ihre Wangen, aber nichts vermochte sie zu einer Erwiderung zu verleiten. Sie hob nur resolut das Kinn und schob ein dickes, hartes Kissen unter seinen Kopf, um ihm aus einer groben Holzschale Brühe einzuflößen, aber seine Frage beantwortete sie nicht.

Christian nahm etwas von der dünnen, aber schmackhaften Suppe und spuckte sie dann verächtlich auf ihr Kleid.

Melissande versteifte sich, und wieder stieg Röte in ihr Gesicht, aber sie machte ihm keinen Vorwurf, sondern tauchte mit zitternder Hand den Löffel von neuem in die Schale und hielt ihn an seine Lippen.

Sein Versuch, Melissande herauszufordern, hatte Christians letzte Kraft erschöpft, und so nahm er die Nahrung an, obwohl er inzwischen selbst zu schwach zum Schlucken war. Er ließ die Brühe einfach seine Kehle hinunterrinnen, in seinen ausgehungerten und vermutlich längst geschrumpften Magen, während er versuchte, sich darüber klarzuwerden, wie er hierher, an diesen Ort, gekommen war. Seine letzte Erinnerung galt dem Schiff, das zwei Jahre lang sein Gefängnis gewesen war, und den mit dunklen Umhängen und Kapuzen bekleideten Männern, die an Bord gekommen waren, um ihn für einen Preis von fünfzig Gulden zu erwerben.

Obwohl er sich stets danach gesehnt hatte, die Galeere zu verlassen, wieder festen Boden zu betreten und frische Luft zu atmen statt des unerträglichen Gestanks, der unter Deck herrschte, war er seinen mysteriösen Rettern, die ihm weder ihre Gesichter gezeigt noch mit ihm gesprochen hatten, mit starkem Mißtrauen begegnet.

Sie hatten ihn vom Schiff geführt, nach wie vor in Ketten, dann einen Pier entlang, auf dem nur einige wenige Fackeln schwaches Licht verbreitet hatten. Irgend etwas am Anführer der sechs Männer war Christian bekannt erschienen, obwohl er nicht bestimmen konnte, was genau es war.

Irgendwann war Christian stehengeblieben, in einer Gasse, einem scheußlichen, rattenverseuchten Ort, der fast so schlimm war wie das Schiff, das sie soeben verlassen hatten, und hatte sich geweigert, auch nur einen einzigen weiteren Schritt zu tun, bis er nicht erfuhr, wohin sie ihn zu bringen gedachten.

Statt einer Antwort hatte der Anführer der Gruppe Christian mit dem Handrücken ins Gesicht geschlagen – und in diesem Augenblick hatte er Queech erkannt, den Diener seines Bruders James. Da seine Hände und Füße in Ketten steckten, hatte Christian sich nicht wehren können. Alle sechs Männer hatten sich gleichzeitig auf ihn gestürzt, und die Schläge, die darauf folgten, waren noch erheblich brutaler gewesen als sämtliche Mißhandlungen, die er von den Aufsehern hatte erdulden müssen. Dennoch hatte er keinen Laut von sich gegeben, bis eine gnädige Ohnmacht ihn endlich von seiner Qual erlöst hatte …

Und bloß, um dann *hier* aufzuwachen, wo immer das auch sein mochte, bei Luzifers Geliebten, einer Nonne, die Hühnerbrühe zwischen seine geschwollenen Lippen träufelte.

»Wo bin ich hier?« murmelte er undeutlich, weil er nicht mehr imstande war, seinen Worten Nachdruck zu verleihen. Er hatte vorhin vage einen Priester wahrgenommen, der ihn versorgt, seine gebrochenen Knochen gerichtet und eine brennende Flüssigkeit in seine offenen Wunden gegossen hatte, aber nun war von diesem Mönch nichts mehr zu sehen. »Ist es das, als was es erscheint – ein Kloster?«

Statt einer Antwort zog Melissande ein silbernes Kruzifix aus ihrer Ordenstracht, hielt es hoch und nickte.

Dann stimmte es also. Sie, dieser weibliche Judas, diese Teufelin, hatte Zuflucht in einem Kloster gesucht. Oder vielleicht war sie hier auch eingeschlossen worden, in einem verzweifelten Versuch, ihre treulose, verräterische Seele zu retten.

Aber wer hatte ihn dann zu ihr gebracht?

Wer hatte ihn gerettet und warum?

Er wußte keine Antwort auf diese Fragen, obwohl etwas an seinem Unterbewußtsein nagte und nur darauf zu warten schien, ans Licht gebracht zu werden. Ein Gesicht hatte sich über ihn gebeugt wie ein schmutzbedeckter Mond, nachdem seine Angreifer verschwunden waren … Ein Gesicht, das ihm bekannt gewesen war und das er trotzdem nicht erkannt hatte …

Es war sinnlos, und Christian hatte im Moment genug andere Dinge zu bedenken.

Er starrte Melissande an und fragte sich, wieso er überrascht war, obwohl er doch längst die richtigen Schlußfolgerungen getroffen hatte. Ihr Schleier und das einfache Gewand waren ihm zunächst nicht als seltsam aufgefallen, denn die meisten Frauen bedeckten ihr Haar, und

Melissande hatte schon immer schlichte Kleidung vorgezogen, obwohl ihr Vater, der inzwischen wahrscheinlich tot war, wenn sie in dieses Kloster eingetreten war, ein ausgesprochen reicher Mann gewesen war.

»Großer Gott«, hauchte Christian und versuchte, sich ein wenig aufzurichten. Ein jäher, scharfer Schmerz ließ ihn zusammenzucken. »Hast du etwa ... ich meine, bist du ... ?«

Sie schüttelte den Kopf, mit einem schwachen, betrübten Lächeln, und schob das Kruzifix wieder unter ihr Gewand.

Christian schloß die Augen, weil er nicht einmal sich selbst eingestehen wollte, daß er unendlich erleichtert über ihre Antwort war. Er haßte Melissande, wie man nur jemanden hassen kann, den man einmal über alles geliebt hatte, und doch schmerzte es wie ein Peitschenschlag, sich auch nur für einen Moment lang auszumalen, daß sie dem Himmel angehörte.

Melissande legte eine kühle Hand auf seine Stirn, und obschon sie kein Wort äußerte, hätte Christian schwören können, daß er sie sagen hörte: »*Schlaf*«

Melissande döste auf ihrem Stuhl, als Schwester Domina sie zur Morgenandacht oder zum Mitternachtsgebet weckte. Christian schlief, und es schmerzte sie, ihn dort so liegen zu sehen, mit gebrochenen, geschienten Knochen, das hübsche Gesicht so geschwollen und entstellt, daß sie sich fragte, wie sie ihn am Abend zuvor überhaupt erkannt hatte.

Aber natürlich war ihr klar, daß sie ihren Christian überall erkannt hätte, selbst wenn sie blind gewesen wäre. Er war das Herz ihres Herzens, und als ihr Vater ihr mitgeteilt hatte, daß er auf See vermißt wurde, hatte sie nicht mehr weiterleben wollen. Tatsächlich war sie nach Wellingsley Castle geritten, um noch einmal den verborgenen Garten aufzusuchen, in dem sie und Christian ihre Gelübde ausgetauscht und wo sie sich, drei Jahre später, auch körperlich vereinigt hatten. Aus Trauer, nicht aus Scham, hatte sie nach dieser Wallfahrt versucht, sich von einer der hohen Schloßmauern zu stürzen.

Es war Christians Bruder, James, gewesen, der sie davor bewahrt hatte, indem er sie von hinten packte und in seine Arme zog. Worte des Trostes murmelnd, hatte er ihr vorgeschlagen, ihn zu heiraten, und geschworen, sie glücklicher zu machen, als sie sich je erträumt habe ...

James Lithwell, der siebte Earl von Wellingsley, einer der besten Freunde ihres Vaters.

Sie hatte ihn natürlich abgewiesen, was ihn ungemein empört hatte ...

»Geh«, beharrte Schwester Domina und brachte Melissande damit in die Gegenwart zurück. »Die Mutter Äbtissin wird dich schon erwarten.«

Widerstrebend ging Melissande hinaus und eilte durch die nächtliche Dunkelheit zu ihrer Zelle, um rasch ihr Gesicht zu waschen, ihren Schleier zu richten und mit beiden Händen ihren hoffnungslos zerknitterten Habit glattzustreichen. Dann ging sie schweren Herzens in die Kapelle zu den anderen. Weitere Andachten würden folgen: Gegen drei Uhr morgens und dann noch einmal kurz vor Sonnenaufgang. Die Vesper wurde bei Abenddämmerung abgehalten, und die letzte Andacht fand kurz vor dem Schlafengehen statt.

Das Frühstück bestand im allgemeinen aus Haferbrei und grobem Brot, manchmal gab es dazu Bier und Käse, und danach begaben sich die Bewohnerinnen von St. Bede's an ihre Tagesarbeit. Einige Schwestern kümmerten sich um den Garten, andere kochten, flickten oder nähten, und wieder andere, die privilegiertesten, die von frühester Kindheit an Unterricht erhalten hatten und mit besonderen Begabungen gesegnet waren, saßen auf hohen Stühlen in dem großen Saal gleich neben der Kapelle und fertigten Kopien von kirchlichen Manuskripten an, aber auch von weltlichen Schriften, die in der Außenwelt verkauft wurden. Melissande, die immer viel gezeichnet und gemalt hatte und das Lesen und Schreiben schon mit vier

Jahren erlernt hatte, fertigte die Zeichnungen für diese Bücher an.

An jenem Morgen jedoch hatte sie keine Geduld für ihre Arbeit, obwohl das Zeichnen sonst ihr größter Trost war. Sie verstand es ganz besonders gut, Engel darzustellen, in wunderschönen, fließenden Roben, die auf irgendeinem großen, kunstvoll gezeichneten Anfangsbuchstaben ruhten oder über einer Gruppe staunender Schäfer schwebten. Sie zeichnete auch gern Adam und Eva im Paradies und die zehn Jungfrauen mit ihren Lampen, hatte aber noch nie Noah und seine Arche als Motiv benutzt, obwohl sie Tiere liebte.

Da sie fest davon überzeugt gewesen war, daß Christian im Meer ertrunken sei, war Melissande nie imstande gewesen, irgendeine Art von Schiff zu zeichnen.

Nachdem sie eine Feder, ein Fäßchen Tinte und ein Stück Pergament von ihrem Zeichentisch geholt hatte, kehrte sie auf die Krankenstation zurück. Christian sah noch schlimmer aus als in der Nacht zuvor, obwohl er inzwischen wach war und aufrecht im Bett an seinen Kissen lehnte. Er aß Haferbrei aus einer Holzschale und warf Schwester Domina böse Blicke zu, wann immer sie auch nur den kleinsten Versuch machte, ihm zu helfen.

Beim Anblick Melissandes setzte er die Holzschale geräuschvoll ab und runzelte die Stirn. »Verschwinde!« herrschte er sie an.

Melissande zögerte nur einen Moment lang, während die arme Schwester Domina mit fassungsloser Miene neben Christians Bett stand. Auf eine Geste hin verließ die fromme, aber scheue Schwester fluchtartig das Krankenzimmer.

Christian warf ihr den Haferbrei nach, und krachend landete die Holzschale auf dem glatten Steinboden.

Melissande schüttelte den Kopf und gab sich keine Mühe, ihren Ärger zu verbergen, als sie in das Zimmer ging wie ein weiblicher Daniel in die Löwengrube.

3. Kapitel

Melissande gab sich Mühe, gebieterisch zu wirken, als sie an Christians Bett trat, aber das war buchstäblich unmöglich, weil sie keine große Frau und zartknochig wie ein Vogel war. Sie hatte die Holzschale auf dem Weg durchs Zimmer aufgehoben und sie ebenso lautstark wie er selbst zuvor auf dem Nachttisch abgestellt, um ihm zu zeigen, daß er nicht die Oberhand behalten würde.

Er zuckte nicht zusammen, aber seine blauen Augen funkelten vor Zorn, als er zu ihr aufschaute. Von ihnen beiden war Christian mit Abstand der Schönere – oder war es zumindest vor der Prügelei gewesen, die ihn zu den Toren von St. Bede's geführt hatte. Seine aristokratischen Gesichtszüge waren geradezu perfekt; sein Körper stark und geschmeidig. Und obwohl er schön wie ein gefallener Engel war, war nichts Weibliches an ihm. Nein, er war schon immer ungeheuer männlich gewesen, und Melissande hegte nicht den geringsten Zweifel, daß sich das auch nach den durchstandenen Leiden nicht geändert hatte.

Sie zitterte ein wenig, als sie sich an seine Küsse erinnerte, an die herrlich sündigen Wünsche, die er in ihrem unerfahrenen Körper erweckt hatte. Sie hatte das Lager mit Christian geteilt, zur Feier ihrer Liebe, kurz bevor er in See gestochen war, und obwohl dieser Fehltritt ihr Leid verursacht hatte, hatte sie ihn nie bereut. Denn es konnte nie wieder einen anderen Liebhaber für Melissande geben, nie wieder.

Eine Träne löste sich und rollte über ihre Wange. Er war nicht mehr derselbe Mann, den sie seit frühester Kindheit so gut gekannt und so sehr geliebt hatte. Nein, *diesen* Christian hatte sie verloren, und ein anderer war an seiner Statt zurückgekehrt, unwiderruflich verändert durch das, was auch immer er in der langen Zeit ihrer Trennung erlebt und erlitten haben mochte.

Es war offensichtlich, daß er sie verabscheute und ihr

die Schuld gab an allem, was ihm zugestoßen war. Doch *was* das war, darauf besaß sie nicht den kleinsten Hinweis.

Als ihr Blick auf die Feder und das Pergament fiel – das kleine Tintenfäßchen steckte in der Tasche ihrer Robe –, legte sie das Material auf den Nachttisch, tauchte die Feder ein und schrieb: *Ich habe ein Schweigegelübde abgelegt.*

»Ein Segen, zweifellos«, knurrte Christian, als er den Satz gelesen hatte. »Willst du deine Sünden büßen, indem du dich in diesem Kloster einschließt?«

Melissande ließ die Feder so rasch über das Pergament gleiten, daß ihre Schrift in dem großen Saal, wo die Bücher angefertigt wurden, keine Akzeptanz gefunden hätte. *Ich habe nicht gesündigt.*

Christian stieß einen rauhen Seufzer aus und ließ sich wieder in die Kissen sinken. Er war sehr blaß, seine schönen Augen blickten hohl und freudlos. »Ich habe dich geliebt«, sagte er, »und du hast mich in die Sklaverei verkauft.«

Sie starrte ihn nur an. Selbst ohne ihren Eid, nicht mehr zu sprechen, hätte sie in diesem Augenblick kein Wort hervorgebracht. Ihre Augen mußten jedoch die Frage verraten haben, die ihren Geist bewegte, denn Christian antwortete, als hätte sie seine ungeheuerliche Beschuldigung lautstark zurückgewiesen.

»Eines Tages, Melissande«, stieß er hervor, »wirst du dich dem himmlischen Gericht zu stellen haben. Und dann wirst du dich für deinen Verrat rechtfertigen müssen.«

Sie schrieb: *Ich habe keinen Verrat begangen! Warum beschuldigst du mich dessen?*

Christian las die Worte, aber es war offensichtlich, daß nun die letzte Kraft aus seinen zerschlagenen Muskeln wich.

»Lügnerin«, murmelte er noch, bevor er die Augen schloß und einschlief.

Melissande hätte ihn am liebsten wachgerüttelt, um eine Erklärung – nein, Entschuldigung! – zu fordern für die furchtbaren Anklagen, die er gegen sie erhob, aber das tat sie natürlich nicht. Christian befand sich noch immer in Gefahr, obwohl er aus der Bewußtlosigkeit erwacht war und sein legendäres Temperament bewiesen hatte. Und Schlaf war die beste Heilung, pflegte Mutter Erylis zu sagen.

Bruder Nodger betrat das Krankenzimmer, als Melissande es gerade verlassen wollte; er begrüßte sie mit einem Nicken und einem neugierigen Blick, als sie an ihm vorbeihuschte, bevor er hineinging, um seinen Patienten zu untersuchen. In Gedanken wünschte Melissande ihm mehr Glück, als sie selbst gehabt hatte, und kehrte zu ihrem Zeichentisch im großen Saal zurück.

Erst als sie ihren Platz erreichte, fiel ihr ein, daß sie Feder, Tinte und Pergament auf dem Nachttisch neben Christians Bett vergessen hatte. Vielleicht wäre sie nicht zurückgegangen, wenn die Worte nicht gewesen wären, die sie auf das schwere Pergament gekritzelt hatte. Sie wollte sie auf keinen Fall jemandem erklären müssen.

Doch für solche Vorsichtsmaßnahmen war es leider schon zu spät, denn als Melissande das Krankenzimmer wieder betrat, war Mutter Erylis schon da und hielt das Pergament in einer Hand, während sie mit Bruder Nodger sprach. Christian, den der Besuch des Mönchs nicht geweckt zu haben schien, schlief noch immer friedlich.

Bei Melissandes Erscheinen richtete Mutter Erylis einen strengen, aber auch liebevollen Blick auf sie. »Ah, du bist es, Kind«, sagte sie in resigniertem Ton. »Gut, daß du kommst, denn das erspart mir die Mühe, dich zu suchen.«

Melissande errötete. Sie kam sich vor wie ein Kind, das etwas angestellt hatte und von seinem Lehrer gescholten wurde. Aber es war kein Trotz in ihr, und so neigte sie nur zustimmend den Kopf und wartete auf der Türschwelle auf Anweisungen.

»Wir werden draußen im Garten reden, am Brunnen«, entschied die Äbtissin ruhig. »Oder zumindest werde *ich* reden. Du, fürchte ich, wirst nur zuhören.«

Melissande nickte von neuem und begab sich an den vereinbarten Ort, wo sie sich auf eine steinerne Bank setzte. Er war eine Bastion des Friedens, dieser Rosengarten neben der Kapelle, mit dem Himmel, der sich wie eine blaue Kuppel darüber wölbte, und den Blättern der Ahorn- und Eichenbäume, die ihre silbergrünen Sommerlieder wisperten. Es schien, als hätte der Regen der vergangenen Nacht die Welt wieder reingewaschen.

Mutter Erylis erschien, schon kurz nachdem Melissande auf der Steinbank vor dem plätschernden Springbrunnen Platz genommen hatte.

Mit einem aufmunternden Lächeln setzte die alte Frau sich neben sie und faltete die gichtgekrümmten, verarbeiteten Hände über ihrem umfangreichen Bauch. »Du bist jetzt zwei Jahre bei uns«, begann sie und betrachtete das Wasser, das im Sonnenschein wie Diamanten funkelte, die ständig ihre Form veränderten. »Im ersten Jahr warst du voller Trauer. Im zweiten hast du nicht gesprochen. Und jetzt Kind, bitte ich dich, als deine spirituelle Beraterin, dein Gelübde aufzugeben. Ich glaube nicht, daß der Herrgott oder die Heilige Mutter Gottes noch länger Schweigen von dir fordern.«

Melissande biß sich auf die Lippen. Wenn irgend jemand sie dazu hätte bringen können, ein Wort zu äußern, dann die Äbtissin, die sie liebte, respektierte und bewunderte, aber sie hatte Angst, es zu versuchen. Angst, daß sie entweder nicht mehr aufhören könnte zu reden, oder vielleicht erst gar nicht in der Lage zu sprechen war. Sie war sich nicht einmal mehr sicher, ob sie nicht schon längst vergessen hatte, wie man Worte formte.

Mutter Erylis zog das zusammengerollte Stückchen Pergament aus der Tasche ihres Gewands und glättete es auf ihrem Schoß. Dort, in zunehmend undeutlicherer Handschrift, stand Melissandes Teil ihrer Unterhaltung mit Christian.

Ich habe ein Schweigegelübde abgelegt.
Ich habe nicht gesündigt.
Ich habe keinen Verrat begangen!
Warum beschuldigst du mich dessen?

»*Warum* beschuldigt dieser Mann dich, Kind?« fragte die Äbtissin sanft.

Melissande stand auf, setzte sich dann wieder und spreizte die Hände, um sie gleich darauf vors Gesicht zu schlagen und in Tränen auszubrechen. Ihre Schluchzer, abgesehen von dem leisen Schrei, den sie ausgestoßen hatte, als sie Christian draußen vor dem Tor erkannt hatte, waren das erste Geräusch, das seit zwölf Monaten über ihre Lippen kam.

Die Äbtissin legte eine Hand auf Melissandes Rücken und klopfte ihr beruhigend auf die Schulter. »Jemanden zu lieben ist keine Sünde, Kind«, sagte sie.

Melissande weinte noch herzzerreißender. Sie wußte weder, was sie jetzt tun, noch wohin sie gehen sollte. Sie hatte Christian für tot gehalten und alle sehnsüchtigen Gefühle mit seiner Erinnerung begraben. Nun waren diese Gefühle wieder da, in voller Stärke, und machten es ihr unmöglich, sich der Kirche so zu widmen, wie sie es vorgehabt hatte. Sie besaß keine Familie mehr; ihr Vater und ihre Stiefmutter waren an der Pest gestorben, und ihr Haushalt war aufgelöst. Was Christian betraf, so haßte er sie ganz offenbar. Von ihm war weder Hilfe noch Verzeihung zu erwarten.

Flehend schaute sie Mutter Erylis ins gütige Gesicht, und all ihre Gedanken und Ängste mußten sich in ihren Augen widergespiegelt haben, denn die gute Frau klopfte ihr von neuem auf die Schulter und sagte tröstend: »Du brauchst dich nicht heute zu entscheiden. Und vergiß nicht, daß du keine Bettlerin bist. Du besitzt die Mittel, um eine gute Heirat für dich zu arrangieren.«

Dann war es also entschieden. Melissande würde niemals Schwester Pieta sein. Und bald schon würde sie nicht länger in St. Bede's willkommen sein.

Wie hätte sie erklären sollen, selbst wenn sie bereit gewesen wäre, überhaupt etwas zu sagen, daß sie nicht irgendeinen Mann heiraten konnte, ganz gleich, welch gute Heirat er für sie bedeutet hätte? Denn das war ausgeschlossen, nachdem sie Christian geliebt hatte und er sie.

Sie wagte der Äbtissin nicht einzugestehen, daß ihr Körper ihm genauso gehörte wie ihre Seele.

Nein, sie würde nicht heiraten, und sie würde auch niemals eine Kurtisane werden.

Die Kirche war ihre einzige Zufluchtsstätte.

Sie kniete sich auf die glatten Pflastersteine, ergriff beide Hände der Äbtissin und schaute flehend zu ihr auf.

Doch Mutter Erylis schüttelte traurig den Kopf. »Du bist nicht dazu berufen, Kind. Es ist dir bestimmt, dem Herrn auf andere Art zu dienen – als Mutter und als Ehefrau.«

Ihre Worte trafen Melissande ins Herz. Sie würde nie die besondere Freude erfahren, ihr eigenes Kind im Arm zu halten, denn niemand außer Christian hätte ihre Kinder zeugen können. Christian, der sie eher anspucken würde – und sie sogar schon angespuckt *hatte* –, als jemanden wie sie zur Frau zu nehmen.

Wahrscheinlich hätte er sie am liebsten umgebracht.

Weinend ließ sie den Kopf auf Mutter Erylis' Knie sinken.

»Psst«, sagte die Äbtissin mit zärtlicher Belustigung im Ton. »Es ist das Werk des Himmels, daß dieser junge Mann zu uns gebracht wurde. Verzweifle nicht.«

Melissande dachte an die Verachtung, mit der Christian sie angesehen hatte, an die schrecklichen Dinge, die er gesagt, und die furchtbaren Beschuldigungen, die er erhoben hatte, und begann vor Verzweiflung zu weinen.

4. Kapitel

Die Worte kamen rauh und heiser über ihre Lippen, als Melissande erneut zu Mutter Erylis aufschaute. »Bitte«, flehte sie. »Erlaubt mir, daß ich bleibe!«

Sanft berührte die Äbtissin Melissandes Wange. Dann entfernte sie behutsam ihren Schleier, bis das lange, dunkle Haar ihr offen auf die Schultern fiel. »Es tut mir leid, mein Kind«, erwiderte die alte Frau. »Du bist für dieses Leben nicht geeignet.«

»Aber ich zeichne sehr schön und habe eine gute Handschrift. Das habt Ihr selbst gesagt!«

»Dein Herz ist rebellisch, Kind, voll irdischer Leidenschaften. Dein Körper ist ein fruchtbares Feld, das die Zeit der Saat und Ernte erwartet, und dein Geist, obwohl wach und rege, neigt dazu, weit über die Grenzen dieser bescheidenen Gemäuer hinauszuschweifen. Nein, dein Platz ist ganz entschieden außerhalb von St. Bede's.« Mutter Erylis zwang Melissande, sich aufzurichten, und kniff die Augen zusammen vor der hellen Junisonne, als sie zu dem jungen Mädchen hochschaute. »Hab keine Angst, in die Welt hinausgestoßen zu werden, bevor du einen Ort gefunden hast, an dem du bleiben kannst. Du darfst bei uns bleiben, bis Gott dir zeigt, was er für dich beabsichtigt.«

Melissande spürte einen Augenblick lang leise Hoffnung in sich erwachen, doch nur, um gleich darauf wieder in tiefste Verzweiflung zu verfallen. Auf der ganzen Welt war Christian der einzige, der sie wirklich kannte, und er verabscheute sie von ganzem Herzen. War es Gottes Wille, daß sie abgewiesen und entwürdigt wurde? Etwas anderes sah sie nicht in der Zukunft, die vor ihr lag.

»Geh zu deinem kranken Freund«, schlug die Äbtissin ruhig vor. »Sprich mit ihm. Was auch immer zwischen euch vorgefallen ist, bring es in Ordnung, Kind.«

Melissande warf einen sehnsuchtsvollen Blick zu der Kammer, in der Christian lag und von Bruder Nodger versorgt wurde. Im Vergleich zu ihrem eigenen Kummer hatte Christian offensichtlich erheblich mehr gelitten. Er war Sklave gewesen, hatte er gesagt, was nur bedeuten konnte, daß Schurken ihn entführt und an eine der vielen Galeeren verkauft hatten, die ständig zwischen den Häfen Englands, Frankreichs, Flanderns, Norwegens und Dänemarks, Italiens und Griechenlands unterwegs waren, ja sogar Afrikas und des weiten, kalten Rußlands. Christian war ein Galeerensklave gewesen.

Und sie besaß selbst derartige Schiffe. Schiffe, die von Männern gerudert wurden, die gegen ihren Willen dienten.

Da Melissande kein Mensch war, der sich etwas aus Reichtum machte, hatte sie wenig über das Erbe nachgedacht, das ihr verstorbener Vater und seine berechnende junge Frau ihr hinterlassen hatten, Eleanora, die kaum älter gewesen war als Melissande selbst.

Jetzt, als ihr klar wurde, was es bedeutete, derartige Handelsschiffe zu besitzen, überwältigte sie Scham – so heftig, daß sie schwankte und in stummem Entsetzen eine Hand vor den Mund schlug. Mutter Erylis sprang auf und ergriff ihren Arm.

»Was ist, Kind?«

»Meine ... Schiffe ...« wisperte Melissande. Das Sprechen fiel ihr schwer; es würde Übung erfordern, es wieder zu erlernen, und der Preis, wie bei so vielen anderen Dingen, würde in Qual berechnet werden.

Mutter Erylis schüttelte verständnislos den Kopf »Du solltest in deine Zelle gehen und dich hinlegen, Kind. Du siehst ganz blaß aus.«

Melissande, die tatsächlich so erschüttert war, daß sie sich kaum noch auf den Beinen halten konnte, vermochte nur zustimmend zu nicken. Schweigend wandte sie sich ab, um zu ihrer Kammer zu gehen, wie ihr aufgetragen worden war, aber nicht, um auszuruhen. Statt dessen kniete sie auf dem hölzernen Boden nieder und richtete den Blick auf das winzige Stückchen Himmel, das durch den schmalen Fensterschlitz zu sehen war. Demütig faltete sie die Hände und bat um Vergebung für ihre Unwissenheit hinsichtlich der vier Galeeren, die sich in ihrem Besitz befanden. Und wenn sie nichts anderes mehr tat in ihrem Leben – diese vier Schiffe würde sie zum Hafen zurückbefehlen, die Männer an Bord befreien und jedem von ihnen genügend Gold geben, damit er ein neues Leben beginnen oder in seine Heimat zurückkehren konnte.

Ihr Vermögensverwalter würde sicher lautstark protestieren, ebenso wie die Notare und anderen Angestellten, die sie zusätzlich beschäftigte, aber nichts würde sie von ihrem Kurs abbringen. Sie schuldete den Sklaven Gnade und Entschädigung, und sie würde sie ihnen geben oder bei dem Versuch ihr Leben lassen.

Diese Entscheidung gab ihr neue Kraft. Nach einer Weile stand Melissande auf, strich ihre zerdrückten Röcke glatt und versuchte ihr Haar zu bändigen, indem sie mit den Fingern hindurchfuhr wie mit einem Kamm. Sie wusch ihr Gesicht mit kaltem Wasser aus der Schüssel auf dem Waschtisch, dem einzigen Möbelstück in ihrer winzigen Zelle außer dem Bett, das an der einen Wand stand, und begab sich in den Saal, in dem die Manuskripte vervielfältigt und illustriert wurden.

Dort borgte sie sich Tinte, nahm eine Feder aus dem Schrank und beschaffte sich eine Pergamentrolle. Nach reiflicher Überlegung begann sie den ersten Befehl zu formulieren, den sie als rechtmäßige Eigentümerin der Firma Bradgate je erteilt hatte. Die Galeeren hatten unverzüglich in den Heimathafen zurückzukehren, wo sie als Segelschiffe ausgestattet werden sollten, falls das möglich war. (Melissande hatte keine Ahnung, *ob* es möglich war, aber da die einzig andere Alternative war, die Schiffe zu versenken, erschien es ihr vernünftiger, zu versuchen, sie zu retten.) Jedem Sklaven an Bord sollten zehn Gulden ausgezahlt werden, bevor er ungehindert das Schiff verlassen durfte. Sie versprach, bei der ersten sich bietenden Gelegenheit nach London zu kommen, um das Geschäft dort entweder zu verkaufen oder persönlich seine Leitung zu übernehmen.

Melissande lächelte, zum erstenmal, seit sie Christian in der Nacht zuvor gefunden hatte, als sie an die Aufregung dachte, die ihre Botschaft in den Büros der Bradgate Company auslösen würde.

Nun, wo alles erledigt war, fühlte sie sich besser, obwohl sie wünschte, sie könnte ihre Befehle noch im selben Augenblick in die Tat umsetzen.

Als sie Sand über das Dokument gestreut hatte, um die

überflüssige Tinte aufzusaugen, und ihn dann vorsichtig in einen dafür vorgesehenen Eimer geschüttet hatte, rollte Melissande das Pergament zusammen, wickelte eine dünne Schnur darum und machte sich auf die Suche nach der Äbtissin.

Ohne nach dem Inhalt der Schriftrolle zu fragen, versprach Mutter Erylis, sie noch am selben Nachmittag abzusenden, mit der nächsten Kutsche, die durch die nahe Ortschaft Gilly fuhr. Mit etwas Glück und ohne unvorhergesehene Zwischenfälle würde die Botschaft London schnell erreichen.

Beruhigt ging Melissande, um nach Christian zu sehen – Bruder Nodger war fort, und der Patient schlief friedlich – und kehrte dann in den großen Saal zurück. Ihr Haar war unbedeckt, und die Nonnen warfen ihr neugierige Blicke zu, aber keine stellte Fragen. In so mancher Hinsicht, das war Melissande bewußt, war sie ihren Mitschwestern ein Rätsel, weil sie in so vielen Dingen anders war. Die guten Schwestern lächelten und schüttelten die Köpfe, wenn Melissande die Schuhe auszog, um durch die Brandung zu waten, die an die Küste schlug, wenn sie auf einen Baum stieg, um das Kätzchen irgendeines Kindes aus dem Dorf herabzuholen, oder Butterpat, dem kleinen Esel, beibrachte, mit seinem Vorderhuf bis fünf zu zählen und sich dann zu verbeugen wie ein Gaukler vor dem Beifall seines Publikums.

Nachdem Melissande Palette und Pinsel aus dem Schrank geholt hatte, setzte sie sich an ihr Pult und beugte sich über eine Zeichnung, die Mariä Verkündigung darstellte. Sie hatte schon tagelang daran gearbeitet und fügte nun Blau hinzu für das Kleid der Jungfrau, einen reinen, lebendigen Farbton, so intensiv, daß er vom Pergament zu springen schien. Eine Zeitlang dachte sie weder an Christians Haß noch an die Tatsache, daß Mutter Erylis beabsichtigte, sie aus der Abtei fortzuschicken, dem einzigen Heim, das ihr noch geblieben war. Ihre Arbeit nahm sie so vollkommen in Anspruch, daß sie an nichts anderes mehr dachte.

Christian erwachte mitten in der Nacht, erstaunt und zugleich auch *nicht* erstaunt, Melissande in seiner Kammer vorzufinden, auf einem Schemel und das Kinn auf ihrer Brust. Sie hatte ihren Schleier abgelegt, und ihr schönes Haar fiel ihr offen auf die Schultern. Es glänzte wie poliertes Ebenholz im Mondschein, und dieser Anblick löste ein schmerzhaftes Ziehen in Christians Lenden aus.

Von dem Augenblick an, in dem sein Leidensweg begonnen hatte, in jener Nacht vor zwei Jahren, als er auf der dunklen Straße vor John Bradgates prunkvollem Haus in Taftshead niedergeschlagen und bewußtlos zu den Londoner Docks geschleift worden war, hatte Christian all seinen Kummer, seine Enttäuschung und seine Furcht für sich behalten und so tief in sich verschlossen, daß niemand etwas davon ahnte. Doch nun, wo er einstweilen sicher war in diesem Kloster an der See – er konnte das Rauschen der Wellen hören und nahm den nur allzu vertrauten Salzgeruch wahr –, schien seine eiserne Selbstbeherrschung ihn schließlich doch im Stich zu lassen.

Er weinte leise, im Schutz der Dunkelheit, weil er Melissande so unendlich geliebt und sie ihn mit Verrat dafür belohnt hatte. Weil er Schläge und Hunger erlitten hatte und gezwungen gewesen war, in einem stinkenden, rattenverseuchten Loch zu schlafen, falls man ihm überhaupt ein wenig Ruhe gönnte. Er war angespuckt, geschlagen und getreten worden, und man hatte ihn schlechter behandelt als ein Tier. Dann, endlich, war jemand erschienen, um ihn abzuholen, jemand, dessen Auftreten und Verhalten ihm bekannt erschienen war – doch nur, um ihn noch weiteren Qualen auszusetzen.

Queech.

James hatte ihn geschickt, ganz ohne Zweifel. James, der Melissande zu seiner Gräfin hatte machen wollen.

Christian lenkte seine Gedanken auf die Gegenwart, die ihm trotz ihrer Mängel viel erträglicher erschien. Er wußte, daß er sich in Gefahr befand, selbst innerhalb der Mauern der Abtei, weil er noch viel zu schwach war, um sich zu verteidigen, und von den Schwestern nicht erwartet werden konnte, daß sie sich gegen bewaffnete Männer zur Wehr setzten. Er würde eher sterben, als in das Leben zurückzukehren, das er während seiner Gefangenschaft geführt hatte, aber es war auch durchaus möglich, daß ihm nicht einmal diese Wahl gelassen wurde.

Verstohlen wischte er mit dem Handrücken über seine Augen. Er hatte andere Männer nach kurzen Zeiträumen der Freiheit auf die Galeeren zurückkehren sehen, er hatte gesehen, wie sie aufgaben, wie sie sich weigerten, zu rudern, zu essen und zu schlafen. Aus freien Stücken waren sie an den Pfahl getreten, um sich zu Tode peitschen zu lassen, und dann waren ihre zerfetzten Körper achtlos über Bord geworfen worden, als Futter für die Fische.

Aber der Gedanke, daß man ihn vielleicht zwingen würde, in diese Hölle zurückzukehren, war nicht das Schlimmste. Nein, was Christian viel mehr bedrückte, war die Gewißheit, daß Melissande – ausgerechnet *Melissande* – der Mensch gewesen war, der ihn in die Sklaverei verkauft hatte. Melissande, die er so innig geliebt, so aufrichtig verehrt hatte, daß in seinem Herzen kein Platz mehr war für eine andere Frau, selbst jetzt.

Christian hatte keinen Ton von sich gegeben, denn Schweigen war eine Kunst, die man auf einer Galeere sehr schnell und gut erlernte, und dennoch schien es, als hätte Melissande seine Gedanken gehört, denn sie erwachte und erhob sich von ihrem Schemel, um sich dem Bett zu nähern.

»Wo ist dein Schleier?« fragte er, aus Furcht, irgend etwas anderes zu sagen. Trotz allem, was geschehen war, sehnte sich ein Teil von ihm danach, sie in die Arme zu nehmen und fest an sich zu ziehen. »Aber warum frage ich? Du wirst ja doch nicht antworten.«

Sie schaute ihn nur an, aus großen Augen, die in diesem düsteren Krankenzimmer dunkel schimmerten, in dem er der einzige Patient war. Das war an sich ein Luxus, daß er soviel Platz für sich allein besaß, er, der er geschlafen hatte wie ein Hund, zusammengerollt auf Lumpen und verfaultem Stroh, in einem Raum, der so mit Menschen vollgestopft war, daß er sich nicht bewegen konnte, ohne jemand anderen zu berühren.

»Sag mir, warum du es getan hast«, bat er. »Das wenigstens bist du mir schuldig.«

Sie biß sich auf die Unterlippe, versuchte zu antworten, doch sie brachte keinen Ton heraus.

»Dann werde *ich* dir sagen, warum«, stieß Christian hervor, und dann strömte alles aus ihm heraus, in einem einzigen, bitterbösen Schwall von Worten – all die häßlichen Vorstellungen und Ideen, die er in diesen zwei Jahren der Qual, der Unsicherheit und fast unerträglichen Einsamkeit genährt hatte. »Weil du beschlossen hattest, lieber meinen Bruder zu heiraten als mich und Gräfin zu werden. Daß er nicht einmal einen Stein besaß, an dem er einen Funken hätte schlagen können, war dabei nicht wichtig, denn schließlich hattest du genug Gold für ganz England, nicht? Das Problem war nur der arme Christian – dieser unglückselige Zweitgeborene, der dir keinen anständigen Titel bieten konnte, der zu deinem Reichtum paßte. Was tun also mit dem armen Narren? Ah ja. Du brauchtest nur dafür zu sorgen, daß er überfallen, zusammengeschlagen und auf eine deiner eigenen Galeeren gebracht wurde. Meisterhaft. Absolut meisterhaft.«

Melissandes Gesicht war eine Studie der Verblüffung. Sie erblaßte, ihre Augen wurden groß. »Du glaubst doch nicht im Ernst ...« gelang es ihr zu sagen.

Christian befeuchtete seine Lippen, aber sein Blick wich keine Sekunde lang von ihr. »Bevor ich das Haus deines Vaters an jenem letzten Abend verließ«, erwiderte er bitter, »erklärte er mir, daß du nicht mehr wünschtest, mich zu heiraten. Andere Arrangements seien getroffen worden, sagte er. Ich verlangte, dich zu sehen – tatsächlich durchsuchte ich das ganze Haus nach dir –, aber du warst fort, vermutlich schon bei meinem Bruder. Ich stand auf der Straße und überlegte noch, was ich tun sollte, als ich überfallen wurde.«

Melissande starrte ihn lange an. Dann, sehr leise und

sehr langsam, erwiderte sie: »Ihr seid nicht nur treulos, Herr, sondern befindet Euch auch im Irrtum. Denn ich würde doch ganz sicher nicht hier in St. Bede's sein, wenn ich den Earl geheiratet hätte, nicht?«

5. Kapitel

Während Melissande Christians zorniges Gesicht betrachtete, fragte sie sich, ob es etwas nützen würde, ihm die Wahrheit zu sagen –, daß sie nicht das geringste mit seiner Entführung zu tun hatte, ihn sogar die ganze Zeit für tot gehalten und mit aller Macht betrauert hatte.

Sie vermutete, daß ihn gerade dieser Haß, den Christian nährte, während seiner Gefangenschaft auf ihrer Galeere am Leben erhalten hatte, und daß es ihm widerstrebte, ihn aufzugeben, obwohl das Schlimmste nun vorüber war. Vielleicht brauchte er ihn ja noch.

Sie schenkte sich Wasser aus dem Krug auf Christians Nachttisch ein und trank einen großen Schluck, um ihre trockene, ungeübte Kehle zu befeuchten. Christian starrte sie dabei unablässig an, aber sie konnte seinen Ausdruck nicht erkennen, denn eine Wolke hatte sich vor den Mond geschoben.

Wie schon zuvor, sprach sie auch nun entnervend langsam. »Was sagst du dazu, Christian Lithwell? Warum bin ich heute keine Gräfin, wenn es das war, was ich damals haben wollte?«

Christians Augen wurden schmal; Melissande spürte es mehr, als daß sie es sah, weil sie seine Züge so gut kannte. Besser sogar noch als ihre eigenen vielleicht. »Es wäre immerhin möglich, daß James Gewissensbisse bekam und dich verstoßen hat – vor allem, wenn er erraten hat, was du mir damals angetan hast.«

»James hat mir einmal das Leben gerettet«, sagte Melissande nach einem weiteren Schluck Wasser. »Wie sich jedoch herausstellte, war es keine noble Geste seinerseits. Er wollte mich für sich selbst. Und ein Gewissen besaß er nicht.«

Christian, der einen Moment zuvor noch müde und angewidert ausgesehen hatte, horchte auf *»Besaß?«*

Melissande senkte ihren Blick. »Dein Bruder ist an der Pest gestorben, Christian. Wie mein Vater und meine Stiefmutter.«

Christian schwieg. Er und James hatten sich nie besonders nahegestanden, weil sie sehr verschieden waren und James bedeutend älter war, aber sein älterer Bruder war sein einziger Blutsverwandter gewesen. Er stand nun also genauso allein auf dieser Welt wie Melissande, obwohl das wenig oder gar nichts änderte, was seine Abneigung ihr gegenüber betraf.

Nach langem Schweigen fragte er: »Hat James sehr gelitten?«

Melissande trank noch etwas Wasser. »Es war kein schöner Tod«, erwiderte sie leise, »aber die Seuche fordert ihre Opfer ziemlich schnell. James war innerhalb von zwei Tagen tot, genau wie mein Vater und Eleanora.«

Christian seufzte. »Großer Gott. Ich hätte nie gedacht …«

»Du hattest keine Möglichkeit, es zu erfahren.«

Er wandte für einen Moment den Kopf ab; sie wußte, daß er darum kämpfte, Haltung zu bewahren.

»Christian.« Sanft legte sie eine Hand auf sein verfilztes Haar, das sich selbst in seinem unsauberen Zustand wie reine Seide anfühlte, und dachte, wie gern sie es mit duftender Seife und klarem Wasser gewaschen hätte, um die hellen Locken zu kämmen, zurechtzustutzen und durch ihre Finger gleiten zu lassen …

»Laß mich in Ruhe«, sagte er, ohne sie anzusehen. »Ich ertrage deinen Anblick nicht.«

Melissande erhob keine Einwände und zögerte keine Sekunde lang. Ihre Kehle war wund, und Christians Zurückweisung hatte sie zutiefst verletzt, obwohl sie von vornherein damit gerechnet hatte. Sie beugte sich vor und küßte ihn leicht auf die Schläfe, einerseits, um ihm zu trotzen, und andererseits, um ihn zu trösten. Dann wandte sie sich ab und verließ fluchtartig den Raum.

Sie tat kein Auge zu in jener Nacht, wälzte und drehte sich nur unruhig auf ihrem schmalen Lager, innerlich zerrissen zwischen ihrem Zorn auf Christian, der sie eines solch schmählichen Verrats für fähig hielt, und dem demütigenden Verlangen, ihm ihre Unschuld zu beweisen.

Am Morgen nach der Andacht erfuhr Melissande, daß sie Christians Pflege übernehmen sollte, bis er wieder gesund genug war, um die Abtei zu verlassen. Ein Tisch und Zeichenutensilien wurden in das Krankenzimmer gebracht, damit sie dort die Illustration, die sie von Mariä Verkündigung begonnen hatte, fertigstellen konnte.

»Ich will dich hier nicht haben«, sagte Christian an jenem sonnigen Morgen, nachdem Bruder Nodger seine Verbände gewechselt hatte und wieder gegangen war.

Melissande blickte nicht auf, während sie ihren besten Pinsel in blaue Farbe für das Gewand der Jungfrau tauchte und sagte: »Das tut mir aber leid für dich.«

Christian schwieg einen Moment, dann fragte er: »Wer verwaltet James' Besitztümer, seit er gestorben ist?«

»Ich habe keine Ahnung«, antwortete Melissande, noch immer ohne aufzuschauen. Das Sprechen fiel ihr inzwischen etwas leichter, aber ihre Kehle war noch wund, und selbst die einfachsten Worte zu finden bereitete ihr noch immer große Schwierigkeiten.

»Wahrscheinlich dieser Schurke Queech.«

Melissande unterdrückte ein Schaudern bei der Erinnerung an ihre wenigen Begegnungen mit James Lithwells Diener und Vertrautem. Sie hatte diesen Mann nie gemocht und ihm stets mißtraut. »Das ist anzunehmen«, erwiderte sie geistesabwesend. »Aber wenn du weiter mit mir redest, kann ich mich nicht auf meine Arbeit konzentrieren.«

»Du warst schon immer sehr geschickt mit Feder und Pinsel.«

Melissande hob den Kopf und maß Christian mit einem nachdenklichen Blick.

»Keine Ursache«, sagte er spöttisch, als sie versäumte, ihm für das Kompliment zu danken. Falls sie sich überhaupt hatte bedanken wollen, was sehr unwahrscheinlich schien. Das Schweigen dehnte sich zwischen ihnen aus, bis Melissande es nicht mehr zu ertragen glaubte. »Du warst seine Geliebte«, meinte Christian schließlich.

Heiße Röte stieg in Melissandes Wangen. Vorsichtig legte sie den Pinsel nieder, aus Angst, das kunstvoll gezeichnete Kleid der Jungfrau zu verschmieren. »Ich war keines anderen Mannes Geliebte und werde es auch niemals sein«, stieß sie zwischen zusammengebissenen Zähnen hervor.

Christian seufzte und lehnte sich an seine Kissen. »Das behauptest du«, erwiderte er schroff. Er schien sich sehr schnell zu erholen, und Melissande hoffte, der Herrgott möge ihr vergeben, daß sie wünschte, er hätte seine Fähigkeit zu sprechen nicht ganz so schnell wiedererlangt.

»Das schwöre ich bei Gott«, sagte sie ruhig.

Christian wandte den Kopf, um sie anzusehen. »Was hat dich hierhergebracht, in dieses Kloster?«

»Es gab keinen anderen Ort, an den ich hätte gehen können.«

»Das ist eine Lüge! Du hattest das Haus meines Bruders und genügend eigene Besitztümer.«

»Aber hier wurde ich geliebt«, entgegnete sie traurig. »Und hier wollte man mich – aus keinem anderen Grund, als daß ich ein Kind Gottes bin.«

»Du hast doch sicher einiges zu den Schatztruhen dieser Abtei beigetragen.«

»Das habe ich nicht«, beharrte Melissande, »obwohl ich oft genug das Angebot gemacht habe. Mutter Erylis hieß mich willkommen, weil sie glaubte, daß ich anderen etwas Wertvolles zu vermitteln hatte.« Eine überwältigende Trauer erfaßte Melissande plötzlich. Es war offensichtlich, daß die Äbtissin jegliches Vertrauen, das sie einst in die

Frau gesetzt hatte, die Schwester Pieta hatte werden wollen, verloren hatte.

Christian schloß die Augen. Die Wunden in seinem Gesicht sahen schlimmer aus, nicht besser, obwohl der Heilungsprozeß offenbar schon begonnen hatte. Mit etwas Glück würde er wieder ganz gesund werden und schon bald die Abtei verlassen können. »Und was wirst du jetzt tun?« fragte er. »Wohin wirst du gehen?«

Sie legte den Pinsel nieder und blinzelte, um ihre Tränen zurückzudrängen. »Ich werde nach London reisen«, sagte sie. »Ich habe verschiedene Dinge mit dem Verwalter meines Vaters zu besprechen.«

»Das kann ich mir vorstellen. Du wirst jetzt schöne Kleider kaufen wollen, um dir einen neuen Ehemann zu suchen. Und wahrscheinlich auch Juwelen, um allen zu beweisen, was für eine gute Partie du bist. Abgesehen davon selbstverständlich, daß du verliebte Narren in die Sklaverei verkaufst.«

Melissande blieb reglos sitzen, bis das Verlangen, aufzuspringen und ihren Zorn und ihre Wut hinauszuschreien, nachließ. Etwas jedenfalls. »Ich suche keinen Ehemann«, entgegnete sie dann scharf. »Männer bringen nichts als Ärger und Kummer, soweit ich das beurteilen kann.«

»Warum willst du dann nach London reisen? Es ist eine abscheuliche Stadt, voller Diebe, voll Unrat auf den Straßen und Ratten in jedem Dachboden und Keller.«

»Das weiß ich«, stimmte Melissande zu, weil sie ihm in dieser Hinsicht immer recht gegeben hatte. »Aber mein Geschäft befindet sich in London, und in der Nähe, in Taftshead, besitze ich ein Haus.«

»Deine Galeeren.« Die Worte kamen so kalt, so brüsk, daß sie ein Frösteln in Melissande auslösten.

Sie erhob sich nun doch und ging zu ihm. »O Christian«, flüsterte sie bewegt und legte eine Hand auf seine Schulter. Er versuchte, sie abzuwehren, doch zum guten Schluß war er nicht stark genug und konnte sich ihr nicht entziehen. »Wie kannst du nur glauben, ich hätte dir irgend etwas antun wollen? Ich war noch Jungfrau, als ich mich dir schenkte, und liebte dich von ganzem Herzen.«

Einen langen Moment schaute er ihr nur prüfend ins Gesicht. Die Antwort, die er ihr dann gab, schockierte sie so sehr, daß sie vorübergehend wieder sprachlos war. »Nach meiner ersten Auspeitschung, sechs Monate etwa, nachdem ich gefangengenommen worden war«, sagte er grimmig, »ließ der Kapitän mich in seine Kajüte bringen. Er zeigte mir einen Brief, den du persönlich unterzeichnet hattest, und der den Befehl enthielt, mich als Galeerensklaven auf die *Eleanora* zu bringen.«

6. Kapitel

... Er zeigte mir einen Brief, den du persönlich unterzeichnet hattest, und der den Befehl enthielt, mich als Galeerensklaven auf die Eleanora *zu bringen ...*

Melissande starrte Christian betroffen an. »Einen derartigen Befehl habe ich niemals unterzeichnet!« rief sie und legte eine Hand an ihren Hals, weil die Worte schmerzten wie ein Dolch in ihrer Kehle. Und vor allem, weil sie sich jetzt, noch während sie die Worte sagte, an all die Dokumente erinnerte, die sie auf Geheiß ihrer Stiefmutter unterzeichnet hatte, ohne vorher Gelegenheit gehabt zu haben, sie zu lesen. Es war einige Wochen vor Christians ›Tod‹ gewesen, als ihr Vater sich auf einer seiner Reisen befunden hatte ...

Nicht die geringste Emotion spiegelte sich auf Christians geschwollenem Gesicht wider – weder Zweifel, Vertrauen, noch irgend etwas anderes. Er beobachtete Melissande nur schweigend.

Langsam begann sie zu begreifen, was geschehen war –, daß sie beide, sie und Christian, ausgerechnet von jenen Menschen verraten worden waren, denen sie am meisten vertraut hatten. James hatte sie zur Gattin nehmen wollen, um auf diese Weise die Kontrolle über ihr Vermögen zu gewinnen. Ihr Vater und Eleanora hatten den Titel gewollt, den nur James ihnen liefern konnte, da er der erstgeborene Sohn war. Sie hatten sich zusammengetan, diese drei, um ihre Ziele zu erreichen, und dabei eine Liebe zerstört, die so rein und hell wie Sternenlicht gewesen war.

Melissande kämpfte gegen ihre Tränen – sie würde ihnen später freien Lauf lassen, in der Ungestörtheit ihrer Zelle, wo niemand ihre Schwäche sehen würde. Langsam wandte sie sich ab, und ein Zittern lief über ihren Rücken, als sie mehrmals tief einatmete, um sich zu beruhigen.

»Wenn du es nicht warst, Melissande«, wandte Christian nüchtern ein, »wer dann?«

Sie drehte sich nicht zu ihm um, aber sie straffte ihre Schultern und hob ihr Kinn. Sie war viel zu lange Kind gewesen; es wurde Zeit, erwachsen zu werden. Sie hatte ein Geschäft, um das sie sich kümmern mußte, und ein neues Gelübde zu erfüllen, den Schwur, jeden einzelnen der Männer, die auf ihren Schiffen als Sklaven gehalten wurden, zu befreien und für das erlittene Unrecht zu entschädigen.

»Schau in dein Herz«, erwiderte sie ruhig. »Dort wirst du die Wahrheit finden, ob du nun bereit bist, sie anzuerkennen oder nicht.«

»Du lügst.«

»Das würde ich nicht tun«, beharrte sie, ohne sich zu ihm umzudrehen. »Lügen ist eine Sünde.«

»Und deinen Liebhaber in die Sklaverei zu verkaufen auch«, versetzte Christian in täuschend mildem Ton. »Komm schon, Melissande – hier ist deine Gelegenheit, den ersten Stein zu werfen. War es vielleicht mein Bruder? Oder hatte dein Vater im letzten Augenblick beschlossen, daß er eine weitaus bessere Partie für seine einzige Tochter hätte finden können?«

Erst da drehte sie sich zu ihm um, mit so heftig klopfendem Herzen, daß der Puls in ihren Ohren dröhnte und ihr Atem schnell und flach ging. »Und wenn sie Komplizen waren und sich gegen uns verschworen hatten?« herrschte sie ihn an. »Würde das etwa bedeuten, daß ich auch etwas damit zu tun hatte?«

Christian blieb so ruhig, als ob sie nichts gesagt hätte. »Er war ein ehrgeiziger Mann, dein Vater«, meinte er nachdenklich. »Und seine liebe Gattin Eleanora strebte auch nach Höherem. Wußtest du eigentlich, daß sie und James ein intimes Verhältnis hatten?«

Nun vermochte Melissande ihre Tränen doch nicht mehr zurückzuhalten. Was immer sie auch im Augenblick von ihrem Vater dachte, was immer sie von seiner treulosen Gattin hielt, sie hatte John Bradgate geliebt, und es tat ihr weh, zu hören, daß er betrogen worden war. »Wie kannst du so grausam sein!« fuhr sie Christian an.

Er lachte, aber es lag keine Fröhlichkeit darin. »Oh, sie hätte meinen Bruder natürlich nie geheiratet. Er besaß kein Gold, und sie war schließlich nichts anderes als eine gemeine Dirne. Nein, mein geliebter James wollte dich zu seiner Gräfin, Melissande.«

»Aber ich wollte *ihn* nicht!«

»Dann stimmt es also?« Wieder dieser täuschend milde Ton.

Melissande schlang schützend die Arme um ihren Oberkörper, als sie an James' Versuche dachte, sie zu küssen, nachdem er sie von der Schloßmauer hinabgezogen hatte. Sie wünschte jetzt – und nicht zum erstenmal –, er hätte sie damals in den Tod springen lassen. »Ja!« rief sie. »Er bat mich, ihn zu heiraten!«

Christians Gesicht nahm einen harten Ausdruck an. »Dann hatte ich also recht.«

»Nein! Ich hatte nichts mit der Verschwörung zu tun, falls es überhaupt eine gegeben hat!«

»Das erscheint mir ausgeschlossen«, wandte Christian ein, während er sie mit kalten, abschätzenden Blicken maß. »Und daß du heute alles abstreitest, ist natürlich verständlich, denn schließlich ist niemand mehr da, der deine Behauptungen widerlegen könnte.«

»Ich habe dich mehr geliebt, als eine Frau einen Mann

je lieben sollte«, erwiderte Melissande und richtete sich ein wenig gerader auf. Doch ihr Kinn zitterte, und sie war sicher, daß Tränen in ihren Augen glitzerten. »Aber das war, bevor ich wußte, wie verbittert und bösartig du im Grunde deines Herzens bist. Mir scheint, dich zu verlieren war kein Fluch, sondern ein Segen!«

»Beschäftige dich wieder mit deinen Zeichnungen, wenn du unbedingt in diesem Zimmer bleiben mußt. Du erschöpfst mich.«

»Ich habe diese Unterhaltung nicht begonnen, das warst du.« Sie würde sich nicht unterkriegen lassen. *Auf keinen Fall.* »Wenn du es nicht erträgst, mich anzusehen oder meine Stimme zu hören, dann schließ die Augen und stopf dir etwas in die Ohren.«

Nachdem sie ihm solcherart Bescheid gegeben hatte, wandte sie sich mit großer Würde ab und kehrte zu ihrem Zeichentisch zurück. Dann, unter Aufbietung ihrer ganzen Willenskraft, was ihr hoffentlich nicht anzusehen war, beruhigte sie sich und widmete ihre ganze Konzentration der Zeichnung vor ihr, die auf ihre Fertigstellung wartete. Ihre Aufgabe nahm sie bald gefangen, und als sie zu müde und zu hungrig war, um sie fortzusetzen, hob sie den Kopf und sah, daß Christian inzwischen wieder eingeschlafen war.

Kurz darauf kam Schwester Domina mit zwei Tellern Kaninchenragout herein und blieb vor Christians Bett stehen, um mit einer Art nervöser Faszination den schlafenden Patienten zu betrachten.

»Er ist ein großer Mann, nicht wahr?« flüsterte sie Melissande zu.

Melissande nahm ihren Teller und ging damit zum Tisch, um dort ihr Essen einzunehmen. »Ja«, bestätigte sie lächelnd. »Und er ist auch sehr behende, ein ausgezeichneter Reiter und ungemein geschickt im Umgang mit dem Schwert und mit der Lanze.«

Schwester Domina setzte Christians Teller auf den Nachttisch und trat rasch zurück, als erwartete sie, daß er ein Schwert unter seiner Decke hervorziehen und es schwingen würde wie ein Pirat oder wie ein Henker auf dem Galgen.

Belustigt über die schüchterne Neugier ihrer Mitschwester, verbarg Melissande ein Lächeln, dann probierte sie den ersten Löffel des schmackhaften Gerichts, das aus der gut bestückten Küche der Abtei stammte. Bettler und arme Dorfbewohner versammelten sich in diesem Augenblick am Eingangstor des Klosters, wo sie eine großzügige Portion des gleichen köstlichen Eintopfs erhalten würden. Der größte Teil der Einnahmen, die das Kloster durch das Abschreiben und Illustrieren weltlicher Schriften bezog, wurde auf Mutter Erylis' Anweisung dazu benutzt, die Armen zu speisen und zu kleiden.

»Christian war schon immer ein sehr großer Mann. Selbst als Junge überragte er alle anderen.« Melissande erinnerte sich auch an andere Dinge über Christian. Wie einsam er gewesen war. Wie oft James ihn gestoßen und geschlagen hatte, bis sein Gesicht ganz rot und geschwollen gewesen war.

»Du hast ihn dein ganzes Leben lang gekannt?«

»Sein Vater und meiner haben oft Geschäfte miteinander getätigt. Christian und sein älterer Bruder James, der verstorbene Earl von Wellingsley, begleiteten ihren Vater dann zu unserem Haus in Taftshead, und wir verbrachten die Sommer in dem Dorf in der Nähe eines ihrer Dörfer.«

Schwester Domina, die Christian noch immer mißtrauisch betrachtete, hob eine Hand vor den Mund, um ihre Stimme zu dämpfen, damit sie nicht durch den Raum an seine Ohren drang. »Er ist sehr jähzornig. Als ich ihm Haferbrei brachte, warf er mir die Schale nach.«

»Ja, jähzornig ist er wirklich«, stimmte Melissande freundlich zu, weil sie hoffte, daß Christian nur so tat, als schliefe er, und jedes Wort verstand. »Und das ist nur eine seiner vielen Schwächen.«

Schwester Domina, die schon als dreizehnjähriges Mädchen nach St. Bede's gekommen war, war ein Unschuldslamm erster Güte. Ihre braunen Augen weiteten sich vor Erstaunen. »Er hat noch andere?«

»Schreckliche sogar«, wisperte Melissande, doch ihr Flüstern war laut genug, um im ganzen Raum gehört zu werden. »Christian ist ein leidenschaftlicher Spieler, und er trinkt auch gern. Außerdem ...« Sie hielt inne, um ihren Worten mehr Wirkung zu verleihen – »ist er bekannt dafür, daß er ehrenwerten Männern Hörner aufsetzt.«

Schwester Domina riß die Augen auf und schlug eine Hand vor ihren Mund, obwohl Melissande nicht ganz sicher war, ob ihre Freundin überhaupt wußte, was unter ›Hörner aufsetzen‹ zu verstehen war. Als die Nonne hinauseilte, um nicht in solch sündiger Gesellschaft zu verweilen, murmelte Melissande ein Gebet, damit der Himmel ihr verzieh.

Jedes Wort, das sie gesagt hatte, zumindest in bezug auf Christians ›Schwächen‹, war eine glatte Lüge gewesen, obwohl sie nicht den geringsten Zweifel hegte, daß er, wenn er als freier Mann nach Wellingsley zurückkehrte, keine Schwierigkeiten haben würde, Frauen zu finden, die ihm schöne Augen machen würden. Er war jetzt ein Earl und reich an Ländereien und Gütern, wenn auch nicht an Gold, aber selbst wenn er ein mittelloser Troubadour wäre, würde es ihm nie an weiblicher Gesellschaft fehlen.

»Hör auf, mir etwas vorzumachen«, sagte sie von ihrem Platz am Fenster aus, wo die helle Mittagssonne sie mit ihrem warmen Lichtschein einhüllte. »Ich weiß, daß du nur so tust, als ob du schläfst.«

Christian richtete sich auf, griff nach seinem Teller und schnupperte prüfend an dem Essen. »Du hast mich ganz bewußt herausgefordert«, beschuldigte er Melissande, bevor er sich mit erstaunlichem Appetit über das Ragout hermachte. »Der Teufel hat dich nicht nur deiner Skrupel, sondern auch deines Anstands beraubt, scheint mir.«

»Ich habe nur gescherzt«, erwiderte Melissande.

»Diese arme Frau hat dir geglaubt.«

»Was kümmert es dich, was sie – oder irgend jemand anderes – denken mag? Das hat dich auch bisher noch nie gekümmert.«

»Du irrst dich«, entgegnete er ruhig. »Was du dachtest, war für mich sehr wichtig. Früher jedenfalls.«

Melissande stieß einen langen, tiefen Seufzer aus. »Könnten wir nicht einen Waffenstillstand schließen« fragte sie. »Die Äbtissin hat mir befohlen, deine Pflege zu übernehmen. Mußt du eine Qual aus jeder Minute machen, die verstreicht?«

»Du weißt doch gar nicht, was Qual ist«, entgegnete Christian kalt.

Darauf hatte sie nichts zu entgegnen. Was er sagte, stimmte; Melissande hatte ein sehr behütetes Leben geführt. Ihre Mutter war gestorben, als sie noch ein kleines Kind gewesen war, aber ihr Vater, selbst wenn er sie nicht verhätschelt hatte, war immer großzügig und gerecht zu ihr gewesen. Obwohl keine Zuneigung zwischen Melissande und Eleanora, seiner zweiten Frau, bestanden hatte, war es den beiden Frauen gelungen, einigermaßen höflich miteinander umzugehen. Melissande hatte eine hervorragende Erziehung durch Privatlehrer genossen und in ihrem ganzen Leben noch keine Not gekannt.

Bis Christian Lithwell angeblich auf See gestorben war. Als ihr diese Nachricht überbracht wurde, war sie fast daran zerbrochen, hatte nur noch sterben und den nie endenden Schmerz beenden wollen.

»Was hast du vor, wenn du hier fortgehst?« fragte sie in einem, wie sie hoffte, gleichgültigen Ton, als sie ihre Mahlzeit beendete und den Teller fortstellte, um wieder Pinsel und Farben aufzunehmen. Sie hatte sich für ein dunkles Kastanienbraun für das lange, wellige Haar der Jungfrau entschieden, mit goldenen Glanzlichtern darin.

»Nach Wellingsley zurückzukehren«, erwiderte Christian schroff, »und den Freund meines Bruders, Queech, in den Burggraben zu werfen. Falls ich nicht beschließe, ihn schon vorher umzubringen.«

7. Kapitel

Während Christian auf seinem Krankenlager lag, Melissande beim Zeichnen beobachtete und Schmerzen in jedem seiner Muskeln, jedem Knochen und vor allem in seinem Herzen spürte, kam ihm zu Bewußtsein, daß seine Entschlossenheit, ihr nie wieder etwas anderes als unversöhnlichen Haß entgegenzubringen, allmählich nachließ. Und deshalb klammerte er sich daran fest, wie ein Kind im Arbeitshaus sich in einer bitterkalten Winternacht an seine zerlumpte Decke klammern würde, weil die Feindseligkeit, die er dieser Frau entgegenbrachte, seine einzige Verteidigung war. Ohne sie wäre seine Seele nackt gewesen und jeder Nerv entblößt.

Und doch, trotz allem, mußte er immer wieder daran denken, wie es wäre, sie zu küssen. Dieser Gedanke führte natürlich unweigerlich zu noch intimeren Vorstellungen, und sein Körper, der schon so lange kein Verlangen mehr empfunden hatte, reagierte unwillkürlich darauf.

Er unterdrückte ein Stöhnen, aber nicht schnell genug, schien es.

Melissande schaute von ihrer Arbeit auf. Die Nachmittagssonne verwandelte sie in einen Engel, viel schöner noch, als sie je einen zu zeichnen in der Lage wäre. »Was ist, Christian?«

»Ich möchte baden«, sagte er. Und das stimmte auch, obwohl es nur ein kleiner Teil dessen war, was er wirklich wollte. Er würde sich von Melissande waschen lassen, würde ihre geschickten, sanften Hände auf seiner Haut fühlen – auf Haut, die keine zärtliche Berührung mehr gekannt hatte, bis er zu dieser Abtei gebracht und vor dem Eingangstor zurückgelassen worden war.

Er fragte sich natürlich immer noch, wer ihn hierhergebracht haben mochte und aus welchem Grund, aber er war noch weit davon entfernt, sich persönlich auf die Suche nach den Antworten auf diese verwirrenden Fragen zu begeben, und das war ihm bewußt. Seine linke Hand und sein rechter Knöchel waren geschient und fast sein gesamter Körper bandagiert oder verbunden. In naher Zukunft würde er ganz bestimmt nicht in der Lage sein, sich auf irgendeine Reise zu begeben.

»Du möchtest also baden«, wiederholte Melissande, während eine entzückende Röte in ihre blassen Wangen stieg. Er bemerkte, daß ihre Finger ein wenig zitterten, als sie den Pinsel in irgendein Lösungsmittel tauchte, ihn an einem Tuch abwischte und dann sorgfältig beiseite legte.

»Ja«, erwiderte Christian. Er hatte sie aus der Ruhe gebracht, und das war der Höhepunkt seines Tages.

Bisher.

»Ich bin sicher, daß Bruder Nodger dir gern dabei behilflich sein wird, wenn er das nächste Mal kommt, um dich zu besuchen.«

»So lange will ich nicht mehr warten.«

Melissande wirkte einen Moment lang leicht verärgert, doch dann begann sie wieder die ruhige Gelassenheit auszustrahlen, die sie sich bei den Nonnen angeeignet hatte. »Das Opfer mußt du schon bringen«, sagte sie ruhig. »Es wird deiner Seele guttun, dich in Geduld zu üben.«

Fast hätte er gelacht. Das war die Melissande, die er gekannt und geliebt und der er einst vertraut hatte. Die vorlaute kleine Göre mit der frechen Zunge. »Eher würde es wohl *deiner* Seele Nutzen bringen, einem armen, kraftlosen Wandersmann in der Stunde seiner größten Not beizustehen. Wie ein guter Samariter. Oder wie unser Herrgott selbst, der sogar die Füße der Unwürdigen gewaschen hat.«

Ein Muskel zuckte an ihrer Kehle, und Christian spürte ihren Zorn durch den Raum tosen wie einen unsichtbaren Sturm, mit der ganzen aufgestauten Energie eines Gewitters, das kurz vor seinem Ausbruch stand. »Mag sein«, erwiderte sie beherrscht, weil sie so gut wie er wußte, daß Mutter Erylis – Gott segne ihr unschuldiges, wohltätiges Herz – das Baden eines Patienten als nichts anderes als die natürliche Aufgabe einer Pflegerin ansehen würde.

Christian seufzte zufrieden. »Ich hätte gern parfümierte Seife, falls das möglich ist. Und heißes Wasser – sehr viel heißes Wasser.«

»Du bist unausstehlich!«

»Und so schmutzig, daß ich mich in meiner eigenen Gesellschaft nicht mehr wohl fühle.«

»Das, mein Herr, kann ich sehr gut verstehen.«

Er lächelte. Melissande, Melissande. Wie er sie vermißt hatte, trotz ihrer Hinterhältigkeit. »Na also«, meinte er.

Melissande stieß fast ihren Stuhl um, so rasch erhob sie sich. »Ich werde sehen, ob ich Bruder Nodger holen lassen kann«, sagte sie. »Wenn nicht, schicke ich eine der Novizinnen, damit sie dir behilflich ist.«

»Danke«, erwiderte Christian grinsend.

»Du bist abscheulich«, murmelte Melissande, ging aber, ohne sich noch einmal umzusehen, hinaus, um ihren Auftrag zu erledigen.

Es kam, wie Melissande befürchtet hatte.

»Wir können unseren Bruder nicht mit solch trivialen Ansinnen belästigen«, erklärte die Äbtissin prompt, als Melissande den kleinen Raum betreten hatte, der Mutter Erylis als Arbeitszimmer diente. »Es genügt, daß wir den armen Bruder Nodger bereits so oft über diese schlechten Straßen herbemüht haben. Du bist Lithwells Krankenschwester. Es ist also deine Aufgabe, dich um seine Bedürfnisse zu kümmern.«

Im ersten Moment erfaßte eine jähe, wilde Freude Melissande, rasch gefolgt von einem ähnlich überwältigenden Gefühl der Scham. Die Decken zurückzuschlagen und Christians nackte Gestalt zu sehen ... ihm einen solch intimen Dienst zu leisten, wie ihn zu waschen ...

»Ich glaube nicht, daß ich das kann, Mutter«, sagte sie lahm.

»Du mußt«, erwiderte die Äbtissin, ohne von den Papieren auf dem Tisch vor ihr aufzusehen. »Und nun laß mich an meinen Büchern weiterarbeiten, Kind. Ich habe noch viel zu erledigen vor der Vesper.«

Melissande trat zögernd einen Schritt vor, um einen weiteren Einwand vorzubringen, doch dann begriff sie, wie sinnlos das gewesen wäre, und zog sich zurück. In der Küche bat sie, Wasser zu erhitzen und es ins Hospital zu bringen, dann holte sie eine Schüssel, ein Stück von der Seife, die die Nonnen selbst herstellten, und einige Tücher aus den Schränken, in denen solcherlei Dinge aufgehoben wurden.

Dann, mit dem festen Vorsatz, sich gegen alle Gefühle zu wappnen, ob sündiger oder anderer Art, während sie Christian badete, kehrte sie an sein Bett zurück. Es würde ein kleiner Beitrag sein in Sachen Demut, dachte sie eine Art Buße dafür, daß sie unwissend am Leiden so vieler Galeerensklaven und an Christians Qualen im besonderen schuldig war.

Christian grinste, als er die Vorbereitungen für sein Bad sah. »Ich fühle mich schon besser«, sagte er. »Ein Bad wird einen neuen Menschen aus mir machen.«

»Du verlangst zuviel von ein bißchen Wasser und Seife«, erwiderte Melissande in scharfem Ton. Obwohl Christian zweifellos ein Bad benötigte, ganz zu schweigen von einer Haarwäsche und Rasur, weil sein Haar verfilzt und ihm ein goldblonder Bart gewachsen war, wußte sie, daß er nur darum gebeten hatte, um sie zu ärgern. Es war empörend, daß ihr keine andere Wahl blieb, als sich zu fügen.

Zwei junge Novizinnen, die vor Verlegenheit erröteten, als sie den Raum betraten, schleppten Holzeimer mit dampfend heißem Wasser herein und stellten sie neben das Bett, ohne dem Mann, der darin lag, auch nur einen Blick zuzuwerfen, bevor sie fluchtartig hinauseilten.

Christian lachte und rieb sich das bärtige Kinn mit seiner unverletzten Hand. »Großer Gott, ich muß noch schlimmer aussehen, als ich dachte!«

Mit dem festen Vorsatz, das Beste aus dieser peinlichen Situation zu machen, füllte Melissande die Schüssel mit Wasser aus einem der Eimer, tauchte einen Lappen ein und begann ihn mit der Seife einzuschäumen. »Du siehst wirklich schrecklich aus«, log sie. Ihre Hand zitterte nur ein wenig – hoffte sie – als sie vorsichtig Christians Bettdecke zurückzog.

Ihr Blick glitt zu seinem Glied, das hart und prall an seinem Bauch aufragte. Errötend schaute sie auf und richtete den Blick auf Christians Gesicht.

Wie sie schon befürchtet hatte, war ihre Taktlosigkeit ihm nicht entgangen. Er lächelte und zeigte seine ebenmäßigen weißen Zähne.

Melissande zog rasch die Decke bis an seine Taille hoch, entfernte das Kissen hinter seinem Kopf und ersetzte es durch die Waschschüssel. Zuerst würde sie sein Haar waschen, der Rest kam später an die Reihe.

Christian seufzte und schloß die Augen, als sie sein Haar befeuchtete und es dann gründlich einseifte. Es kostete sie einige Mühe, den Schmutz aus seinen blonden Locken zu entfernen, aber zu guter Letzt gelang es ihr, und sie rieb sein Haar mit einem Damasttuch trocken und ersetzte das Kissen durch ein frisches.

Danach wurde es dann leichter. Obwohl sie bemüht war, Distanz zu Christian zu bewahren, verspürte sie doch eine süße Faszination für ihre Aufgabe, und während sie immer wieder das Wasser in der Schüssel wechselte, wusch sie behutsam und zärtlich jeden Zentimeter seines Körpers. Dann, ohne ihn vom Bett zu bewegen, wechselte sie das verschwitzte Laken und deckte ihn mit einem frischen zu.

Er sah wieder wie der alte Christian aus, nur, daß er jetzt viel härter wirkte und natürlich viel weniger vertrauensselig. Er war erst neunzehn, doch in den zwei Jahren seit seiner Entführung war er auf viel subtilere Weise älter geworden, als sich in den schärferen Linien seines Gesichts und dem wachsamen Ausdruck seiner blauen Augen widerspiegelte.

»Danke«, sagte er ein wenig heiser.

Melissande konnte nichts erwidern. Sie nickte nur und begann die Eimer und schmutzigen Laken einzusammeln. Die Wasserschüssel leerte sie im Hof aus, als sie ihn auf dem Weg zur Küche überquerte.

Das Bad kennzeichnete den wahren Beginn von Christians Heilung, oder zumindest kam es Melissande so vor. Er begann aufzustehen und herumzuhumpeln, gestützt auf eine Krücke, die er aus einem alten Besenstiel gefertigt hatte. Er saß für kurze Zeit im Garten, bekleidet mit einer Mönchskutte und dünnen Ledersandalen, die Bruder Nodger ihm geliehen hatte, und ließ sich von Melissande Manuskripte aus der umfangreichen Bibliothek des Klosters bringen. Diese Schriften verschlang er so gierig und so eifrig wie sein Essen und sein Trinken.

Er und Melissande redeten, aber nur über oberflächliche, alltägliche Dinge, und obwohl er ruhig, ja sogar gelassen wirkte, kam sie sich von Tag zu Tag immer weniger wie eine einstige Postulantin und immer mehr wie eine Dirne vor. Als die Platzwunden an seinen Lippen heilten und die Schwellungen zurückgingen, konnte sie nur noch daran denken, ihn zu küssen. Als die Schiene nach einem Monat von seiner Hand entfernt wurde, sehnte sie sich nach der Berührung dieser langen, schlanken Finger.

Sie beendete die Zeichnung von Mariä Verkündigung, um eine neue von Maria Magdalena zu beginnen, und betete ohne Unterlaß, Gott möge alle sündigen Gedanken aus ihrem Kopf vertreiben.

Dann, endlich, brachte ein Kurier eine Botschaft mit dem Siegel der Bradgate Company. Der Vermögensverwalter bezeichnete Melissandes ›Vorschläge‹ schlechtweg als undurchführbar und weigerte sich, sie auszuführen.

8. Kapitel

Melissande war im Garten und zupfte gerade das Unkraut in den Blumenbeeten aus, als ihr die Nachricht überbracht wurde. Christian, der nach einem Monat fast vollkommen wiederhergestellt war, saß auf einer Marmorbank und las stirnrunzelnd in einem uralten Gedichtband, der vom Griechischen ins Französische übersetzt war.

Er schaute auf, ohne etwas zu bemerken, als Melissande sich aus dem Beet erhob, die Röcke ihrer Ordenstracht ausschüttelte und die Lederhülse von Schwester Annetta in Empfang nahm. Melissande verspürte nichts als Vorfreude, als sie das kunstvolle Wachssiegel erbrach, das die persönlichen Insignien ihres verstorbenen Vaters trug, und das schwere Pergament herausnahm.

Ihre freudige Stimmung hielt nicht lange an.

»Wie kann dieser Mensch es wagen, meine Befehle derart zu mißachten?« rief sie entrüstet und errötete vor Zorn, als sie das Dokument zum zweitenmal überflog. »Was glaubt er, wer er ist?«

Christian lächelte. »Anscheinend befindet der arme Mann sich in dem Glauben, *er* sei der Leiter der Bradgate Company.«

»Diese Idee werde ich ihm unverzüglich austreiben«, sagte Melissande, rollte das Pergament zusammen und schwenkte es in Christians Richtung wie ein Schwert. »Ich werde nach London fahren und Henry Renford *auf der Stelle* aus meinem Dienst entlassen!«

»Renford ist nicht dumm«, gab Christian nüchtern zu bedenken und legte das Manuskript mit den Gedichten vorsichtig auf die Bank, bevor er Melissande seine volle Aufmerksamkeit zuwandte. »Dein Vater hatte bestimmt eine Verfügung getroffen, die Renford berechtigt, die Firma zu übernehmen, falls der Familie ein Unglück zustoßen sollte, wie es dann ja auch geschehen ist.«

Entmutigt ließ Melissande die Schultern hängen. Christian hatte natürlich recht – wofür sie ihm alles andere als dankbar war. Obwohl John Bradgate gut für seine Tochter gesorgt hatte, würde er die Leitung seiner Firma niemals einer jungen Frau überlassen haben. Dazu war er viel zu sehr auf seinen Vorteil bedacht gewesen – wie sonst wohl hätte er aus freien Männern Sklaven machen können? Welche anderen furchtbaren Dinge mochte er getan haben, um ein derart umfangreiches Vermögen zu erlangen?

»Setz dich«, forderte Christian sie auf, nicht unfreundlich, und machte Platz für Melissande. »So schlimm ist es nun auch nicht. Ich bin sicher, daß Renford gute Arbeit geleistet und die Brotlaibe und Fische in Eurer Abwesenheit vervielfacht hat, Schwester Pieta.«

Melissande hätte Christian vielleicht rückwärts ins Blumenbeet gestoßen, wenn sie in den letzten Wochen nicht soviel Zeit und Mühe darauf verwandt hätte, ihn zu pflegen und zu heilen. So warf sie ihm nur einen bösen Blick zu und stützte die Hände in die Hüften, so daß die Pergamentrolle an einer Seite wie ein Spieß hervorstand. »Und wie viele Leben sind dabei zerstört worden? Wie viele Menschen sind dabei gebrochen worden?«

Christian wußte sehr gut, daß sie die Galeerensklaven meinte, die ihre Schiffe in Bewegung hielten, wann immer sie in eine Kalmenzone gerieten. Was sehr häufig vorkam, wie sie annahm.

»Kümmert dich das?«

»Selbstverständlich! Ich war ein naives Kind, Christian. Ich habe nie gewußt, wie mein Vater all sein Gold verdient hatte.« Sie holte tief Atem, um sich zu beruhigen, und ließ ihn langsam wieder aus. »Glaub mir, ich hätte lieber auf den Straßen gebettelt, als von dem Leid dieser unglücklichen Seelen zu profitieren. Und genau das werde ich auch tun, ehe ich zulasse, daß dieses Unrecht weitergeht!«

Christians Blick verriet Neugier und eine Spur von Mißtrauen. »Ich glaube, du meinst es ernst. Du willst wirklich nach London fahren.«

»Habe ich dir das nicht bereits gesagt?« fragte Melissande mit kaum verhohlener Ungeduld und schaute zur Sonne auf, um die ungefähre Tageszeit festzustellen. »Es ist schon zu spät für die heutige Kutsche«, sagte sie nach kurzer Überlegung, »aber wenn ich morgen aufbreche, müßte ich am Wochenende in den Büros der Bradgate Company sein.«

Sich auf seine Krücke stützend, richtete Christian sich auf und blieb einen Moment lang schwankend stehen. Seine blauen Augen waren schmal geworden, ein harter Zug lag um seinen Mund. »Du wirst *nicht* nach London fahren. Die Straßen sind zu unsicher für alleinreisende Frauen.«

»Ich fahre«, beharrte Melissande und verschränkte ihre Arme. »Und allein sein werde ich ganz sicher nicht. Die Kutschen sind immer bis auf den letzten Platz besetzt.«

»Ja. Mit Wüstlingen, Schurken und Halsabschneidern. Und du kannst bei keiner Kutsche sicher sein, daß sie nicht von Straßenräubern überfallen wird!«

Melissande bückte sich, um die Ledertasche aufzuheben, die sie vorhin hatte fallen lassen, faltete das Pergament und steckte es wieder in die Hülle. Während sie sprach, beobachtete sie Christian unter halbgesenkten Lidern. »Wenn du dir solche Sorgen machst, wäre es vielleicht besser, wenn du mich begleiten würdest.«

»Das habe ich auch vor«, erwiderte er prompt.

Und so geschah es, daß sowohl Christian wie Melissande in der Kutsche saßen, als sie am nächsten Tag aus Gilly abfuhr.

Christian, der sich in düsteres Schweigen hüllte, trug Kleidungsstücke, die Melissande mit Bradgate-Gold bezahlt hatte – hellbraune Hosen, ein weites Hemd und weiche Lederstiefel, die aus dem einzigen Laden im Dorf nach St. Bede's geschickt worden waren. Melissande hatte ihm auch einen Gürtel und einen Dolch gekauft, wenn auch gegen ihren Willen, weil er darauf bestanden hatte, daß sie eine solche Reise unmöglich ohne Waffen unternehmen konnten.

Christians Stolz schien sehr gelitten zu haben durch all das, denn er besaß keinen Heller, den er sein eigen nennen konnte, nachdem ihm alles abgenommen worden war außer den Kleidern, die er am Leibe trug, als er seine Gefangenschaft auf der *Eleanora* antrat. Die Umstände zwangen ihn, von Melissande Unterstützung anzunehmen, aber nichts konnte ihn dazu bringen, es gern zu tun.

Nach einem tränenreichen Abschied von Mutter Erylis und den anderen Nonnen der Abtei hatte Melissande das schwarze Trauergewand angezogen, das sie getragen hatte, als sie angekommen war, um Zuflucht in den Armen der Kirche zu suchen, und einen Schleier, mit dem sie auch ihr Gesicht bedecken konnte, falls es nötig war. Sie waren die kurze Entfernung bis Gilly zu Fuß gegangen, Christian sogar ziemlich schnell, trotz seiner Krücke, um die Kutsche vor der Dorfschenke zu besteigen, einem schmucklosen Etablissement namens ›The Rooster and The Fiddle‹.

Auf der ersten Etappe der Reise hatten sie die Kutsche ganz für sich, worüber Melissande froh war, da das Gefährt nicht nur unglaublich klein, sondern auch sehr schmutzig war.

»Es ist dir hoffentlich bewußt«, begann Christian, als die Kutsche unterwegs war und über die kurvige Straße holperte, die ins nächste Dorf führte, »daß man dir, wenn wir erst in London sind, bei der Bradgate Company einen herzlichen Empfang bereiten und Wein und Kuchen reichen wird, um dich dann diskret und höflich hinauszukomplimentieren?«

»Das lasse ich mir nicht gefallen«, widersprach Melissande entschieden, obwohl sie sich in Wahrheit nicht so sicher war. Sie besaß keinerlei Erfahrung mit Geschäften – nur die sichere Überzeugung, daß sie ihren Unterhalt nicht aus dem Blut und Schweiß anderer Menschen beziehen wollte. »Immerhin bin ich die rechtmäßige Erbin meines Vaters.«

»Wundere dich nicht, wenn es nicht so einfach ist«, sagte Christian seufzend und wandte den Kopf ab, um die idyllische Landschaft zu betrachten. Oder hielt er Ausschau nach Banditen? Melissande fiel auf, daß seine Hand sich nie weit vom Griff des Dolchs entfernte, der in seinem Gürtel steckte.

Den ganzen Nachmittag reisten sie, hielten nur in einem Dorf an, um die Pferde zu wechseln, und fuhren dann zum nächsten weiter, wo sie wieder haltmachten, um Botschaften, die für andere Orte bestimmt waren, aufzunehmen. Ein unglaublich fetter Mann, eine Art Wanderprediger, gesellte sich dort zu ihnen und versuchte vergeblich, Christian in eine Unterhaltung zu verwickeln. Melissande, die gezwungen war, entweder Christians Sitz zu teilen oder sich zwischen den Prediger und die Kutschenwand zu quetschen, zog den Schleier über das Gesicht und verhielt sich still.

Sie und Christian hätten zusammengenäht sein können, so wie ihre Schenkel, ihre Schultern, ja sogar ihre Hüften sich berührten. Diese unmittelbare Nähe weckte noch mehr sündhafte Empfindungen in Melissande, und sie war froh, daß niemand wußte, was sie durchmachte. Unschickliche Träume hatten begonnen, sie nachts zu quälen, und sie sehnte sich danach, Christians Mund auf ihrem zu spüren. Sein Kuß würde zunächst ganz sacht sein, dann fordernder …

Sie erschauerte und riskierte einen verstohlenen Blick auf Christian, der nahe genug saß, um ihr Gesicht unter dem Schleier zu erkennen. Er lächelte.

9. Kapitel

Bei Einbruch der Nacht ratterte die überladene Kutsche ihrem letzten und daher angenehmsten Halt entgegen, einem namenlosen Gasthof, der sich mitten in einer öden, windgepeitschten Moorlandschaft befand. Es war ein trostloser, schmuddeliger Ort, und Melissande mußte sich jetzt eingestehen – obwohl sie es Christian gegenüber niemals zugegeben hätte –, daß sie froh war, auf dieser Reise nicht allein zu sein.

Sie aßen gebratene Wachteln und teilten sich einen Becher Wein am Feuer, weit abseits von dem Wanderprediger und den anderen Gästen der Taverne, die Melissande alle ein wenig unheimlich erschienen.

Der Boden des Lokals war mit schmutzigem Stroh bedeckt, und ab und zu sah Melissande eine Maus vorbeihuschen, was ihr vielleicht nicht aufgefallen wäre, wenn das leise Rascheln nicht gewesen wäre, das die Tiere im Stroh verursachten. Es schauderte sie bei dem Gedanken, die Augen zu schließen und an einem solchen Ort zu schlafen, obwohl sie sehr müde und erschöpft war. Trotz ihrer Jugend und guten körperlichen Konstitution war die Kutschfahrt ungemein anstrengend gewesen.

Als Melissande vor fast zwei Jahren von Taftshead nach St. Bede's gereist war, war sie von einer ansehnlichen Eskorte begleitet worden und hatte in den Häusern von Verwandten und Freunden, die auf dem Weg lagen, sehr bequem genächtigt. Ein Lokal wie diesen düsteren kleinen Gasthof hatte sie noch nie zuvor betreten, ganz zu schweigen davon, daß sie je eine Nacht in einem solchen Haus verbracht hätte.

Christian, der seine Mahlzeit beendet hatte, starrte nachdenklich in das Kohlenfeuer, während er mit der Spitze seines Dolchs seine Fingernägel reinigte. Melissande beobachtete ihn eine Zeitlang durch ihren Schleier und richtete den Blick dann auf den Prediger, der im Laufe des Abends eine ganze Platte Wachteln verspeist und mehrere Krüge Bier dazu getrunken hatte.

Als er endlich satt war, stand der dicke Mann von der harten Holzbank auf, auf der er sein Essen eingenommen hatte, rülpste einmal laut und vernehmlich und wandte sich dann ab, um hinauszugehen. Nach einigen Minuten kehrte er zurück, gab dem Gastwirt eine Münze für die Benutzung einer Decke, und richtete sich ein Bett im Stroh auf dem Boden der Taverne.

Melissande erschauderte, und Christian lachte.

»Keine Angst, Mylady. Niemand verlangt von Euch, Euer Lager mit den Mäusen zu teilen, obwohl ich zu behaupten wage, daß Ihr meine Gesellschaft vielleicht als nicht weniger anstößig empfinden werdet.«

Sie starrte ihn durch ihren Schleier an. »Was?« wisperte sie.

»Du wirst mit mir schlafen«, sagte Christian so seelenruhig, als sei nichts Ungebührliches an seinen Worten.

Melissande errötete, aber weniger, weil sie schockiert war, sondern vielmehr, weil sie die Idee so ungemein verlockend fand. Was war nur los mit ihr?

»Ich denke nicht daran«, wisperte sie und schüttelte den Kopf »Wir sind nicht verheiratet.«

Christian zog eine Augenbraue hoch, sein blondes Haar schimmerte im Feuerschein, und seine wohlgeformten Lippen verzogen sich zu einem amüsierten Lächeln, das er jedoch rasch wieder unterdrückte. »Nein«, sagte er. »Aber ich habe nicht die Absicht, die ganze Nacht herumzusitzen, und die einzige Möglichkeit, an diesem Ort ein Bett zu bekommen, ist, uns eins zu teilen.«

»Wir könnten jeder ein eigenes Zimmer nehmen.«

»Willst du allen Ernstes eine Wand zwischen uns? An diesem Ort hier?«

Melissande biß sich auf die Lippen und zögerte, obwohl sie wußte, daß es sinnlos war, sich ihre Entscheidung lange zu überlegen. Sie wollte Christian und seinen scharfen Dolch ganz dicht in ihrer Nähe haben, nahe genug zum Anfassen.

Sozusagen.

»Nein«, erwiderte sie schließlich, und das Eingeständnis fiel ihr mindestens so schwer, wie es Christians Stolz verletzt hatte, Kleider und eine Waffe von ihr anzunehmen.

Mit einem übertriebenen Seufzer, der besagte, daß sie von Anfang an auf ihn hätte hören sollen, anstatt die ganze Sache so lange hinauszuzögern, stand Christian auf und humpelte mit Hilfe seiner Krücke zu dem Gastwirt, um mit ihm zu reden. Wenige Minuten später schon führte der Mann sie zu einer Kammer unter der Treppe.

Buchstäblich jeder Zentimeter Raum wurde von einer Art Hängematte aus Tauen und Seilen eingenommen, die zwischen der schrägen und der geraden Wand hing. Es gab nur eine schmuddelige Decke und ein winziges Fenster, das sich nicht öffnen ließ, und obwohl Melissande viel lieber im Heuschober geschlafen hätte, dachte sie nicht daran, sich zu beklagen. Sie war sicher, daß größere Herausforderungen als diese Kammer sie erwarteten, wenn sie erst in London war und sich daranmachte, Ordnung in der Bradgate Company zu schaffen.

»Du solltest dich zuerst hinlegen«, sagte Christian. »Ich möchte an der Außenseite liegen, bei der Tür.«

Melissande nahm ihren Schleier ab, aber nichts anderes, bevor sie unbeholfen auf das schwankende Lager kletterte und sich Kopf und Schulter an der Wand stieß, bevor das Ding aufhörte, sich zu bewegen. Es gab kein Licht in der kleinen Kammer außer dem schwachen Mondschein, der durch das schmutzige kleine Fenster drang, aber sie sah Christians Zähne aufblitzen, als er über ihr Dilemma grinste.

»Es ist eigentlich ganz bequem«, log sie, nur um ihn zu ärgern.

Er antwortete nicht, sondern lehnte seine Krücke an die Wand und legte den Dolch auf das Fensterbrett, wo er ihn leicht erreichen konnte, bevor er sich zu ihr legte. Sein Gewicht und seine Wärme entfachten wieder all die Empfindungen, die Melissande durch schiere Willenskraft den ganzen Tag lang unterdrückt hatte.

Nachdem Christian die Decke über ihnen ausgebreitet hatte, stieß er einen tiefen, zufriedenen Seufzer aus und drehte sich auf die Seite, worauf Melissande in seine Richtung rollte.

Es war, als prallte sie an einen Felsen, der zwar hart war, aber auch warm und aufgeheizt von einer warmen Sommersonne.

Melissande schnappte nach Luft.

»Ist was?« fragte Christian. Der unschuldige Ton, in dem er die Frage stellte, war purer Hohn, er wußte sehr gut, was war.

Melissande hätte ihn am liebsten mitten ins Gesicht geschlagen. »Nein«, erwiderte sie. »Es ist alles bestens.«

»Du zitterst. Ist dir kalt?«

»Nein«, sagte sie noch einmal, und diesmal war es die reine Wahrheit. Ihr war so heiß, als ob sie Fieber hätte, und am liebsten hätte sie die Decke abgestreift. Gefühle regten sich und erwachten in ihr, und ihr Herz klopfte wie verrückt. Sie hoffte nur, daß Christian nicht bemerkte, wie schnell und flach ihr Atem kam. »Ich ... Mir ist ein bißchen warm.«

»Mir auch.«

Melissande wußte nicht, was sie darauf erwidern sollte. Christian legte seinen linken Arm, der nicht mehr geschient war, aber noch immer in einer Schlinge ruhte, auf ihre Taille. Seine Stirn berührte ihre, und sie spürte seinen Atem auf ihrem Gesicht. Flüchtig berührte er ihre Lippen mit seinen.

»Ich habe oft davon geträumt, so neben dir zu liegen, als ich auf der Galeere war«, sagte er nach einer Weile mit leiser, rauher Stimme.

Melissande wußte, daß es besser gewesen wäre, sich seiner Umarmung zu entziehen, aber sie konnte sich nicht dazu überwinden. »Ich dachte, du hättest mich gehaßt.«

»Oh, das tat ich auch – wenn ich wach war.«

Melissande hätte am liebsten geweint wegen allem, was Christian erlitten hatte, aber das nützte ihm jetzt natürlich nichts mehr. Aber wenn sie die anderen Galeerensklaven befreite, würde sie in geringem Maße vielleicht auch etwas von ihrer Schuld bei Christian abtragen. »Aber jetzt haßt du mich?« fragte sie leise.

»Ich bin nicht sicher«, antwortete er.

Melissande war froh, daß er ihr Gesicht nicht sehen konnte, denn dann hätte er bestimmt erraten, wie tief seine Worte sie verletzt hatten. Sie wußte, daß er sie nicht lieben konnte, aber sie hatte gehofft, daß er sie in all den Wochen, die sie zusammen verbracht hatten, als den Menschen erkennen würde, der sie war, und ihr ein bißchen mehr vertraute.

Als sie nichts mehr sagte, legte er sanft eine Hand unter ihr Kinn, drehte mit einem leisen Seufzer ihr Gesicht zu sich herum und küßte sie.

Ein fast schmerzhaftes Glücksgefühl erfaßte Melissande, und sie erwiderte den Kuß mit dem ganzen Eifer ihres Herzens.

In diesen Momenten vergaß sie die Verbitterung, die zwischen ihr und Christian herrschte, das Mißtrauen, den

Kummer und den Zorn. Das einzige, was jetzt noch wichtig war, das einzige, was noch existierte, war ihre Liebe zu ihm, die nie gestorben war.

Christian war atemlos, als er sich endlich von ihr löste. »Gott verzeihe mir«, murmelte er, und dann küßte er Melissande von neuem, diesmal noch leidenschaftlicher. Wenn sie nicht vorher schon verloren gewesen war, war sie es ganz sicher jetzt; ihr junger Körper drängte sich an seinen, und ihre Seele erbebte unter der Macht ihres Verlangens wie ein Baum unter dem Einschlag eines Blitzes.

Kurz darauf begann Christian ihren schlanken Hals zu küssen, seine Lippen glitten zu ihren festen kleinen Brüsten hinab. Mit den Zähnen löste er die Bänder ihres Hemds, und als sie entblößt und zitternd vor ihm lag, nahm er eine der zarten Knospen in den Mund.

Melissande schrie leise auf, verblüfft über die Intensität der Gefühle, die diese Berührung in ihr auslöste. Zärtlich schob sie ihre Hände unter Christians weiches, langes Haar, um sie dort zu verschränken und ihn noch fester an sich zu ziehen.

Er küßte und liebkoste sie mit seinen Lippen, mit seiner Zunge und mit seinen Zähnen, und seine Zärtlichkeiten versetzten Melissande in einen solchen Zustand der Erregung, daß sie nichts anderes mehr wollte, als mit ihm vereint zu sein. Er schob ihre Röcke bis zur Taille hoch – sie trug nichts als ein Hemd darunter – und zog Melissande dann rittlings auf seine harten Schenkel. Ihre Brüste quollen aus dem offenen Mieder ihres Gewands, ihr dunkles Haar fiel offen auf ihren Rücken, ihre Schultern und ihre Arme.

»Falls du dich mir verweigern willst, Mylady«, warnte Christian heiser, »dann tu es jetzt.«

Melissande bewegte sich auf ihm, in einer stummen Einladung, ihn in sich aufzunehmen.

Er drang mit einer ungestümen Bewegung, die ihr einen Schrei entlockte, in sie ein.

»Habe ich dir weh getan?« fragte er, und es klang bestürzt.

Sie hatte vergessen, wie groß er war, wie vollkommen er sie ausfüllte, und es schmerzte ein wenig, aber es gab kein Zurück für Melissande. Instinktiv begann sie sich zu bewegen, um Christian noch tiefer in sich aufzunehmen, und in dem Sturm der Leidenschaft, der sie überwältigte, vergaß sie ihren Schmerz.

10. Kapitel

Lange nachdem Melissande in seinen Armen eingeschlafen war, lag Christian noch wach und dachte über das nach, was heute nacht zwischen ihnen vorgefallen war, auf einer Hängematte in einem primitiven kleinen Landgasthof. Sie hätten Adam und Eva sein können, im Garten Eden vor dem Sündenfall, so rein und schön war ihre körperliche Liebe gewesen.

Zärtlich wickelte er eine ihrer seidenen Haarsträhnen um den Finger, während er nachdachte; Melissande bewegte sich und schmiegte sich mit einem zufriedenen kleinen Seufzer noch fester an ihn und legte den Kopf an seine Schulter.

Sie hat mich verraten, rief er sich ins Gedächtnis, genauso schamlos, wie Judas Christus verraten hat. Wieso empfand er dann eine so unfaßbare Zärtlichkeit für Melissande, eine so unstillbare Leidenschaft?

Natürlich stritt sie ab, seine Entführung angeordnet zu haben, und Christian schloß nicht aus, daß sie die Wahrheit sprach. Obwohl Melissande alles andere als dumm gewesen war, war sie nie sehr praktisch veranlagt gewesen, und daher war es durchaus möglich, daß sie den Befehl unterzeichnet hatte, ohne zu wissen, was sie da unterschrieb. In jenen Tagen hatten ihr Vater und Eleanora ihr alle möglichen Dokumente vorgelegt, die ihre Unterschrift erforderten, und es wäre bezeichnend gewesen für die unerfahrene, vertrauensselige Melissande jener Tage, irgendein offiziell aussehendes Schriftstück zu unterzeichnen, ohne sich vorher seinen Inhalt anzusehen.

Christian sagte sich, daß er sich etwas vormachte. Sie hatte ihn damals loswerden wollen, um James heiraten zu können und Gräfin von Wellingsley zu werden. Und jetzt, wo er der rechtmäßige Erbe der Besitztümer und des Titels seines Bruders war, hatte sie sich vorgenommen, ihn von neuem für sich zu gewinnen.

Der Gedanke erfüllte Christian mit Zorn, denn er hätte ihr so gern geglaubt. Aber natürlich wagte er nicht, nachzugeben. Melissande zu vertrauen, sein Herz in ihre Hände zu legen, hätte ihn nur wieder zu einem Gefangenen gemacht, so sicher, als wenn er gefesselt und in Ketten auf die *Eleanora* zurückgebracht worden wäre, um dort Ruderdienst zu leisten. Nein, er würde sich sein Vergnügen bei ihr nehmen – das zumindest war Melissande ihm schuldig, nach allem, was sie ihm angetan hatte –, aber nie wieder würde er sich gestatten, sie wirklich und aufrichtig zu lieben.

Genausogut hätte er eine Viper an seiner Brust nähren können.

Sie öffnete ihre wundervollen Augen, blinzelte und gähnte. »Christian?«

»Ich bin hier«, sagte er, und die Zärtlichkeit in seiner Stimme war nicht nur vorgetäuscht. Er würde an seinen Emotionen arbeiten, entschied er, würde sie zügeln, um nicht ein zweites Mal in die Falle zu gehen und sich geschoren und in Ketten wiederzufinden, wie Samson, während die Mauern und Säulen irgendeines Tempels über seinem Kopf zusammenstürzten.

Sie bewegte sich an seiner Seite, und er dachte daran, wie sie in der Nacht zusammen geschlafen hatten. Diese Erinnerung löste wieder eine starke körperliche Erregung in ihm aus, aber er drehte Melissande nicht auf den Rücken, um in sie einzudringen, wie er es mit einer Hure oder einer Mätresse vielleicht getan hätte. Sie war nicht an den Liebesakt gewöhnt, und er wußte, daß er ihr ein, zwei Tage eine Pause gönnen mußte.

Das hätte er sich eigentlich denken müssen, aber Eifersucht und Angst hatten seine Gedanken bestimmt.

Die schlimmste Qual seiner fünfundzwanzig Monate währenden Gefangenschaft war für ihn gewesen, an Melissande in James' Bett zu denken und sich vorzustellen, wie sie sich willig dem Mann hingab, der sie zu einer Gräfin gemacht hatte. Er hatte sich vorgestellt, wie sie gemeinsam lachten über die schlaue Art, wie sie ihn beseitigt hatten, und war überzeugt gewesen, daß sie stolz auf ihren Verrat waren.

Aber jetzt wußte er, daß James, genau wie Bradgate und dessen Frau Eleanora, schon seit zwei Jahren tot war. Und überdies hatte Melissande die dazwischenliegende Zeit im Kloster von St. Bede's verbracht und ihr Bestes getan, um Mutter Erylis zu überreden, daß sie ihr erlaubte, ihr endgültiges Gelübde als Braut Christi abzulegen.

Was bedeutete das alles? Hatte er sich in Melissande geirrt – in seinem Bruder und in seinem zukünftigen Schwiegervater? Und wenn James tot war, wieso war Queech dann gekommen, um ihn – Christian – umzubringen?

In der Dunkelheit schüttelte er den Kopf. Er hatte eine ganze Reihe von Dingen während seiner Zeit im Bauch der Hölle gelernt, und die wichtigste Lektion war, daß man niemandem vertrauen konnte. Brüder, zukünftige Ehefrauen, Freunde – sie alle konnten dazu überredet werden, einen zu verraten, wenn der Preis nur hoch genug war.

Christian zwang sich, nicht um den Verlust der Frau zu weinen, für die er Melissande einmal gehalten hatte. Viel besser war, sich stets vor Augen zu halten – jeden Augenblick, bei Tage und Nacht –, daß sie trotz ihres einnehmenden Wesens und ihrer süßen, feurigen Leidenschaft im Grunde ihres Herzens eine Schlange war.

Melissande erwachte rechtzeitig zur Morgenandacht, obwohl sie die Abtei inzwischen weit hinter sich gelassen hatte. Christian lag neben, nein, halb *auf* ihr in der Hängematte, ein Bein um ihre Beine geschlungen und einen Arm um ihre Schultern. Sein Atem ging ruhig und tief, rhythmisch und entspannt.

Sie stieß ihn an. »Christian?«

»Hm«, murmelte er, und seine dichten Wimpern flatterten, als er einen Spalt die Augen öffnete. »Was ist?«

»Die Kutsche wird bald abfahren.«

»Die Kutsche fährt erst in fünf Stunden ab«, entgegnete er nicht allzu freundlich. »Schlaf weiter, Melissande.«

»Ich möchte reden.«

»Na wunderbar. Dann rede mit dir selbst. Aber leise bitte.«

»Du hast mich heute nacht geliebt«, sagte sie leise. »Oder war es nur ... Hast du dich nur *erleichtert*, wie du es bei einer Tavernendirne oder irgendeinem armen Dienstmädchen getan hättest?«

»Es ist nicht meine Art, mich bei ›armen Dienstmädchen‹ *zu erleichtern*«, erwiderte er. »Ich habe dich genommen, weil ich dich begehrte.«

Sie versteifte sich. »Und das genügte deiner Ansicht nach?«

»Leg mir keine Worte in den Mund. Ich habe keinen Laut des Widerspruchs von dir gehört, wenn ich so rüde sein darf, dich daran zu erinnern.«

»Und wenn ich dich nun abgewiesen hätte?«

»Dann hätte ich nicht darauf beharrt. Aber darf ich noch einmal wiederholen, daß du mich *nicht* abgewiesen hast?«

»Was wirst du tun, wenn wir in London eintreffen? Wirst du mich dort verlassen?«

Christian seufzte. »Ich habe einige persönliche Angelegenheiten zu erledigen. Die Wellingsley-Besitztümer gehören mir, und ich will sie haben.«

»Du wirst heiraten und mindestens einen Erben zeugen wollen.«

»Ja. Allerdings.«

Melissande schwieg einen Augenblick. »Du würdest jemanden heiraten, den du nicht liebst?«

»Ich glaube nicht mehr an die Liebe«, entgegnete Christian kalt. »Und alles, was ich weiß über die Frau, die ich einmal heiraten werde, ist, daß sie in keinster Weise so wie du sein wird, Melissande.«

11. Kapitel

Der Rest der Reise, drei Tage und drei Nächte, verlief mehr oder weniger nach dem gleichen Muster wie jener erste Abend auf der Straße. Jede Nacht teilten Christian und Melissande sich ein Bett in irgendeiner fragwürdigen Taverne voller Strauchdiebe und Wüstlinge, und jede Nacht schliefen sie miteinander.

Melissande machte sich keine Illusionen, daß Christians Gefühle ihr gegenüber sich geändert hatten, obwohl er ihr stets mit größter Zärtlichkeit begegnete, wenn sie allein waren. Sie vermutete, daß er sie begehrte, weil er ausgehungert war nach der Berührung einer Frau. Ihr Grund, sich ihm hinzugeben, war ähnlich simpel: Sie wußte, daß sie nie wieder lieben würde, und versuchte, sich Erinnerungen zu schaffen, von denen sie für den Rest ihres Lebens zehren konnte.

Am vierten Tag der Reise erreichten Melissande und Christian endlich die geschäftige Stadt London, die sich am Ufer der Themse erstreckte und deren imponierender weißer Tower majestätisch in den Himmel aufragte.

London war eine laute, schmutzige Stadt, und doch verspürte Melissande freudige Erregung, als sie sie durch das Kutschenfenster betrachtete. Wenn sie Christian schon nicht haben konnte, so blieb ihr doch noch immer ihr Geschäft, und sie würde ihre ganze Kraft und Energie einsetzen, um die Firma auf anständige, gerechte Weise zum Erfolg zu führen.

Vor einer Taverne in Stadtmitte stiegen sie aus der unsauberen Kutsche aus und mieteten ein anderes

Gefährt, einen offenen Wagen, der von zwei grauen Mauleseln gezogen wurde, um sich darin zu den Bürogebäuden der Bradgate Company fahren zu lassen.

Zumindest fuhr Melissande – denn Christian bestand darauf, neben dem Wagen herzuhumpeln und sich seinen Weg zu bahnen zwischen Haufen von Pferdekot, Pfützen und anderem Unrat. Melissande dachte, daß er der eigensinnigste, stolzeste Mann war, den sie kannte, und dennoch liebte sie ihn wider jegliche Vernunft und über alle Maßen.

Zu behaupten, die Insassen des zweistöckigen Holzgebäudes in der Carstairs Street seien überrascht gewesen, Melissande zu sehen – ganz zu schweigen von Christian Lithwell – wäre maßlos untertrieben. Ein augenblickliches, spannungsgeladenes Schweigen breitete sich aus, als die beiden Neuankömmlinge den großen Raum mit den hohen Stehpulten betraten, an denen die Schriftführer und Buchhalter ihrer Arbeit nachgingen.

Henry Renford, der seit John Bradgates Tod die Geschäfte leitete, kam sofort aus seinem eigenen Büro herüber und zupfte in einer gereizten Geste an seinem kostspieligen grünen Samtwams. Es war offensichtlich, daß er über diese Unterbrechung wütend war. Er war ein schlanker Mann mit hervorstehenden Augen und fettigem braunem Haar. Sein Blick glitt prüfend über Melissande, um dann mit zunehmendem Entsetzen auf den unergründlichen Gesichtszügen von Christian Lithwell zu verweilen.

»Nun«, sagte er, und dieses einzige Wort hallte durch den Raum wie das Läuten von Begräbnisglocken. Nachdem er sich einmal umständlich geräuspert hatte, nickte er Melissande knapp zu. »Demoiselle.« Ein weiteres Nicken für Christian. »Mylord.«

Melissande fühlte, wie Christian sich unruhig neben ihr bewegte. Spürte er genau wie sie, daß der Geschäftsführer ihres verstorbenen Vaters nicht nur verärgert, sondern auch erschrocken über ihr unvermutetes Erscheinen war? Sicherlich hatte Renford von den Plänen ihres Vaters,

Christian zu beseitigen, gewußt – falls eine solche Verschwörung tatsächlich stattgefunden hatte.

»Mylady«, sagte Christian in einem Ton, der zuckersüß und zugleich grimmig war, während er eine kleine Verbeugung in ihre Richtung machte, um anzudeuten, daß Melissande das Reden übernehmen würde.

Sie war sehr aufgeregt, aber die Macht ihrer Überzeugungen verlieh ihr die nötige Kraft, um ihr Vorhaben auszuführen. Errötend schluckte sie, verschränkte die Arme über der Brust, wie sie es bei der Äbtissin in schwierigen Situationen oft gesehen hatte, und schob das Kinn vor. »Eure Dienste werden ab heute nicht mehr benötigt«, teilte sie Renford unumwunden mit. »Ich beabsichtige, die Firma selbst zu leiten.«

Ein beunruhigtes Tuscheln ging durch die Reihen der Angestellten.

Der kleine Mann, der vielleicht eine gute Figur abgegeben hätte, wenn nicht sein umfangreicher Bauch gewesen wäre, gab ein Geräusch von sich, das wie ein Schnüffeln und gleichzeitig wie ein Schnauben klang. »Ich bitte um Verzeihung?« sagte er, doch der Glanz in seinen scharfen Vogelaugen verriet Melissande, daß er sehr gut verstanden hatte.

»Ihr werdet Eure Sachen packen und dieses Gebäude verlassen, noch bevor das Geschäft heute nachmittag geschlossen wird«, sagte sie, zuversichtlicher, als sie vielleicht gewesen wäre, wenn Christian sie nicht begleitet hätte. »Ich habe keine Verwendung mehr für Euch.«

Das Tuscheln wich einem bestürzten Schweigen, das durch den großen, kalten Raum hallte. Die Angestellten beugten ihre Köpfe über Schriftstücke und Stapel goldener Münzen und wagten nicht, aufzuschauen, obwohl sie jedes Wort, das zwischen Melissande und Renford gesprochen wurde, klar und deutlich hören konnten. Und sich vermutlich fragten, ob auch sie mit ihrer Entlassung rechnen mußten.

»Das ist eine Unverschämtheit«, sagte Renford kalt, »die ich nicht dulden werde. Euer verehrter Vater hat *mir* die

Leitung dieses Unternehmens anvertraut, im vollen Bewußtsein dessen, daß eine Frau niemals imstande wäre, etwas so Komplexes und Umfangreiches wie dieses Geschäft zu leiten. Ich habe Dokumente, die meine Ansprüche beweisen, und sie sind nicht nur unterschrieben von John Bradgates eigener Hand, sondern auch von Zeugen!«

»Das mag schon sein«, stimmte Melissande mit einer Gelassenheit zu, die sie nicht empfand. »Aber ich befinde mich im Besitz seines Letzten Willens und Testaments, das mich zur Eigentümerin seines gesamten Besitzes macht. Im übrigen ...«, sie wagte Christian nicht anzusehen, als sie fortfuhr –, »hatte mein Vater mir einige seiner Handelsschiffe sogar schon vor seinem Tod rechtmäßig überschrieben.«

Das Blut stieg in Renfords Wangen, aber er bewahrte auf bewundernswerte Weise die Beherrschung. »Darf ich Euch daran erinnern, Demoiselle, daß Euer Vater mich zu Eurem Vormund bestimmte und mir die uneingeschränkte Kontrolle über sämtliche Interessen dieser Firma übertrug, bis Lord James oder ich selbst Euch für fähig hielten, selbst ein solch riesiges Unternehmen zu leiten?« Sein Blick glitt voller Unbehagen zu Christian. »Für den Fall, daß Ihr nicht beabsichtigt zu heiraten, natürlich.« Die letzten Worte waren kaum zu hören, so leise sprach er sie.

Christian lächelte gewinnend. »Und hier bin ich, ein seefahrender Lazarus, der aus seinem nassen Grabe aufgestiegen ist. Wer weiß, ob ich nicht hingehe und mich Mylady selbst als Bräutigam anbiete?«

Renford erblaßte, und Melissande fühlte eine schwache Hoffnung in sich erwachen. Natürlich hatte Christian gar nicht vor, sie zu heiraten, trotz der Liebesnächte auf dem Weg nach London. Das hatte er ihr klar genug zu verstehen gegeben. Aber Renford konnte nicht wissen, wie die Dinge zwischen der Erbin des Bradgate-Unternehmens und ihrem einstigen Geliebten standen, und es war nur zu offensichtlich, daß seine Zuversicht schwer erschüttert war.

Seine nächsten Worte richtete er an Christian, ohne auf

seine letzte Bemerkung einzugehen. »Ich fürchte, ich habe keine guten Nachrichten für Euch, Mylord. Euer Bruder James ist an der Pest gestorben.«

»Ja«, sagte Christian, »das weiß ich. Und deshalb habe ich vor, nach Wellingsley zu reiten, um mein Erbe anzutreten, sobald meine Dame und ich unsere Angelegenheiten mit Euch erledigt haben.«

»Ihr werdet alles in einem desolaten Zustand vorfinden«, bemerkte Renford, aber es klang alles andere als bedauernd. »Außer zerbröckelnden Mauern und eingestürzten Dächern werdet Ihr nichts finden, weil sämtliche Dienstboten und Vasallen längst fortgezogen sind, um anderen Herren zu dienen.«

»Es wird mir große Freude machen, meinen Besitz wieder in seiner alten Pracht erstrahlen zu lassen«, entgegnete Christian ungerührt und legte eine Hand um Melissandes Arm , wenn auch nur ganz locker. »Vielleicht heirate ich ja schon bald, und eine Frau zu haben sowie die Aussicht auf einen Erben wird mich zu noch viel größeren Bemühungen anspornen.«

Renfords Gesicht begann blau anzulaufen.

»Setzt Euch, Mr. Renford«, sagte Melissande, während sie, aufrichtig besorgt, einen Stuhl für ihn heranzog. »Ihr scheint Euch nicht recht wohl zu fühlen.«

Er ließ sich auf den Stuhl sinken, zog ein spitzenbesetztes Tuch aus dem weiten Ärmel seines Wamses und wischte damit über seine schweißbedeckte Stirn. »Wollt Ihr Christian Lithwell wirklich heiraten?« wandte er sich dann in vorwurfsvollem Ton an Melissande, als ob sie ganz allein im Raum wären.

»Nein«, erwiderte sie und verschränkte wieder die Arme vor der Brust. »Ich fürchte, Mylord wird mich nicht zur Gattin wollen, weil er glaubt, ich wäre unzuverlässig und gewissenlos. Aber dennoch werde ich mein Geschäft zurückbekommen, und wenn ich einen Schenkenflegel vor den Priester schleppen müßte, um es zu erreichen!«

Christian erhob kein Wort des Widerspruchs, was eine ziemliche Enttäuschung war für Melissande.

Denn bis zu einem gewissen Grad bluffte sie natürlich. Sie hegte nicht den Wunsch, irgend jemand anderen als ihren Christian zu heiraten, war aber viel zu stolz, um es in seiner Gegenwart zuzugeben. Wieviel besser und gerechter wäre es, wenn sie einfach *erben* könnte, als einziger noch lebender Erbe ihres Vaters. Wäre sie ein Mann gewesen, wäre das kein Problem gewesen; so wie die Dinge jedoch lagen, würde sie Renford vielleicht sogar vor Gericht bringen müssen, um ihn loszuwerden.

»Ihr würdet mich zwingen, einen Anwalt aufzusuchen?« fragte sie, als Renford beharrlich schwieg.

Der Mann begann zu lächeln, schaute Christian an und überlegte es sich augenscheinlich anders. »Demoiselle Bradgate ...« begann er, in einem herablassenden Ton, der irgendwie noch beleidigender war als seine beharrliche Weigerung ihr das Recht zuzugestehen, ihren eigenen Besitz zu verwalten.

Christian schlang einen Arm um Melissandes Taille und löste damit eine beschämende Erregung in ihr aus, die sie so jäh und heiß durchzuckte, daß sie errötete. »Melissande irrte sich vorhin«, sagte er ruhig. »Ich würde sie mit Freuden zur Gattin nehmen, wenn sie meinen Antrag annimmt.«

Melissande erhob den Blick zu Christian, so verwundert und verblüfft, daß es ihr nicht gelang, ihr Erstaunen zu verbergen. Was redete er da? War das nur ein Scherz, ein grausamer Trick, um ihre Hoffnungen zu wecken, damit er sich später das Vergnügen leisten konnte, sie wieder zu zerstören?

»Willst du?« fragte er, als er, ohne sichtbare Gemütsregung, in ihre vor Schock weit aufgerissenen Augen schaute. »Meine Frau werden, meine ich?«

Sie schluckte. Ihr Verstand war beherrscht von Mißtrauen und Angst; es war ihr Herz, ihr impulsives Träumerherz, das ihr die Antwort eingab.

»Ja, ich will«, sagte sie.

12. Kapitel

Einige Stunden nach der Auseinandersetzung in den Geschäftsräumen der Bradgate Company brachen Christian und Melissande zu ihrem Heim in Taftshead auf, einem belebten kleinen Dorf am Stadtrand Londons. Nach ihrer Ankunft, während Melissande durch die Räume schritt und sich im stillen freute, endlich wieder daheim zu sein, dachte Christian über das nach, worauf er sich eingelassen hatte, als er ausgerechnet jener Frau die Ehe anbot, die allem Anschein nach diejenige gewesen war, die ihn in die Hölle verbannt hatte. Was mochte ihn nur dazu bewogen haben, etwas derart Unbedachtes zu tun?

Der Liebesakt mit Melissande ganz gewiß nicht, obwohl Gott und die Engel wußten, daß die körperliche Liebe mit Melissande Bradgate – Gott segne ihr treuloses kleines Herz – sich als das schönste Erlebnis nach seiner Wiederauferstehung aus der Hölle erwiesen hatte.

Er hatte sie einst geliebt, gewiß, aber er hatte sich verändert seither, war härter geworden, ihr gegenüber und der gesamten Menschheit. Nein, er hatte Melissande besessen, weil er den sinnlichen Trost, den sie ihm bot, benötigte, ja sogar ersehnte. Und er vermutete, daß er ihr auch die Ehe angeboten hatte, weil ihm klar war, daß es eine Menge Gold erfordern würde, um die Schlösser und Lehen, die James hatte verfallen lassen, wieder instand zu setzen.

Ungeduldig fuhr Christian sich mit der gesunden Hand durchs Haar. Vor langer Zeit, als er sich diesen Luxus noch erlauben konnte, hatte Christian sich edleren Prinzipien verschrieben. Heute wußte er nur zu gut, daß nur Narren aus Liebe heirateten, und dennoch belastete sie ihn, diese harte Entscheidung, die er so kaltblütig getroffen hatte.

Er seufzte. Er würde gut zu Melissande sein, auf seine Weise. Er würde Kinder mit ihr zeugen – Töchter, hoffte er, ebenso wie Söhne. Sobald das Kinderzimmer jedoch voll war, würde er sich eine Mätresse nehmen, zwei vielleicht sogar, und nie wieder mit seiner Gemahlin das Lager teilen. Ein Herz konnte beherrscht werden, trainiert und ausgebildet wie ein Schwert oder ein gutes Pferd.

Niemand wußte das besser als er selbst.

»Warum tut Ihr das?« unterbrach eine Männerstimme seine Überlegungen.

Christian wandte sich vom Fenster ab, wo er gestanden und auf den verwilderten Park von Melissandes Elternhaus hinabgeschaut hatte, und sah, daß Henry Renford eingetreten war. Er war ihnen also offenbar hierher gefolgt, anstatt pünktlich und in Würde seinen Abschied von der Bradgate Company zu nehmen.

Was eigentlich nicht weiter überraschend war.

»Ich hoffe, Ihr seid nicht gekommen, um zu betteln«, sagte Christian kühl. »Das wäre äußerst peinlich bei einem Manne Eures Stands.«

Renford errötete. Er trug ein Cape über demselben Wams und den gleichen Hosen, die er getragen hatte, als Melissande und Christian ihm ihren verhängnisvollen Besuch in London abgestattet hatten, und sein Hut, den eine lange Feder zierte, saß ein bißchen schief auf seinem Kopf. »Ihr schmeichelt Euch, Ihr armer, besitzloser Galeerensklave ...«

Christian unterdrückte das jähe Bedürfnis, diesen Mann zu erwürgen, und lehnte sich an die Wand, die Arme lässig vor der Brust verschränkt. »Ihr wart also daran beteiligt, wie ich schon vermutet hatte. Zusammen mit Melissandes Vater und den anderen.«

»Den anderen?« Renford stieß ein verächtliches Gelächter aus. »Mag sein, daß ich in das eine oder andere Geheimnis eingeweiht war. Aber ich versichere Euch, Lord Wellingsley, daß Euer verstorbener Bruder und sein Diener Queech die Anstifter des Ganzen waren.«

»Ich sollte Euch töten«, sagte Christian in ruhigem Ton, weil er wußte, daß das beängstigender und entnervender für Renford war, als ihn anzubrüllen.

Tatsächlich trat er einen Schritt zurück. »Ihr könnt nichts von alledem beweisen.«

Christian betrachtete seine Fingernägel. »Ich glaube schon, daß ich das könnte«, entgegnete er nachdenklich. Er musterte den Mann durch schmale Augen, beschloß jedoch, die Angelegenheit nicht weiter zu verfolgen. Noch nicht – obwohl er im stillen längst zu dem Schluß gekommen war, daß es jemanden geben mußte, der die Wahrheit kannte, und der vielleicht zu überreden war, sie zu erzählen. Der Mensch, der Christian nach seiner letzten Tracht Prügel nach St. Bede's getragen hatte.

»Bradgate glaubte, Ihr hättet ihm Hörner aufgesetzt, mit der Dame Eleanora.« Renfords Gesicht war wieder rot angelaufen, obwohl er sich nach außen hin gelassen gab.

Christian spürte, wie ein Muskel an seiner Wange zuckte, und biß die Zähne zusammen, um es zu unterdrücken. Eleanora hatte ihn als Geliebten begehrt, das stimmte, aber er hatte ihre Annäherungsversuche abgewiesen und nichts davon erzählt, um Melissande, die er damals angebetet hatte, nicht zu kränken.

»Dann befand er sich im Irrtum«, erwiderte er schließlich kalt.

»Ihr liebt John Bradgates Tochter nicht, Sir«, zischte Renford böse, »und ich werde es ihr sagen, wenn Ihr mich dazu zwingt. Ihr wollt nur ihr Gold, wie Euer Bruder, und nichts anderes.«

»Ich will noch sehr viel mehr«, erklärte Christian flach.

»Es ist Euch doch hoffentlich bewußt, daß sie möglicherweise einer Eurer Verräter war?«

Im ersten Moment war Christian nicht imstande, etwas zu erwidern. Als er wieder sprechen konnte, klang seine Stimme tödlich ruhig. »Wollt Ihr mir jetzt etwas von Liebe vorschwafeln, Renford? Seit wann werden noble Ehen auf einem solch unsicheren Fundament wie Liebe eingegangen? Die Verbindung wird uns beiden nützen.«

»*Euch* ganz sicher, das bezweifle ich nicht. Aber bei der Dame Melissande bin ich mir da nicht so sicher.«

»Als ob Euch das kümmerte. Ihr versucht doch nur, Eure Haut zu retten«, versetzte Christian und holte tief

Atem, den er dann in einem langen, müden Seufzer wieder ausließ.

»Während Eure Motive natürlich vollkommen uneigennütziger Natur sind.«

Christian lächelte. »Selbstverständlich«, sagte er, und dann packte er Renfords Arm, zog ihn zur Eingangstür, öffnete sie und stieß ihn über die Schwelle auf die Marmorstufen. »Einen geruhsamen Abend, Sir.«

Melissande hielt auf der Treppe inne, weil das Herz ihr plötzlich in der Kehle saß und so heftig pochte, daß es zu zerspringen drohte. Sie ermahnte sich, vernünftig zu sein, denn schließlich hatte sie *gewußt*, daß Christian sie nicht heiratete, weil er sie liebte. Und dennoch, trotz allem, hatte sie die Phantasie genährt, doch jetzt, wo sie das Gespräch zwischen Renford und dem Mann, der ihr Gebieter und Gemahl geworden wäre, belauscht hatte, konnte sie sich nicht länger etwas vormachen.

Langsam schritt sie in die Eingangshalle hinunter und bemühte sich, ein entspanntes Lächeln aufzusetzen. »Sobald ich genügend Dienerschaft gefunden habe«, sagte sie zu Christian, der sie stirnrunzelnd musterte, »müßte ich eigentlich sicher und bequem in diesem Hause leben können.«

»Was hast du, Melissande?« fragte Christian. Er mußte erraten haben, daß sie sein Gespräch mit Mr. Renford gehört hatte, und das schmerzte nur noch mehr, das Wissen, daß er sie für dumm und schwach genug hielt, ihn trotzdem heiraten zu wollen, obwohl er im Grunde nichts anderes getan hatte, als ihr die Wahrheit brutal ins Gesicht zu sagen.

»Ich glaube, ich möchte morgen lieber doch nicht heiraten«, platzte sie heraus. »Oder vielleicht am besten überhaupt nicht.«

Christian trat einen Schritt in ihre Richtung. »Melissande, hör mir zu ...«

Demütigende Tränen waren in ihre Augen gestiegen;

mit einer ärgerlichen Handbewegung wischte sie sie ab. »Geh zur Hölle, Christian«, wisperte sie. »Du wolltest mich verletzen – du hast Rache gesucht und das ist dir gelungen. Bist du jetzt zufrieden?«

Er ergriff ihren Ellbogen und hielt sie zurück, als sie sich abwenden und die Treppe hinauffliehen wollte. »Wenn du mich nicht heiratest«, sagte er leise, ruhig, »wirst du nie die Herrschaft über deine Galeeren erlangen. Sie werden auch in Zukunft von Sklaven gerudert werden, die mit ihrem Blut und ihrer Lebenskraft deine Schatztruhen mit Gold füllen!«

Seine Worte waren wie ein Schlag ins Gesicht für Melissande. Bis zu diesem Augenblick noch hatte sie Trost erwartet, ermutigende Worte und eindringliche Beteuerungen, daß sie das Gespräch zwischen ihm und Renford mißverstanden habe. Empört entzog sie Christian ihren Arm. »Ich werde diese Männer befreien, und wenn ich die Schiffe eigenhändig in Brand stecke«, schwor sie, in einem Ton, der ihr eigenes Blut gefrieren ließ und, seiner Miene nach, auch Christians. »Und ich *werde* sie in Brand stecken, bevor ich Bett und Namen mit jemandem wie *dir* teile, Christian Lithwell, achter Earl von Wellingsley!« Damit spuckte sie ihm mitten ins Gesicht, wandte sich auf dem Absatz um und stürmte aus dem Haus.

Christian war klug genug, ihr nicht zu folgen.

Wellingsley Castle, Christians nächstgelegener Besitz, war einen langen Ritt entfernt von Taftshead, und er besaß weder ein Pferd noch Gold, um eins zu kaufen. Und deshalb suchte er Zuflucht in der Dorfschenke – ein Mann konnte immer ein Bier an einem solchen Ort bekommen, im Austausch für Geschichten, und davon besaß Christian mehr als genug.

Er hatte die Taverne kaum betreten, als ein alter Freund sich näherte – Robert, der früher Christians Diener und Vertrauter gewesen war.

Roberts größte Stärke außer seiner Tapferkeit lag in seinem zuverlässigen und anständigen Charakter, wenn auch nicht in einem ansprechenden Gesicht. Es gab mehrere neue Lücken zwischen seinen Zähnen, als er lächelnd vor Christians Tisch trat. »Es geht Euch also wieder gut«, sagte er froh.

Christian bedeutete Robert, sich zu ihm zu setzen. Er erinnerte sich jetzt, denn der blutrote Dunst, der seinen Verstand zum Teil benebelt hatte, verblaßte plötzlich, und Christian wußte nun, daß dies der Mann war, der ihn gerettet hatte, nachdem Queech und seine Männer ihn blutend, mit gebrochenen Knochen und ohnmächtig in einer Londoner Gasse hatten liegenlassen.

»Du«, sagte er.

Robert nickte und wirkte sehr besorgt, als er sich Christian gegenüber auf die Bank setzte und mit einer Handbewegung Bier bestellte. Ganz im Gegensatz zu seinem früheren Herrn besaß er Geld zum Ausgeben.

»Es hat mich sehr bekümmert, mit ansehen zu müssen, wie sie Euch zusammenschlugen«, sagte Robert leise. »Aber wenn ich etwas gesagt hätte, hätten sie uns beide umgebracht. Deshalb ließ ich sie gewähren und kehrte zurück, um Euch zu holen, nachdem sie von Euch abgelassen hatten.«

Die ganze Kälte, Qual und Angst jener Nacht lebten noch einmal in Christians Seele auf. »Du hast getan, was du konntest. Ich bin dir dankbar, Robert.«

Der einstige Diener senkte für einen Moment den Kopf. Wie die meisten Männer seines Standes war er kein Lob gewöhnt. »Ich konnte Euch nicht sterben lassen, Herr. Ihr wart immer gut zu mir. Ich habe Euch nach St Bede's gebracht, weil ich wußte, daß es ein guter Platz war mit Eurer Dame dort.«

Christian streckte die Hand über den Tisch, um Robert freundschaftlich auf die Schulter zu klopfen. »Sag mir, warum Queech mich töten wollte. James konnte ihn damals nicht geschickt haben – zu diesem Zeitpunkt war mein Bruder bereits tot.«

Das Bier wurde gebracht; als Robert merkte, daß sein

Begleiter keinen Becher hatte, bestellte er ein zweites. »Er befürchtete, du könntest fliehen oder auf irgendeine andere Weise freikommen und ihm die Kehle durchschneiden.«

»Das könnte ich immer noch.«

Robert schüttelte den Kopf »Queech ist längst über alle Berge. Er hat das Wenige, was Lord James geblieben war, als die Pest nach Wellingsley kam, gestohlen und ist geflohen.«

»Aber es waren James und Bradgate, die mich in die Sklaverei verkauften, nicht? Mit Unterstützung einer gewissen schönen Dame.«

Robert verzog grimmig das Gesicht. »Einer *Dame*? Sir? Und ich weiß auch nicht, ob ich Lady Eleanora als ›schön‹ bezeichnet hätte, wenn man bedenkt, was für ein schlechter Mensch sie war ...«

»Ich meinte die Demoiselle«, sagte Christian. »Melissande.«

»Eure eigene Dame, Herr?« Robert wurde leichenblaß vor Schreck. »Wie könnt Ihr glauben, sie hätte etwas so Abscheuliches und Grausames getan! Sie hat sich fast zu Tode gegrämt, als sie erfuhr, daß Euer Schiff gesunken war, bevor es die Küste Irlands erreichen konnte.«

Christians Bier kam, und er nahm einen tiefen Zug daraus, während er den Blick auf das Feuer im Kamin richtete und schwieg. Robert saß ihm gegenüber, sagte nichts und wartete geduldig ab.

Nach einer Weile begann Christian zu sprechen, langsam und nachdenklich, und begann Robert seine Pläne darzulegen.

Es war schon später Abend, als Christian aufbrach, nachdem er seinem Freund eine gute Nacht gewünscht und sich für den Morgen mit ihm verabredet hatte, um in das dunkle Haus zurückzukehren, wo Melissande schon schlief. Es hatte viele Mißverständnisse zwischen ihnen gegeben, und er war noch immer nicht ganz überzeugt, daß sie unschuldig an seiner Versklavung war, aber er konnte sich nicht dazu überwinden, sie unbeschützt im

Haus allein zu lassen. Denn Christian Lithwell, Erbe eines größtenteils wertlosen Titels und eines über halb England verstreuten, vernachlässigten Besitzes, wußte leider nur zu gut, was für ein gefährlicher Ort die Welt war.

13. Kapitel

Am Morgen nach ihrer Ankunft in Taftshead, als sie die Papiere durchsah, die in einem Geheimfach im Sekretär ihres Vaters verborgen gewesen waren, fand Melissande die Gedichte. Offenbar hatte John Bradgate die Wahrheit gesagt, als er vor langer Zeit behauptete, daß nur seine Tochter das Geheimfach kannte.

Die Verse waren leidenschaftliche, tiefempfundene Liebesbeteuerungen und waren in Eleanoras zierlicher Handschrift verfaßt. Christian Lithwell war das Thema eines jeden einzelnen. Melissande spürte, wie sie erblaßte, und ließ sich kraftlos in den Sessel sinken. Die Gedichte enthüllten Eleanoras Leidenschaft, dann ihre wachsende Enttäuschung. Christian, so schien es, hatte ihre Gefühle nie erwidert, und mit der Zeit war sie so zornig auf ihn geworden, daß sie geschworen hatte, sich an ihm zu rächen. Melissande hatte nie etwas von dem Drama geahnt, das sich direkt vor ihren Augen entfaltete, aber ihr Vater hatte es gewußt. O ja, er *mußte* es gewußt haben – denn sonst hätte er niemals die Gedichte an sich genommen und sie im Geheimfach seines Sekretärs verwahrt.

Vielleicht hatte Bradgate vorgehabt, seine treulose Frau damit zu erpressen – sie konnten als Ehebruch gedeutet werden, womit sie die Grundlage für eine Auflösung des Ehevertrags geboten hätten. Eine Scheidung, auf diese Weise sanktioniert, hätte Melissandes Vater die Möglichkeit gegeben, unverzüglich eine neue Ehe einzugehen, um mit einer anderen Frau den männlichen Erben zu zeugen, den er sich schon so lange wünschte.

Erschüttert schloß Melissande die Augen. Es mußte also Eleanora gewesen sein – oder sogar John – die Christians Entführung arrangiert und veranlaßt hatte, damit er auf eine der Galeeren der Bradgate Company gebracht wurde – mit Lord James' Unterstützung selbstverständlich. Melissande hatte es zuerst nicht glauben wollen, als Christian den Verdacht geäußert hatte, aber eine andere vernünftige Erklärung gab es leider nicht.

»Mylady?« Seine Stimme klang in ihre Gedanken.

Sie schaute auf und massierte ihre Schläfen, in der sinnlosen Hoffnung, Kopfschmerzen vorschützen zu können. Christian stand in der Tür, unrasiert und mit zerdrückten Kleidern. Er hatte die Nacht auf einer Strohmatratze auf dem oberen Korridor verbracht, den Dolch, den sie ihm gekauft hatte, in der unverletzten Hand, und als Melissande ihn geweckt und ziemlich grob darauf bestanden hatte, daß er ging, hatte er sich geweigert.

»Ja?«

»Wenn du mir ein Pferd leihen könntest, würde ich heute nach Wellingsley Castle reiten.«

Melissande schluckte. »Eleanora liebte dich«, sagte sie und hielt zum Beweis den Stapel ungelenker, übertrieben sentimentaler Dichtversuche hoch. »Warum hast du mir nie etwas davon gesagt?«

»Sie hat sich etwas eingeredet«, erwiderte Christian. Er kam nicht näher, aber er wich auch nicht zurück. »Ich habe es dir nie gesagt, weil ich die Beziehung zwischen dir und deiner Stiefmutter nicht noch zusätzlich verschlechtern wollte.«

»Du hattest recht mit deinem Verdacht«, erklärte Melissande. »Es war wirklich mein Vater, der deine Entführung arrangierte, bedrängt von Eleanora und deinem Bruder James, die beide ihre eigenen Gründe hatten, dich aus dem Weg zu schaffen.«

Ein harter Zug erschien um Christians Kinn, sein Blick glitt zu den Papieren in ihrer Hand. »Was hast du da, was dich zu einer solchen Schlußfolgerung veranlaßt?«

»Die Seele meiner Stiefmutter«, entgegnete Melissande

betrübt und übergab ihm die Gedichte, als er das Zimmer durchquerte und vor ihr stehenblieb. »Wieso bist du so sicher, daß *ich* diejenige war, die dich verraten ließ, Christian? Weil es das Schlimmste wäre, was passieren könnte, und du darauf gefaßt sein willst?«

Er schleuderte die Gedichte auf den Sekretär. »Du scheinst zu vergessen, Melissande, daß deine Unterschrift unter dem Schriftstück stand, in dem dem Kapitän der *Eleanora* befohlen wurde, mich gefangenzunehmen und zum Galeerendienst zu zwingen.«

Tiefempfundene Scham erfaßte Melissande für einen Moment. »Es ist möglich, daß ich diesen schmählichen Befehl unterzeichnet habe, aber wenn, dann in der sicheren Überzeugung, es handelte sich um irgendein harmloses Dokument. Ich war damals noch dumm genug, zu glauben, was die Menschen mir erzählten.«

»Das bezweifle ich nicht«, sagte Christian. »Aber wirst du mir nun ein Pferd leihen oder nicht?« Sie wußte, daß er lieber über glühende Kohlen gelaufen wäre, als darum zu bitten.

»Ja«, antwortete sie und verbarg den Schmerz, den er ihr zufügte, hinter einer ausdruckslosen Miene, als sie einen Beutel von ihrem Gürtel nahm und ihn vor Christian auf die Schreibtischplatte warf. »Geh und kauf dir ein anständiges Pferd, um nach Wellingsley zu reiten. Wenn du dich dort eingerichtet und eigene Pferde erworben hast, kannst du mir das Tier zurückschicken.«

»Melissande ...«

»Geh, Christian. Nimm das Gold und verlaß mein Haus.«

Er schaute auf den Beutel, als ob er seine Hand versengen würde, falls er ihn berührte. Sein Blick verriet ein tiefes, nicht zu deutendes Gefühl, als er ihn danach wieder zu Melissande erhob.

»Ich kann dich hier nicht allein und unbeschützt zurücklassen«, sagte er nach einem langen, bedrückenden Schweigen. »Komm mit nach Wellingsley, ich bitte dich.«

Melissande wandte sich von Christian ab, weil er nicht

sehen sollte, wie gern sie, trotz der Verachtung und des Mißtrauens, das er ihr entgegenbrachte, mit ihm gereist wäre, um ihm beizustehen und seine Frau zu sein. »Ich habe dich nicht in die Sklaverei verkauft«, sagte sie leise. »Ich dachte, du wärst tot.«

Christians Stimme klang heiser, als auch er den Kopf abwandte. »Das weiß ich«, sagte er. »Aber ich bin nicht mehr wie früher, Melissande. Ich habe zu lange wie ein Tier gelebt – ich besitze kein Herz und keine Seele mehr, und ohne diese Dinge könnte ich dir nie ein wahrer Gatte sein.«

»Wenn das so ist«, entgegnete Melissande ruhig und zwang sich, nicht vor seinen Augen in Tränen auszubrechen, »dann könnten wir vielleicht Partner sein.«

Christian wandte sich ihr wieder zu und schaute sie aus schmalen Augen an. »Was willst du damit sagen?«

»Selbst wenn es mir gelingen sollte, Renford die Firma zu entreißen, wäre ich nicht in der Lage, sie ohne deine Hilfe richtig zu leiten«, erwiderte sie. »Jedenfalls nicht, bis ich Zeit gehabt hätte, Erfahrungen zu sammeln. Ich werde dir die Hälfte meines Besitzes überschreiben. Das einzige, was ich im Ausgleich dafür von dir verlange, ist, daß du mir als Berater und Verwalter dienst.«

Er starrte sie betroffen an. »Du hast es dir also anders überlegt und willst mich doch heiraten?«

Melissande schüttelte den Kopf. »Nein«, sagte sie, »ich werde dich nicht heiraten – jedenfalls nicht, solange du nicht vor mir niederkniest, um mir ewige Liebe zu schwören, bei allem, was dir heilig ist. Nein, Christian, was ich dir vorschlage, ist nichts weiter als ein Bündnis, das für uns beide sehr von Vorteil wäre.«

Christian zog sich einen Stuhl heran und ließ sich darauf nieder, ohne ein Wort zu sagen.

14. Kapitel

Am folgenden Morgen brachen Christian und Melissande zusammen auf. Sie ritten die beiden Pferde, die sie gekauft hatten und die sie sicher nach Wellingsley Castle bringen würden, das einen halben Tagesritt entfernt von Taftshead lag. Christian sprach wenig auf dem Weg, außer mit Robert, seinem Freund, der sie begleitete, und Melissande fragte sich, was er denken mochte, obwohl sie nicht einmal danach gefragt hätte, um sich vor den heißesten Feuern der Hölle zu retten. Denn obwohl sie Christian liebte, war sie es leid, sich um einen Mann zu grämen, der ihre Gefühle nicht erwiderte.

Sie hatte ohnehin ganz andere Dinge zu bedenken, als sie durch die schöne Landschaft mit ihren weiten Feldern und den dichten Eichenwäldern ritten. Falls es ihr nicht gelang, die Leitung der Bradgate Company Renfords gierigen Händen zu entreißen, dann war daran eben nichts zu ändern; es würde ihr nie an Gold oder irgendwelchen anderen Dingen, die sie brauchte, mangeln. Aber wahren Frieden würde sie erst dann finden, wenn sie die Galeerensklaven befreit hatte, die unter den Flaggen schufteten, die das Wappen ihres Vaters trugen. Was sie *nicht* wußte, war, wie sie vorgehen sollte, um diese edlen Pläne zu verwirklichen – denn schließlich war sie nur eine Frau und zudem auch keine besonders große oder starke. Zwar hatte sie Christian geschworen, die Schiffe selbst in Brand zu setzen, falls es nötig war, aber das war nicht viel mehr als bloßes Gerede gewesen, weil Melissande im Grunde keine Ahnung hatte, *wie* man ein Schiff zum Brennen brachte. Erstens waren bestimmt sehr viele Leute an Bord, vor allem auch die Sklaven, die sie retten wollte, und zweitens würde die Mannschaft gewiß nicht untätig dabeistehen und zusehen, wie sie, die schon Mühe hatte, ein schlichtes Holzfeuer zu entfachen, versuchte, einen Funken in eine Flamme zu verwandeln.

Nein, sie brauchte Hilfe, um ihr Vorhaben zu verwirklichen, und die nächstliegende Wahl dafür war Christian. Er, der die Qualen dieser Männer wie kein anderer kannte, würde doch gewiß bereit sein, ihr zur Hand zu gehen.

Gegen Mittag erreichten die drei Reisenden das größte von Christians Besitztümern und wurden auf der krächzenden Zugbrücke von einigen wenigen treuen Dienstboten, einem mageren Hund und mehreren schmutzigen Kindern in Empfang genommen. Einer der Männer trat mit großen Augen vor und stieß einen gellenden Schrei aus, der sowohl Freude wie auch Schmerz hätte bedeuten können, und streckte die Hand aus, um Christians verletztes Bein zu berühren.

Robert, der auf einem der prächtigen neuen Pferde saß, strahlte, als sei er in gewisser Weise dafür verantwortlich, daß dieses Wiedersehen zustande kam.

»Mein Herr Christian!« schluchzte der alte Hausverwalter. »Es ist ein Wunder – die Jungfrau hat unsere Gebete erhört und Euch zu uns zurückgeschickt …«

»Hallo, Willy«, sagte Christian leise.

»Wir haben seit vielen Tagen nichts mehr zu essen, Herr«, klagte Willy. »Unsere Vorratsräume sind leer, und das bißchen Weizen, das wir ausgesät hatten, ist von Schurken plattgeritten worden …«

Christian löste den Proviantbeutel mit Brot, Dörrfleisch und Käse, die er morgens in Taftshead besorgt hatte, von seinem Sattelhorn und warf ihn Willy zu. Der alte Mann fing ihn auf und beeilte sich, den Sack zu öffnen, während die hungrigen Kinder ihn umringten.

»Warum seid ihr geblieben?« fragte Christian und schaute mit abgrundtiefer Trauer in den Augen zu, wie Willy und die anderen gierig aßen. Melissande nahm etwas Käse aus der Tasche ihres Kleids und warf ihn dem Hund zu.

»Wohin hätten wir denn gehen sollen, Herr?« entgegnete Willy, während er ein großes Stück des braunen Brots kaute.

»Seid vorsichtig«, wandte Melissande ruhig ein. »Ihr werdet krank, wenn ihr zuviel auf einmal eßt.«

»Was ist mit Queech, dem Diener meines Bruders?« fragte Christian gespannt. »Ist er inzwischen auf die Burg zurückgekehrt?«

Willy spuckte verächtlich auf den Boden. »Zur Hölle gefahren ist er, hoffe ich«, murmelte er. »Und möge der Teufel seine Zehen rösten, als wenn's Kastanien wären!«

Damit ergriff der alte Diener die Zügel von Christians Pferd und führte das Tier durch die offenen Tore in den äußeren Burghof. Es würde nichts mehr über Queech gesagt werden, zumindest nicht, solange Melissande zugegen war.

Wellingsley, das einst eine der schönsten Burgen in ganz England gewesen war, befand sich in einem Zustand vollkommener Verwahrlosung. Weit und breit waren weder Hühner, Enten oder Gänse zu sehen, und erst recht natürlich keine Schweine oder Rinder. Die Kornscheunen waren leer, nicht anders als die Weinkeller und Molkerei.

Erst als sie die großen Tore der eigentlichen Burg erreichten, nahm Willy zum erstenmal Notiz von Melissande und sagte dann genau das Falsche. Als er ihr beim Absitzen behilflich war, blickte er ihr ins Gesicht und rief: »Ihr seid es – dasselbe Mädchen, das einst versuchte, sich von unserer Burgmauer zu stürzen …«

Melissande errötete – sie war nicht stolz auf jene Episode und hätte es vorgezogen, sie Christian nicht mehr in Erinnerung zu rufen. Aber jede Hoffnung, er habe Willys Worte vielleicht überhört, machte er sofort zunichte.

Nach einem scharfen Blick in ihre Richtung ergriff er entschieden ihren Arm. »Kümmere dich um die Pferde, Willy«, befahl er, und als der alte Diener die Zügel beider Pferde genommen hatte und sie zu den Ställen führte, zog Christian Melissande in die Ungestörtheit der großen Eingangshalle. »Du hast versucht, von der Burgmauer zu springen? *Du*?«

Erinnerte er sich nicht? Soviel hatte sie ihm bereits gestanden, in einem unbedachten Augenblick im Kloster von St Bede's.

Melissande biß sich auf die Unterlippe und nickte schweigend.

»Warum?« fragte Christian leise, und dieses einzelne Wort klang mindestens so bedrohlich wie der Dolch aussah, den er am Gürtel trug.

»Weil ich dachte, du wärst tot.« Melissande holte einen tiefen Atemzug und atmete dann langsam wieder aus. »Christian, wir haben das schon besprochen …«

»Ich erinnere mich nicht daran«, sagte er, und an dem Blick in seinen Augen erkannte sie, daß er die Wahrheit sprach. Seine Verletzungen waren so schwerwiegend gewesen, daß er von Glück sagen konnte, sich überhaupt an irgend etwas erinnern zu können.

Er fluchte verhalten, als sie nichts mehr sagte. »Daß du etwas so Dummes versuchen würdest …«

»Ich war ein Kind und glaubte, der Mann, den ich liebte, sei auf See ertrunken. Hätte ich die Wahrheit gekannt –, daß du ohne Herz in deiner Brust zurückkehren und mich verachten würdest für ein Verbrechen, das ich nicht begangen habe –, dann wäre es niemandem gelungen, mich davon abzuhalten, meinem Leben ein Ende zu bereiten!«

Christian starrte sie in einer Mischung aus Wut und Sorge an. »Wer hat dich davon abgehalten?«

»James. Er packte mich von hinten und hielt mich fest, bis ich zu zappeln aufhörte. Dann nahm er mich in die Arme, streichelte mein Haar und bat mich, ihn zu heiraten.«

Christian schwieg, während er ihre Worte überdachte.

»Bist du jetzt zufrieden?« fragte Melissande und versuchte, an ihm vorbeizugehen in den Burghof, wo die warme Sonne hoffentlich die Kälte aus ihren Knochen vertreiben würde.

Doch Christian hielt sie auf. »Ich hätte es nicht ertragen«, stieß er hervor, »wenn du meinetwegen gestorben wärst. Dann wäre es noch besser gewesen, wenn du dich mit James vermählt hättest.«

Melissande schaute aus feuchten Augen zu ihm auf. »O Christian«, wisperte sie, »was sollen wir nur tun?«

Er zog sie fest an seine Brust und schob seine Hände unter ihr langes Haar. »Das«, sagte er und bog ihren Kopf zurück, damit sie seinen Kuß empfangen konnte.

Verzweiflung lag in diesem Kuß, Leidenschaft und Freude.

»Möge Gott mir beistehen«, murmelte Christian rauh, als dieser erste Kuß ein Ende fand. »Aber ich habe dich immer geliebt und werde dich auch immer lieben, Melissande«, sagte er, schlang einen Arm um ihre Taille und führte sie in den verwahrlosten großen Burgsaal, wo er sie in eine staubige Ecke drückte, um sie erneut zu küssen.

»Was ist los mit dir?« fragte sie außer Atem.

»Ich bin ein Idiot gewesen«, sagte er, während er mit einer Hand ihr vom Wind zerzaustes Haar zurückstrich. »Ein kompletter Narr.«

»Das hätte ich dir auch sagen können«, entgegnete Melissande.

Er lachte.

»Verzeih mir« sagte Christian, als er wieder ernst geworden war. Seine Augen funkelten, als er auf sie herabschaute und prüfend ihr Gesicht betrachtete. »Du hattest vorhin recht«, gestand er leise. »Deine Liebe zu verlieren war das Schlimmste, was ich mir vorstellen konnte. Ich wollte darauf vorbereitet sein und mich dagegen wappnen.«

Tränen brannten in ihren Augen. »O Christian ...«

Er verschloß ihr den Mund mit einem Finger und lächelte sie an. »Ich liebe dich, meine Dame Melissande. Sag, daß du mir gestattest, dich von neuem zu umwerben.« Bevor Melissande etwas erwidern oder auch nur nicken konnte, ließ er sich etwas ungeschickt auf ein Knie nieder und nahm ihre Hand in seine. »Laß uns diesen Wahnsinn endlich beenden, Melissande«, sagte er. »Laß uns heiraten.«

15. Kapitel

Die Dame Melissande nahm seinen Antrag an, und das war erst der Beginn von Christian Lithwells Glückssträhne. Es stellte sich nämlich schon bald heraus, im Verlauf der Ausbesserungsarbeiten auf der Burg, daß James Lithwell, der siebte Earl von Wellingsley, zwar nichts weiter als ein paar hungrige Dienstboten und vier ebenso vernachlässigte Burgen hinterlassen hatte, ein früherer Earl jedoch eine erheblich bessere Vorsorge getroffen hatte.

Verborgen unter dem halbverfaulten Boden eines alten Schranks, in einem Teil der Burg, der schon seit langer Zeit nicht mehr benutzt wurde, fanden sich mehrere Beutel Gold, zusammen mit einem Holzkasten, der eine Sammlung von Juwelen enthielt, die seit den Tagen der ersten Kreuzritter von Generation zu Generation in der Familie weitergegeben worden waren.

Christian, dessen Herz weder an Gold noch an Juwelen hing, traf unverzüglich den Entschluß, das Gold zu investieren und die Juwelen zu verkaufen.

Von dem Erlös wurden Nahrungsmittel und Vieh angeschafft, Werkzeuge, Steine und andere notwendige Gerätschaften, und tüchtige Arbeiter wurden eingestellt, um nun ernsthaft mit der Wiederherstellung von Wellingsley Castle zu beginnen. Dienstboten eilten wieder durch Kammern und Korridore, fegten, schrubbten und streuten frische Binsenkräuter auf den Böden aus, die Landarbeiter kehrten zu den mit Unkraut überwucherten Feldern hinter den Mauern zurück, um mit ihren Hacken und Spaten den fruchtbaren Boden zu bearbeiten.

Die Hochzeit von Christian Lithwell und Melissande Bradgate sollte in vierzehn Tagen stattfinden, aber zuerst galt es, die Angelegenheit mit den Galeeren zu klären und die Sklaven zu befreien. Weder Melissande noch Christian waren bereit zu ruhen, bis das begangene Unrecht wiedergutgemacht war.

Sie überließen Robert die Aufsicht über die Arbeiten in

der Burg und machten sich mit ihren Pferden auf die Reise, zuerst nach Taftshead, dann nach London, wo sie feststellten, daß die Geschäfte der Bradgate Company unter der Leitung von Mr. Renfords Bürovorsteher auf die gleiche Weise weitergeführt wurden wie bisher. Es war, als wäre Melissande nie dagewesen, als ob sie nie verkündet hätte, daß sie von jetzt an nicht nur Eigentümerin, sondern auch die *Leiterin* der Firma war.

Sie verlangte, die Geschäftsbücher zu sehen, und verbrachte den ganzen Morgen mit ihrem Studium, während Christian andere Dinge überprüfte.

Melissande fand schon bald heraus, daß eins der Schiffe, die *Eleanora,* noch auf See war, auf dem Weg nach Flandern, die anderen drei jedoch im Themsehafen ankerten, wo sie mit frischer Fracht für Spanien, Italien und Griechenland beladen wurden. Die Gewinne aus diesen Reisen, selbst wenn man die fortwährende Bedrohung durch Piratenüberfälle oder Schiffbruch in Betracht zog, mußten enorm sein und würden sich in den Rechnungsbüchern des Himmels in blutigen Zahlen niederschlagen.

Krachend ließ Melissande das letzte Buch zufallen und stürmte in den großen Saal, wo die Buchhalter mit gebeugten Schultern über ihren Pulten hockten, und ihre Federn kratzend über das Pergament fuhren. Christian, der inzwischen seine Runden beendet hatte, lehnte an der Wand, die Arme vor der Brust verschränkt und den Blick zu Boden gerichtet.

Melissandes Herz schwoll an vor Stolz und Liebe, als sie ihn erblickte. »Meine Herren«, sagte sie mit lauter, klarer Stimme und sprach damit alle an, die im Raum versammelt waren.

Die Buchhalter legten ihre Federn nieder und schauten fragend auf. Ihre blassen Gesichter verrieten weder Bereitwilligkeit noch Ärger, höchstens Neugier. Melissande wußte, daß sie keine Macht besaßen und deshalb auch keine Schuld an den Sünden ihrer Vorgesetzten trugen.

»Mr. Renford ist nicht länger Geschäftsführer der Firma«, wiederholte sie noch einmal klar und deutlich.

»Sie ist mein Eigentum – und Lord Lithwells. Wer will, kann in unserem Dienst verweilen, während alle, die dem Verwalter meines verstorbenen Vaters treu ergeben sind, hiermit entlassen sind.«

Ein spannungsgeladenes Schweigen folgte, doch niemand rührte sich. Melissande war nicht überrascht; ganz gleich, was diese Männer davon halten mochten, daß jetzt eine Frau an der Spitze ihrer Firma stand, sie alle hatten Familien zu ernähren. Einige von ihnen blickten in Christians Richtung, als erwarteten sie eine Bestätigung von ihm. Er nahm keine Notiz davon, obwohl er selbstverständlich auf jedes Wort und jede Nuance lauschte.

Irgendwann wandten die Angestellten sich schweigend wieder ihren Büchern zu, und Melissande lächelte im stillen, als sie ihre Röcke raffte und den Raum verließ.

Der Hafen war kein einladender Ort, und als Melissande dort eintraf, begleitet von einem wachsamen, stillen Christian, war die Nacht bereits hereingebrochen. Fackeln brannten an den Kais, und betrunkene Männer lachten rauh.

Christian hatte nicht gewollt, daß Melissande ihn bei diesem Vorhaben begleitete, aber sie hatte darauf bestanden, und zum guten Schluß, in der sicheren Gewißheit, daß nichts sie davon abzuhalten vermochte, es sei denn, er fesselte sie und schloß sie in einen Schrank ein, hatte er nachgegeben und sie mitgenommen. Unter einem Umhang mit Kapuze, die sein Gesicht verbarg, trug er das Schwert seines Vaters und einen Dolch am Gürtel.

Auch Melissande war bewaffnet, auf Christians Drängen hin, obwohl sie sich fragte, ob sie wirklich in der Lage wäre, die dünne Klinge ihres Messers in lebendes Fleisch zu treiben.

»Laß mich mit dem Aufseher reden«, sagte Christian, als sie kühn das erste Schiff betraten, die *Serena*.

»Halt!« rief ein Wächter.

Melissande zeigte ihm ein Pergament. »Ich bin die Eigentümerin dieses Schiffs und möchte den Kapitän sprechen«, sagte sie.

Der Kapitän wurde geholt. Nachdem er das Dokument gelesen hatte, starrte der grauhaarige Mann Melissande aus wäßrigen alten Augen an und murmelte einen Fluch. »Dann seid Ihr also Bradgates Tochter«, sagte er. »Ich dachte, Ihr wärt ins Kloster gegangen.«

Melissande lächelte. »Ich bin zurückgekommen«, antwortete sie.

Bei diesen Worten zog Christian sein Schwert, und der Seemann wich stolpernd einen Schritt zurück. »Was hat das zu bedeuten?« rief er. »Ihr habt Piraten auf Euer eigenes Schiff gebracht?«

»Das ist Christian Lithwell, der in den vergangenen zwei Jahren auf der *Eleanora* Dienst geleistet hat. Er hat etwas unter Deck zu erledigen, mit Eurem Aufseher.«

Christian hatte sich bereits auf den Weg gemacht. Mehrere Matrosen versuchten, ihn aufzuhalten, aber auf einen Befehl ihres Kapitäns hin zogen sie sich unwillig zurück.

Unter Deck entstand Geschrei, und dann, einige Minuten später, begannen Männer aus dem Bauch des Schiffs zu strömen, die meisten von ihnen Skelette, bis auf die Knochen abgemagert, mit Lumpen bekleidet und unaussprechlich schmutzig. Auf ein Wort von Christian gingen sie an Melissande vorbei, einer nach dem anderen, und sie legte jedem zehn Goldstücke in die verarbeitete, schmutzstarrende Hand.

Einige flohen augenblicklich, berauscht von dieser plötzlichen Befreiung und dem unverhofften Reichtum, aber die meisten blieben, um Christian und Melissande zum nächsten und zum übernächsten Schiff zu folgen, wo sie Ketten und Handschellen lösten und Aufseher und ihre Peitschen über Bord ins dunkle Hafenwasser warfen.

Am Ende dieses Abends gab es nur noch Sklaven auf der *Eleanora*, der Galeere, auf der Christian gefangen gewesen war. Bei ihrer Rückkehr nach England würde sie von einem der anderen Schiffe der Bradgate Company in Empfang genommen und geentert werden, damit die anderen Sklaven unverzüglich ihre Freiheit zurückerhielten. Die Schiffe von Melissandes kleiner, aber wertvoller

Flotte sollten dann mit Segeln ausgestattet werden und die Handelsrouten mit keiner anderen Kraft befahren als mit dem Wind.

Gegen Mitternacht trafen Christian und Melissande erschöpft, aber glücklich in ihrem Haus in Taftshead ein, wo hellerleuchtete Fenster winkten und eine üppige Mahlzeit auf sie wartete.

Aber sie hatten weder Zeit noch Interesse für das Essen.

In der Eingangshalle hob Christian Melissande auf seine Arme. Seine Augen glänzten, und zum erstenmal, seit sie ihn am Tor der St Bede's Abtei gefunden hatte, sah er glücklich und entspannt aus. »Danke«, sagte er.

Melissande schlang die Arme um seinen Nacken. »Laß uns nach oben gehen, Mylord, und das exakte Ausmaß deiner Dankbarkeit besprechen.«

Er lachte und warf sie über seine Schulter, und die Dienstboten, nicht anders als die Mäuse unter dem frischgestreuten Binsenkraut, bemühten sich, dem Earl von Wellingsley und seiner zukünftigen Gräfin aus dem Weg zu gehen, als sie in dieser höchst unorthodoxen Art und Weise die Treppe zu ihren Schlafgemächern hinaufstiegen.

Schnee am Weihnachtsabend

1. Kapitel

Cornucopia, Washington
Dezember 1892

Zarte, silbrig glänzende Fächer und Schnörkel aus Frost schmückten die Fenster des Farmhauses an jenem Morgen, als Rebecca die Nachttischlampe anzündete, aufstand und rasch in einen Morgenrock und Pantoffeln schlüpfte. Da es viel zu kalt im Zimmer war, um sich zu waschen, nahm sie die Lampe und das Kattunkleid mit, das sie heute anziehen wollte, und hastete die steile, schmale Treppe ins Erdgeschoß hinab.

Unten, in der geräumigen Küche mit den zahlreichen Regalen und Schränken, stellte sie die Petroleumlampe auf den verschrammten Eichentisch, legte das Kleid über einen Stuhlrücken und nahm eine Handvoll Reisig aus dem Holzkasten am Ofen.

Als die noch schwelende Glut des Feuers um die dünnen, trockenen Kiefernzweige aufflackerte, lächelte Rebecca und hob den Deckel des Wasserreservoirs, das auf einer Seite in den großen gußeisernen Küchenherd eingelassen war. Das Wasser war lauwarm, perfekt für eine schnelle Katzenwäsche.

Als sie sich gewaschen hatte, legte Rebecca noch mehr Feuerholz nach und tauschte rasch ihr Nachthemd und ihren Morgenmantel gegen das Kattunkleid aus, eins der drei, die sie besaß. Sie wärmte ihre nackten Zehen vor dem Ofen, während sie ihr hüftlanges, kastanienbraunes Haar löste, es gründlich bürstete und dann wieder zu dem gewohnten dicken Zopf flocht. Als das erledigt war, zog Rebecca Strümpfe und feste Schuhe an und ging zur Hintertür, um das Wasser aus der Waschschüssel auf den verschneiten Hof zu schütten.

Nachdem sie Wasser für Maismehlbrei auf den Herd gestellt hatte, nahm sie das Nachthemd und den Morgenrock und kehrte nach oben in ihr Zimmer zurück. Dort machte sie ihr Bett – zumindest hatte sie sich angewöhnt, es als *ihr* Bett anzusehen – und klopfte auf dem Korridor an die Zimmertür der Zwillinge.

»Annabelle, Susan«, rief sie, wie sie es jeden Morgen tat. »Es ist ein neuer Tag.«

Ihre zehnjährigen Schwestern stöhnten so laut, daß sie es bis in die Diele hörte – und auch das gehörte zur alltäglichen Routine. Ein Lächeln spielte um Rebeccas Lippen, als sie die Treppe hinunterging. Annabelle und Susan waren jung, weshalb es ihr nicht schwerfiel, ihnen ihren Mangel an Weitblick nachzusehen. Es würden Jahre vergehen, bis sie begreifen würden, was für ein Glück es war, daß sie in diesem soliden Haus lebten, wo sie genug zu essen hatten, warme Kleider und die Möglichkeit zu einer Ausbildung.

Rebeccas Lächeln verblaßte, als sie die Küche erreichte und mit den Vorbereitungen für das Frühstück anfing. Während der Himmel sich rot zu färben begann und die Frostmuster auf den Fenstern in Rosa und Aprikot tauchte, beschlich sie ein ungutes Gefühl. In den vergangenen zwei Jahren hatte sie sich und den Zwillingen ein Heim geschaffen auf diesem Stück Land gleich außerhalb der kleinen Stadt Cornucopia, im Weizenland des Staates Washington. Die Gemeinde hatte sie als Familie akzeptiert, und durch Näharbeiten oder indem sie gelegentlich ein Zimmer an einen Reisenden vermietete, schaffte Rebecca es, auf rechtschaffene Weise den Lebensunterhalt für sich und ihre Schwestern zu verdienen.

Sie schob drei dicke Scheiben Brot zum Aufbacken in den Ofen und schlug dann drei braune Eier in einen Topf mit kochendem Wasser. Annabelle stürmte lautstark in die Küche und hüpfte auf einem Bein, während sie sich mit ihrem zweiten Schuh abmühte. Ihr helles, honigblondes Haar war vom Schlafen zerzaust, und ihr Wollkleid war falsch geknöpft. Susan, die anmutigere der beiden, war bereits korrekt gekleidet, als sie eintrat; ihr Haar war ordentlich gebürstet und sauber mit einem Band zurückgebunden.

Sie warf Rebecca einen gequälten Blick zu und begann

den Tisch zu decken, während Annabelle maulend ihren Mantel überzog.

»So ein Theater, bloß weil du die Hühner füttern mußt«, bemerkte Susan.

Annabelle warf ihrer Schwester einen bösen Blick zu. »Wir werden sehen, wer morgen das Theater macht, Miss Zickig, wenn du an der Reihe bist, dieses übellaunige Federvieh zu füttern.«

»Wasch dich und iß zuerst dein Frühstück, Annabelle«, warf Rebecca freundlich ein. »Ich möchte nicht, daß ihr zu spät zur Schule kommt.«

Minuten später setzten die drei sich an den Tisch. Die Morgendämmerung kämpfte noch immer mit der Dunkelheit, und die Petroleumlampen verströmten ein flackerndes, behagliches Licht in der warmen Küche.

»Mary Alice Holton bekommt eine Puppe zu Weihnachten«, verkündete Susan. »Ihr Bruder schickt sie ihr aus San Francisco. Er arbeitet dort im Hafen auf den Docks.«

Susans Worte versetzten Rebecca einen Stich. Es war ihr gelungen, ihren Halbschwestern Nahrung, Unterkunft und eine Menge Liebe zu geben, seit ihr nichtsnutziger Vater sie in Chicago allein zurückgelassen hatte, vor fast drei Jahren, als sie selbst erst neunzehn gewesen war. Luxusgegenstände wie im Laden gekaufte Puppen überstiegen allerdings ihre Möglichkeiten.

Annabelle, die nüchternere der beiden, verzog das Gesicht. »Mary Alice Holton ist eine Heulsuse. Ihr Bruder hat ihr die Puppe bestimmt bloß geschickt, damit sie mit ihrem Gegreine aufhört und ihre Mama und ihren Papa endlich mal in Ruhe läßt.«

Obwohl Rebecca auch über die Bemerkung lächelte, formte sich doch ein Klumpen in ihrer Kehle. Was immer Annabelle auch sagen mochte und obwohl sie die meiste Zeit ein unverbesserlicher Wildfang war, wußte Rebecca, daß sie sich genauso sehnsüchtig wie Susan eine hübsche Puppe wünschte.

»Sie kostet ganze zwei Dollar«, fuhr Susan fort, ohne

den Einwand ihrer Schwester zu beachten. »Sie hat Glasaugen und einen Porzellankopf und echtes Haar. Mary Alice hat sie Jeanette getauft.«

Annabelle stieß einen leidgeprüften Seufzer aus. »Wenn diese Puppe ein Weihnachtsgeschenk sein soll, woher will Mary Alice dann wissen, wie sie aussieht? Bis Weihnachten sind es noch drei Wochen.«

»Sie hat spioniert«, entgegnete Susan herablassend.

»Beeilt euch jetzt«, sagte Rebecca brüsk, während sie sich von ihrem Stuhl erhob, nach ihrer leeren Schale griff und ihr Besteck und den Teller forträumte, von dem sie ihren Toast und ihr pochiertes Ei gegessen hatte. »Ihr kommt zu spät zur Schule. Und vergiß nicht, die Hühner zu füttern, Annabelle!«

Annabelle und Susan schauten sich an – obwohl sie sich sehr häufig zankten, besaßen die Zwillinge ein fast unheimliches Talent, sich ohne Worte zu verständigen, wenn sie es für nötig hielten. Nach diesem kurzen Blickaustausch standen sie auf, folgten Rebeccas Beispiel und brachten ihre Teller zu der gußeisernen Spüle. Bald darauf, dick eingepackt in Mäntel, Stiefel, Schal und Mütze, ihre Schulbücher und Blechdosen mit dem Mittagessen in der Hand, verließen sie die Küche.

Rebecca beobachtete von der Hoftür aus, wie sie durch den tiefen Schnee, auf dem nun helles Sonnenlicht glitzerte, zum Hühnerstall hinüberstapften. Pflichtbewußt hielt Susan Annabelles Sachen fest, während ihre Schwester die gackernden Hühner fütterte.

Das Schulhaus lag nur ein Stück weiter unten an der Straße, hinter einer Kurve – der Rauch, der aus dem Schornstein des Gebäudes aufstieg, kräuselte sich dunkelgrau am taubengrauen Winterhimmel –, aber Rebecca ließ die Kinder dennoch nicht aus den Augen, bis sie aus ihrer Sicht verschwunden waren.

Eine eigenartige Besorgnis hatte sie erfaßt, als sie sich an ihre allmorgendlichen Aufgaben wie das Aufräumen der Küche und das Holzhacken für den Ofen machte. Aus irgendeinem unerklärlichen Grund glitt ihr Blick immer wieder zu der stillen, schneebedeckten Straße hinüber.

Du hast Arbeit zu erledigen, sagte sie sich und versuchte, diese unguten Gefühle abzuschütteln, als sie den prächtigen roten Samt für Miss Ginny Dylans Weihnachtskleid auf dem Tisch ausbreitete. Sie hatte das Schnittmuster nach einer ausgerissenen Seite eines Modeheftes selbst entworfen, und der Aufgabe einen vollen Nachmittag und einen halben Abend gewidmet. Obwohl sie sorgfältig Ginnys Maße genommen und ihr die Papierstücke auch schon vorgehalten hatte, überprüfte sie noch einmal jedes einzelne, bevor sie es am Stoff feststeckte. Der Samt war teuer, sie konnte sich nicht erlauben, einen Fehler zu machen.

Die Sonne wurde wärmer, als der Morgen fortschritt, und das Eis auf den Fenstern begann zu schmelzen. Obwohl Rebecca sich voll und ganz auf ihre Aufgabe konzentrierte, wollten Unruhe und Nervosität nicht von ihr weichen. Einmal legte sie sogar ihren schäbigen wollenen Umhang um und ging den Pfad hinunter bis zur Straße, um lange und angestrengt in beide Richtungen zu schauen.

Sie war froh, als sie zum Haus und ihrer Näharbeit zurückkehrte, daß niemand ihr merkwürdiges Benehmen sehen konnte und eine Erklärung dafür von ihr verlangte.

Lucas Kiley hatte seinen Wagen und die beiden Zugpferde in Spokane gekauft, eine knappe Stunde schon, nachdem er aus dem in westlicher Richtung fahrenden Zug gestiegen war, mit dem Kauf aller weiteren Vorräte, die er benötigte, jedoch noch gewartet. Da Cornucopia von nun an seine Heimatstadt sein würde, hielt er es nur für recht und billig, den ortsansässigen Händlern das Geschäft zukommen zu lassen.

Er war durchgefroren bis auf die Knochen, als er endlich den kleinen Ort erreichte, an den er so oft gedacht hatte – während jener langen Jahre in der Fabrik in Chicago und dann, später, nach dem Unfall –, und doch wurde ihm gleich viel wärmer und leichter ums Herz beim Anblick jener kleinen Stadt.

Lucas schaute sich prüfend um, damit ihm nicht die kleinste Einzelheit des Orts entging, der von nun an sein Zuhause sein würde. Gott wußte, daß die Stadt nicht viel zu bieten hatte – einen Krämerladen, eine Bank, eine Kirche, einen Mietstall und zwei Saloons, zusammengedrängt in der Prärie. Einige wenige solide Häuser flankierten die Hauptstraße, aber wegen der Kälte war niemand zu sehen, lediglich ein magerer gelber Hund trieb sich draußen herum.

Lucas zügelte die beiden großen braunen Zugpferde und stellte mit einem Fuß die Bremse ein, während er einen zweiten Blick auf die Saloons riskierte, den *Green Grizzly Bear* und *Pool Parlor*. Es war später Nachmittag und damit die richtige Zeit für ein Glas Whiskey, das das Eis in seinem Blut zum Schmelzen bringen würde. Aber er würde jeden Penny seines gesparten Geldes brauchen, um genügend Vorräte und Holz für den langen Winter zu erwerben.

Und so betrat er statt des Saloons den Gemischtwarenladen und fühlte sich gestärkt von der Wärme, die der große Ofen ausstrahlte, der mitten im Raum stand. Zwei alte Männer saßen davor und wärmten sich die Füße an dem Chromgeländer, und eine hübsche, dunkelhaarige Frau kam anmutig hinter der Theke hervor und auf ihn zu. Sie mußte um die Vierzig sein, schätzte Lucas.

»Sie sind hier fremd«, bemerkte die Dame freundlich, und ihre klugen Augen verrieten Güte und Humor. Sie streckte eine Hand aus, genauso bereitwillig, wie es ein Mann getan hätte, was sie Lucas sofort sympathisch machte. »Ich bin Mary Daniels und führe diesen Laden.«

Er schüttelte ihr die Hand. »Freut mich, Sie kennenzulernen, Mrs. Daniels. Mein Name ist Lucas Kiley, und ich …«

»Lucas Kiley!« fiel die Ladenbesitzerin ihm entzückt ins Wort. »Nun, es wurde aber auch wirklich langsam Zeit, daß Sie sich in Cornucopia sehen ließen! Ihre reizende kleine Familie hat lange genug ohne Sie auskommen müssen!«

Die Luft schien aus Lucas' Lungen zu entweichen, genau wie damals in Chicago, als er in eine Prügelei geraten war und einen Faustschlag in den Magen erhalten hatte. *Welche reizende kleine Familie?* dachte er verständnislos. Einen Moment lang war ihm fast, als hätte er irgendwann geheiratet und dann sowohl die Frau wie auch die Zeremonie einfach vergessen. Aber er überwand seinen Schock schnell genug, um zu erwidern: »Ich habe doch gar keine …«

»Sie ist eine Kämpfernatur, Ihre Rebecca«, unterbrach Mrs. Daniels ihn schon wieder. Die Hände in die schmalen Hüften gestützt, stand sie da und schaute mit strahlenden Augen zu Lucas auf. »Sie hat diese heruntergekommene alte Farm ganz allein wieder in Ordnung gebracht. Sie haben allen Grund, stolz auf sie zu sein, Mr. Kiley.«

Lucas schluckte jeden weiteren Protest. Er war müde, hungrig und verwirrt, und seit er vor einigen Jahren in Mrs. Ella Readmans Pension in Chicago gelebt hatte, besaß der Name ›Rebecca‹ einen verblüffenden Effekt auf ihn, wann immer er in irgendeinem Gespräch erwähnt wurde.

Es konnte sich bei dieser Ehefrau- und Familiengeschichte nur um ein Mißverständnis handeln. Lucas war ein nüchterner Mensch, der nicht zu übereilten Schlußfolgerungen oder Impulsen neigte. Er würde die Sache schon früh genug aufklären.

Er kaufte eine Wagenladung Lebensmittel – das meiste davon waren Säcke mit Zucker, Mehl, Bohnen und Kaffee – und machte sich durch die Eiseskälte dieses grauen Winternachmittags auf den Weg zu der Farm, die er erworben hatte, unbesehen, aber voll möbliert, nur wenige Monate vor dem Unfall in der Fabrik, der ihn so lange zurückgeworfen hatte. Er brauchte keine Landkarte zu Rat zu ziehen; Lucas kannte die Straße auswendig, da er sie in seiner Phantasie unzählige Male beschritten hatte.

Die Orientierungspunkte, denen er begegnete, waren wie alte Freunde.

Dort lag das verlassene Halley-Anwesen, genau, wie der letzte Besitzer es beschrieben hatte, und dort stand die einzelne Eiche, mitten auf dem Feld – zweihundert Jahre alt, wenn nicht sogar noch älter. Dahinter lag das Schulhaus, ein kleines Gebäude mit nur einem großen Raum.

Lucas lächelte im Vorbeifahren. Der Unterricht schien für heute beendet zu sein, denn Kinder stürzten aus der Tür, schreiend, lachend und sich gegenseitig mit Schneebällen bewerfend. Wieder wurde Lucas ganz warm ums Herz, und er richtete seine Augen auf die nächste Biegung in der Straße.

Obwohl die Farm selbst noch nicht zu sehen war, bemerkte er Rauch, der langsam in den Himmel aufstieg, und dachte daran, daß Mrs. Daniels behauptet hatte, er hätte eine Ehefrau. Stirnrunzelnd trieb er die Pferde zu einem Trab an, obwohl der Schnee sehr tief war und sie nur schwer vorankamen.

Trotz der Warnung der Ladenbesitzerin und der Rauchspirale, die aus dem Schornstein stieg, war Lucas sehr erstaunt, als sein Haus und seine Scheune in Sicht kamen und er eine Frau erblickte, die in einem warmen Umhang auf der Veranda stand und mit einer Hand ihre Augen beschattete, während sie ihm entgegensah.

So neugierig er auch war, sein Haus endlich selbst in Augenschein zu nehmen, brauchte er doch eine Weile, um seinen Blick von der Frau loszureißen. Anerkennend betrachtete er die solide Scheune und das zweistöckige, weißgetünchte Wohnhaus. Es gab auch einen Brunnen, eine eingezäunte Weide, und die Felder wirkten glatt und gepflegt unter ihrer Schneedecke.

Fast grollend richtete er seinen Blick wieder auf die Frau.

Es war etwas seltsam Vertrautes an ihrer großen, schlanken Gestalt und dem welligen, rotbraunen Haar, und Lucas rieb sich nachdenklich das stoppelige Kinn, als er den Wagen näher lenkte. Es war fast, als hätte sie ihn erwartet, dieser Eindringling, der da so dreist auf *seiner* Veranda stand.

Als er den Wagen im Hof zum Stehen brachte, raffte sie ihre Röcke und stieg anmutig die Stufen herunter. Ihre Wangen färbten sich scharlachrot – und nicht von der Kälte, wie Lucas begriff –, als sie langsam auf ihn zuging.

Erkennen dämmerte zwischen ihnen, als er vom Bock des Wagens auf sie hinabsah und sie von unten zu ihm aufschaute. Einen Augenblick lang war es fast, als ob sie wieder in Chicago wären, in der Pension, und sich beim Abendessen gegenübersäßen.

»Hallo, Rebecca«, brachte er mit rauher Stimme hervor. »Wie ich hörte, haben wir beide schon vor dem Traualtar gestanden, obwohl ich gestehen muß, daß ich mich nicht an die Zeremonie erinnere.«

Die Röte auf ihren Wangen vertiefte sich, aber ihre braunen Augen, die glühten, als ob Laternen sie erhellten, hielten ruhig seinen Blicken stand. »Kommen Sie herein, bevor Sie sich hier draußen den Tod holen«, sagte sie in stiller Resignation.

2. Kapitel

Obwohl Rebecca bereits eine Vorahnung gehabt hatte, daß irgend etwas Unangenehmes auf sie zukam, und obwohl sie ihren Rücken steifhielt wie einen Schürhaken, war sie dennoch innerlich sehr aufgewühlt, als sie vor ihrem ›Ehemann‹ ins Haus ging. Wenn eine Heuschreckenplage das schneebedeckte Land heimgesucht hätte, wäre sie weniger überrascht gewesen, als sie es von der Ankunft Mr. Kileys war.

Denn schließlich besaß sie allen Grund zu glauben, daß er tot wäre.

Lucas blieb auf der schmalen Veranda stehen, um seinen Hut auszuschütteln und den Schnee von seinen Stiefeln zu stampfen. Rebecca eilte zu dem großen Ofen, unfähig, Mr. Kileys Blick noch länger standzuhalten, weil ihr beim besten Willen keine vernünftige Erklärung für ihre Anwesenheit auf seiner Farm einfiel.

»Ich vermute, daß Sie hungrig sind«, sagte sie und bot ihre ganze Willenskraft auf, um die Worte ruhig und belanglos klingen zu lassen.

»Wie ein Bär«, stimmte Lucas zu. Seine Stimme war tief, so wie sie sie in Erinnerung bewahrt hatte.

Sie schenkte Kaffee aus der kleinen blauen Emaillekanne ein – die sie, wie alles andere in diesem solide gebauten Farmhaus, inzwischen als ihr Eigentum betrachtete. Und dabei hatte sie sich die ganze Zeit nur etwas vorgemacht, denn das Haus und die Farm waren Mr. Kileys Besitz, mit allem, was dazugehörte.

»Setzen Sie sich doch bitte«, sagte sie und errötete, als ihr bewußt wurde, daß sie den Mann gerade eingeladen hatte, an seinem eigenen Tisch Platz zu nehmen. Er nahm den Becher Kaffee mit einer Hand, und aus dem Augenwinkel sah Rebecca, daß er die leuchtendroten Samtstücke betrachtete, die den Tisch bedeckten.

»Sie sind ein gutes Stück weitergekommen in der Welt, seit ich Sie zuletzt gesehen habe«, bemerkte er. Es lag kein Groll in seinem Ton, keine Spur von Anklage, und doch glaubte Rebecca, sich verteidigen zu müssen.

»Ich trage keinen Samt, Mr. Kiley«, sagte sie knapp und wandte sich ab, um zum Fliegenschrank zu gehen, in dem sie die Reste des Abendessens vom Tag zuvor aufhob. »Ich nähe für jene, die sich solche Dinge leisten können, um mir meinen Lebensunterhalt zu verdienen.«

Lucas bedachte das kalte Fleisch und die Gemüsepastete, die Rebecca vor ihn hinstellte, mit einem anerkennenden Blick, bevor er seinen Schal ablegte und seinen schweren Schafsfellmantel auszog. Das kurze, schiefe Lächeln, das er Rebecca schenkte, bewirkte ein warmes, wohliges Gefühl in ihr. »Ich erwarte eine Erklärung«, sagte er, als er die Gabel nahm, die sie ihm gab, und dann mit Appetit zu essen begann.

Rebecca hätte Lucas jetzt vielleicht gesagt, was sie nach Cornucopia und auf diese bescheidene Farm gebracht hatte, wenn nicht in diesem Augenblick die Tür aufgerissen worden wäre. Annabelle und Susan stürmten herein, mit von der Kälte geröteten Gesichtern und Augen, die vor Neugier funkelten, als sie Lucas am Tisch erblickten.

»Sind das Ihre Pferde und Ihr Wagen, Mister?« fragte Annabelle, während sie von einem Fuß auf den anderen hüpfte, um ihre Stiefel auszuziehen, und ihre Zähne benutzte, um ihre wollenen Handschuhe abzustreifen.

»Ja.« Lucas' grüne Augen zwinkerten in stiller Belustigung, als er das Kind betrachtete. *Er ist kein gutaussehender Mann im eigentlichen Sinne*, dachte Rebecca, *aber er hat etwas Solides, Zuverlässiges an sich, das ihn sehr anziehend erscheinen läßt*.

Susan, der es gelungen war, ihre Wintersachen mit müheloser Anmut abzulegen, bewahrte Abstand. »Sind Sie ein Pensionsgast?« fragte sie. »Wenn ja, sind Sie zu spät gekommen, denn Mr. Pontious übernachtet freitags abends immer in dem Zimmer in der Scheune, wenn er auf dem Weg nach Spokane ist, um Vorräte einzukaufen. Einmal ist er sogar eine ganze Woche lang geblieben.«

Lucas schaute mit erhobenen Augenbrauen zu Rebecca hinüber – die prompt so rot wurde wie der Samt, den sie vom Tisch aufsammelte –, bevor er Susans Frage beantwortete. »Ich glaube nicht, daß man mich als *Pensionsgast* bezeichnen könnte«, erwiderte er gedehnt und hielt inne, um einen Schluck Kaffee zu trinken. »Mit anderen Worten – falls hier irgend jemand in der Scheune schläft, dann ganz gewiß nicht ich.«

Rebecca legte den Zwillingen je eine Hand auf die Schulter und schob sie in Richtung Wohnzimmer. »Geht jetzt und erledigt eure Hausarbeit für morgen«, sagte sie streng. »Es brennt schon ein gemütliches Feuer im Kamin.«

Annabelle und Susan gehorchten, wenn auch nur sehr widerstrebend. Immer wieder schauten sie sich neugierig und eine Spur besorgt nach Lucas um.

Als die Mädchen endlich am Feuer saßen, im Schatten der großen Zimmerpalme, die Mr. Pontious Rebecca einmal statt der Miete für den Scheunenraum gegeben hatte, kehrte Rebecca in die Küche zurück.

Lucas, der seine Pastete gegessen und seinen Kaffee getrunken hatte, stand auf und trug das schmutzige Geschirr zur Spüle. Dort blieb er stehen, stützte die starken Hände auf den Rand und starrte aus dem beschlagenen Fenster in die zunehmende Abenddämmerung hinaus.

Rebecca blieb auf der Schwelle stehen und nutzte diese Gelegenheit, ihn unbeobachtet zu betrachten. Er war kein besonders großer Mann, aber seine Schultern waren breit und muskulös, und sein hellbraunes Haar kräuselte sich über seinem Kragen. Er strahlte Würde aus und unaufdringliche Stärke, und das waren genau die Eigenschaften, die Rebecca als erstes aufgefallen waren, als sie sich drei Jahre zuvor in Chicago begegnet waren.

»Es sieht so aus, als gäbe es noch mehr Schnee«, sagte er, ohne sich umzuwenden.

Rebecca war sicher gewesen, kein Geräusch verursacht zu haben, als sie den Raum betrat. »Was nicht weiter überraschend wäre im Dezember«, entgegnete sie. Es lag ein fröhlicher, optimistischer Ton in ihrer Stimme, aber er klang selbst in ihren eigenen Ohren falsch.

Lucas wandte sich um, verschränkte die Arme über der Brust und lehnte sich an die Spüle, um Rebecca lange Zeit mit undurchdringlicher Miene zu betrachten, bevor er sprach. »Wie kommen Sie dazu, in meinem Haus zu leben und den Leuten zu erzählen, Sie wären meine Frau?« fragte er ruhig.

Sie seufzte, durchquerte den Raum und nahm ihren Umhang von einem Kleiderhaken bei der Tür. Sein Mantel hing daneben und roch nach frischer Luft und Schnee. »Ich muß nach den Hühnern sehen«, wich sie aus, während sie ein Sieb mit Kartoffelschalen vom Arbeitstisch nahm und zur Hintertür ging. »Wenn Sie mich begleiten wollen, Mr. Kiley …?«

Lucas schnappte sich seinen Mantel und folgte ihr rasch hinaus. Mitten auf dem Hof, wo noch immer seine Pferde und sein Wagen standen, packte er Rebecca am Arm und hielt sie zurück.

Ein Muskel zuckte an seinem Kinn, und sie erkannte Zorn in seinen Augen. Dicke Schneeflocken begannen herabzusinken und sammelten sich in seinem zerzausten Haar. »Verdammt, Rebecca!« knurrte er. »Auch meine Geduld hat Grenzen. Was geht hier eigentlich vor?«

Sie schluckte hart, und ungewollte Tränen stiegen ihr in die Augen. Sie und die Mädchen würden nun bald wieder heimatlos sein, aber sie würde immer für die Wärme, Bequemlichkeit und Sicherheit, die sie hier bis zu Lucas' Rückkehr genossen hatten, dankbar sein.

»Eines Tages, während jener Zeit, als Sie und ich in Mrs. Readmans Pension wohnten«, begann sie leise, »erschien mein trinkfreudiger, verantwortungsloser Vater mit Annabelle und Susan.« Sie hielt einen Moment inne, um die Tränen zurückzudrängen, die in ihren Augen brannten. »Seine zweite Frau, ihre Mutter, war gestorben, und er beabsichtigte, seine Töchter im Stich zu lassen, wenn ich sie nicht aufnähme. Sie waren halb verhungert und zutiefst verängstigt. Mrs. Readman gab ihnen etwas zu essen, stellte aber klar, daß sie keine Kinder in ihrer Pension wollte, und so gingen wir, um etwas anderes zu suchen. Ich fand eine Hütte in der Nähe der Fabrik, in der ich arbeitete, und ... und ...«

Wieder hielt sie inne, als sie an jene Zeit zurückdachte und sich an die Hoffnungslosigkeit erinnerte, an die chronische Kälte, den Hunger und die abgrundtiefe Müdigkeit. »Als ich später noch einmal zur Pension zurückkehrte, um einige Sachen abzuholen, die ich bei Mrs. Readman gelassen hatte, sagte sie mir, Sie hätten einen Unfall erlitten und würden Ihre Verletzungen wahrscheinlich nicht überleben. Sie gab mir einige Papiere, die Ihnen gehörten, und bat mich, sie im Hospital abzugeben, damit sie von dort an Ihre Angehörigen weitergeleitet werden konnten.«

Lucas rührte sich nicht; still und ernst stand er da und hielt noch immer Rebeccas Arm umfaßt. »Erzählen Sie weiter«, forderte er sie ruhig auf.

»Ich ging zu dem Hospital in der Nähe der Sägemühle, wo Sie gearbeitet hatten, aber niemand wußte dort etwas von Ihnen. Dann suchte ich Ihren Arbeitgeber auf, und ein Angestellter im Büro sagte mir, Sie wären tot. Er sagte, Sie wären unter einen Stapel Kisten geraten, als sie von einer Plattform stürzten, und soviel er wüßte, besäßen Sie keine Angehörigen mehr.«

Die Erinnerung an den Unfall war ihm einen Moment lang deutlich anzusehen, dann verblaßte sie. »Ganz offensichtlich«, sagte er, »bin ich doch nicht tot.«

»Offensichtlich«, stimmte Rebecca zu. Die Worte klangen ein wenig spitz; sie fühlte sich in die Ecke gedrängt, das Spiel war aus, und die Furcht, die dieses Wissen mit sich brachte, machte sie empfindlich. Sie machte einen tiefen Atemzug, versuchte vergeblich, sich aus Lucas' Umklammerung zu befreien, und fuhr fort: »Als ich in der Fabrik nichts in Erfahrung bringen konnte, sah ich schließlich Ihre Papiere durch, in der Hoffnung, wenigstens die Adresse eines Freunds zu finden. Statt dessen fiel mir die Besitzurkunde der Farm in die Hände.«

Lucas' Stimme klang verdächtig sanft. »Und da beschlossen Sie ganz einfach, hierherzukommen, mein Land und mein Haus zu übernehmen und allen zu erzählen, wir seien verheiratet? Und wie haben Sie den Leuten meine Abwesenheit erklärt, *Mrs. Kiley*?«

Rebecca wandte für einen Moment den Blick ab, unfähig, die Anklage zu ertragen, die in seinen Augen stand. Es schneite immer heftiger, und der Wind war eisig kalt. Sie fragte sich, wo sie und Annabelle und Susan schlafen sollten, falls Lucas sie noch heute nacht von seinem Besitz vertrieb – wozu er jedes Recht besaß.

»Ich habe ihnen erzählt, Sie arbeiteten an der Ostküste«, erwiderte sie unglücklich. Rebecca hatte in ihrem Leben schon oft genug neu angefangen, doch plötzlich fehlte ihr die Kraft, auch nur an einen Neubeginn zu denken, denn sie hatte das Gefühl, als ob sie seit dem Morgen um ein ganzes Jahrhundert gealtert wäre. »Ich habe in der Stadt erzählt, wir wollten noch mehr Land kaufen – die Farm der Halleys – und daß Sie kommen würden, sobald Sie genügend Geld gespart hätten. Ich ... ich habe den Leuten erzählt, daß Sie meine Schwestern adoptieren wollten, sobald wir uns hier eingelebt hatten.«

Ganz plötzlich ließ er ihren Arm los, und sie war zutiefst verblüfft, als sie merkte, daß sie fast gestürzt wäre. Sie hatte gedacht, er hielte sie gefangen, doch jetzt sah es fast so aus, als ob er sie *gestützt* hätte.

»Was haben Sie den Kindern dort drinnen erzählt?« fragte er und deutete mit dem Daumen auf das Haus. »Oder haben Sie sie auch zum Lügen angestiftet?«

Rebecca senkte beschämt den Kopf, aber Lucas legte eine Hand unter ihr Kinn und zwang sie, ihn anzusehen. »Auch sie glauben, ich hätte einen Ehemann an der Ostküste, genau wie die Leute in der Stadt«, murmelte sie.

Lucas wandte sich ab – aus Ärger, Abscheu oder vielleicht sogar beidem – und stieß einen leisen Fluch aus. Dann stapfte er durch den Schnee zum Wagen und begann die Vorräte abzuladen.

Aus Angst, etwas zu sagen – ganz zu schweigen davon, Lucas danach zu fragen, was er mit ihr zu tun gedachte – hastete Rebecca zum Hühnerstall hinüber, um das Sieb mit den Kartoffelschalen auszuleeren. Dann kehrte sie ins Haus zurück, um das Abendessen vorzubereiten.

Lucas sprach kein Wort mit ihr, während er Säcke und Kisten hereinschleppte und sie in der Speisekammer unterbrachte, und er gesellte sich später auch nicht zu Rebecca und den Zwillingen, als sie sich zum Abendessen an den Tisch setzten.

»Das ist er, nicht?« fragte Annabelle mit großen Augen, als sie hörten, wie Lucas draußen die Pferde abspannte und sie über den Hof zur Scheune führte. »Der Mann, den du damals geheiratet hast, damit wir ein Dach über dem Kopf hatten und hier wohnen konnten?«

Susan ließ klirrend ihre Gabel fallen, und alle Farbe

wich aus ihren Wangen. »Du hast gesagt, er würde nie hierherkommen und uns belästigen!« rief sie vorwurfsvoll.

Da brach Rebecca eine ihrer eigenen Regeln, stützte die Ellbogen auf den Tisch und die Stirn in ihre Hände. »Nun ja«, murmelte sie bedrückt, »dann muß ich mich damals wohl geirrt haben.«

Rebecca schickte Annabelle und Susan an diesem Abend früh ins Bett – sie hoffte, daß Mr. Kiley nicht so hartherzig wäre, schlafende Kinder in den Schnee hinauszuschicken – und ging dann selbst hinauf, um ihren Morgenrock und ihre Pantoffeln zu holen. Lucas hatte bereits gesagt, daß er nicht beabsichtigte, die Nacht in der Scheune zu verbringen, was bedeutete, daß er sein Zimmer wollte. Rebecca hatte vor, sich auf dem Sofa im Wohnzimmer auszustrecken. Der Himmel wußte, daß sie keine Sekunde Ruhe finden würde, und so würde sie die Zeit nutzen, um über eine mögliche Lösung für ihre Probleme nachzudenken.

Sie wollte sich gerade von der hohen Kommode abwenden, als die Tür aufging und Lucas leise eintrat.

Rebeccas Herz schlug so heftig, daß sie glaubte, Lucas müßte es hören.

Lucas bedachte sie mit einem müden, schiefen Lächeln und schob die Daumen unter seine Hosenträger. »Ich glaube, es wird mir gefallen, eine Frau zu haben«, sagte er, während sein Blick über sie glitt, als besäße er nicht nur das Recht, sie zu betrachten, sondern auch, sie zu berühren. »Ich bin lange genug allein gewesen.«

Eine Hitzewelle durchzuckte Rebeccas Körper, und eine süße Schwäche erfaßte sie. Sie fragte sich sogar, wie es sein mochte, von diesem vorlauten Mund geküßt zu werden, und *das* beunruhigte sie noch erheblich mehr als alles andere.

Resolut wandte sie sich ab und ging mit hocherhobenem Kinn zur Tür, aber als sie an Lucas vorbeiwollte, verstellte er ihr den Weg.

»Geh ins Bett, Mrs. Kiley«, sagte er, streckte die Hand aus und schloß sie um ihren Arm.

»Ich schreie!« wisperte sie und zappelte, um freizukommen – obwohl sie sich eigentlich gar nicht befreien wollte. Aber er hielt sie unerbittlich fest.

»Wer würde dir zu Hilfe eilen?« gab er nüchtern zu bedenken, und seine Augen funkelten von einem Mutwillen, der ihr Herz noch schneller schlagen ließ. »Diese beiden kleinen Mädchen auf der anderen Seite des Korridors?«

Rebecca begann ärgerlich zu werden, und sie hatte Angst, aber da war ein sogar noch schlimmeres Gefühl, mit dem sie zu kämpfen hatte: Sie fühlte sich zu diesem Mann genauso stark wie früher hingezogen, als sie in derselben Pension gewohnt hatten, und die Vorstellung, sein Bett zu teilen, löste ein jähes Verlangen in ihr aus, trotz ihrer Unschuld.

Aber ihr Stolz verbot ihr, dem Gefühl nachzugeben. »Sie würden es nicht wagen, eine anständige Frau zu ... zu zwingen!« zischte sie.

Er beugte sich zu ihr vor, bis seine Nasenspitze nur noch Millimeter von ihrer entfernt war. »Ich würde *keine* Frau zu etwas zwingen, keine anständige und keine andere. Aber ich habe Jahre geschuftet, um diese Farm zu kaufen, Lady, und der Gedanke daran war das einzige, was mich nach dem Unfall am Leben erhalten hat, als ich im Lagerraum einer zweitklassigen Hafenschenke lag. Und die ganze Zeit sind Sie hier gewesen, haben vom Ertrag *meines* Lands gelebt und meinen Namen getragen, als ob Sie einen Anspruch darauf hätten. Ich glaube, Mrs. Kiley, daß Sie, falls ich die Wärme und Sanftheit einer Frau neben mir spüren will – und der Himmel weiß, *daß* ich es will –, mir diesen Gefallen schuldig sind.«

Rebecca öffnete den Mund und schloß ihn wieder.

Lucas versetzte ihr einen kleinen Stoß in Richtung Bett, und zu ihrem eigenen Erstaunen wehrte sie sich nicht. Er blies die einzige Lampe aus, was den Raum in absolute Dunkelheit versetzte, und das Herz rutschte ihr in die Kehle, als sie hörte, wie er sich auszog.

»Versprechen Sie mir, die Lage nicht auszunutzen?« fragte sie mit zitternder Stimme und unfähig, zu glauben, daß sie gezwungen würde, sich etwas Derartiges gefallen zu lassen.

»Ja«, antwortete er, und die Bettfedern quietschten, als er sich auf der Matratze ausstreckte. »Ich hoffe doch, daß ich das gleiche auch von Ihnen erwarten kann?« wollte er dann wissen und grinste in der Dunkelheit.

3. Kapitel

Das Nachthemd bis zum Hals zugeknöpft, lag Rebecca steif auf ihrer Bettseite, so dicht an der Kante, daß sie bei jeder abrupten Bewegung abgerutscht und auf den Boden gestürzt wäre. Sie war sich der Hitze, des Dufts und der Nähe von Lucas' nacktem Körper nur allzusehr bewußt; sein Gewicht drückte die Matratze herab.

»Ich dachte, Sie wären tot«, sagte Rebecca.

»Das ist offensichtlich«, erwiderte Lucas seufzend.

»Was ist damals geschehen?«

Er zögerte eine Weile mit der Antwort. »Ich hatte einen Unfall in der Fabrik, in der ich beschäftigt war. Ich brauchte über ein Jahr, um von meinen Verletzungen zu genesen, und habe dabei viel von meinen Ersparnissen verbraucht. Als ich wieder gesund war und mich bewegen konnte, mußte ich noch zusätzliches Geld verdienen, bevor ich nach Cornucopia kommen konnte.«

Rebecca dachte lange über seine Worte nach. »Trotz allem«, gab sie schließlich ein bißchen widerwillig zu, »bin ich froh, daß Sie noch am Leben sind.«

»Vielen Dank«, erwiderte Lucas spöttisch.

Sie seufzte. Wieder einmal würde ihr und den Mädchen nichts anderes übrigbleiben, als irgendwo an einem neuen Ort ein neues Leben zu beginnen. »Die Zwillinge und ich gehen morgen«, sagte sie, und bei diesem Gedanken kamen ihr die Tränen. Sie liebte die Farm, Cornucopia und seine Menschen.

Lucas bewegte sich, streckte seine langen Beine und stieß ein Gähnen aus. »Hm«, sagte er. »Es ist unnötig, daß Sie so über dem Bettrand hängen, Mrs. Kiley. Wie ich vorhin schon sagte, ich nehme keine Frau, die nicht genommen werden will.«

Bis zu jenem Tag war Rebecca nicht öfter als zwei, dreimal in ihrem Leben errötet, wenn sie sich recht entsann. Seit Lucas jedoch an diesem Nachmittag erschienen war, hatte sie mindestens ein halbes Dutzend Mal gespürt, wie ihr das Blut in die Wangen gestiegen war. Und jetzt, als sie über seine unverschämt freimütigen Worte nachdachte, geschah es wieder.

Sie biß sich auf die Lippen, um ihren Ärger zu bezwingen, und sagte dann: »Sie zwingen mich doch nur, hier bei Ihnen zu bleiben, um mich zu quälen.«

Er lachte, und dieses leise, tiefe Lachen löste die wunderlichsten Gefühle tief in ihrem Innern aus. »Um Sie zu ›quälen‹? Großer Gott, Rebecca, so intensiv ist Ihre Leidenschaft? Ich muß schon sagen, Sie schockieren mich.«

Unbändiger Zorn erfaßte sie, und wenn sie nicht Angst vor den Konsequenzen gehabt hätte, hätte sie ihn jetzt mit ihrem Kissen erstickt. »Sie schmeicheln sich«, antwortete sie ruhig, als sie ihrer Stimme wieder traute. »Ich versichere Ihnen, Mr. Kiley, daß Sie ganz gewiß nicht meine … meine Leidenschaft entfachen.«

Lucas kuschelte sich noch tiefer unter das Federbett und begann auf recht übertriebene Art zu schnarchen.

Rebecca lag steif wie ein Brett auf ihrer Kante, starrte zur dunklen Zimmerdecke auf und fragte sich, was sie jetzt tun sollte. Nachdem eine kleine Ewigkeit vergangen war, wie ihr schien, und sie sicher war, daß Lucas wirklich schlief, wollte sie aufstehen und nach unten gehen, um dort zu schlafen, wie sie es ursprünglich vorgehabt hatte.

Bevor sie sich jedoch aufrichten konnte, streckte Lucas einen Arm aus, legte seine Hand auf ihren Bauch und drückte sie sanft, aber entschieden auf die Matratze zurück. Obwohl sie das Gewicht seiner Hand und die Kraft seiner Finger nur ganz kurz auf ihrer Haut verspürte, löste seine Berührung eine ganze Serie beunruhigender Gefühle in Rebecca aus.

»Gute Nacht, Mrs. Kiley«, sagte er betont.

Danach versuchte sie gar nicht mehr aufzustehen. Sie blieb einfach liegen und dachte, daß sie in der Tat ein äußerst verworrenes Netz aus Lügen und Täuschungen gewoben hatte.

Irgendwann im Morgengrauen schlief Rebecca aus purer Erschöpfung ein, und als sie erwachte, war sie allein im Zimmer, und das Haus kam ihr ganz ungewöhnlich warm vor. Das Licht, das durch die Fenster drang, war noch ziemlich schwach, und draußen heulte der Wind und trieb kleine Schneeflocken vor sich her.

Rasch stand Rebecca auf, zog sich an, bürstete ihr Haar und eilte die Treppe hinunter. Da heute Samstag war, der einzige Tag, an dem die Zwillinge lange schlafen konnten, verzichtete sie darauf, sie zu wecken.

Lucas war in der Küche, stand am Herd und nippte an einem Becher mit dampfendem Kaffee. Als er Rebecca eintreten hörte, drehte er sich lächelnd zu ihr um.

»Guten Morgen, Mrs. Kiley.«

Es war der reinste Luxus, in einem warmen Haus aufzustehen und festzustellen, daß der Kaffee bereits aufgebrüht war – aber Rebecca konnte sich nicht erlauben, dieses Vergnügen zu genießen. Sie und ihre Halbschwestern würden schon bald draußen in der Kälte sein, ohne zu wissen, wohin sie gehen sollten, und mit sehr wenig Geld für ihren Unterhalt.

»Ich glaube, es wird Zeit, daß Sie aufhören, mich mit ›Mrs. Kiley‹ anzusprechen«, sagte sie, während sie eine Tasse aus dem Schrank nahm und sich Kaffee einschenkte. »Ich finde das allmählich nicht mehr witzig.«

Seine Augen funkelten vor Belustigung, als er sie über den Rand seines Bechers beobachtete. Er trug Arbeitshosen, ein einfaches wollenes Hemd, Hosenträger und Stiefel; sein widerspenstiges Haar war gebürstet, aber er hätte eine Rasur dringend nötig gehabt.

»Darf ich Sie daran erinnern, daß Sie diese Situation geschaffen haben und nicht ich?« gab er zu bedenken.

»Ich war so verzweifelt!« entgegnete Rebecca ärgerlich. »Können Sie das nicht verstehen? Ich hatte nichts Böses im Sinn. Ich habe nur einen Weg gesucht, meinen Schwestern ein Dach über dem Kopf zu bieten!«

Lucas zog eine Augenbraue hoch und betrachtete Rebecca eine Weile nachdenklich, bevor er fragte: »Wenn Sie so sehr in Not waren, wie haben Sie dann das Geld zusammengekratzt, um von Chicago hierherzukommen?«

Rebecca wandte sich rasch ab, weil sie befürchtete, ihre Abneigung gegen diese Frage, ganz zu schweigen von der Antwort, könne sich in ihrem Gesicht verraten. »Ich hatte ein paar Dollar gespart«, erwiderte sie knapp, und das stimmte sogar, obwohl es nicht die ganze Wahrheit war. »Und ich habe mir etwas von einem Freund geborgt.« Das, im Gegensatz zu ihrer ersten Äußerung, war eine glatte Lüge. Duke Jones war alles andere als ihr Freund gewesen, und für den kleinen Geldbetrag, den er ihr gegeben hatte, hatte er ein Stück ihrer Seele von ihr zurückbehalten.

Schweigen breitete sich in der gemütlichen, von Petroleumlampen erhellten Küche aus, während Rebecca sich um einen Gesichtsausdruck bemühte, der sie nicht verraten würde. Dann, mit beträchtlicher Willensanstrengung, war sie endlich wieder in der Lage, Lucas anzusehen. »Es tut mir aufrichtig leid, Mr. Kiley, daß ich Ihren Namen und Ihr Eigentum benutzt habe. Meine Schwestern und ich werden Ihr Haus noch heute morgen verlassen.« Es gab nur ein kleines Problem dabei: Sie wußte nicht, wohin sie gehen sollte. Aber darüber würde sie sich später den Kopf zerbrechen.

Der Ausdruck belustigter Verblüffung in Lucas' Augen verwandelte sich in Besorgnis. »Ich sehe keinen Grund dazu«, erklärte er ruhig. »Wie ich gestern bereits sagte, gefällt mir der Gedanke, eine Familie zu besitzen.«

Rebecca setzte mit zitternder Hand ihre Kaffeetasse ab. »Ich habe Lügen erzählt und Hausfriedensbruch begangen«, entgegnete sie kalt, »aber ich bin keine Hure. Ich werde nicht für unser Essen und ein Dach über dem Kopf bezahlen, indem ich das Bett mit Ihnen teile!«

Er fuhr sich mit den gespreizten Fingern einer Hand durchs Haar, zerzauste es von neuem, und stieß einen ungeduldigen Seufzer aus. »Wie oft muß ich es Ihnen denn noch sagen, Rebecca? Ich werde nicht einmal versuchen, Sie zu küssen, solange ich nicht Ihre Erlaubnis dazu besitze.«

Entrüstet stützte sie die Hände in die Hüften und hörte, wie ihr eigenes Blut in ihren Ohren dröhnte. »Und dennoch bestehen Sie darauf, daß ich nachts Ihr Bett teile, wie eine Ehefrau es täte!«

»Bemühen Sie sich, etwas leiser zu sprechen«, mahnte Lucas streng. »Oder wollen Sie, daß die Mädchen Sie so reden hören?«

Rebecca gab einen erstickten Laut von sich, der abgrundtiefe Frustration verriet, obwohl ihr Herz schneller schlug von einer leisen Hoffnung, die ihr aufzukeimen begann. Vielleicht brauchte sie ihre Schwestern doch nicht von hier wegzubringen ... Zumindest nicht vor Weihnachten.

»Werden Sie von mir verlangen, daß ich in Ihrem Zimmer schlafe, so wie gestern nacht?« fragte sie gespannt.

»Ja«, erwiderte Lucas flach. »Darauf bestehe ich.«

»Und Sie versprechen, mich nicht ...«

»Anzufassen?« schloß er, als Rebecca zögerte. »Ja, Becky, das verspreche ich. Aber ich gehe jede Wette ein, daß Sie sich noch vor Ende dieses Monats wie eine richtige Ehefrau benehmen werden.«

»Wie können Sie es wagen, so eine skandalöse Behauptung aufzustellen?«

Grinsend prostete er ihr mit seinem Kaffeebecher zu. »Skandalös, aber wahr«, entgegnete er und seufzte gedankenvoll. »Und jetzt könnte ich ein Frühstück vertragen, falls es dir nichts ausmacht, Becky. Es gibt eine Menge, was ich heute gern erledigen würde, und ein Mann braucht seine Nahrung.«

Rebeccas Gedanken überschlugen sich. Unter anderen Bedingungen hätte sie Mr. Kiley jetzt vielleicht zum Teufel geschickt und ihm genau gesagt, was er mit seinem Frühstück tun konnte, aber draußen schneite es, und sie hatte sehr wenig Geld und zwei kleine Mädchen, für die sie sorgen mußte. Sie konnte sich nicht erlauben, die Gastfreundschaft dieses Mannes zurückzuweisen, so sehr es ihr auch widerstrebte, seine Wünsche zu erfüllen.

Sie nahm einen Kessel aus dem Schrank und stellte ihn krachend auf den Herd.

Am frühen Nachmittag, nachdem sie das Haus aufgeräumt und die Ärmel des roten Samtkleids angereiht hatte, zog Rebecca ihr gutes Sonntagskleid an, steckte ihren langen Zopf zu einer Krone auf und legte ihre Haube an.

»Ich verstehe nicht, wieso wir nicht hier bei Lucas bleiben können«, murrte Annabelle, während sie zusah, wie Rebecca die Bänder ihrer Haube unter dem Kinn zu einer Schleife band. »Es ist *soo* langweilig, in der Kirche herumzusitzen, wenn du mit dem Chor übst!«

Rebecca wandte sich vom Küchenspiegel ab und griff nach ihrem wollenen Umhang. »Ihr könnt nicht hier bei *Mr. Kiley* bleiben, weil … weil er beschäftigt ist. Also zieht jetzt eure Mäntel an und laßt uns gehen. Mrs. Fitzgillen wird verärgert sein, wenn ich zu spät komme.«

Susan trug bereits ihre Wintersachen. »Könnten wir nicht bei Mrs. Daniels im Laden bleiben, während du mit deinem Chor singst?« fragte sie mit einem liebenswerten Lächeln.

Trotz ihrer vertrackten Lage mußte Rebecca lächeln. Susan war die Diplomatin der Familie. »Ich finde, das ist eine ausgezeichnete Idee, und ich habe nichts dagegen, solange ihr mir versprecht, Mrs. Daniels nicht im Weg zu sein.«

Annabelle schlüpfte rasch in ihren Mantel und zog ihre Stiefel an, begierig zu gehorchen, jetzt, wo sie sicher sein konnte, daß Rebecca sie nicht zwingen würde, anderthalb Stunden still in einer Kirchenbank zu sitzen. »Vielleicht erlaubt Mrs. Daniels uns sogar, die Puppe mit dem blauen Kleid anzufassen, die im Schaufenster ausgestellt ist.«

Rebeccas Freude über den Ausflug in die Stadt vermischte sich mit Traurigkeit, als ihre Schwester die heißersehnte Puppe erwähnte, aber davon ließ sie sich nichts anmerken. »Du wirst deine Hände bei dir behalten, Annabelle«, entgegnete sie brüsk, »denn sonst gibt es Ärger.«

Ein Hämmern ertönte aus der Scheune, als Rebecca und die Zwillinge den Hof durchquerten und auf die Straße zugingen, die zur Stadt führte.

»Ich könnte hineinlaufen und Luc... Mr. Kiley sagen, daß wir in die Stadt gehen«, bot Annabelle an, ein bißchen zu eifrig für Rebeccas Geschmack. Es war offensichtlich, daß das Kind den vermeintlichen Ehemann ihrer älteren Schwester bereits ins Herz geschlossen hatte, und Rebecca wunderte sich, daß er die Zuneigung der sonst eher zurückhaltenden Annabelle so rasch gewonnen hatte.

»Es besteht kein Grund, ihm alles zu erzählen«, erwiderte Rebecca brüsk.

Doch auch Susan mußte ihren Senf dazugeben. »Vielleicht würde er den Wagen anspannen und uns in die Stadt fahren, wenn wir ihn darum bitten«, schlug sie mit unsicherer Stimme vor.

Rebecca spürte, wie sie ungeduldig wurde. »Das wäre eine Zumutung«, sagte sie entschieden, in einem Ton, der keinen Widerspruch erlaubte, und ging voran zur Straße. Annabelle und Susan blieb nichts anderes übrig, als ihr zu folgen.

Sie brauchten eine halbe Stunde bis zur Stadt, und als Rebecca die Zwillinge im Gemischtwarenladen abgesetzt hatte und zur Kirche weiterging, waren ihre Hände und Füße wie erfroren von der Kälte.

Da Feuerholz knapp war – es mußte per Wagen oder Zug aus einiger Entfernung herbeigeschafft werden –, war es in dem kleinen Gotteshaus nicht viel wärmer als im Freien. Wie die anderen Mitglieder des Chors behielt auch Rebecca ihren Umhang an beim Singen.

Wie immer ließ die Musik sie alle Sorgen und Belastungen der Außenwelt vergessen. Während sie ihr Solo für die feierliche Weihnachtsmesse am Heiligen Abend übte, gelang es ihr, für eine Weile zu vergessen, in was für eine ausweglose Situation sie sich gebracht hatte.

Als die Probe vorüber war, verabschiedete sie sich von den anderen Chormitgliedern und ging langsam zu Mrs. Daniels Laden. Normalerweise freute sie sich auf die Unterhaltungen mit Mary, da die ältere Frau ihr stets Tee mit Zucker und Zitrone anbot und ihr das Gefühl vermittelte, willkommen zu sein, aber irgendwie fürchtete Rebecca sich heute fast davor, ihrer Freundin zu begegnen.

Wie alle anderen in Cornucopia war auch Mary der festen Überzeugung, daß Lucas Kiley Rebeccas Mann war, weshalb Rebecca nichts anderes übrigbleiben würde, als sich wie eine glückliche Ehefrau zu verhalten, die ihrer Freundin nach dem langersehnten Wiedersehen mit ihrem Mann viel zu erzählen hatte …

Wie sich dann herausstellte, hielten sich einige Kunden im Laden auf, und Mary war viel zu beschäftigt, um mit Rebecca zu plaudern. Sie lächelte und winkte ihr zu, ohne allerdings in ihrer Arbeit innezuhalten.

Rebecca stellte sich für ein paar Minuten an den Ofen, um sich für den Heimweg aufzuwärmen, und schaute sich nach den Zwillingen um. Die beiden Mädchen packten gerade eine Kiste aus und räumten bunt bemalte Spielzeuge in ein Regal.

Eine hölzerne Nachbildung der Arche Noah mit einem Dutzend verschiedener Tierarten, alle paarweise, war darunter, winzige, bemalte Figuren und ein Miniatur-Feuerwehrkarren, der von einem Blechpferdchen gezogen wurde, ein Märchenbuch mit Stoffseiten und eine schöne blonde Puppe in einem rosa Kleid.

Rebecca überlegte flüchtig, ob sie ihre mageren Ersparnisse angreifen sollte, um die Puppe als Weihnachtsgeschenk für die Zwillinge zu kaufen, wagte jedoch nicht, dem Impuls nachzugeben. Die jämmerlichen paar Dollar, die sie auf der Bank hatte, waren alles, was zwischen ihnen dreien und einer grausam harten Welt stand.

Traurig wandte sie sich ab und erschrak, als sie sah, daß Mary direkt hinter ihr stand.

Die Ladenbesitzerin reichte ihr eine abgegriffene Ausgabe der Tageszeitung von Spokane, die sie immer für Rebecca aufbewahrte.

Als Rebecca die zusammengefaltete Zeitung einsteckte, bereute sie für einen Moment, den Laden überhaupt betreten zu haben. Jetzt würde Mary sie nach Lucas fragen, und dann würde sie gezwungen sein, ihrer Freundin zu erzählen, wie glücklich sie war, ihren Mann endlich wieder bei sich daheim zu haben.

Doch anstatt ihr irgendwelche Fragen zu stellen, flüsterte Mary: »Ich lege die Puppe gern für dich zurück, und du kannst sie später bezahlen, nach und nach.«

Stolz straffte Rebecca ihre Schultern und hob das Kinn. Sie hatte noch nie etwas auf Kredit gekauft und würde jetzt nicht damit anfangen. »Das ist nicht nötig«, erwiderte sie mit ruhiger Würde. »Ich bin durchaus imstande, meinen Schwestern selbst Weihnachtsgeschenke zu besorgen.«

Mary seufzte in liebevollem Ärger. »Diesen gutaussehenden Mann von dir scheint es nicht zu stören, eine so eigensinnige Frau zu haben«, bemerkte sie. »Oder wart ihr so lange getrennt, daß er dich als süßes, nachgiebiges Ding in Erinnerung bewahrt?«

»Pst«, meinte Rebecca verlegen, aber Mary lachte nur.

4. Kapitel

Lucas wartete in der Küche, als Rebecca und die Zwillinge kurz vor Sonnenuntergang nach Hause kamen. Dicht beim Ofen saß er rittlings auf einem Stuhl und hatte die Arme auf die Rücklehne gestützt. Eine Pfeife steckte zwischen seinen Zähnen, und in einer Hand hielt er ein kleines, in blauen Stoff gebundenes Buch: *Astronomie für jedermann.*

Er nahm die Pfeife aus dem Mund und lächelte, als Rebecca und die Mädchen eintraten, aber er erhob sich nicht. »Die Wölfe haben euch also doch nicht gekriegt«, bemerkte er.

Rebecca hätte ihn gern gefragt, ob er erfreut oder enttäuscht darüber war, aber sie nahm sich zusammen und ignorierte die Bemerkung. Als sie Umhang und Haube abnahm, hob sie den Kopf und schnupperte verblüfft. »Haben Sie etwas gekocht?«

Lucas nickte und deutete mit der Pfeife auf den Backofen. »Ich habe eine der Hennen geschlachtet«, sagte er. »Ich kann nur hoffen, daß sie nicht zu euren Lieblingen gehörte.«

Annabelle und Susan starrten Lucas mit großen Augen an. Zweifellos waren sie mindestens so überrascht wie Rebecca, einen Mann kennenzulernen, der freiwillig kochte, obwohl die Möglichkeit bestand, diese lästige Arbeit irgendeinem unglückseligen weiblichen Wesen zu überlassen.

»Wascht euch die Hände und deckt den Tisch«, forderte Rebecca brüsk die beiden Mädchen auf, weil sie das Schweigen nicht länger ertrug und nicht wußte, was sie Mr. Kiley antworten sollte.

Die Kinder beeilten sich, zu gehorchen, aber das vermochte Rebecca auch nicht zu besänftigen, denn sie vermutete, daß die Zwillinge darauf aus waren, Lucas zu gefallen und nicht ihrer lästigen älteren Schwester.

In stiller Verwunderung verfolgte sie, wie er seinen

Stuhl zurückschob, sein Buch beiseite legte, eine der Ofenklappen öffnete und den Inhalt seiner Pfeife in die Flammen schüttete.

Als er merkte, daß sie ihn anstarrte, zwinkerte er ihr zu, und Rebecca zuckte zurück, als hätte er eine seiner schwieligen Hände ausgestreckt und sie damit berührt.

Während des Abendessens – es gab Salzkartoffeln und Spinat aus der Dose zu dem gebackenen Huhn – plauderten die Mädchen über die Schule, Weihnachten und die Puppen, die es in Mrs. Daniels' Laden zu kaufen gab. Rebecca hielt den Blick auf ihren Teller gerichtet und trug so gut wie gar nichts zu der Unterhaltung bei, weil ihr die verwirrendsten Gedanken durch den Kopf gingen.

Die Nacht brach über das Land herein, und Rebecca wußte, daß sie bald wieder neben Lucas liegen würde, schlaflos und in dem qualvollen Bewußtsein, daß sein Körper ein natürliches Gegenstück zu ihrem eigenen bildete. *Vielleicht*, dachte sie, *ist sein Erscheinen Gottes Strafe für all die Male, in denen ich mir vorgestellt habe, Mr. Kiley läge tatsächlich neben mir und ich wäre wirklich und wahrhaftig seine Frau …*

Sobald sie gegessen hatten, nahm Lucas die Zeitung, die Mary Rebecca gegeben hatte und zog sich damit ins Wohnzimmer zurück. Rebecca ließ die Mädchen das Geschirr abwaschen, während sie Wasser für das wöchentliche Bad der Zwillinge erhitzte.

Als die große Wanne vor dem Ofen stand und mit dampfend heißem Wasser gefüllt war, weigerte Susan sich beharrlich, ihre Kleider abzulegen. »Ich ziehe mich nicht aus mit einem Mann im Haus«, protestierte sie.

»Ich auch nicht«, stimmte Annabelle ihr zu.

Rebecca seufzte. Sie hatte gehofft, vermeiden zu können, mit Lucas zu sprechen, aber wie es schien, blieb ihr keine andere Wahl. So ging sie also ins Wohnzimmer, wo er sich auf dem Sofa ausgestreckt hatte und seine Füße über die Lehne baumeln ließ. Ein Feuer prasselte im Kamin, und Lucas schien vollkommen vertieft in die Zeitungslektüre.

»Mr. Kiley.«

Er schaute auf und grinste. »Mrs. Kiley?«

Rebecca ließ sich nicht dazu herab, ihn zu berichtigen. »Die Zwillinge werden jetzt ihr Bad nehmen, und wir wären Ihnen dankbar, wenn Sie die Küche nicht betreten würden, bis sie fertig sind.«

Gleichgültig richtete er den Blick wieder auf die Zeitung. »Rufen Sie mich, wenn die Kinder wieder angezogen sind«, sagte er geistesabwesend, »dann trage ich das Badewasser für Sie hinaus.«

Zuerst hatte Lucas das Abendessen zubereitet, und nun bot er sich an, die schwere Wanne hinauszuschleppen! Eigenartigerweise ärgerte Rebecca sich jedoch über seine spontane Freundlichkeit; es wäre ihr lieber gewesen, wenn eine Barriere aus Meinungsverschiedenheiten zwischen ihnen gestanden hätte.

»Danke«, sagte sie steif und kehrte in die Küche zurück.

Nachdem die beiden Mädchen sich gründlich abgeschrubbt und ihr Haar gewaschen hatten, schickte Rebecca sie ins Bett und kehrte wieder ins Wohnzimmer zurück. Diesmal stand Lucas am Kamin und starrte schweigend und gedankenvoll ins Feuer.

»Sie können jetzt unbesorgt wieder in die Küche gehen«, sagte sie, und sie ärgerte sich selbst darüber, daß ihre Stimme dabei zitterte.

Lucas lächelte und kam auf sie zu, doch Rebecca wandte sich hastig ab, um ihm aus dem Weg zu gehen. Es war jedoch eher ihre eigene Reaktion, die sie fürchtete, nicht die von Lucas.

Seinem Wort getreu, leerte er die Wanne aus, und Rebecca reinigte sie und hängte sie an ihren Haken an der Vorratskammerwand. Als sie aus dem kleinen Raum herauskam, wartete Lucas schon in der Küche auf sie, und seine Augen funkelten vor Mutwillen.

»Es gibt einige Dinge, die ich in der Scheune erledigen könnte, falls Sie jetzt auch gern baden würden«, bemerkte er schmunzelnd.

Rebecca stellte sich vor, nackt in der Küche dieses Mannes ein Bad zu nehmen, wie sie es schon unzählige Male zuvor getan hatte, und wandte den Kopf ab, um ein weiteres heftiges Erröten zu verbergen. »Das könnte ich nicht«, erwiderte sie und ging, um ihren Korb mit dem Nähzeug aus einem Dielenschrank zu holen.

In der Hoffnung, daß Lucas trotzdem in die Scheune ging, setzte sie sich an den Tisch und nahm die beiden Puppen heraus, die sie für Annabelle und Susan bastelte, zwei Holzspulen, denen sie Gesichter gemalt und gelbes Garn als Haar aufgeklebt hatte. Mit Resten von dem roten Samt des Weihnachtskleides, das sie für eine Kundin nähte, begann sie, winzige Kleidchen herzustellen.

Lucas setzte sich zu ihr an den Tisch und schaute ihr in kameradschaftlichem Schweigen bei der Arbeit zu.

Rebecca begann unter seinem aufmerksamen Blick nervös zu werden, aber sie ließ sich nicht von ihrer Aufgabe ablenken. Sie würde noch andere Kleidchen für die Puppen nähen, aus Stoffresten von anderen Aufträgen, und am Weihnachtsmorgen würden Annabelle und Susan etwas in ihren Strümpfen haben.

Die Uhr auf dem Küchenschrank tickte schwerfällig die Minuten fort, bis eine Stunde vergangen war. Und dann gähnte Lucas laut und vernehmlich.

Ohne ein Wort zu sagen und unfähig, seine belustigten Blicke zu ertragen, räumte Rebecca ihre Nähsachen sorgfältig weg, strich ihre Röcke glatt und ging zum Ofen, um das Feuer zu schüren und für die Nacht noch etwas Holz nachzulegen. Als sie damit fertig war, nahm Lucas die Lampe, die auf dem Tisch stand, und ging voran zur Treppe.

Rebecca vergewisserte sich, daß die Zwillinge gut zugedeckt waren und fest schliefen, und als sie Lucas' Schlafzimmer betrat, lag er bereits im Bett. Seine muskulöse Brust war nackt, da Laken und Decken ihm nur knapp zur Taille reichten, und seine Arme hielt er hinter dem Kopf verschränkt. Verlegen wandte Rebecca den Blick ab und durchquerte den Raum, um die Petroleumlampe zu löschen.

Von seltsamen Sehnsüchten und bodenloser Scham erfüllt, betete sie im stillen, daß Lucas nicht erraten möge, auf welch unanständige Art und Weise sie sich – trotz all ihrer tapferen, trotzigen Beteuerungen – zu ihm hingezogen fühlte.

Im Dunkeln zog Rebecca ihr Kleid aus und hoffte, daß Lucas keine allzu guten Augen hatte, während sie rasch ihr Nachthemd überstreifte. Darunter trug sie noch ihr Hemd, ihre langen Beinkleider und zur Sicherheit auch noch einen Unterrock.

Doch selbst durch all den Stoff konnte sie Lucas' Wärme spüren, als sie sich vorsichtig ins Bett legte und sich so weit wie möglich auf ihrer Seite hielt. Und trotz all dieser Vorsichtsmaßnahmen dachte sie, daß sie sterben würde, wenn Lucas sie nicht in seine Arme nahm und küßte.

Ohne es zu wollen, wisperte sie seinen Namen.

Er drehte sich auf die Seite und lachte leise, als er merkte, unter wie vielen Kleidungsstücken sie sich verbarg. »Was ist, Becky?« fragte er belustigt.

»Ich habe noch nie mit einem Mann geschlafen.«

»Das hatte ich mir schon irgendwie gedacht«, erwiderte er trocken.

»Glauben Sie, ich könnte dafür in die Hölle kommen?«

Ein Lächeln schwang in seiner Stimme mit, und wie schon am Abend zuvor streckte er die Hand aus, um sie mit gespreizten Fingern über ihren Bauch zu legen. Ihre Brustspitzen reagierten auf die Berührung, indem sie sich aufrichteten und gegen den weichen Stoff des Nachthemds drängten, obwohl er nicht einmal ihre Brüste berührt hatte. »Nein. Es ist keine Sünde, einfach so dazuliegen – mit sämtlichen Hemden, Unterröcken und Nachthemden bekleidet, die du finden konntest.« Er hielt inne und seufzte leise. »Aber ganz gleich, wieviel du anhast, Becky Morgan – du bist unglaublich verführerisch.«

Er erinnerte sich also an ihren Familiennamen. Irgendwie wurde Rebecca bei dieser Erkenntnis ganz warm ums Herz. Obwohl ihre Körpertemperatur auch so schon recht bedrohlich angestiegen war.

»Und wenn du mich küssen würdest und ich nicht versuchen würde, dich daran zu hindern?«

Lucas lachte, obwohl es von ihr vollkommen ernst gemeint war, und strich sanft mit der Fingerspitze über ihre Wange. »Ich weiß es nicht. Laß sehen, was passiert.«

Im nächsten Augenblick neckten und liebkosten seine Lippen ihren Mund, verlockten sie, ihm nachzugeben, und Rebecca staunte über die süße, hilflose Schwäche, die plötzlich ihren Körper erfüllte. Mit einem leisen Seufzer öffnete sie sich Lucas' Kuß, und sie stöhnte lustvoll auf, als sie seine Zunge spürte.

Behutsam rollte er sich auf ihren Körper, ließ sie das ganze Ausmaß seiner Kraft und seiner Begierde spüren, ohne sie jedoch mit seinem Gewicht zu belasten, und vor allem, ohne seinen Kuß zu unterbrechen. Sie wimmerte und protestierte leise, als er seine Lippen schließlich von den ihren löste und sie über die empfindliche Haut an ihrem Nacken gleiten ließ. Obwohl sie nicht genau verstand, was er ihr zu geben hatte, kannte sie kein anderes Verlangen mehr, als es bedingungslos und ohne jegliche Bedenken anzunehmen.

Lucas glitt ein wenig an ihr hinab, umfaßte eine ihrer Brüste mit der Hand und strich mit den Zähnen über die stoffbedeckte, harte kleine Knospe.

Rebecca biß sich auf die Lippen, um nicht in jähem Entzücken aufzuschreien, und sehnte sich danach, von ihm entblößt und in alle Geheimnisse ihres eigenen Körpers eingeführt zu werden. »Lucas«, flüsterte sie bittend.

Zu ihrem Erstaunen löste er sich von ihr und stieß einen tiefen, resignierten Seufzer aus. »Noch nicht«, murmelte er schließlich. »Ich möchte mir nicht nachsagen lassen, ich hätte dich verführt.« Rebeccas Herz klopfte so heftig, daß sie befürchtete, Lucas könne es hören, und zwischen ihren Schenkeln pochte ihr Körper abwechselnd fast schmerzhaft heftig oder fühlte sich wie geschmolzenes Wachs an. Lucas' Kuß, das Gewicht seines Körpers auf ihrem, hatte alles nur noch verschlimmert, statt ihre Leiden zu lindern, wie sie es sich erhofft hatte. Jetzt neben ihm zu liegen, während ihr Körper von unerfüllten Sehnsüchten pochte, war die reinste Qual.

Am nächsten Morgen erwachte sie schon früh, und wieder war das Haus behaglich warm. Diesmal jedoch war Lucas ins Schlafzimmer zurückgekehrt und hatte für sie beide Kaffee mitgebracht.

Rebecca, die noch nie in ihrem Leben so von jemandem bedient worden war, war völlig fassungslos. All ihren verwirrenden Gefühlen zum Trotz jedoch entging ihr nicht das Feuer, das in Lucas' Augen glühte.

Es verschaffte ihr keine geringe Befriedigung, zu wissen, daß er sie genauso stürmisch begehrte wie sie ihn in der Nacht zuvor, und nun, wo die Sonne aufgegangen war und mehr Abstand zwischen ihnen war, wurde sie von einem draufgängerischen Impuls erfaßt. Vielleicht gab es ja doch einen Weg, ihm die süße Qual heimzuzahlen, der er sie in der vergangenen Nacht unterworfen hatte, als er sich auf sie gelegt und sie geküßt hatte, bis sie geglaubt hatte, sie müsse sterben vor Verlangen.

Sie lächelte, als sie ihre Kaffeetasse auf den Nachttisch stellte, das Bett verließ und kühn ihr Nachthemd abstreifte.

Lucas musterte sie fassungslos und lehnte sich gegen die geschlossene Tür.

Die alte Rebecca war für einen Moment verschwunden; eine dreiste, mutwillige Schwindlerin war an ihre Stelle getreten. Leise summend stieg diese Schwindlerin aus ihren Unterröcken, streifte ihr Hemd ab – und dann auch ihre langen Beinkleider.

Lucas' Adamsapfel bewegte sich an seinem Hals auf und nieder, er schluckte hart, und seine Augen waren groß vor Erstaunen, als er zusah, wie Rebecca frische Unterwäsche herausnahm und sie anzog, bevor sie ihr Sonntagskleid vom Haken an der Wand nahm und es überstreifte.

»Würdest du es bitte zuknöpfen?« bat sie liebenswürdig, während sie auf Lucas zuging und ihm den Rücken zukehrte. Das würde ihn lehren, ihre Unschuld zu verhöhnen, wie er es in der Nacht zuvor getan hatte!

Sie fühlte seine Finger an ihrem Rücken, als er die winzigen Knöpfe in die Stoffschlaufen schob, und obwohl sie alles andere als immun gegen seine Berührung war – oder das Gefühl seiner unmittelbaren Nähe hinter ihr –, ließ sie sich nicht die kleinste Reaktion anmerken.

Zumindest nicht, bis Lucas mit den Knöpfen fertig war und den Kopf senkte, um Rebecca ganz sachte auf den Hals zu küssen. »Ich würde mich an deiner Stelle nicht so zur Schau stellen«, flüsterte er rauh. »Denn das nächste Mal, wenn du mir deinen ungemein verführerischen Körper derart schamlos vorführst, Mrs. Kiley, könnte es sein, daß ich auf dein Spiel eingehe.«

Die praktische, vernünftige Rebecca kehrte in genau diesem Augenblick zurück und errötete vor Scham. Abrupt drehte sie sich um und schaute ärgerlich in Lucas' lachende Augen. »Sei so gut und geh mir aus dem Weg«, sagte sie. »Ich möchte nicht zu spät zum Gottesdienst kommen.« Er lachte und legte seine Hände um ihre schmale Taille. »Denk an heute nacht, Becky«, forderte er sie schmunzelnd auf. »Denk daran, wie es sein wird, neben mir zu liegen und dir die Art von Liebe zu ersehnen, die deine Seele erschüttern wird. Denk *daran*«, schloß er, zog sie an sich und küßte sie hart und verlangend auf den Mund.

5. Kapitel

Rebecca war an jenem Morgen sehr unaufmerksam in der Kirche, und die Tatsache, daß Lucas darauf bestanden hatte, sie zu begleiten, machte alles nur noch schlimmer. Sie saß vorn, bei den anderen Chormitgliedern, aber es entging ihr trotzdem nicht, daß Mr. Kiley statt des Priesters während der gesamten Predigt nur sie ansah.

Als der Pastor Lucas öffentlich in Cornucopia willkommen hieß und sagte, wie gut es sei, daß eine Familie wieder zusammengefunden hatte, dachte Rebecca, daß der Herrgott jetzt ganz sicher einen Blitzstrahl durch das Dach der kleinen Kirche schicken würde, der sie auf der Stelle töten würde. Lucas strahlte, entzückt über ihr Unbehagen, und während der einen Stunde allgemeiner Unterhaltung, die auf den Gottesdienst folgte, nannte er Rebecca ›Liebling‹ und schlang einen Arm um ihre Taille, wann immer er die Chance dazu bekam. Auch bei den Stadtbewohnern war es ihm bereits gelungen, sich beliebt zu machen. Als die Mitglieder der frommen kleinen Gemeinde sich anschickten, den Heimweg anzutreten, hatte Lucas nicht weniger als drei Einladungen zum Mittagessen erhalten. Natürlich sollte er Rebecca und die Mädchen mitbringen.

Höflich lehnte er die Einladungen ab, mit der Begründung, er sei im Augenblick noch zu beschäftigt damit, seine Bekanntschaft mit ›Mrs. Kileys Küche‹ zu erneuern und versprach, geselliger zu sein, sobald ihre Flitterwochen vorüber waren.

»Unsere Flitterwochen?« protestierte Rebecca später, als sie sich neben Lucas auf den Kutschbock seines Wagens setzte. Annabelle und Susan saßen bereits hinten, auf der Ladefläche, und waren in ihr eigenes Gespräch vertieft. »Wie konntest du mich *derart* in Verlegenheit bringen?«

Er grinste, als er sich bückte, um die Bremse zu lösen, und die beiden Pferde dann mit einem leichten Klatschen der Zügel in Bewegung setzte. »Ich habe mich nur bemüht, deine Geschichte zu bestätigen, Becky«, entgegnete er lächelnd. »Wenn ein Mann so lange von seiner Frau getrennt gewesen ist wie ich angeblich, ist es nur ganz natürlich, daß er den Wunsch verspürt, die verlorene Zeit wieder aufzuholen. Wahrscheinlich werden die Leute jetzt sogar mit einem Baby innerhalb des nächsten Jahres rechnen.«

Rebeccas Wangen brannten vor Verlegenheit, aber sie klammerte sich an ihre Würde. »Dann werden ›die Leute‹ aber sehr enttäuscht sein.«

Lucas lachte, und Rebecca war ganz sicher, daß er jetzt

an ihre skandalöse Reaktion auf die Küsse dachte, die er ihr gestohlen hatte, nicht nur in der Nacht zuvor, sondern auch an diesem Morgen. »Vielleicht«, sagte er, aber es klang zweifelnd.

Was er damit ausdrücken wollte, empörte Rebecca ungemein. Sicher, sie hatte gelogen und sich unrechtmäßig etwas angeeignet. Und es war auch nicht abzustreiten, daß sie sich heute morgen wie eine schamlose Dirne aufgeführt hatte, als sie Lucas mit ihrer Nacktheit bewußt herausgefordert hatte ... O Gott, was hatte sie sich bloß dabei gedacht? Aber sie war nicht unmoralisch. Sie war ein anständiger Mensch und hatte in ihrem ganzen Leben noch nie etwas gestohlen, obwohl sie oft genug hungrig gewesen war. Sie bemühte sich, ein unbescholtenes, tugendhaftes Leben zu führen, arbeitete hart für das wenige, was sie hatte, und war gut und zuvorkommend zu ihren Mitmenschen. Mr. Kiley besaß kein Recht, auch nur *anzudeuten*, daß sie sich jemals ihm oder irgendeinem anderen Mann hingeben würde.

»Du bist ungeheuer selbstgefällig«, sagte sie ärgerlich. Neuer Schnee hatte zu fallen begonnen, dicke Flocken, die sich auf die breiten, starken Rücken der Pferde legten und Lucas' Hut weiß färbten. Ein Mantel des Schweigens deckte das weite Land zu. »Und du überschätzt bei weitem deinen Charme.«

Lucas lächelte, scheinbar ungerührt, und schob mit dem Daumen einer Hand den Hut zurück. »Du mußt in Armut aufgewachsen sein«, bemerkte er, »das ist offensichtlich. Aber an deiner Art zu sprechen erkenne ich, daß du eine gute Ausbildung genossen hast. Wie hast du das geschafft – eine Ausbildung zu bekommen, meine ich?«

Rebecca hielt den Blick stur auf die unberührte weiße Landschaft gerichtet. Lucas schien die Fähigkeit zu besitzen, ihr bis auf den Grund ihrer Seele zu schauen, und sie wollte nicht, daß er den Schmerz dort sah, der bei der Erinnerung erwachte. Ihren Körper vor ihm zu entblößen war erheblich einfacher für sie gewesen.

»Meine Mutter starb, als ich sieben war«, antwortete sie leise. »Pa schaffte es nicht allein, und deshalb setzte er mich am Gartentor seiner Schwester aus. Tante Martha war invalide und ich mußte sie Tag und Nacht pflegen, um mir meinen Unterhalt zu verdienen, aber sie brachte mir das Lesen bei. Ich verschlang jedes Buch, das ich mir erbetteln oder borgen konnte, und etwas davon muß hängengeblieben sein, vermute ich.« Als sie es sich wieder zutraute, wandte sie Lucas wieder das Gesicht zu. »Was ist mit dir? Bist du zur Schule gegangen?«

Lucas rückte seinen Hut zurecht, schaute auf die Straße und richtete dann den Blick auf Rebecca. »Eine Zeitlang. Meine Mutter war Lehrerin, bevor sie meinen Vater heiratete, und sie brachte mir bei, soviel sie konnte. Wie du habe auch ich mir den Rest aus Büchern zusammengelesen.«

Ein eigenartig kameradschaftliches Schweigen breitete sich danach zwischen ihnen aus. Der Wagen holperte über die unebene Straße, die Zwillinge plauderten und zankten ab und zu, und das Schneetreiben begann immer stärker und heftiger zu werden.

Als sie die Farm erreichten, fuhr Lucas den Wagen unverzüglich in die Scheune. Die Zwillinge blieben bei ihm, bis die Pferde ausgespannt und gefüttert waren, und Rebecca ging in die Küche, um mit den Vorbereitungen für das Sonntagsessen zu beginnen.

Sie fand einen Schinken unter den Lebensmitteln, die Lucas bei seiner Ankunft mitgebracht hatte, und bald erfüllte er die Küche mit seinem verlockenden Aroma, als er im Backofen in einer Kasserolle schmorte.

Nachdem Rebecca ihr Sonntagskleid gegen unempfindlicheren Kattun getauscht hatte, band sie sich statt einer Schürze ein Handtuch um die Taille, zündete mehrere Lampen gegen die zunehmende winterliche Dunkelheit an und deckte den Tisch. Während sie darauf wartete, daß die Kartoffeln kochten, schürte sie das Feuer im Kamin und setzte sich in einen Sessel, um die Zeitung zu lesen, die Mary ihr am Tag zuvor geschenkt hatte.

Eine Annonce auf der letzten Seite fiel ihr dabei besonders auf. Den fettgedruckten Buchstaben zufolge suchten die Männer in Seattle und Alaska so verzweifelt Ehefrauen, daß sie bereit waren, die Reisekosten für jede passende Kandidatin zu übernehmen. Obwohl es Rebecca bei der Vorstellung schauderte, einen fremden Mann zu heiraten, holte sie ihre Nähschere und schnitt den kleinen Artikel aus, faltete ihn und steckte ihn in die Tasche ihres Kleids. Dann warf sie stirnrunzelnd den Rest der Zeitung in das Feuer.

Als die Zwillinge aus der Scheune hereinkamen, waren ihre Wangen gerötet, und ihre Augen leuchteten vor Aufregung.

»Lucas richtet sich eine Werkstatt in der Scheune ein!« berichtete Susan mit ganz uncharakteristischer Begeisterung. »Du solltest all das Werkzeug sehen, das er dort aufbewahrt, Rebecca!«

»Er will Tische, Kommoden und Betten zimmern, um sie den Leuten zu verkaufen«, setzte Annabelle voller Bewunderung hinzu. »Er ist ein Schreiner.«

»Und ganz gleich, was auch passiert«, warf Susan ein, »wir dürfen keinen Fuß in diese Werkstatt setzen, bis Weihnachten vorüber ist.«

Rebecca lächelte, obwohl ein leiser Groll sie erfaßt hatte. Lucas war schließlich ein Fremder, und trotzdem führten Annabelle und Susan sich bereits so auf, als sei er geradewegs vom Olymp hinabgestiegen. »Wascht euch Hände und Gesicht«, wies sie ihre Schwestern an, »und das nächste Mal, wenn ihr von der Scheune hereinkommt, tretet ihr gefälligst zuerst eure Schuhe ab!« Susan und Annabelle schauten sich an und zuckten die Schultern, bevor sie davonstürmten, um zu tun, was ihnen aufgetragen worden war.

Als Lucas hereinkam, brachte er Mr. Pontious mit, den Hausierer, der manchmal in dem zusätzlichen Raum in der Scheune übernachtete.

»Seht mal, was der Wind hereingeblasen hat!« rief Mr. Pontious grinsend und spreizte dramatisch seine Hände. Er war ein großer, schlanker Mann, völlig kahl unter der Melone, die er ständig trug, und immer guter Laune. Doch heute, trotz seiner nach außen hin zur Schau gestellten Fröhlichkeit, lag ein seltsam besorgter Blick in seinen blauen Augen.

Rebecca begrüßte ihn sehr herzlich und fragte sich, ob er irgendwie ihren Betrug erraten haben mochte und vielleicht vermutete, daß Lucas Kiley gar nicht wirklich ihr langvermißter Gatte war. Sie sagte jedoch nichts, stellte nur noch einen weiteren Teller auf den Tisch und schenkte ihrem Pensionsgast Kaffee ein. Während der gesamten Mahlzeit unterhielten sich die Männer über Lucas' Farm und Ackerbau.

Beide stimmten einmütig darin überein, daß es das Beste sei, in Cornucopia Weizen anzubauen, wie alle anderen Farmer auch, und nun, wo die Eisenbahn einmal in der Woche fuhr, würde auch der Verkauf kein Problem mehr darstellen. Was die Stadt benötigte, erklärten Lucas und der Hausierer einhellig, war eine Mühle, um das Korn zu mahlen.

Rebecca räumte den Tisch ab, als alle gegessen hatten, und holte einen Kuchen, den sie mit getrockneten Äpfeln gebacken hatte.

»Ich muß aufrichtig gestehen, daß ich sehr froh bin, daß Mrs. Kiley und die Kinder jetzt nicht mehr allein hier draußen sind«, sagte Mr. Pontious mit vollem Mund. »So wie es heutzutage in der Welt aussieht, mit all diesen Verbrechen und so, ist es einfach viel zu unsicher.«

Lucas warf Rebecca einen mutwilligen Blick zu. »Keine Sorge«, versprach er lächelnd. »Ich werde gut auf meine Frau aufpassen.«

Das mag schon sein, stimmte Rebecca ihm im stillen zu, aber wer wird *mich* vor meinem vermeintlichen Ehemann beschützen? Obwohl Lucas versprochen hatte, sie nicht zu verführen, schaffte er es mühelos, sie dazu zu bringen, ihn trotz allem zu begehren …

In jener Nacht, im Schein der Petroleumlampen, spielten Mr. Pontious und Lucas bis spät in die Nacht hinein Karten. Die Zwillinge schliefen, und Rebecca hatte sich schon lange in Lucas' Bett zurückgezogen, als ihr ›Mann‹ endlich in sein Zimmer kam.

Rebecca tat, als ob sie schliefe, und war erleichtert und enttäuscht zugleich, als Lucas keinen Versuch machte, sie zu berühren. Er zog sich nur aus, schlüpfte unter die Decken und gähnte ausgiebig wie ein Bär, der im Begriff war, seinen Winterschlaf zu beginnen.

Es ärgerte sie unsäglich, daß er nur dort zu liegen brauchte, um ihr auf schockierende Weise seine starken Arme zu Bewußtsein zu bringen, seine harte, muskulöse Brust, seinen flachen Bauch und seine kräftigen Beine …

Rebecca war sehr erstaunt am nächsten Morgen, als sie merkte, daß sie tief und fest geschlafen hatte, anstatt die ganze Nacht zu leiden, wie sie erwartet hatte. Lucas war bereits aufgestanden und hämmerte irgendwo in der Scheune, und die Zwillinge hatten sich ganz allein für die Schule fertiggemacht.

»Lucas hat Pfannkuchen gebacken«, sagte Annabelle, als Rebecca ihnen Toast und Spiegeleier zum Frühstück zubereiten wollte.

»Mr. Pontious sagte, er hätte noch nie so leckere Pfannkuchen gegessen«, fügte Susan hinzu. Dann kniff sie die Augen zusammen und richtete einen besorgten Blick auf ihre ältere Schwester. »Fühlst du dich nicht wohl, Rebecca? Du siehst ein bißchen blaß aus.«

»Es geht mir ausgezeichnet«, erwiderte Rebecca – und wenn es ein bißchen spitz klang, dann war das eben nicht zu ändern. Für Annabelle und Susan zu sorgen war ihre Aufgabe, nicht Lucas', und sie schätzte keine Einmischungen. »Vergeßt nicht, eure Stiefel anzuziehen und die Mäntel zuzuknöpfen, bevor ihr euch heute nachmittag auf den Heimweg macht. Und wer ist heute an der Reihe mit dem Hühnerfüttern?«

»Das hat Lucas schon getan«, sagte Annabelle, und dann waren die beiden fort und stürmten durch die Tür in den schneebedeckten Hof hinaus.

Mr. Pontious kam herein, als Rebecca gerade das Frühstücksgeschirr abwusch. »Das ist ein feiner Mann, den Sie da haben«, lobte er, aber es lag ein ernster, düsterer Blick dabei in seinen Augen.

Rebecca gab keinen Kommentar zu Lucas' Charakter ab, sondern schenkte ihrem Pensionsgast eine Tasse Kaffee ein, mit der er sich an den Tisch setzte.

»Etwas beunruhigt Sie, seit Sie gestern herkamen, Mr. Pontious«, sagte sie dann freundlich. »Wollen Sie mir nicht verraten, was es ist?«

Der Hausierer räusperte sich umständlich und legte seine langen Finger um die Tasse, um sie an dem heißen Kaffee zu wärmen. »Vielleicht sollten Sie sich dazu lieber hinsetzen, Mrs. Kiley.«

Bisher war Rebecca nur neugierig gewesen, doch nun begann sie sich zu sorgen. Als sie sich zu Mr. Pontious an den Tisch setzte, schaute er nervös zur Tür, als rechnete er damit, daß Lucas jeden Augenblick erscheinen würde.

Nach langem Schweigen begann er schließlich wieder zu sprechen, während er gleichzeitig ein kleines Ledermäppchen aus der Innentasche seiner abgetragenen Weste zog. »Wie Ihnen sicher bekannt ist, Mrs. Kiley«, sagte er widerstrebend, »komme ich ziemlich regelmäßig nach Spokane, um neue Waren einzukaufen. In der vergangenen Woche war ich wieder dort und lernte dabei einen Mann kennen, der mir das verkaufte ...«

Noch bevor Rebecca nach dem Gegenstand griff, den Mr. Pontious ihr so zögernd zuschob, wußte sie schon, was sie sehen würde, wenn sie das Ledermäppchen aufklappte. Trotzdem blieb ihr fast das Herz stehen, als sie die Fotografie darin erkannte. Es war eins der Bilder, die Duke Jones aufgenommen hatte, damals, in jenen verzweifelten Tagen, bevor Rebecca und die Zwillinge Chicago verlassen hatten, und die Augen, die sie von dem Foto anstarrten, waren ihre eigenen.

Das war jedoch noch nicht das Schlimmste. Sie hatte in einem dünnen Hemd und einem Paar fast durchsichtiger Beinkleider posiert, das Haar offen und ungebändigt auf dem Rücken, frivol wie eine Hure. Ihr Gesicht war geschminkt worden, und auf Mr. Jones' Beharren hatte sie ein kokettes Lächeln aufgesetzt.

Rebecca rieb ihren Nacken, weil sie spürte, daß sie Kopfschmerzen bekam. Sie wußte wenig genug über Mr. Kiley, aber ihr war bekannt, daß er vor schamlosen Frauen keine Achtung hatte. In Chicago hatte sie ihn einmal sehr verächtlich von einer Schauspielerin reden hören, die für kurze Zeit in derselben Pension wie sie gewohnt hatte. Als diese Frau beim Abendessen ganz offen mit ihm geflirtet hatte, hatte er sie mit einem vernichtenden Blick bedacht. Jetzt, in der Wärme und Geborgenheit von Lucas Kileys Küche, kam Rebecca sich mehr denn je wie ein Eindringling in seiner Welt vor. Unwillkürlich schlug sie eine Hand vor ihren Mund und stöhnte leise.

Mr. Pontious betrachtete sie mitfühlend. »Ich nehme an, daß Sie einen guten Grund besaßen, um zu tun, was Sie getan haben«, sagte er. »Dennoch glaube ich nicht, daß die Leute hier sehr freundlich auf ein solches Bild wie dieses reagieren würden.«

Rebecca schloß die Mappe und legte eine zitternde Hand darüber, als könne sie ihr Geheimnis so bewahren. »Der Mann, der Ihnen das verkauft hat ...« flüsterte sie gebrochen. »Wie hieß er?«

»Jones, wenn ich mich recht entsinne«, erwiderte Mr. Pontious. »Er erzählte mir, daß er ein Fotostudio in Spokane eröffnen will. Ich lernte ihn eines Abends im ... im *Rusty Spur Saloon* kennen, und bei dieser Gelegenheit zeigte er mir Ihr Foto. Ich habe es für zehn Cents gekauft.«

Rebecca wußte, ohne in einen Spiegel schauen zu müssen, daß sie weiß wie der Schnee geworden war, der meilenweit das Land bedeckte. Zitternd ging sie zum Schrank, nahm eine Münze aus der Blechdose, die im obersten Regal stand, und bot sie Mr. Pontious an.

Kopfschüttelnd lehnte er das Geld ab und drückte ihr das Foto in die Hand.

Erschüttert betrachtete Rebecca es noch einmal, bevor sie es resolut zum Ofen trug, es hineinwarf und in grimmigem Schweigen zusah, wie es verbrannte.

6. Kapitel

Nachdem Mr. Pontious sich in die Scheune zurückgezogen hatte, um sich in dem kleinen Raum dort hinzulegen, ging Rebecca wie in Trance in die Vorratskammer, um die Badewanne zu holen. Ihre Gedanken waren erfüllt von den Erinnerungen an die Posen, die sie für Duke Jones' skurrile Fotografien eingenommen hatte; sie sah weder die Küche noch die Kessel, die sie mit Wasser füllte und auf den Herd stellte, noch die Wanne selbst.

Sie wurde erst aus ihrer Geistesabwesenheit gerissen, als die Hoftür aufging und Lucas in die Küche kam.

Er warf einen Blick auf die Badewanne und die Kessel und zog eine Augenbraue hoch. »Ich dachte, du glaubtest, deine Tugend wäre in Gefahr, wenn du badest, solange ich in der Nähe bin«, sagte er, während er Hut und Mantel abnahm und sie an die Haken bei der Tür hängte.

Rebecca stand noch immer unter Schock und fühlte sich beschmutzt, nachdem sie dieses schreckliche Bild gesehen hatte. Obwohl sie wußte, daß sie nicht abwaschen konnte, was in Chicago in Mr. Jones' Studio geschehen war, glaubte sie, verrückt zu werden, wenn sie sich nicht auszog, in eine Wanne heißes Wasser stieg und sich von Kopf bis Fuß mit grober Seife abschrubbte.

»Becky?« beharrte Lucas, als sie nichts erwiderte, kam zu ihr, legte eine Hand unter ihr Kinn, die nach frischgesägtem Holz roch, und zwang sie, ihn anzusehen. »Was hast du denn, Rebecca?«

Sie hätte es ihm gern gesagt, wirklich – doch ausgerechnet in diesem Augenblick mußte sie zu der erschütternden Einsicht kommen, daß sie Lucas Kiley liebte. Denn *das* war der eigentliche Grund gewesen, warum sie versucht hatte, ihn zu finden, als sie von seinem Unfall in der Fabrik gehört hatte, und warum sie hergekommen war, um in seinem Haus zu leben, und warum sie sich als seine Frau ausgegeben hatte. Und nun schien es ihm große Freude zu bereiten, dieses Spielchen, so zu tun, als ob sie Mann und

Frau wären, und er war sehr nett und großzügig zu ihr und den Zwillingen gewesen.

Falls er jedoch erfuhr, daß Rebecca sich auf diese Art verkauft hatte, würde er sie hassen. Dann würde es für ihn nicht mehr ins Gewicht fallen, daß kein Mann sie je intim berührt hatte und sie nur für die Fotografien posiert hatte, um genügend Geld für einen neuen Anfang für die Mädchen und sich zusammenzubekommen. Lucas würde ihr nie verzeihen, daß sie, nur mit ihrer Unterwäsche bekleidet, Fotos von sich hatte machen lassen – kein guter, anständiger Mann wäre imstande, so etwas zu verzeihen.

Es wäre schlicht zuviel verlangt gewesen.

»Ich ... Es geht mir gut«, sagte sie schließlich und befreite sich aus Lucas' sanftem Griff. »Ich bin nur ein bißchen müde, das ist alles. Wenn du jetzt so gut wärst und mich in Ruhe baden lassen würdest ...«

Lucas nickte und trat zurück, aber der zweifelnde Blick in seinen Augen blieb. Ganz offensichtlich wußte er, daß es Rebecca alles andere als ›gutging‹. Wortlos wandte er sich ab, zog seinen Hut und Mantel über und zündete noch einmal die Laterne an, die er mitgebracht hatte, als er hereingekommen war, bevor er wieder in die Kälte hinausging.

Rebecca holte sich im Schlafzimmer ein frisches Nachthemd und ihren Morgenmantel, und dann saß sie in der dunklen Küche und starrte reglos aus dem Fenster, während sie darauf wartete, daß das Wasser sich erhitzte. Als es soweit war, füllte sie die Wanne, zog sich aus und sank dankbar in das heiße Wasser.

Sie wusch sich gründlich und schrubbte ihre Haut ab, bis sie brannte. Aber wie sie schon befürchtet hatte, ließ das Gefühl des Beschmutztseins sich nicht abwaschen. Schließlich griff sie nach einem Handtuch, trocknete sich ab und zog ihre Unterwäsche und ihr Nachthemd an.

Lucas klopfte höflich an die Hintertür, als einige Zeit verstrichen war, und Rebeccas Stimme klang ganz heiser, als sie rief: »Komm herein!«

Er stellte die brennende Laterne auf den Tisch, warf

Rebecca einen unergründlichen Blick zu und hob die schwere Wanne auf. Während er das Wasser aus dem Haus trug, floh sie nach oben in das große, dunkle Schlafzimmer und schlüpfte rasch unter die warmen Decken, noch ohne vorher ihren Morgenmantel abzulegen.

Lucas erschien schon kurz darauf mit der Laterne. »Du brauchst nicht so zu tun, als ob du schläfst«, befahl er in freundlichem, aber bestimmtem Ton. »Ich weiß, daß du noch wach bist.«

Rebecca war, als lägen alle ihre Nervenenden bloß, als befanden sie sich schutzlos und verwundbar an der Oberfläche ihrer Haut. Sie war nicht naiv genug, zu glauben, sie habe ihr Problem gelöst, indem sie diese einzige Daguerreotypie verbrannte; es gab sicherlich noch andere Bilder von ihr, die in und um Spokane herum die Runde machten. Fieberhaft, doch vergeblich zerbrach sie sich den Kopf nach einer Lösung für ihr Problem.

»Danke, daß du in die Scheune gegangen bist, während ich gebadet habe«, sagte sie hölzern. Großer Gott, warum mußte sie diesen Mann auch lieben? Wann und wie war es soweit gekommen, daß seine Meinung ihr soviel bedeutete, als hinge ihr Leben davon ab, was er über sie dachte?

Die Matratze gab nach, als Lucas sich auf die Kante setzte und seine Stiefel abstreifte. »Es hat mir nichts ausgemacht«, erwiderte er zuvorkommend. Dann zog er sich aus, bis auf die Haut und so selbstverständlich, als teilten er und Rebecca schon jahrelang das Bett. Bevor er unter die Decken glitt, löschte er die Petroleumlampe. »Ich bin es auch allmählich leid, mich immer nur in der Schüssel zu waschen. Vielleicht nehme ich morgen auch ein schönes, heißes Bad. Und du bist herzlich eingeladen, in der Küche zu bleiben und mir den Rücken zu waschen, Mrs. Kiley.«

Er scherzte nur, das wußte Rebecca, aber etwas in seinen Worten oder in dem sanften, humorvollen Ton in seiner Stimme brach die dünne Barriere, hinter der sie sich den ganzen Abend lang versteckt hatte. Ganz unvermittelt, ohne die geringste Vorwarnung, brach Rebecca in herzzerreißendes Schluchzen aus.

Lucas war im ersten Augenblick bestürzt – das spürte sie – aber dann streckte er die Arme aus und zog sie an sich. »Aber Becky«, murmelte er ein wenig hilflos. »So beruhige dich doch – du darfst dich nicht so aufregen, das schadet dir.«

Rebecca hätte laut gelacht, wenn sie nicht so verzweifelt gewesen wäre. Aber so, wie es war, stieß sie nur ein leises, unglückliches Stöhnen aus. Sie war eine starke Frau und hatte mehr ertragen als die meisten, aber jetzt schienen auch ihre Grenzen erreicht zu sein.

Lucas küßte ihr Haar und ihre Schläfen, schlang seine Arme um ihren Rücken und zog sie ganz fest an seinen warmen Körper. »Was immer es auch sein mag«, versicherte er ihr, »ich möchte dir helfen, Becky.«

Wieder stöhnte sie, erstickte den Ton mit dem Saum der Decke und zog sie über ihr Gesicht. Ein furchtbarer Aufruhr beherrschte ihren Verstand und ihre Seele – und trotz allem spürte sie, daß ihr Körper sie verriet. Lucas fühlte sich so stark, so hart an, wenn er sie so an sich zog … Er war wie eine Mauer, die sie vor jeder Gefahr beschützen würde.

Rebecca schlang die Arme um seinen Nacken, legte ihre Wange an seine Brust und lauschte seinem schnellen, aber gleichmäßigen Herzschlag. Bald würden die Fotografien in Cornucopia auftauchen – vielleicht waren sie das längst –, und wenn Lucas sie sah, würde ihre Welt zerbrechen. Ihre Zeit mit ihm war begrenzt und deshalb ungeheuer kostbar.

»Schlaf mit mir«, wisperte sie.

Sanft drehte er sie auf den Rücken und beugte sich über sie, und sein Gesicht war nur ein Schatten in der Finsternis.

»Was hast du gesagt?«

»Ich … ich begehre dich, Lucas. Du sagtest, ich würde dich irgendwann von selbst um … intime Beziehungen bitten, und du hattest recht. Ich bitte dich jetzt darum.«

Fassungslosigkeit klang in seiner Stimme mit. »Bist du sicher?«

Rebecca nickte. Sie *war* sich sicher. Wenn sie Lucas, die Farm und Cornucopia für immer verlassen mußte, in Schimpf und Schande, würde sie wenigstens eine schöne Erinnerung mitnehmen, von der sie den Rest ihres Lebens zehren konnte. »Ja«, erwiderte sie mit fester Stimme und schmiegte sich in seine Arme.

Und da nahm Lucas ihre Lippen in Besitz, küßte sie lange und leidenschaftlich, und sie waren beide außer Atem, als er sich endlich von ihr löste. »Ist es dein erstes Mal?« fragte er mit rauher Stimme.

Tränen brannten in Rebeccas Augen, sie war froh, daß er sie nicht sehen konnte. Körperlich war sie noch unberührt, aber ein wichtigerer Teil von ihr war schon vor langer Zeit erobert worden. »Ja, Lucas«, sagte sie. »Du bist der erste Mann in meinem Leben.«

Er murmelte etwas, streifte ihr dann sehr sanft das Nachthemd über den Kopf und warf es beiseite. Eine heiße Röte schoß ihr in die Wangen, als er die Lampe anstellte, und sie versuchte, ihre Blöße zu bedecken, aber das ließ er nicht zu.

Er kniete sich über ihre Schenkel und betrachtete so andächtig Rebeccas Gesicht und ihre Brüste, ihren Bauch und ihre intimste Körperstelle, als wären sie ein kostbares Gemälde oder ein unvergeßlicher Sonnenuntergang. »Seit ich dich zum erstenmal gesehen habe«, murmelte er rauh, »damals, als wir beide in dieser Pension in Chicago wohnten, habe ich mir gewünscht, dich so zu sehen ... dich zu berühren.«

Rebecca war so verlegen, daß sie schützend die Hände über ihre Brüste legen wollte, doch Lucas ergriff ihre Handgelenke und drückte sie auf die Matratze. »Wird es ... weh tun?« fragte sie.

Lucas strich zärtlich über eine ihrer Brustspitzen, die sich unter seiner Berührung aufrichtete und verhärtete. »Nur dieses eine Mal«, erwiderte er. »Ich verspreche dir aber, daß du es nicht bereuen wirst. Du brauchst mir nur zu vertrauen.«

Sie schloß die Augen, krümmte ihren Rücken und

stöhnte leise, als er fortfuhr, ihre Brust zu streicheln. »Ich vertraue dir«, wisperte sie.

Da senkte er den Kopf, nahm eine der harten kleinen Knospen zwischen seine Lippen und begann sie sanft mit seiner Zunge zu liebkosen, während er gleichzeitig seine flache Hand auf das warme, feuchte Dreieck zwischen Rebeccas Schenkeln preßte und sie dann dort zu streicheln begann.

Je mehr er sie reizte und liebkoste, desto heftiger wand und krümmte sie sich unter ihm, stöhnte und wölbte sich ihm entgegen.

Als er einen Pfad aus leidenschaftlichen Küssen über ihren Bauch beschrieb und dann noch tiefer glitt und sie seine Lippen an ihrer intimsten Körperstelle spürte, wie schon zuvor auf ihren Brüsten, preßte sie eine Hand vor ihren Mund, um nicht in fassungslosem Entzücken aufzuschreien.

Als er mit einem Finger in sie eindrang, durchzuckte sie eine Flutwelle der unglaublichsten Gefühle. Lucas streckte eine Hand aus und bedeckte damit ihren Mund, gerade noch rechtzeitig, denn sie konnte einen lustvollen Aufschrei nicht unterdrücken.

Die köstliche, verwirrende Reaktion schien gar nicht mehr aufhören zu wollen, und Rebeccas Körper glitzerte vor Schweiß, als die wilden, süßen Zuckungen endlich abebbten. Erschöpft, aber glücklich schmiegte sie sich an Lucas, unfähig zu sprechen und noch ganz benommen von all diesen wundervollen Gefühlen, die er in ihr entfacht hatte.

Er hielt sie so lange geduldig in den Armen, bis sein eigenes Verlangen übermächtig wurde. Erst dann spreizte er ihre Beine und ließ sich behutsam auf ihr nieder.

»Das ist deine letzte Chance«, flüsterte er rauh. »Wenn du vorhast, mich zurückzuweisen, dann tu es in Gottes Namen jetzt.«

Statt dessen legte Rebecca ihre Hände auf seinen Rücken und zog Lucas noch fester an sich.

Er seufzte, und dann drang er sehr, sehr langsam und

behutsam in sie ein. Sie spürte, wie sich etwas in ihr spannte, dann einen kurzen, scharfen Schmerz. Lucas bewegte sich nicht, damit sie sich an ihn gewöhnen konnte, aber er küßte ihre Stirn und ihre Augenlider und flüsterte ihr zärtliche Worte zu.

Das erste lustvolle Prickeln überraschte Rebecca so sehr, daß sie verblüfft die Augen aufriß. Nach Atem ringend, bog sie den Kopf zurück, und Lucas küßte die Unterseite ihres Kinns und ihre Kehle.

»Soll ich aufhören?« Seine Stimme klang wie entferntes Donnergrollen.

»Nein«, wimmerte Rebecca. »Nein – *bitte* – bleib bei mir ...«

Er lachte leise und begann sich in ihr zu bewegen. Ihr Schoß erbebte unter den ersten, unerwartet lustvollen Empfindungen neuerwachter Leidenschaft.

»Lucas«, murmelte sie, als ihr Körper sich wie von selbst unter seinem zu bewegen begann und sich jedem Stoß und jedem Zurückziehen anpaßte. »Ist es so immer so ... Ich meine, sollte es so sein?«

Lucas lachte und knabberte an ihrem Ohrläppchen, was einen weiteren Sturm wilder, lustvoller Gefühle in ihr auslöste. »Ja, Becky«, antwortete er, »genau *so* sollte es sein. Und ich wußte immer schon, daß es so sein würde, wenn du und ich uns je unter einer Bettdecke wiederfänden.«

Rebecca war atemlos und wie im Fieber. Sie bog sich ihm entgegen, bäumte sich auf in gehorsamer Rebellion, und ihre Finger gruben sich tief in seine Schultern. »Es ist ... oh, Lucas, ich ertrage es nicht mehr ... es ist zuviel ...«

Er küßte ihre Lippen, nahm ihren Mund mit seinem in Besitz. »Laß es geschehen«, sagte er, und als sie den Rücken krümmte und sich versteifte, küßte er sie von neuem, und sein Mund erstickte ihre Schreie der Erfüllung.

Das Lustgefühl war so unglaublich intensiv, daß Rebecca halb bewußtlos war, als Lucas seinen eigenen

Höhepunkt erreichte. Mit einem letzten, ungestümen Stoß drang er noch einmal ganz tief in sie ein, und sie spürte, wie sich seine Leidenschaft in ihr verströmte. In gewisser Weise war das sogar noch schöner als der Wirbelsturm fieberhaften Entzückens, den er gerade erst in ihr verursacht hatte.

Sie hielt ihn in den Armen und murmelte beruhigende Worte, als er ermattet neben ihr lag und sich schweratmend von seinem so intensiven Höhepunkt erholte.

»Jetzt komme ich ganz sicher in die Hölle«, sagte sie betrübt, als einige Zeit verstrichen war und ihr Atem wieder seinen normalen Rhythmus aufgenommen hatte.

Lucas lachte leise. »Das halte ich nicht für wahrscheinlich«, erwiderte er. »Sie wüßten mit dir da unten überhaupt nichts anzufangen.«

Rebecca war nicht sicher, ob sie die Bemerkung als Beleidigung oder als Kompliment auffassen sollte. »Im Himmel hätte ich vermutlich das gleiche Problem«, sagte sie traurig. »Wohin ich auch gehe, ich werde anscheinend immer nur die Zwiebel im Petunienbeet sein.«

Er küßte sie sanft und streichelte ihre Wange, strich ihr Haar zurück, um mit der Fingerspitze die Konturen ihres Ohres nachzuzeichnen. »O Becky, du bist alles andere als eine Zwiebel. Du bist eine wilde Rose, schön und duftend und so dornig, daß es eines Mannes ganzen Mut erfordert, dich zu berühren.«

Ein winziger Muskel zuckte an Rebeccas Kinn. »Du sprichst oft in Gedichten, obwohl die Worte sich nicht reimen. Hat dir das schon einmal jemand gesagt?«

Lucas umschloß eine ihrer Brüste mit seiner Hand, senkte den Mund auf ihre zarte kleine Knospe und berührte sie mit der Zungenspitze. »Nein«, antwortete er dann. »Aber man braucht nicht unbedingt Worte, um Gedichte zu verfassen. Wenn du dich unter mir bewegst, wie du es eben erst getan hast, wenn du versuchst, mich tiefer und tiefer in dich aufzunehmen, dann ist auch das die reinste Poesie.«

Rebecca schob ihre Finger in sein Haar und drückte seinen Kopf an ihre Brust, während er ihre Brustspitzen liebkoste, und obwohl sie danach für lange Zeit nichts sagte, sprach ihr Körper deutlicher für sie, als Worte es gekonnt hätten.

7. Kapitel

Rebeccas Zweifel und Befürchtungen kehrten mit dem Licht des neuen Tags zurück, und sie wunderte sich darüber, daß es ihr möglich war, so mühelos hin- und herzuwechseln zwischen blaustrümpfiger Prüderie und einem ausgeprägten Hang zu ungezügelter Erotik. Sie vermutete, daß es auf irgendeinen Makel in ihrem Charakter zurückzuführen war, daß sie nicht wie andere Frauen sein konnte; es mußte etwas sein, was ihr leichtlebiger Vater ihr vererbt hatte.

Mr. Pontious gesellte sich zum Frühstück zu ihnen in die Küche, und ein leises Unbehagen schwelte zwischen ihm und Rebecca. Nach dem Essen brach er hastig auf, nachdem er mit Lucas das Entgelt für die Übernachtung geregelt hatte. Lucas begab sich danach in seine Werkstatt in der Scheune, und die Kinder, ihre Schulbücher und Tafeln unter dem Arm, stapften munter durch den tiefen Schnee zur Schule.

Rebecca hatte das rote Samtkleid fertig, es fehlten nur noch die letzten Änderungen und der Saum. Mittags kam Ginny Dylan zur letzten Anprobe. Sie war ein bezaubernd schönes junges Mädchen, mit dunklem Haar und grünen Augen, und in diesem wundervollen roten Kleid bot sie einen geradezu überwältigenden Anblick.

Als Rebecca gegen Mittag die letzten Nadeln in den Rocksaum steckte, öffnete sich die Hintertür, und Lucas kam in die Küche, zusammen mit einem eiskalten Windstoß, der sowohl Rebecca wie auch Ginny fröstelnd zusammenfahren ließ. Und plötzlich wurde Rebecca von einer absurden Furcht erfaßt, daß Lucas die schöne Ginny ansehen und alles vergessen würde, was in der Nacht zwischen ihnen vorgefallen war.

Er begrüßte die Besucherin mit einem höflichen Nicken, hängte Hut und Mantel auf und ging zum Herd, um sich Kaffee einzuschenken, den er dann ins Wohnzimmer mitnahm. Rebecca war beschämt über das Ausmaß ihrer Erleichterung; es kam ihr fast so vor, als ob Lucas Cornucopias berühmteste Schönheit gar nicht bemerkt hätte.

Ginny, die es gewöhnt war, Männer aller Altersgruppen zu bezaubern, schmollte ein wenig, als sie an ihrem Tee nippte und darauf wartete, daß Rebecca den Saum des Samtkleids fertigstellte. Als die Aufgabe erledigt war und Ginny ihre Zufriedenheit geäußert hatte, bezahlte sie Rebecca den vereinbarten Betrag und verabschiedete sich, um in ihrem kleinen, eleganten Einspänner in die Stadt zurückzukehren.

Rebecca hätte dem herrlichen Kleid vielleicht eine Stunde oder zwei nachgetrauert, wenn ihre Gedanken nicht mit der verflixten Fotografie beschäftigt gewesen wäre, die Mr. Pontious ihr am Abend zuvor gezeigt hatte. Nachdenklich starrte sie auf das Geld, das Ginny ihr gegeben hatte – sie hatte eigentlich vorgehabt, es ihren mageren Ersparnissen hinzuzufügen – doch nun begann sie zu begreifen, daß es ratsamer wäre, es für eine Fahrkarte für die Postkutsche nach Spokane zu opfern. Ihre einzige Chance, Frieden und wahres Glück zu finden, lag darin, Duke Jones zu finden und ihn zu überreden, die Fotoplatten, die ihr Bild enthielten, zu vernichten. Es würde ihr nicht gelingen, sämtliche Abzüge aufzutreiben, die er von den Platten gemacht hatte, und sie konnte nur hoffen, daß es nicht viele waren, aber wenn die Platten erst einmal zerstört waren, war die Chance, daß Bilder von ihr in Cornucopia auftauchten, sehr viel geringer.

Das Herz stieg ihr in die Kehle, als sie sich umwandte und Lucas mit verschränkten Armen an der Wohnzimmertür lehnen sah. Sein Gesichtsausdruck war fragend, ein bißchen besorgt sogar, und seine Worte verblüfften sie zutiefst.

»Du solltest selber rote Samtkleider tragen, anstatt sie für andere Frauen zu nähen.«

Rebecca empfand Lucas' Güte als schier unerträglich angesichts der Tatsache, daß sie ein Geheimnis vor ihm verborgen hielt. Es gelang ihr jedoch, ein schwaches Lächeln aufzusetzen, als sie das Geld für das Kleid rasch in ihre Schürzentasche steckte und sich abwandte, um mit der Zubereitung des Mittagessens zu beginnen. »Ich würde dumm aussehen in einem solchen Kleid«, sagte sie. »Dumm und wichtigtuerisch.«

Lucas brachte sie aus der Fassung, indem er hinter sie trat, beide Hände sanft auf ihre Schultern legte und sie zu sich herumdrehte. »Nein«, sagte er fast schroff. »Du mußt dich unzählige Male in einem Spiegel gesehen haben, Becky. Wie konnte dir da entgehen, was für eine schöne Frau du bist?«

Eine süße Schwäche erfüllte Rebecca; sie versuchte, sich von Lucas zu entfernen, aber er hielt sie fest. »Bitte, Lucas ...« murmelte sie. Sie wußte, was er ihr sagen würde, und sehnte sich aus ganzem Herzen danach, es zu hören, aber gleichzeitig fürchtete sie sich auch davor.

»Es wird Zeit, daß wir die Dinge zwischen uns richtigstellen«, beharrte er. »Wir sollten heiraten. Wirklich und wahrhaftig heiraten.«

Tränen stiegen in Rebeccas Augen, aber sie blinzelte sie zurück. Lucas hatte ihr keine romantische, poetische Liebeserklärung gemacht, und doch wußte sie, daß er sie auf seine Weise gern hatte. Wenn er nicht wenigstens *ein bißchen* verliebt gewesen wäre, hätte er sie und die Zwillinge schon am ersten Tag nach seiner Ankunft aus dem Haus gewiesen.

»Du verstehst nicht«, wich sie aus. »Ich bin nicht ... Ich habe eine Vergangenheit.«

Lucas' Lächeln war schief und fast schmerzhaft liebevoll. »Wir alle haben eine Vergangenheit«, erwiderte er. »Was hast du angestellt, Becky? Ein Buschfeuer entfacht? Eine Postkutsche überfallen?«

Das Leben hatte Rebecca ernüchtert. So gern sie sich

auch die Illusion gestattet hätte, daß Lucas es möglicherweise als bloßen Irrtum ansehen mochte, daß sie für die Kamera eines Fremden posiert hatte, wußte sie es besser. Männer waren sehr besitzergreifende Geschöpfe.

»Es war nichts, was du zu wissen brauchst, Lucas Kiley«, erwiderte sie steif. »Und nun, wenn du nichts dagegen hast, würde ich gern das Mittagessen auf den Tisch bringen, bevor es so spät wird, daß ich auch gleich das Abendessen servieren kann.«

Obwohl er noch immer leicht beunruhigt wirkte, gab Lucas ihre Schultern frei, aber es war offensichtlich, daß er nicht bereit war, das Thema so schnell aufzugeben.

»Ich weiß, daß du keinen Ehemann und auch keinen Liebhaber irgendwo verborgen hältst; ich war ganz eindeutig der erste Mann, der dich besessen hat.« Er mußte ihr Erröten gesehen haben, aber er sagte nichts dazu. »Sag mir, Becky – bist du auf der Flucht vor dem Gesetz?«

»Nein«, erwiderte sie und rührte den Bohneneintopf um, den sie schon früher aufgesetzt hatte, bevor sie das Maisbrot schnitt, das sie dazu essen würden. »Ich habe kein Verbrechen begangen.« Sie hörte die Beine eines Küchenstuhls über den Boden scharren, als Lucas ihn zurückzog, um sich seufzend hinzusetzen.

»Dein Vater ist im Gefängnis«, sagte er, müde und auch eine Spur gereizt. »Oder er befindet sich in einer jener Institutionen, in die man Geisteskranke bringt.«

Rebecca biß sich auf die Lippen, schwieg und kämpfte gegen den Impuls an, zu erwidern: *Ja, das ist es*. Aber sie hatte schon genug gelogen, seit sie nach Cornucopia gekommen war, und eine weitere falsche Behauptung wäre ihr vermutlich in der Kehle steckengeblieben. »Mein Vater hätte an beiden Orten enden können, wenn er sich nicht vorher schon zu Tode getrunken hätte.«

Sie füllte den Bohneneintopf in eine Schüssel um, legte mehrere Stücke Maisbrot auf einen Teller und stellte die leichte Mahlzeit auf den Tisch. Dabei war sie bemüht, Lucas nicht in die Augen zu sehen, weil sie Angst hatte, daß ihre Seele in ihnen versinken würde, um nie wieder ihr selbst zu gehören.

»Ich muß nach Spokane fahren«, bemerkte sie ruhig. »Annabelle und Susan werden während meiner Abwesenheit bei Mary in der Stadt bleiben.«

Lucas ergriff ihr Handgelenk, aber obwohl es ihr vermutlich nicht gelungen wäre, seiner starken Hand zu entkommen, wirkte die Geste in keinster Weise drohend. »Es ist kurz vor Weihnachten«, sagte er. »Wie kannst du ausgerechnet jetzt wegfahren?«

Seine Worte stimmten Rebecca so unglücklich, daß sie schwieg. Während andere Frauen die letzten Vorbereitungen für die Feiertage trafen, Gänse brieten und Geschenke einpackten, würde sie auf dem harten Sitz einer Kutsche durch die Landschaft holpern, um sich auf die Suche nach Duke Jones zu machen und ihn zu bitten, die Fotos und die Platten zu vernichten, die die Macht besaßen, ihr ganzes Leben zu ruinieren.

»Ich muß es tun«, erwiderte sie schlicht.

»Dann werde ich dich begleiten.«

»Nein! « rief sie entsetzt und erschrak darüber mindestens so sehr wie Lucas. »Nein, das ist etwas, das ich allein erledigen muß.«

»Wirst du wiederkommen?«

Rebecca wagte es nicht, ihn anzusehen. »Ja«, antwortete sie, ohne allerdings hinzuzufügen, daß sie, falls sie keinen Erfolg bei Mr. Jones hatte, was ihr sehr wahrscheinlich schien, gerade lange genug nach Cornucopia zurückkehren würde, um ihre Schwestern bei Mary Daniels abzuholen.

An jenem Nachmittag packte sie. Als die Mädchen aus der Schule kamen, gab sie ihnen eine große Tasche, die alles enthielt, was sie für einige Tage brauchen würden. Sie starrten sie in herzerschütternder Verblüffung an, dachten vermutlich an die schreckliche Zeit mit ihrem Vater und erinnerten sich daran, wie er sie schließlich abgeschoben hatte. Und dennoch stellten sie keine Fragen.

In grimmigem Schweigen fuhr Lucas sie alle drei in seinem Wagen in die Stadt, und Rebecca saß steif auf dem Kutschbock neben ihm und hielt den Blick auf die Straße gerichtet. Als sie den Gemischtwarenladen erreichten, lud er das Gepäck aus, stellte es auf den hölzernen Bürgersteig und bestieg, nachdem er sich einmal kurz an den Hut getippt hatte, unverzüglich wieder seinen Wagen, um zur Farm zurückzukehren.

»Wohin gehen wir?« fragte Annabelle bestürzt.

»Ihr bleibt hier in Cornucopia«, antwortete Rebecca. »Ich fahre nach Spokane, weil ich dort etwas Wichtiges zu erledigen habe.«

»Aber bald ist Weihnachten!« rief Susan. »Und wenn du es nun verpaßt?«

Rebecca seufzte, als sie die Tür des Ladens aufstieß. Eine helle kleine Glocke bimmelte über ihren Köpfen. »Es wäre nicht das erste Mal«, antwortete sie eine Spur gereizt. Dabei hatte sie sich eigentlich auf das Fest gefreut, vor allem wegen Lucas. Obwohl es, wie üblich, nur wenige Geschenke geben würde, hatte sie eine ganz besondere, festliche Mahlzeit kochen und das Wohnzimmer mit Papierengeln und Popcornschnüren schmücken wollen.

Marys erfreutes Lächeln verblaßte, als sie die Tasche sah, die Rebecca bei sich trug. »Was geht hier vor?« fragte sie, und ihr Ton verriet, daß sie sich nicht mit Ausreden abspeisen lassen würde.

»Ich wäre dir sehr dankbar, wenn die Mädchen einen Tag oder zwei bei dir verbringen könnten«, sagte Rebecca und mußte sich sehr zusammennehmen, um nicht in Tränen auszubrechen. »Ich verspreche dir, daß sie sich nützlich machen werden, wenn sie nicht in der Schule sind.«

Annabelle und Susan wechselten einen Blick, aber keins der Mädchen sagte etwas.

»Und wo wirst du in dieser Zeit sein, wenn ich fragen darf?« wollte Mary wissen, während sie um die Theke herumging, um vor Rebecca stehenzubleiben. Die resolute Ladeninhaberin nahm ihre Freundin am Arm und führte sie zwischen Reihen von Stiefeln, Gartenwerkzeugen und

Mehlfässern in den hinteren Lagerraum. »Also los, heraus damit, Rebecca Kiley.«

Rebecca verlor den Kampf gegen die Tränen und begann flüsternd ihre Geschichte zu erzählen. Sie beschrieb Mary, wie sie Lucas in Chicago kennengelernt hatte, als sie beide in derselben Pension gewohnt hatten, und gestand ihrer Freundin, daß sie ihn selbst damals schon geliebt hatte, obwohl es ihr da noch nicht bewußt gewesen war. Sie gab zu, daß sie nach Cornucopia gekommen war im Glauben, er sei tot, und sich als seine Frau ausgegeben hatte, damit sie und die beiden Zwillinge endlich ein anständiges Leben führen konnten.

Mary lächelte, als Rebecca an die Stelle kam, wo Lucas unerwartet zurückgekehrt war und eine Frau und eine Familie auf seiner Farm angetroffen hatte, aber sie unterbrach ihre Freundin nicht.

Ihr Lächeln wich einem Ausdruck des Mitgefühls, als Rebecca schilderte, wie sie das Geld verdient hatte, um nach Westen reisen zu können, um Lucas' Haus und Farm zu übernehmen. »Gestern abend«, schloß sie, »kam Mr. Pontious, um in unserer Scheune zu übernachten, wie er es so häufig tut. Er hatte eins dieser gräßlichen Fotos, Mary, und er sagte, er hätte es in Spokane gekauft, von Duke Jones persönlich.«

Mary seufzte und umarmte ihre Freundin kurz, bevor sie fragte: »Was hoffst du zu erreichen, indem du diesen Mann aufsuchst, Rebecca? Er besitzt ganz offensichtlich keine Skrupel, denn sonst würde er niemals einem derart frivolen Gewerbe nachgehen.«

»Ich muß es versuchen«, sagte Rebecca, die steif in dem überfüllten Lagerraum stand. »Ich liebe Lucas, aber wenn er je eins dieser Bilder sieht, wird er mich verachten.«

»Vielleicht auch nicht«, wandte Mary ein, aber es klang nicht sehr überzeugt. »Wäre es nicht besser, wenn du ihm die Wahrheit sagen würdest und darauf hoffst, daß er versteht? Du wärst nicht der erste Mensch, der mit ein oder zwei Geheimnissen aus der Vergangenheit in den Westen gekommen ist. Es gibt eine Menge Leute hier, die hierherkamen, um auf die eine oder andere Art ein neues Leben zu beginnen.«

Rebecca schüttelte nur den Kopf. Lucas war ein guter, anständiger Mann – und ein stolzer. Er würde es nicht ertragen, zu wissen, daß ihre Vorzüge für jeden Mann ersichtlich waren, der bereit war, zehn Cent dafür zu investieren.

Sie und die Zwillinge verbrachten die Nacht in Marys Gästezimmer, doch während die Mädchen fest schliefen, gelang es Rebecca nicht, auch nur ein Auge zuzutun.

Früh am nächsten Morgen kam die Postkutsche durch die Stadt, und als sie in Richtung Norden weiterfuhr, nach Spokane, saß Rebecca in dem schaukelnden Gefährt. Sie war froh, der einzige Passagier zu sein, da es ihr unmöglich gewesen wäre, auch nur ein Wort mit irgendeinem Menschen zu wechseln, selbst wenn sie ihre Seele damit hätte retten können.

Die Fahrt war lang und extrem beschwerlich. Rebecca konnte ihren eigenen Atem sehen, so kalt war es in der Kutsche, und ihre Füße waren so gefühllos, daß sie ihre Zehen nicht bewegen konnte.

Als sie endlich in Spokane eintrafen, war es bereits Nacht, und die kleine Stadt kam Rebecca sehr laut und unzivilisiert vor, nachdem sie so lange in Cornucopia gelebt hatte. Doch resolut rückte sie ihren Sonntagshut zurecht, nahm ihre kleine Reisetasche in die Hand und stieg so anmutig wie möglich aus der hohen Kutsche.

Da es sie in Verlegenheit gebracht hätte, nach dem Saloon zu fragen, den Mr. Pontious erwähnt hatte, folgte sie einfach den Tönen schlecht gestimmter Pianos, dem Johlen und Geschrei, bis sie an eine Reihe wenig vertrauenserweckender Etablissements gelangte.

Als sie auf dem Bürgersteig vor dem *Rusty Spur Saloon* stand und über die Schwingtür spähte, begannen dicke Schneeflocken um sie herum herabzusinken, weiß wie Gänsedaunen. Rebecca holte einen tiefen Atemzug, straffte die schmalen Schultern und betrat tapfer die verrauchte Lasterhöhle, in der sie Duke Jones zu finden hoffte.

8. Kapitel

Jones hatte sich kaum verändert. Er war immer noch ein gutaussehender Mann, und als er Rebecca sah, lachte er vor Entzücken, schob die Karten zusammen, mit denen er gespielt hatte, und warf sie auf den Tisch.

Die Männer, die bei ihm saßen, waren zu sehr damit beschäftigt, Rebecca zu betrachten, um sich über das verfrühte Ende ihres Spiels zu beklagen.

Mr. Jones stand da, für alle Welt ein Gentleman, und schalt Rebecca gutmütig: »Schämen Sie sich, meine Liebe! Das ist kein Platz für eine Dame.«

Rebecca schaute ihn aus schmalen Augen an und erinnerte sich, wie er ihre Notlage in Chicago ausgenutzt hatte, wie er ihr versprochen hatte, daß niemand westlich des Mississippis jemals die beschämenden Bilder sehen würde, die er von ihr aufgenommen hatte. Und sie war tatsächlich dumm genug gewesen, ihm zu glauben!

Sie war schon im Begriff, auf seine sägemehlbedeckten Stiefel zu spucken, nahm sich jedoch im letzten Augenblick zusammen und setzte eine etwas nachsichtigere Miene auf und ein Lächeln, das fast über ihre Kräfte ging. »Ich würde gern unter vier Augen mit Ihnen sprechen, Mr. Jones«, sagte sie mit ruhiger Würde.

Er steckte einen dünnen Zigarillo zwischen seine Lippen, zündete ihn mit einem hölzernen Streichholz an und deutete mit einer großartigen Geste auf den hinteren Teil des Etablissements. »Wie Sie wünschen«, sagte er gestelzt. »Ich kann Ihnen zu diesem Zweck mein Arbeitszimmer offerieren.«

Allein der Gedanke, was hier an diesem Ort vermutlich vor sich ging, verursachte Rebecca eine Gänsehaut, aber wieder straffte sie die Schultern und ging Duke Jones voran über einen nur schwach erleuchteten Korridor. Alles hing jetzt von ihrer Fähigkeit ab, eine befriedigende Absprache mit dem Mann zu treffen, der ihre Zukunft in den Händen hielt.

Jones öffnete eine Tür mit einem Bronzeschlüssel und trat vor Rebecca ein, um eine Lampe anzuzünden. Sie war ungemein erleichtert, einen Schreibtisch, einen Stuhl, ein Wandregal und die Ausrüstung eines Fotografen in dem Zimmer vorzufinden. Zumindest war nirgendwo ein Bett zu sehen.

»Nehmen Sie doch bitte Platz«, sagte er und deutete galant auf den einzigen Stuhl, der dem Schreibtisch gegenüberstand. »Sie ahnen gar nicht, wie überrascht ich bin, Sie wiederzusehen, Rebecca.«

Rebecca strich ihre Röcke glatt, als sie sich setzte, so würdevoll, als wären sie aus Seide und nicht abgetragener Kattun, und zwang ihr heftig pochendes Herz, sich zu beruhigen.

»Ich kann mir nicht vorstellen, daß Sie überrascht sind«, entgegnete sie kühl. »Als Sie meine Fotografie an Mr. Pontious verkauften und seine Reaktion sahen, hätten Sie sich denken müssen, daß er mich kannte.«

Jones tippte sich mit einem Finger an das Kinn und tat, als dächte er nach. »Pontious ... Pontious ... Ach ja, der Hausierer.« Er hielte inne und lächelte Rebecca an. »Sie hätten ihn sehen sollen, Becky – er wurde leichenblaß, als er Sie auf dem Bild erkannte.«

Sein unerwarteter Gebrauch des Kosenamens ›Becky‹, der bisher Lucas vorbehalten gewesen war, griff ihr ans Herz und schickte heißes Gift durch ihre Adern. Trotz allem – und obwohl sie wußte, daß ihre Wangen brannten und sie am ganzen Körper zitterte – gelang es ihr irgendwie, Haltung zu bewahren.

»Ich möchte, daß Sie die Fotoplatten vernichten und mir sämtliche Abzüge dieser Bilder geben, die sich noch in Ihrem Besitz befinden«, verlangte sie.

Jones lachte und zog einen Moment schweigend an seinem dünnen Zigarillo, bevor er spöttisch erwiderte: »Ach wirklich? Sie mögen zwar das Thema der Fotografien sein, meine Liebe, aber sie gehören mir. Was haben Sie mir im Austausch dazu anzubieten?«

Rebecca kämpfte gegen die Welle der Angst und Wut

an, die sie jegliche Vernunft vergessen lassen würde und bei ihrem Ausbruch sämtliche Hoffnungen und Wünsche für ihre Zukunft zu vernichten drohte. »Nichts«, antwortete sie. »Ich bin gezwungen, mich darauf zu verlassen, daß Sie sich wie ein Ehrenmann verhalten.«

Diese Feststellung schien Jones sogar noch mehr zu amüsieren. »Beim großen Zeus!« rief er und spreizte spöttisch seine Hände. »Sehen Sie sich doch einmal um, Becky! Ist das die Art von Ort, die ein Ehrenmann frequentieren würde?«

Sie umklammerte ihr Retikül mit beiden Händen. »Was wollen Sie?« wisperte sie beklommen.

Jones lächelte, öffnete eine Schublade in dem abgenutzten Schreibtisch und nahm zwei Fotoplatten und eine Handvoll Fotografien heraus. »Im Grunde genommen nicht besonders viel«, erwiderte er. »Sie haben sich schon einmal kompromittiert. Was hätten Sie schon zu verlieren, wenn Sie es ein zweites Mal täten?«

Rebeccas Blut verwandelte sich in Eis. »Was wollen Sie damit sagen?«

Achselzuckend erwiderte er: »Es ist ziemlich offensichtlich, daß Sie nur wenig oder gar kein Geld besitzen. Aber Geld ist nicht alles, was eine schöne Frau wie Sie zu bieten hat.«

Sie sprang auf, zitternd vor Zorn und dem Gefühl, zutiefst gedemütigt worden zu sein. »Ich kann sehen, daß ich meine Zeit verschwendet habe, als ich herkam«, sagte sie kalt. »Guten Abend, Mr. Jones.«

Als sie sich abwandte, um zur Tür zu gehen, erhob er sich rasch von seinem Platz am Schreibtisch. »Eine Nacht in meinem Bett. Das ist alles, was es erfordern würde, um mich zu überreden, diese Platten zu vernichten.« Jones glitt an ihre Seite, lautlos wie eine Schlange, und überreichte ihr eins der blaugetönten Bilder.

Rebecca spürte, wie heftiger Schwindel sie ergriff, und sie war ziemlich sicher, daß sie sich jeden Augenblick übergeben mußte, aber irgendwie gelang es ihr, so zu tun, als besäße sie noch ihre Würde. »Lieber würde ich die

Nacht mit dem Teufel selbst verbringen«, sagte sie und trat, das abscheuliche Foto fest umklammernd, auf den Korridor hinaus.

Jetzt, dachte sie bedrückt, als sie den Hauptteil des Saloons durchquerte, ohne von ihrer Umgebung auch nur die geringste Notiz zu nehmen, und auf den Bürgersteig hinaustrat, *bleibt mir nichts anderes mehr übrig, als nach Cornucopia zurückzukehren, Lucas die Fotografie zu zeigen, die Zwillinge abzuholen und zu gehen.* Sie hatte immer noch die Annonce, die sie aus Marys Zeitschrift ausgeschnitten hatte, die Annonce der Männer aus Seattle und Alaska, die so verzweifelt Ehefrauen suchten.

Rebecca lief durch die Stadt, ohne das immer heftiger werdende Schneetreiben zu beachten. Vielleicht bestand die Möglichkeit, die Zwillinge in einem Internat unterzubringen, bis sie alt genug waren, für sich selbst zu sorgen. Ihr Wohl war alles, was Rebecca jetzt noch interessierte; ihr eigenes Leben würde sie schon irgendwie überstehen.

Sie hatte schon einige Entfernung zurückgelegt, bevor sie die engelhaften Stimmen hörte, die durch die kalte Winternacht echoten. Die süßen, vertrauten Worte der Weihnachtslieder durchdrangen ihre Trauer und Verzweiflung, und als die hellen Lichter einer Kirche vor ihr auftauchten, ging sie unwillkürlich schneller.

Rebecca schlüpfte in eine der hinteren Reihen, die in den Schatten verborgen lagen, und beobachtete und lauschte unglücklich dem Chor, der Weihnachtshymnen einübte. Die Worte des Lieds beruhigten sie wie Balsam, und irgendwann streckte sie sich auf der harten Holzbank aus und versank in einen tiefen Schlaf.

Als sie erwachte, durchfroren bis auf die Knochen, war es heller Morgen und die kleine, rustikale Kirche leer und verlassen. Rebecca richtete sich auf, rückte ihren Hut zurecht, strich ihre zerknitterten Röcke glatt und hastete hinaus, in der Hoffnung, daß niemand sie dabei beobachtete und für eine Obdachlose hielt.

Als sie auf den Bürgersteig hinaustrat und ein Schwall eiskalter Luft sie traf, steckte sie die Hände in die Taschen ihres dünnen Umhangs. In der rechten Tasche ertastete sie die Fotografie, die sie wieder auf grausame Weise an die Ausweglosigkeit ihrer Situation erinnerte.

Sie fand den Weg zurück zur Postkutschenstation und kaufte einen Rückfahrschein nach Cornucopia. Dann, um sich für die anstrengende Fahrt zu wappnen, kaufte sie einen Apfel und ein Stück Brot von einem Krämer und aß beides auf, obwohl ihr Hals wie zugeschnürt war und sie nicht den geringsten Appetit verspürte.

Wieder war sie der einzige Fahrgast in der Kutsche, und wieder war sie dankbar dafür. Rebecca hätte es jetzt nicht ertragen, mit irgendwelchen Leuten höfliche Konversation zu machen. Sie war zutiefst erschüttert und verletzt.

Die Fahrt war anstrengend, in der Kutsche war es bitterkalt, genau wie Rebecca schon erwartet hatte, und als das holprige Gefährt endlich vor Mary Daniels' Laden hielt, war die Dunkelheit bereits hereingebrochen.

»Frohe Weihnachten«, sagte der Kutscher freundlich, als er Rebecca aus dem Wagen half.

Rebeccas Herz zog sich zusammen; bis zu diesem Augenblick war ihr nicht einmal bewußt gewesen, daß es Heiligabend war. Sie erwiderte die freundlichen Wünsche des Mannes und nahm ihre Tasche. Leichter Schnee fiel von einem schwarzen Himmel und erfüllte die Luft mit seinem sauberen Duft, einem Duft, der Hoffnung und Erlösung zu versprechen schien.

Mit großen Schritten näherte sie sich dem Eingang des Gemischtwarenladens, aber als sie ihn betrat, war Mary nirgendwo zu sehen. Statt dessen stand Lucas an dem großen Ofen und wärmte seine Hände. Er trug keinen Mantel und keinen Hut und hätte, wie es so oft bei ihm der Fall war, dringend eine Rasur benötigt.

»Was machst du hier?« fragte Rebecca, aber nicht ärgerlich, sondern in aufrichtiger Verwunderung. Sie war so sicher gewesen, daß ihre Liebe vorbei war – bevor sie überhaupt eine Chance gehabt hatte, zu beginnen –, daß sie angenommen hatte, Lucas müßte es auch wissen.

»Ich hatte gehofft, du würdest mit der Abendkutsche

kommen«, sagte er. »Laß uns heimfahren, Becky. Die Mädchen warten schon auf uns.«

»Aber ...«

Er kam zu ihr und legte einen Finger an ihre Lippen, um sie zum Schweigen zu bringen. »Was immer es auch ist, es kann warten, bis Annabelle und Susan ihr Weihnachtsfest gehabt haben«, sagte er. »Und nun laß uns nach Hause fahren, Mrs. Kiley.«

Die beiden Pferde und der Wagen standen draußen – Rebecca war bei ihrer Ankunft so verwirrt gewesen, daß sie sie nicht einmal bemerkt hatte –, und Lucas hob sie auf den hohen Kutschbock, mühelos, als wäre sie ein kleines Kind. Als er die Laternen angezündet hatte, die zu beiden Seiten des Wagens hingen, setzte er sich neben Rebecca. Und dann breitete er fürsorglich eine warme Decke über ihren Beinen aus.

Rebecca hatte noch nie eine solche Zärtlichkeit erfahren, bevor sie Lucas kennenlernte, und nun wünschte sie, diese süße Erfahrung nie gemacht zu haben, nicht einmal für die Dauer einer Stunde. Denn nun würde sie sich für den Rest ihres Lebens an das ganze Ausmaß ihres Verlustes erinnern müssen, während sie sich neben irgendeinem Mann abrackerte, den sie nicht liebte, im fernen Seattle oder gar im bitterkalten Norden.

Eine einzelne Träne rollte über ihre Wange.

»Wir sollten dir einen Halswickel anlegen, sobald wir heimkommen«, sagte Lucas, so selbstverständlich, als stünde überhaupt nichts zwischen ihnen. »Ich mache dir auch heiße Zitrone mit Honig. Es wäre eine Schande, wenn du morgen bei der Christmette nicht dein Solo singen könntest.«

Rebecca preßte beide Hände an den Mund, aber trotz allem entrang sich ihr ein Schluchzen. Sie würde am nächsten Tag nicht imstande sein, zu singen, vielleicht für lange, lange Zeit nicht mehr. Denn das würde ihr gebrochenes Herz nicht zulassen.

Lucas legte einen Arm um ihre Schultern und zog sie leicht an sich, aber er sagte nichts mehr, und Rebecca war ihm dafür dankbar. Selbst der Ton seiner Stimme, tief, sicher und stark, war in diesen Augenblicken eine Qual für sie.

Bald trafen sie auf der Farm ein, wo alle Fenster hell erleuchtet waren. Lucas fuhr bis vor die Hintertür, stieg vom Bock und hob Rebecca herunter, wobei er ihr nicht einmal erlaubte, ihre Tasche selbst zu tragen.

»Geh hinein und setz dich ans Kaminfeuer«, forderte er sie auf. »Ich werde nach dir sehen, sobald ich die Pferde und den Wagen in die Scheune gebracht habe.«

Rebecca, die weder die Kraft noch den Wunsch besaß, ihm zu widersprechen, nickte nur und tat, wie Lucas sie geheißen hatte.

Annabelle und Susan hatten im Wohnzimmer Schach gespielt und waren außer sich vor Entzücken, als sie Rebecca erblickten. Während sie die Zwillinge umarmte, wünschte sie, sie hätte sich doch den Luxus gestattet, die beiden hübschen Puppen zu kaufen, die die Mädchen in Marys Laden so bewundert hatten. Denn aller Wahrscheinlichkeit nach würde dies das einzige wahre Weihnachtsfest sein, das sie je miteinander verbringen würden.

»Sieh mal!« rief Annabelle, und ihr kleiner Körper vibrierte geradezu vor Freude. »Wir haben einen Weihnachtsbaum – genau wie Prinz Albert und Königin Viktoria!«

Die Zimmerpalme war geschmückt mit Popcornschnüren, mit bunten Sternen und mit Engeln aus Papier. Da in einem Umkreis von zwanzig Meilen nur sehr wenige Bäume wuchsen, hatte Lucas die Zimmerpalme zum Christbaum ausersehen, und Rebecca war im stillen froh, daß kein Baum gefällt worden war, um für kurze Zeit dem Zimmer weihnachtlichen Glanz zu verleihen.

»*Sie* haben bestimmt eine Edeltanne«, sagte Susan ein wenig herablassend, aber dem Glanz ihrer Augen nach zu urteilen, war sie mindestens so stolz und begeistert über den Weihnachtsbaum wie ihre Zwillingsschwester.

Rebecca wischte sich mit dem Handrücken verstohlen eine Träne ab.

»Komm«, sagte Annabelle und schob ihre Schwester in Richtung Küche. »Setz dich schon einmal ans Feuer, Rebecca. Susan und ich werden dir etwas zu essen bringen.«

Rebecca lachte, aber es klang verdächtig wie ein Schluchzen, und als sie sich setzte, geschah es nur, weil Annabelle sie zu einem Sessel schob und nicht etwa, weil sie sich aus eigenem Antrieb hingesetzt hätte. »Du liebe Güte, Kinder, ich bin doch keine Invalidin!«

Die Mädchen ignorierten ihren Protest und liefen in die Küche, um schon kurz darauf mit einem Teller heißer Hühnersuppe und einem Becher Glühwein zurückzukehren.

»Lucas hat gekocht, und er hat auch den Glühwein zubereitet«, sagte Annabelle, die offenbar unendlich verblüfft über Lucas' kulinarische Fähigkeiten war.

Rebecca begann zu essen, aber erst, als sie den ersten Löffel Suppe kostete, wurde ihr bewußt, wie hungrig sie gewesen war. »Ich dachte, ihr beide würdet bis zu meiner Rückkehr aus Spokane bei Mrs. Daniels bleiben«, sagte sie zu den Zwillingen, die ihr beim Essen zuschauten.

In diesem Augenblick erschien Lucas in der Tür zum Wohnzimmer, und seine Gegenwart verbreitete plötzlich mindestens soviel Wärme und Behaglichkeit wie das prasselnde Kaminfeuer. »Kinder gehören zu Weihnachten nach Hause«, stellte er ruhig fest. Und dann richtete er seinen Blick auf die beiden Zwillinge. »Ihr solltet jetzt lieber eure Schachpartie beenden«, mahnte er. »Es wird bald Zeit für euch, eure Strümpfe aufzuhängen und zu Bett zu gehen.«

Annabelle und Susan kehrten zu ihrem Brett zurück, plappernd vor Erregung, und Rebecca brach es fast das Herz, als sie ihren Schwestern nachsah. Sie betrachtete es als eine Gnade des Schicksals, daß die Mädchen nicht in die Zukunft schauen konnten und daß sie die Erinnerung an diese schöne Zeit mitnehmen würden, doch selbst wenn ihr Leben davon abgehangen hätte, hätte Rebecca es nicht über sich gebracht, ein Dankgebet zu sprechen.

9. Kapitel

Sobald Annabelle und Susan ihre geflickten Wollsocken am Wohnzimmerkamin aufgehängt hatten und ins Bett gegangen waren, machte Lucas sein Versprechen wahr und kümmerte sich um Rebecca. Er legte ihr einen Halswickel an, erhitzte Zitronensaft, den er mit Wasser verdünnte und mit Honig süßte, und hockte sich dann vor sie hin, um ihr die Schuhe auszuziehen.

Rebeccas Herz schmerzte vor Verzweiflung. Ihr ganzes Leben lang hatte sie sich nach einem Menschen gesehnt, der ihr Zärtlichkeit entgegenbrachte, der nach ihr suchen würde, wenn sie sich verirrt hatte, und sie verwöhnen würde, wenn sie krank oder verwundet war. Nun hatte sie diesen Menschen gefunden, doch nur, um ihn fast unmittelbar darauf schon wieder zu verlieren.

Lucas stellte ihre feuchten Schuhe fort, zog ihre Strümpfe aus und massierte ihre Füße, zuerst den einen, dann den anderen, um ihren Blutkreislauf wieder in Bewegung zu bringen. Er hätte sie jetzt bedrängen können, ihm ihr eigenartiges Verhalten zu erklären, und vor allem ihre Reise, aber er verzichtete darauf.

Statt dessen erzählte er Rebecca von seinen Plänen, im Frühjahr Weizen auszusäen, eine Kuh zu kaufen, damit sie Milch hatten, und schöne Möbelstücke herzustellen, die er verkaufen konnte, wenn er keine Arbeit auf den Feldern hatte. Er holte die Puppen, die Rebecca aus Garnspulen gebastelt hatte, und steckte sie in die Strümpfe der beiden Zwillinge, zusammen mit Orangen, die er speziell für diese Gelegenheit besorgt hatte. Zitrusfrüchte waren rar in Cornucopia, und auch sehr kostspielig, aber Mary hatte für das Weihnachtsfest eine ganze Kiste kommen lassen.

Als Rebeccas Erschöpfung sie schließlich übermannte, hob Lucas sie auf seine Arme und trug sie nach oben in sein Schlafzimmer.

Dort, so zärtlich, als wäre sie ein Kind, entkleidete er sie, half ihr in ihr Nachthemd und deckte sie behutsam zu.

»Schlaf jetzt«, sagte er. »Vergiß für heute abend alles, was dich belastet, und ruh dich einfach aus.«

Rebeccas Augen füllten sich mit Tränen. »O Lucas«, wisperte sie, weil sie nicht länger imstande war, es zu verbergen, »ich liebe dich.«

Lächelnd beugte er sich über sie und küßte ihre Stirn. »Und ich liebe dich.«

Und damit löschte er die Lampe, die er vorher angezündet hatte, und verließ den Raum. Trotz ihrer Erschöpfung lauschte Rebecca seinen Schritten, als er sich unten durch das Haus bewegte, und stellte sich vor, wie er das Feuer im Küchenofen schürte, die Wohnzimmerlampen löschte und sich vielleicht für eine Weile in den Sessel setzte, in dem sie selbst vorher gesessen hatte, um seine Pfeife zu rauchen.

Die Geräusche schienen nicht aufhören zu wollen, und es dauerte sehr lange, bevor Lucas endlich das Schlafzimmer betrat. Als er neben Rebecca im Bett lag, zog er sie an sich, zärtlich und ohne etwas von ihr zu fordern, und hielt sie einfach in den Armen. Und da endlich, in der einstweiligen Sicherheit seiner Umarmung, schlief sie ein.

Der Morgen brachte entzückte Ausrufe von unten, und es dauerte eine ganze Weile, bevor Rebecca imstande war, ihren Schlaf abzuschütteln und sich der Wirklichkeit eines neuen Tags zu stellen. Und dann begriff sie, daß heute Weihnachten war, und eine bittersüße Freude erwachte in ihrem Herzen.

Sie richtete sich im Bett auf und stellte sich vor, wie die Mädchen unten ihre Strümpfe ausleerten. Sie hatte nicht damit gerechnet, daß sie über zwei selbstgebastelte Puppen so begeistert sein würden.

Lucas, in Hosen, Unterhemd und Hosenträgern, die noch lose über seine Hüften baumelten, stand mit dem Rücken zum Bett und schaute aus dem Fenster. Seine starken Zimmermannshände ruhten auf dem Rahmen, der das frostbedeckte Glas umgab.

»Was gibt es dort draußen zu sehen?« fragte Rebecca leise.

»Schnee«, antwortete er, ohne sich zu ihr umzuwenden. »Es ist ein wunderschöner Morgen, Becky, so makellos und rein, daß man meinen könnte, alle Sünden der Welt würden uns heute vergeben werden und wir könnten alle einen neuen Anfang machen.«

Rebecca legte die Stirn für einen Moment auf ihre hochgezogenen Knie, während sie gegen den Schmerz all dessen ankämpfte, was ihr noch bevorstand. »Siehst du«, sagte sie gebrochen, als sie wieder zu Lucas aufschaute, »jetzt redest du schon wieder wie ein Dichter.«

Endlich drehte er sich um und sah sie an. Der Ausdruck in seinen Augen spiegelte ihr Leid und sein eigenes wider, aber er lächelte trotz allem.

»Ich werde hinuntergehen und sehen, was all diese Aufregung zu bedeuten hat«, sagte er und befestigte im Hinausgehen seine Hosenträger.

Noch immer leicht benommen, erhob Rebecca sich, zog sich an und bürstete und flocht ihr Haar, bevor sie Lucas folgte und nach unten ging.

Annabelle und Susan hockten vor einem riesigen Puppenhaus mit echten Glasfenstern und einem Schindeldach und ließen ihre kleinen Puppen durch die großen Räume laufen. An der Wand lehnte ein wunderschöner, schlanker Schlitten, der nur darauf zu warten schien, daß die Mädchen ihn beachteten.

Rebecca schaute Lucas an, der am Kaminsims lehnte und die Kinder mit einem liebevollen Lächeln beobachtete. In diesem kurzen, wundervollen Augenblick verdoppelte und verdreifachte sich Rebeccas Qual, weil es so offensichtlich war, daß dieser Mann ihre Schwestern liebte, als ob sie seine eigenen Kinder wären. Ihr Verlust, wenn die Wahrheit erst herauskam, würde mindestens ebenso groß oder sogar noch größer als ihr eigener sein.

Mit zitternden Fingern nahm sie ein Päckchen aus den Zweigen der weihnachtlich geschmückten Palme und gab es Lucas. Das Geschenk war klein, nur ein halbes Dutzend Taschentücher, die sie mit seinen Initialen bestickt hatte, aber er freute sich darüber, als hätte sie ihm die ganze Welt geschenkt.

Nachdem er die Taschentücher gebührend bewundert und eins von ihnen in seine Hosentasche gesteckt hatte, verschwand Lucas in der Küche und kehrte kurz darauf mit einem großen Kasten aus lackiertem Holz zurück.

»Frohe Weihnachten, Becky«, sagte er und legte den Gegenstand auf Rebeccas Schoß.

Sie hatte in der Vergangenheit schon kleinere Geschenke erhalten, wie Orangen oder Pfefferminzstangen, und einmal sogar ein Duftkissen für den Wäscheschrank, aber niemand hatte ihr je ein solch großzügiges Geschenk gemacht.

»Ich dachte, du bräuchtest einen Platz, um dein Nähzeug aufzuheben«, sagte Lucas, und es klang schüchtern wie bei einem Schuljungen, der seiner bevorzugten Lehrerin einen ganz persönlichen Schatz aushändigt.

Rebecca war zu gerührt, um ihn anzusehen. Sie hob den Deckel des Kastens, und der aromatische Duft von Zedernholz begann sich im Zimmer zu verströmen. »Danke«, flüsterte sie überwältigt.

Wie in Trance trug sie den Nähkasten vor sich her, als sie in die Küche ging, um mit den Vorbereitungen für das Frühstück zu beginnen. Lucas folgte ihr schon bald, schlang von hinten die Arme um ihre Taille und beugte sich vor, um sie auf das Ohr zu küssen.

»Wie fühlst du dich heute, Mrs. Kiley?«

Daß er sie so nannte, versetzte Rebecca einen Stich. »Gut genug, um mein Solo in der Weihnachtsmette heute nacht zu singen«, antwortete sie und wunderte sich, daß ihre Stimme ganz normal klang, obwohl ihr innerlich zumute war, als ob sie sterben müsse. Plötzlich war es für sie ungeheuer wichtig, so zu tun, als ob alles in bester Ordnung wäre in ihrer kleinen Welt – als ob der Schnee all ihre Sünden tatsächlich zugedeckt und ausgelöscht hätte. »Ich weiß nicht, was wir heute abend essen sollen«, sagte sie bedrückt. »Ich habe ganz vergessen, ein Huhn zu schlachten und zu rupfen.«

Mit sichtlichem Widerstreben gab Lucas sie frei, und sie hörte ihre eigene spröde Freude in seiner tiefen Stimme mitklingen, als er sagte: »Im Kühlhaus hängt eine Gans, fertig ausgenommen und gerupft, du brauchst sie nur noch in den Ofen zu schieben. Ich habe sie gestern einem Bauern abgekauft.«

»Tja, dann solltest du sie jetzt vielleicht lieber holen«, erwiderte Rebecca mit aufgesetzter Fröhlichkeit. »Denn wenn sie nicht bald in den Ofen kommt, werden wir bis Mitternacht auf unser Abendessen warten müssen.«

Lucas zögerte einen Moment – Rebecca spürte es mehr, als sie es sah –, zog dann Hut und Mantel an und ging hinaus. Als sie ihm durch das Fenster nachschaute, wie er auf die Scheune zuging und die Spuren seiner Schritte in der makellosen weißen Schneedecke hinterließ, schwor sie sich, dieses Bild für immer in ihrem Gedächtnis zu bewahren. Später servierte sie das Frühstück, und die Küche war warm und duftete nach dem würzigen Gänsebraten, der im Ofen schmorte. Sobald das Geschirr abgewaschen war, zogen Annabelle und Susan ihre dicken Wintersachen an und stürmten freudig hinaus, um ihren neuen Schlitten auszuprobieren. Der kleine Hang westlich des Hauses war geradezu perfekt zum Schlittenfahren.

»Du verwöhnst sie«, sagte Rebecca, als sie sich an den Tisch setzte und es vermied, Lucas anzusehen, während sie sorgfältig ihre Garnrollen, ihre Nadeln und ihren Fingerhut in den glänzend lackierten Kasten räumte.

Lucas, der seine Pfeife rauchte und in seinem Buch über Astronomie las, lächelte versonnen. »Sie sind bisher nicht genug verwöhnt worden«, erwiderte er sanft, »und du auch nicht.«

Rebecca biß sich auf die Lippen und wandte den Kopf ab, weil ihre Augen sich mit Tränen füllten. Sie hatte ihr ganzes Leben lang ums Überleben kämpfen müssen – um ihr eigenes und das ihrer Zwillingsschwestern – und war nie verwöhnt worden, bis sie diesem Mann begegnet war. »Du warst so gut zu uns, Lucas«, sagte sie leise, als sie ihrer Stimme wieder traute.

Er streckte die Hand aus und legte sie auf ihre. Rebecca konnte die Schwielen spüren und die Kraft, die in Lucas' geschickten Fingern steckte. »Laß mich dich lieben, Becky«, bat er schlicht. »Hör auf, diese Barrieren zwischen uns zu errichten und laß mich in Zukunft für dich sorgen wie ein wahrer Ehemann.«

Ein derartiges Gewirr von Gefühlen wallte bei seinen Worten in Rebecca auf, daß sie zutiefst erschüttert war. Sie hätte jetzt vielleicht lügen können und hoffen, daß Lucas nie Gelegenheit bekam, die Fotos zu sehen, die Duke Jones von ihr gemacht hatte ...

Aber Rebecca verwarf die Idee, bevor sie Zeit hatte, Wurzeln in ihr zu schlagen. Eine Lüge hätte ihr Leben mit Lucas nur vergiftet.

»Du würdest mich nicht haben wollen, wenn du die Wahrheit wüßtest«, sagte sie, nachdem ein langes, ungemütliches Schweigen zwischen ihnen entstanden war.

Er verstärkte seinen Griff um ihre Hand, aber die Geste verriet nur Zuneigung, keinen Ärger und auch keine Ungeduld. »Dann erzähl mir doch dein schreckliches Geheimnis«, forderte er sie freundlich auf.

Sie hatte eigentlich bis zum nächsten Tag warten wollen, doch jetzt begriff Rebecca, daß sie nicht fähig sein würde, diese Bürde noch so lange zu tragen. Sie war ihr jetzt schon unerträglich.

»Also gut«, stimmte sie zu und erhob endlich wieder den Blick zu Lucas, als sie in die Tasche ihres Rocks griff und die Fotografie herauszog, die Jones ihr in Spokane gegeben hatte. »Das ist mein Geheimnis.«

Lucas nahm das Bild und starrte es zunächst in offensichtlicher Verwirrung an, die sich jedoch sehr schnell in Schock verwandelte. Alle Farbe wich aus seinen Wangen, und als er Rebecca endlich wieder ansah, erkannte sie unbändige Wut in seinem Blick.

»Warum?« fragte er nur, aber dieses einzige Wort hallte durch die stille Küche wie ein Kanonenschuß.

Rebecca hatte damit gerechnet, daß er sie verdammen würde, und versucht, sich dagegen zu wappnen, aber nichts hatte sie vorbereitet auf die ungläubige Fassungslosigkeit, mit der er sie in diesem Augenblick betrachtete. »Weil er mich dafür bezahlt hat«, wisperte sie, weil sie kein lautes Wort über ihre Lippen brachte. »Ich brauchte das Geld, damit die Zwillinge und ich nach Westen reisen konnten.«

Lucas betrachtete das Bild noch einmal, und eine Vielzahl beunruhigender Emotionen huschte über sein Gesicht. »Wie viele dieser Bilder gibt es?« fragte er nach ausgedehntem Schweigen. »Wie viele Männer haben dich so gesehen, Becky?«

Sie sprang auf, getrieben von Qual, Scham und hilfloser Empörung. »Ich weiß es nicht«, sagte sie, als sie endlich wieder imstande war, zu sprechen, und mit dem Rücken zu Lucas am Fenster stand. »Jones hat die Fotoplatten, er kann also so viele Abzüge machen, wie er will.«

Einen Moment lang schien der ganze Raum zu vibrieren von der Macht ihrer Emotionen. Doch dann stand Lucas auf und ging zur Tür, wo er sich nicht einmal damit aufhielt, seinen Hut und seinen Mantel vom Haken an der Wand zu nehmen. »Deshalb bist du also nach Spokane gefahren?« fragte er, als die Küche sich mit der winterlichen Kälte füllte, die nicht einmal entfernt an die Kälte seines Zorns heranreichte. »Weil Jones dort ist?«

»Ich wollte ihn bitten, die Platten zu vernichten«, erwiderte Rebecca leise.

»Aha. Und wenn es dir gelungen wäre, hättest du mich genauso an der Nase herumgeführt, wie du es bisher mit den Stadtbewohnern ...« Rebecca wirbelte zu ihm herum, ganz wild vor Kummer und Verzweiflung. »Nein, Lucas!« schrie sie. »Ich wollte es dir sagen, ganz gleich, was auch passierte. Ich hätte nie versucht, dich auf diese Weise hinters Licht zu führen!«

Lucas' Zweifel und Verachtung malten sich deutlich auf seinen Zügen ab; es war nicht nötig, daß er sie in Worte faßte. Stumm wandte er sich ab, ging hinaus und schlug krachend die Tür hinter sich zu.

Nachdem eine lange Zeit verstrichen war und Rebecca

über das laute Pochen ihres Herzens endlich wieder etwas hören konnte, vernahm sie dumpfe Hammerschläge aus der Scheune. Lucas hatte sich in seine Werkstatt zurückgezogen.

Die Mädchen kehrten nach einer Stunde Schlittenfahren zurück, durchfroren bis auf die Knochen, aber erfüllt von weihnachtlicher Freude. Sie tranken heiße Schokolade und aßen die Sandwiches, die Rebecca für sie vorbereitet hatte, und danach gingen sie ins Wohnzimmer, um mit ihrem Puppenhaus zu spielen. Als Rebecca kurz darauf nach ihnen schaute, hatten sie sich wie zwei kleine Katzen auf dem Teppich vor dem Kamin zusammengerollt und schliefen tief und fest.

Mit einer warmen Decke, die sie von oben geholt hatte, deckte sie sie zu und kehrte dann in die Küche zurück. Da sie nicht wußte, was sie sonst tun sollte, schälte sie Kartoffeln für das Essen und backte eine Apfeltorte zum Dessert. Dann setzte sie sich an den Ofen, reglos, als wäre sie schon tot, hielt ihren kostbaren Nähkasten aus Zedernholz auf dem Schoß und starrte blicklos in die kalte, makellose Perfektion des Tags hinaus.

Später an jenem Nachmittag servierte sie die Weihnachtsgans, zusammen mit einer Reihe anderer, sehr sorgfältig vorbereiteter Gerichte. Lucas kehrte aus seiner Werkstatt zurück, aber er war während des Essens sehr schweigsam und vermied es beharrlich, Rebecca anzusehen. Zum Glück waren Annabelle und Susan so mit ihren eigenen Erlebnissen beschäftigt, daß sie den Schmerz und den Zorn der beiden Erwachsenen gar nicht zu bemerken schienen.

Als die Zeit kam, spannte Lucas die Pferde an, und zu viert machten sie sich auf den Weg zu dem kleinen Gotteshaus in Cornucopia, nach außen hin ganz wie eine glückliche Familie, die zur Krönung eines wunderschönen Tages zur Weihnachtsmette aufbrach. Rebecca hatte Angst, daß sie nicht fähig sein würde, ihr Solo zu singen, aber ihr fehlte auch die Kraft, die Aufgabe abzulehnen und daheim zu bleiben.

Einspänner und Wagen standen vor der festlich erleuchteten Kirche, und Musik und Gelächter begrüßten Lucas, Rebecca und die Kinder, als sie dort eintrafen. Die Zwillinge liefen sofort hinein, während Rebecca wartete, bis Lucas den Wagen gesichert und die Pferde angebunden hatte.

Zusammen betraten sie die Kirche und schafften es sogar, zu lächeln und die Grüße der fröhlichen Gemeinde zu erwidern. Die bescheidene kleine Kirche war schön geschmückt mit Tannenzweigen, und dies alles waren weitere Pfeile, die Rebeccas wundes Herz durchbohrten.

10. Kapitel

Lucas saß in der letzten Reihe, während Rebecca ihren Platz beim Chor im vorderen Teil der Kirche einnahm. Nach dem tragischen Unfall in Chicago, der seinen Körper fast zerstört hatte, war Lucas ganz sicher gewesen, daß ihm nichts Schlimmeres mehr geschehen konnte. Es war sogar eine Art Erleichterung für ihn gewesen, es so zu sehen, als hätte er damit seine Pflicht und Schuldigkeit getan, gewissermaßen.

Er war ein Mann von schlichter Redlichkeit, und die Vorstellung, daß andere Männer mit lüsternen Blicken Fotografien von Rebecca betrachteten, zerrte an seinem Bewußtsein wie die Fänge eines wilden Tiers. Es war fast, als ob sie einen Teil von sich *verkauft* hätte.

Lucas hatte heute die Erfahrung gemacht, daß ein Herz – genau wie Knochen – gebrochen werden konnte, und dieser neue Schmerz, dieses brennende Gefühl des Verratenwordenseins, zerriß ihn innerlich.

Der Pfarrer stand auf und stimmte ein Gebet an, bevor er ausgiebig über die Bedeutung des Weihnachtsfestes sprach. Die Worte glitten durch Lucas hindurch, als besäße er nicht mehr Substanz als eine Luftspiegelung, und keine Sekunde lang löste er den Blick von Rebecca.

Sie war schön, obwohl sie nicht so zerbrechlich wirkte wie viele andere Frauen. Nein, Becky verfügte über eine praktischere Art von Schönheit, stark und solide und voller Unternehmungsgeist und Mut.

Und Lügen, ermahnte Lucas sich.

Als sie an der Reihe war, zu singen, trat sie vor den Chor, und ihre Hände zitterten ein wenig, als sie die Partitur hob. Ihre Wangen glühten, und die ersten Worte ihrer Hymne klangen noch sehr unsicher, doch dann beherrschte Rebecca ihre Emotionen und ließ all die Musik aus sich herausströmen, die in ihr war.

Sie sang wie ein Engel.

Das Bild von ihr, wie sie für Jones' Kamera posierte, erschien vor Lucas' innerem Auge, und am liebsten hätte er geweint vor Schmerz. Sie war so unerträglich schön – und verdammt, sie gehörte ihm. Die Vorstellung, irgendein anderer Mann könne ihre verborgene Schönheit sehen, war die reinste Qual für ihn.

Irgendwie gelang es Lucas, den Rest des Abends zu überstehen. Als der Gottesdienst vorüber war, unterhielt er sich mit einigen Mitgliedern der Gemeinde und schaffte es sogar, etwas von dem Gebäck zu essen, das die Frauen mitgebracht hatten.

Der Himmel war klar, und der Nordstern glitzerte hell am dunklen Firmament, als es Zeit war, in den Wagen zu steigen und heimzufahren. Erschöpft von den Aufregungen dieses Tages, schliefen Annabelle und Susan bereits auf der Ladefläche ein, auf weiches Heu gebettet und mit einer warmen Decke zugedeckt, die Rebecca von zu Hause mitgebracht hatte. Rebecca saß steif neben Lucas auf dem Kutschbock, die Hände im Schoß verschränkt, und hielt den Blick starr auf die Straße gerichtet, die zur Farm zurückführte.

Dort angekommen, weckte Lucas die beiden Mädchen, und er und Rebecca trugen sie ins Haus. Es gab so vieles, was er Becky jetzt gern gesagt hätte, aber im Augenblick konnte er sich nicht einmal dazu überwinden, sie anzusehen, weil er sich davor fürchtete, die Kontrolle über seine aufgewühlten Emotionen zu verlieren, und wenn auch nur für eine Sekunde lang.

Eine unerträgliche Unruhe beherrschte ihn, und als er Wagen und Pferde in die Scheune brachte, mit der Absicht, sie für die Nacht zu versorgen, brach etwas auf im tiefsten Winkel seines Herzens und bahnte sich einen Weg in sein Bewußtsein. Für einen langen Moment richtete er den Blick zurück aufs Haus, stellte sich ein Leben mit Rebecca vor und dachte an reiche Weizenernten, ein Haus voller Kinder und all die Weihnachtsfeste, die noch vor ihnen lagen.

Lucas spannte die Pferde gerade lange genug aus, um sie zu füttern und zu tränken. Ohne ein Wort zu Rebecca, ohne auch nur ein stummes Wort an sich selbst zu richten, nahm er das Wenige, das ihm von seinen Ersparnissen geblieben war, aus dem Versteck in seiner Werkstatt und stieg von neuem auf den Kutschbock seines Wagens.

Wieder blieb er eine Zeitlang reglos sitzen, die Zügel in der Hand, und starrte zu dem glitzernden silbernen Stern hinauf, der den ganzen Himmel auszufüllen schien. Dann, mit einem winzigen Hoffnungsschimmer im Herzen, machte er sich auf den Weg, dem Stern zu folgen.

Rebecca wischte den Dunst vom Küchenfenster, um Lucas' Wagen nachzusehen, bis er in der finsteren Nacht verschwand. Am liebsten wäre sie ihm nachgelaufen durch den tiefen Schnee und durch die Kälte, um ihn zu bitten, zu verstehen und zu verzeihen. Doch sie tat es nicht, weil sie wußte, daß es nie mehr so wie früher zwischen ihnen gewesen wäre, selbst wenn er ihrem Flehen nachgegeben hätte und geblieben wäre.

Zu verletzt, um zu weinen, wandte Rebecca sich vom Fenster ab, schürte das Feuer im Ofen und nahm die einzige Lampe, die noch in der Küche brannte, bevor sie durch das Haus zur Treppe ging. In dem Bett zu schlafen, das sie mit Lucas geteilt hatte, wäre zu qualvoll für sie gewesen, und aus diesem Grund ging sie zum Zimmer ihrer Zwillingsschwestern weiter.

Trotz ihrer Trauer, die tiefer ging als alles andere, was sie je zuvor verspürt hatte, lächelte Rebecca beim Anblick ihrer Schwestern, die beide tief und fest und glücklich schliefen.

Rebecca drehte den Docht der Lampe herunter, bis die Flamme erlosch, zog sich bis auf Hemd und lange Unterhosen aus und schlüpfte neben Susan unter die warme Decke. Dann, eine nach der anderen, ließ sie die kostbaren Erinnerungen dieses Tages an sich vorüberziehen – all jene Dinge, die geschehen waren, bevor sie Lucas die Fotografie gezeigt hatte.

Nie würde sie das Lächeln vergessen, das in seinen Augen erschienen war, als er die Freude der Zwillinge über das Puppenhaus beobachtete, das er mit seinen eigenen Händen für sie angefertigt hatte. Ganz gleich, was auch geschehen würde oder wohin sie sich auch wenden mochte, immer würde sie den Nähkasten bei sich haben. Wann immer sie den Deckel dieses Kastens öffnete, würde Lucas' Bild daraus aufsteigen, zusammen mit dem Duft nach Zedern.

Rebecca erwachte schon früh am nächsten Morgen, in einem Haus, das kalt war von der winterlichen Kälte und Lucas' Abwesenheit. Sie ließ die Zwillinge schlafen und ging durch den Korridor zu dem anderen Zimmer, das sie jedoch nur kurz betrat, um frische Kleider für sich zu holen. Obwohl sie sich bemühte, nicht nach rechts und links zu schauen und vor allem nicht daran zu denken, wie es war, umarmt und liebkost oder in einen lustvollen Rausch versetzt zu werden, schienen selbst die Wände Lucas' Duft und Persönlichkeit zu verströmen.

Rasch lief sie nach unten, schürte das Feuer und legte ihren wollenen Umhang um die Schultern, als sie hinausging, um das Federvieh zu füttern. Die Sonne glänzte auf dem in der Nacht gefrorenen Schnee und schmückte die

Landschaft wie mit Diamanten, aber die Luft war so bitterkalt, daß Rebeccas Atem kleine weiße Wolken bildete.

Nach dem Frühstück wuschen die Zwillinge das Geschirr ab und stürmten dann hinaus, um auf dem Westhang Schlitten zu fahren. Rebecca, die nichts Besseres mit sich anzufangen wußte, ging ins Wohnzimmer, weil ihr kalt war ohne Feuer und ohne die Freude des vergangenen Tages, und beschäftigte sich damit, die Weihnachtsdekorationen zu entfernen und sorgsam in einer Schachtel zu verwahren.

Sie dachte nicht über die Zukunft nach, denn die war so düster, daß sie den Gedanken daran nicht ertrug. Sie legte die Socken weg, die die Zwillinge am Kaminsims aufgehängt hatten, und entfernte alles andere, was an Weihnachten erinnerte.

Nach einem Mittagsmahl aus belegten Broten und einer leichten Suppe, als die Zwillinge erschöpft vom Rodeln und der frischen Luft einen Mittagsschlaf hielten, erschien Mary Daniels auf ihrem kleinen Apfelschimmel, in einem Umhang mit Kapuze und einem Weidenkorb an einem Arm.

Es gab nur einen Menschen auf der Welt, den Rebecca jetzt lieber gesehen hätte, und das war Lucas. Rasch brühte sie Tee auf, während Mary sich am Küchenherd aufwärmte.

»Ich bin gekommen, um mir die Möbel anzusehen, die Lucas geschreinert hat«, sagte die Besucherin. »Es ziehen ständig neue Leute her, scheint es, und ich glaube, seine Tische, Stühle und Betten ließen sich in meinem Laden sehr gut verkaufen.«

Rebecca gab Teeblätter in die Keramikkanne und trug sie zum Tisch, bevor sie Tassen, den Zucker und die Milch holte. »Lucas ist ein guter Handwerker«, antwortete sie und hoffte, daß ihre Stimme nicht zuviel von dem verriet, was sie gerade durchmachte. »Er hat ein Puppenhaus für die Zwillinge gebaut und einen Schlitten, der mindestens so schnittig ist wie jeder andere, den man in einem Laden kaufen kann.«

Mary trat neben Rebecca und ergriff sanft ihren Arm. »Hast du Lucas schon von den Fotografien erzählt?«

Tränen stiegen in Rebeccas Augen auf, so plötzlich, daß sie sie blendeten. »Ja«, erwiderte sie heiser. »Und es kam genauso, wie ich erwartet hatte. Er erträgt es nicht mehr, mich anzusehen, Mary. Er ist gestern abend in den Wagen gestiegen und fortgefahren, und ich habe keine Ahnung, wohin er sich gewendet haben könnte ...«

»Nimm es nicht so schwer«, sagte ihre Freundin beruhigend. »Er wird schon wiederkommen, sobald er die Sache gründlich durchdacht hat und begreift, daß du damals nur getan hast, was du als deine einzige Möglichkeit angesehen hast. Stell dir vor, du wärst in Chicago geblieben – dann würden die Zwillinge heute neben dir in derselben Fabrik arbeiten, in der du geschuftet hast.«

Rebecca nickte bedrückt. »Ich wollte ihnen ein besseres Leben bieten«, flüsterte sie. »Doch statt dessen wird mir jetzt nichts anderes übrigbleiben, als Annabelle und Susan in irgendein Internat oder Waisenhaus zu schicken.«

»Unsinn!« unterbrach Mary sie. »Eher würde ich die Kinder selber nehmen, bevor ich zuließe, daß du so etwas tust. Aber da wir gerade davon reden – wie sehen denn deine Pläne für die Zukunft aus?«

Ein Schluchzen unterdrückend, stand Rebecca auf, ging zu ihrem Nähkasten und nahm die Annonce heraus, die sie einige Tage zuvor aus der Zeitung ausgeschnitten hatte. »Ich werde heiraten«, sagte sie mit zittriger Entschlossenheit. *Und mir nie wieder einen Traum erlauben.*

»Großer Gott«, rief Mary entsetzt, nachdem sie die Anzeige gelesen hatte. »Das kannst du nicht tun, Rebecca! Das lasse ich nicht zu! Willst du dich etwa auf Gnade oder Ungnade irgendeinem abscheulichen Mann ausliefern, den du gar nicht kennst?«

»Es ist entschieden«, sagte Rebecca brüsk und riß Mary die Annonce wieder aus der Hand.

»Aber du könntest doch auch in Cornucopia bleiben – vielleicht einen kleinen Laden für Kleider und Miederwaren eröffnen ...«

Rebecca schüttelte den Kopf. »Selbst wenn das möglich wäre – und ich habe nicht das Geld, um ein Geschäft zu eröffnen –, würde ich es nicht ertragen, hierzubleiben. Ich würde es nicht aushalten, so nahe bei Lucas zu sein und mit anzusehen, wie er sich eine richtige Frau nimmt und sie auf diese Farm bringt, um hier mit ihr zu leben.«

»Mir scheint, daß deine Schlußfolgerungen etwas übereilt sind«, wandte Mary nüchtern ein. »Jeder Narr kann sehen, daß Lucas Kiley dich liebt, genauso, wie du ihn liebst. Warte noch ein bißchen, Rebecca. Laß ihm Zeit.«

Rebecca, die sich an den Blick erinnerte, der in Lucas' Augen erschienen war, nachdem er die Fotografie gesehen hatte, seufzte nur. Wenn er sie dabei erwischt hätte, wie sie sich prostituierte, hätte er nicht schockierter sein können.

Nicht einmal die gesamte Ewigkeit hätte genügt, um die Wunden zu heilen, die sie ihm zugefügt hatte. »War es dir ernst damit, als du sagtest, du würdest die Mädchen zu dir nehmen?« fragte sie und wagte es kaum zu hoffen. »Sie sind jetzt alt genug, um dir im Laden zu helfen, und ich würde dir für ihren Unterhalt soviel Geld schicken, wie ich kann.«

Mary umarmte Rebecca. »Ja, es war mir ernst, aber ich glaube trotzdem nicht, daß es soweit kommen wird. Denk über meine Worte nach und gib den Kampf nicht zu schnell auf, Becky.«

Danach ging Mary ins Wohnzimmer, um sich das Puppenhaus anzusehen, und schließlich legte sie ihren Umhang um und ging zur Tür. »Es ist Rosinenkuchen in dem Korb, den ich mitgebracht habe«, sagte sie, »und eine ganz besondere Sorte Tee, den ich von der Ostküste habe kommen lassen, sowie ein paar Kleinigkeiten für die Kinder.«

Kurz darauf war Mary fort.

Lucas kehrte nicht in jener Nacht zurück, und als die Mädchen morgens in die Schule gingen, war noch immer nichts von seinem Wagen und den Pferden auf der Straße zu sehen.

Kurz nach Mittag jedoch hörte Rebecca das Ächzen und

Knirschen von Pferdegeschirr und Radachsen und eilte auf den Hof, um Lucas hereinfahren zu sehen.

Er sprang vom Wagen und kam langsam auf sie zu, ein kleines Päckchen in der Hand. Als er näher kam, konnte Rebecca sehen, daß seine Unterlippe geschwollen und aufgeplatzt war, obwohl der Blick in seinen Augen stillen Triumph verriet.

»Hier«, sagte er und reichte ihr das Päckchen.

Als Rebecca Papier und Bindfaden entfernte, hielt sie zwei Fotoplatten in der Hand. Fassungslos erhob sie den Blick zu Lucas, wagte kaum zu glauben, kaum zu hoffen.

»Es hat mich fast die Hälfte dessen gekostet, was ich für die Frühjahrsaussaat zurückgelegt hatte«, sagte Lucas, »aber ich habe diese Fotoplatten zurückgekauft und auch sämtliche Fotos, die sich in Jones' Besitz befanden.«

Rebecca war so gerührt, daß beinahe eine volle Minute verstrich, bevor sie Worte fand. »W-was ist mit deinem Gesicht passiert?«

Lucas grinste. »Nachdem Jones und ich unser Geschäft beendet hatten, konnte ich der Versuchung nicht widerstehen, ihm eins auf seine … ihm einen Fausthieb zu versetzen. Er versuchte natürlich, sich zu wehren, erwischte mich aber nur einmal am Kinn, bevor ich ihn endgültig zu Boden schickte. Als ich sein Büro verließ, hockte er am Boden und starrte mir wie ein Tölpel nach.«

Rebecca schaute auf die Fotoplatten, dann erhob sie den Blick zu Lucas. »Dann hast du mir also verziehen?«

Er trat näher und legte seine kalten, starken Hände um ihr von der Kälte gerötetes Gesicht. »Es hat mich fast umgebracht, mir vorzustellen, daß irgend jemand dich in deinen Dessous sehen könnte, aber nachdem ich eine Weile darüber nachgedacht hatte, wurde mir klar, was für eine feine Frau du eigentlich bist. Großer Gott, Becky, du besitzt mehr Mut als die meisten Männer, die ich kenne, und ich liebe dich so sehr, daß es wie ein Feuer ist, das in mir brennt. Bitte sag, daß du mich heiraten wirst und hier bei mir bleibst, wo du hingehörst.«

Rebecca stieß einen Freudenschrei aus und schleuderte

die Fotoplatten auf den Stapel Feuerholz, wo sie mit einem sehr befriedigenden Klirren in tausend Scherben zersprangen. Dann stürzte sie sich in Lucas' Arme und lachte, als er sie hochhob und wie wild im Kreise schwenkte.

Endlich gab er sie wieder frei, obwohl sie noch immer an ihm lehnte, und küßte sie ausgiebig.

Als sie wieder zu ihm aufschaute, legte sie ihre ganze Seele in ihren Blick. »Ich liebe dich, Lucas«, schwor sie, »und ich verspreche dir, daß du es nie bereuen wirst, mich geheiratet zu haben.«

Er schlang einen Arm um ihre Taille und führte sie zum Wagen. »Der größte Schmerz, den ich je erfahren könnte, wäre, dich zu verlieren«, sagte er, während er sie mühelos auf den Kutschbock hob, dann selber aufstieg und die Zügel in die Hand nahm. Bevor er mit dem Fuß die Bremse löste, küßte er Rebecca noch einmal zärtlich auf den Mund. »Laß uns zu unserem Pfarrer fahren und unsere Gelübde ablegen, Becky. Ich möchte, daß die Frau, die ich heute nacht lieben werde, vor Gott und den Menschen meine *Gattin* ist.«

Rebecca sagte nichts. Sie rückte nur noch etwas näher an Lucas heran, legte eine Hand auf seinen Schenkel und lächelte, als sie an all die Wunder dachte, die noch vor ihr lagen.

Jene andere Katherine

1. Kapitel

Seattle, Washington
1991

Katherine Hollis. Ihr Name war Katherine Hollis.

Dachte sie.

Katherine lauschte auf das Piepen der Meßgeräte und das leise Murmeln der Krankenschwestern, die sich um sie kümmerten. *Armes Ding ... ein grauenhafter Unfall ... Koma ...*

Der Schmerz kam ihr schlagartig zu Bewußtsein, dieser entsetzliche, unaufhörliche Schmerz, obwohl sie im selben Augenblick erkannte, daß er die ganze Zeit schon dagewesen war. Sie schien irgendeine Art innerer Treppe zu erklimmen, und jeder Schritt brachte sie näher ans Erwachen.

Katherine versuchte, sich des Unfalls zu entsinnen. Aber nicht einmal die Spur einer Erinnerung erhellte ihren Weg. Sie hatte keine Ahnung, wer dort stehen würde, wenn sie hinter den Namen schaute, an den sie sich erinnerte.

Der Schmerz war unerträglich, am liebsten hätte Katherine aufgeschrien vor Qual, aber sie brachte keinen Ton heraus. Trotz seiner unfaßbaren Leiden war ihr Körper steif, kalt und leblos wie eine Marmorstatue, während ihr Geist mit jedem Augenblick an Kraft gewann, eine Flamme, die heller und heller brannte. Ein unbeschreibliches Gefühl der Freude flammte in ihr auf, das in vollkommenem Gegensatz zum Elend ihrer zerschlagenen Glieder und Organe stand.

Sie spürte, wie eine einzelne Träne sich in den Wimpern ihres rechten Auges sammelte.

Die Stimme, die Katherine hörte, war männlich und rauh vor Emotion. »Sehen Sie doch – sie weint! Es könnte sein, daß sie jetzt wieder zu sich kommt, nicht wahr?«

Katherine fühlte, wie sich eine starke Hand um ihre schloß, während die Stimme wie Balsam ihre Seele streichelte. Jeremy. Einige wenige schwache Erinnerungen kehrten zurück. Das war ihr Bruder – dort, in jener anderen Dimension, an jenem Ort des Wachseins und der Vernunft – der mit aller Kraft versuchte, sie zurückzuhalten.

Ihr Herz zog sich zusammen. Sie hätte praktisch alles gegeben für die Chance, sich von ihm verabschieden zu können, aber ihre Lippen hätten ebensogut aus Marmor sein können, so kalt und unbeweglich waren sie. Es gelang ihr nicht einmal, die Augenlider zu bewegen.

Ich will leben, dachte Katherine verzweifelt, mit der letzten Kraft, die ihr geblieben war. *Es gibt so vieles, was ich noch gern getan hätte!*

Die Maschinen begannen seltsame Geräusche von sich zu geben, und hektische Aktivität entstand um Katherine herum.

»Ich hole den Arzt ...«

»... Herzmassage ...«

»Bitte, Mr. Hollis ... keine Zeit ... Wartezimmer ...«

»Nein! Kathy ...« Das war Jeremys Stimme, aufgeregt und jung. Jeremy, den sie in einem roten Wägelchen gezogen hatte, als sie noch Kinder gewesen waren, über die holprige Einfahrt mit dem Unkraut, das zwischen den Platten wuchs ...

Im nächsten Augenblick hüllte Katherine ein Licht ein, das heller und strahlender war als der Schein von tausend Frühlingssonnen. Es dauerte einen Moment, bis sie begriff, daß eine subtile Veränderung in Form und Substanz ihres Körpers stattgefunden hatte.

Sie war immer noch dieselbe und doch anders, als sie auf einer bogenförmigen Brücke stand, die aus vielfach geschliffenem Kristall zu bestehen schien.

»Ich will nicht sterben«, sagte sie entschieden, weil sie wußte, daß dort in diesem Licht jemand war, der ihren Einwand hören und beachten würde. »Ich war noch nie verliebt, habe noch nie einen Kranz aus Blumen für mein Haar geflochten und noch nie ein langes Ballkleid angehabt ... Und ich hatte auch noch nie ein Baby ...« Sie hielt einen Moment inne, um dann in klagendem Ton hinzuzusetzen: »Bitte, lieber Gott, ich will nicht sterben.«

Und das war der Moment, in dem sie die andere Stimme hörte – rufend, flehend und beschwörend. Ein leidenschaftlicher, weiblicher Schrei, der die Pforten des Himmelreichs bestürmte.

»Nicht ... bitte nicht ... o Gott, hilf mir ... laß mich sterben ...«

Ein Intervall grenzenlosen Friedens entstand, gefolgt von einer stummen Antwort aus dem gleißenden, unaussprechlich schönen Licht. *Ich habe dir Gehör verliehen.*

Unmittelbar darauf wurde Katherine von einem Wirbelwind aus irisierendem Feuer erfaßt. Hals über Kopf stürzte und taumelte sie durch einen kristallenen Tunnel, an dessen Ende sie mit einem abrupten, harten Aufprall landete.

Freude erfüllte sie. Sie war wieder in ihrem Körper; sie konnte ihren Herzschlag spüren, die feuchte Spannung ihrer Haut und die Bewegung ihrer Finger. Viel, viel besser jedoch noch war, daß sie wieder bei vollem Bewußtsein war und sehen konnte.

Eine steile Falte bildete sich auf ihrer schweißglänzenden Stirn. Sie war nicht mehr im Krankenhaus; der Raum, in dem sie sich befand, hatte hohe Decken mit Gipszierleisten und war mit einer rosa Tapete mit Silberstreifen tapeziert, und statt der üblichen Gitter zu Kopf und Fuß des Betts sah sie massive Mahagonipfosten, mit geschnitzten Tannenzapfen verziert.

Ihr Bauch war nackt und sah wie eine überreife, mit Haut bespannte Wassermelone aus. Ihre nackten Beine waren angezogen, ihre Schenkel gespreizt, und dazwischen stand ein alter Mann und betrachtete stirnrunzelnd ihre intimste Körperstelle.

Katherine war plötzlich sicher, daß sie irgendeine Art verrückten Traum hatte, voll freudianischer Bedeutungen.

Sie erkannte weder ihren Körper noch den Raum. Nichts von dem, was sie hier sah, konnte Wirklichkeit sein ...

Außer dem Schmerz. Sie stieß einen gellenden Schrei aus. Der Schmerz war echt.

»Was, zum Teufel, geht hier vor?« rief sie, als sie endlich wieder Atem fand.

Der weißhaarige Mann schaute auf, welch intime Untersuchung er auch gerade durchgeführt haben mochte, und sein gütiges Gesicht war eine Studie puritanischer Entrüstung. »Also wirklich, Katherine, es besteht kein Grund zur Gotteslästerung! Man sollte meinen, du würdest versuchen, dich zu bessern, anstatt alles nur noch zu verschlimmern.«

»Es tut weh«, keuchte sie. »Diese ganze Situation ist mir aufgezwungen worden ... ohne die geringste Vorwarnung ... Nichts hat mich darauf vorbereitet ... Ich will Morphium haben!«

»Mrs. Winslow«, erwiderte der Arzt mit kaum verhohlener Ungeduld, »während des Krieges habe ich Soldaten behandelt, die Arme und Beine verloren hatten. Doch keiner dieser Männer hat sich je so aufgeführt wie Sie.«

»Sie haben auch keine Kinder zur Welt gebracht!« stieß Katherine hervor, und dann schrie sie wieder. Ihr war, als sei ihr Unterleib ein einziger großer Muskel, den sie ebensowenig beherrschte, wie ein außer Kontrolle geratener Zug sich beherrschen ließ. »O Gott ... niemand hat mir je gesagt, daß es so schlimm sein würde!«

»Hören Sie auf, den Allmächtigen zu belästigen«, rügte der alte Mann. »Es hätte sich besser geziemt für Sie, wenn Sie ihn ein bißchen früher um Rat gebeten hätten.«

Katherine erinnerte sich an die Stimme, die sie auf der Kristallbrücke gehört hatte, diese Stimme, die den Himmel um Gnade angefleht hatte ...

Ihr Körper ... dieser Körper, den sie nicht erkannte ... spannte sich wieder an und zuckte heftig. Ihr baumwollenes Nachthemd klebte an ihrer Haut und war so durchnäßt von ihrem Schweiß, daß es fast durchsichtig war.

»Pressen«, befahl der Doktor brüsk. Sein Gesicht war angespannt vor Sorge. »Mary!« Er brüllte den Namen, die

Tür ging auf, und eine junge Frau in einem knöchellangen Kleid erschien.

»Ja, Dr. Franz?« Das Mädchen machte große, erschrockene Augen und rang nervös die Hände.

»Hol Gavin«, trug der Arzt ihr auf. »Auf der Stelle. Sag ihm, daß sein Kind jetzt jeden Augenblick das Licht der Welt erblickt, falls er dabei sein will!«

Das aufgeregte Dienstmädchen beeilte sich, den Auftrag zu erfüllen.

Katherine stützte sich auf die Ellbogen, und Tränen rannen über ihre Wangen. »Warum sind hier alle verkleidet?« stieß sie mühsam hervor, nachdem die nächste Wehe abgeklungen war. »Und wer ist dieser Gavin?«

Dr. Franz zog eine buschige Augenbraue hoch. »Es ist nicht nötig, daß Sie den Kränkungen auch noch Beleidigungen hinzufügen, Mrs. Winslow, indem Sie so tun, als würden Sie Ihren eigenen Mann nicht kennen.«

»Ich habe keinen Mann«, erwiderte Katherine keuchend und umklammerte das Bettzeug, als eine weitere Wehe ihren Körper schüttelte. »Und mein Name ist auch nicht Winslow, sondern Hollis. Katherine Hollis.«

»Unsinn«, entgegnete der Doktor brüsk. »Sie sind Katherine Simmons-Winslow. Ich kenne Sie, seit Sie nach Seattle gekommen sind – möge der liebe Himmel diesem unglückseligen Ort beistehen.«

Der zerreißende Schmerz in Katherines Unterleib baute sich zu einem weiteren Höhepunkt auf, und doch waren die Tränen, die über ihre Wangen rannen, Freudentränen. Sie lebte! Sie wußte zwar nicht, wo sie war oder wie sie dahin gekommen war, aber sie *lebte* noch!

Ein ungeduldiges Klopfen ertönte an der Tür, doch Katherine war viel zu beschäftigt mit der Wehe, um dem Geräusch Beachtung zu schenken. Als jedoch ein dunkelhaariger Mann an ihrem Bett erschien, war sie wie vom Donner gerührt über sein gutes Aussehen und ihr eigenes, erschütterndes Gefühl des Wiedererkennens. Sie hatte dieses Gesicht in ihren Träumen tausendmal gesehen – *daran* erinnerte sie sich, wenn auch an herzlich wenig mehr.

»Nett, daß Sie doch noch erschienen sind, Gavin«, brummte Dr. Franz. »Kommen Sie, Katherine – nur noch einmal pressen, dann ist es vorbei.«

Widerstrebend, wie ihr schien, beugte sich Gavin vor und nahm ihre Hand zwischen seine Hände. Selbst in diesem Zustand höchster Verwirrung und noch größerer Qual durchzuckte sie ein freudiges Erschauern bei der Berührung.

Ihr Körper bäumte sich auf der Matratze auf und schien den Befehlen ihres Gehirns nicht mehr gehorchen zu wollen. Sie klammerte sich an Gavins Hand, und ihr heiserer Aufschrei, der halb Stöhnen war, halb Schrei, schallte von den Wänden dieses seltsamen, altmodischen Zimmers wider. Die Pein des Gebärens erreichte ihren Höhepunkt, doch dann folgte Erleichterung, und Katherine fühlte etwas aus sich herausgleiten. Kurz danach ertönte der wütende Schrei eines neugeborenen Kinds.

Sie sah, wie Gavin für einen Moment seine stahlgrauen Augen auf das Neugeborene richtete, sich dann jedoch abrupt abwandte. Mit einem Blick, der sowohl Verachtung wie auch wütenden Schmerz ausdrückte, wie ihr schien, starrte er auf Katherine herab.

»Sie haben einen Sohn, Gavin«, verkündete Dr. Franz, als ob Katherine nicht das geringste damit zu tun hätte.

Ein harter Zug erschien um Gavins markantes Kinn, dann entspannte es sich wieder. Sein Blick glitt verächtlich über ihr Gesicht. »Kathy hat einen Sohn«, berichtigte er und ließ ihre Hand auf die Matratze fallen, als hätte er sich daran verbrannt, bevor er sich abrupt abwandte und den Raum verließ.

»Lassen Sie mich das Baby sehen«, bat Katherine rauh. Später würde sie versuchen, sich über all diese eigenartigen Vorkommnisse klarzuwerden. Jetzt wollte sie nur das Kind sehen, das sie zwar zur Welt gebracht, aber nie empfangen hatte.

Er war klein und rot und mit Schleim bedeckt, ihr neugeborener Sohn, aber sie konnte sich nicht einmal einen

Weihnachtsengel vorstellen, der bezaubernder gewesen wäre.

»Hallo, mein Schöner«, sagte sie und verspürte trotz ihrer Erschöpfung eine überwältigende Freude, als ein winziges Händchen sich um ihren Finger schloß. Die andere Seite der Kristallbrücke erschien ihr inzwischen längst mehr wie ein Traum als wie etwas Reales; es war fast wie etwas, das nur in ihrer Einbildung existierte. »Ich hoffe, wir können Freunde werden. Denn falls du es noch nicht bemerkt hast, bin ich nicht gerade sehr beliebt hier.«

Dr. Franz tat schmerzhafte Dinge mit ihr, Dinge, über die sie lieber gar nicht nachdachte. Eine Indianerin in einem schlichten Kattunkleid, knöchellang wie das des Dienstmädchens, nahm ihr das Baby ab und ging hinaus. Katherine war plötzlich viel zu schläfrig, um zu protestieren.

Mehrere andere Frauen kamen herein, und alle sahen aus, als wären sie einer Episode der Serie »Das kleine Haus in der Prärie«, entsprungen, mit aufgestecktem Haar und Röcken, deren Säume über den Boden schleiften. Sie halfen Katherine aus dem Bett, wuschen sie und zogen ihr ein frisches Nachthemd an, und die Laken ihres Betts waren glatt und frisch und sauber, als sie Katherine wieder hinlegten.

»Sie sollen das hier nehmen«, sagte eine der Frauen und goß eine Flüssigkeit aus einer braunen Flasche auf einen Löffel. »Dr. Franz hat es für Sie dagelassen.«

Gehorsam öffnete Katherine den Mund und nahm die Medizin, die so schmeckte, wie das Benzingemisch roch, mit dem ihr Rasenmäher betrieben wurde. Dann ließ sie sich in die weichen Kissen fallen und spürte, wie ihr die Augen zufielen. »Gavin haßt mich«, sagte sie seufzend und gähnte ausgiebig.

Es war nur noch eine Frau im Raum; sie hatte mit grauen Strähnen durchsetztes, braunes Haar und hellgrüne Augen, und obwohl sie eine strenge Miene aufsetzte, lag ein weicher Zug um ihren Mund. »Es ist ja auch nicht so, als ob Sie ihm keinen Grund dazu gegeben hätten«, war die Antwort. »Aber Sie haben ihm auch einen Sohn geschenkt. Ein Mann kann viel verzeihen für ein derartiges Geschenk.«

Katherine schloß die Augen, zu müde, um das Gespräch fortzusetzen, und fast augenblicklich schlief sie ein und träumte. Obwohl sie wieder das gleißend helle Licht und die Brücke aus geschliffenem Kristall sah, näherte sie sich ihnen nicht, und als sie erwachte, entdeckte sie ihren neugeborenen Sohn in einer kunstvoll geschnitzten antiken Wiege neben ihrem Bett. Ihr Herz zog sich zusammen, als sie Gavin vor dem Kamin knien sah, wo er ein Feuer entzündete, um die frühabendliche Kälte zu vertreiben.

»Gavin?«

Seine breiten Schultern versteiften sich unter dem feinen weißen Batiststoff seines Hemds, aber er wandte sich nicht zu ihr um. Statt dessen richtete er sich zu beeindruckender Größe auf und umklammerte mit starken, sonnengebräunten Händen den Kaminsims. Das Licht aus den Gaslampen an den Wänden flackerte auf seinem dunklen Haar und auf dem glänzenden schwarzen Leder seiner hohen Reitstiefel.

Sorgfältig formulierte Katherine ihre nächste Frage. »Wie wirst du den Jungen nennen?«

Langsam wandte Gavin sich zu ihr um und sah sie an, aber seine schiefergrauen Augen blickten kalt und mißtrauisch. Es gelang ihm nicht ganz, sein Erstaunen über die Frage zu verbergen, obwohl Katherine sehen konnte, daß er sich große Mühe gab. »Wie ich ihn nennen werde?«

»Natürlich, er ist schließlich dein Sohn«, entgegnete sie und wünschte, ebenfalls Ansprüche auf diesen wunderschönen kleinen Jungen erheben zu können. Sie erinnerte sich kaum noch an ihr altes Leben – falls es tatsächlich ein Leben gewesen war und nicht nur eine Illusion – aber sie wußte, daß sie sich schon nach einem Kind gesehnt hatte, als sie ihre erste Puppe im Arm gehalten hatte.

Gavins Antwort war ein grausames kleines Lachen. »Ist er das tatsächlich?« gab er zurück, bevor er sich wieder dem Kamin zuwandte.

Katherine spürte Tränen in ihren Augen aufsteigen, aber sie weigerte sich, ihnen freien Lauf zu lassen. Irgendwie, durch einen Instinkt, der ihr auf seltsame Weise wie eine Art Erinnerung vorkam, wußte sie, daß dieser Mann nicht freundlich auf Tränen reagieren würde. »Deine Frau war dir also untreu«, sagte sie leise. Wieder lachte er, und es klang höhnisch, hart und böse. »Ja«, bestätigte er und wandte sich mit über der Brust verschränkten Armen zu ihr um. »Das warst du allerdings. Und bist es immer noch.«

»Warum hast du dich dann nicht von mir scheiden lassen?«

Gavin lächelte höflich. »Glaub mir, Liebling, es gibt nichts, was ich lieber täte, doch selbst in unserem gloriosen, wunderbar modernen Jahre achtzehnhundertfünfundneunzig sind solch simple Dinge schlicht unmöglich.«

Katherine richtete sich betroffen auf, weil sich plötzlich eine ganze Reihe geistiger Puzzleteilchen zusammenfügten. Die primitive Entbindung, die Gaslampen an den Wänden, Gavins eigenartig formelle Kleidung, die bodenlangen Kleider, die die Frauen trugen ... »Achtzehnhundertfünfundneunzig?« wiederholte sie beinahe ehrfürchtig.

»Bitte«, sagte Gavin mit einem leidgeprüften Seufzer. »Keins deiner kleinen Dramen bitte. Du weißt sehr gut, wer du bist, wo du bist und was du getan hast. Und wenn ich in dieser Angelegenheit irgend etwas zu sagen habe, wirst du es nie vergessen.«

2. Kapitel

Katherine fühlte sich auf unerklärliche Weise von Gavins Abneigung gekränkt und war zutiefst beunruhigt von Erinnerungen, die unmöglich Erinnerungen sein konnten. Denn ihre emotionale Reaktion auf ihn während ihrer ersten Begegnung war Wiedererkennen gewesen und nicht Entdeckung.

Sie wandte für einen Moment den Blick ab und zupfte an der kostbaren Spitze, die das Laken säumte, unter dem sie lag. »Angenommen, ich würde dir jetzt sagen, ich sei gar nicht die Katherine, die du kennst«, meinte sie heiser. »Was würdest du sagen, wenn ich dir erklärte, daß ich in Wirklichkeit eine völlig andere Frau bin, aus einer anderen Zeit?«

Gavin verschränkte die Hände hinter dem Rücken und wiegte sich auf seinen Stiefelabsätzen. »Dann würde ich darauf antworten, daß es dich nicht vor meiner Vergeltung schützen würde, so zu tun, als hättest du den Verstand verloren«, erwiderte er, und sein Ton ließ eine eisige Kälte in dem ansonsten behaglich warmen Raum entstehen. »Aber es könnte dich durchaus in ein Asyl für Geisteskranke bringen, Katherine.«

»Vergeltung?« Katherine schluckte. Die bloße *Andeutung* einer Institution für Geisteskranke des neunzehnten Jahrhunderts ließ sie augenblicklich auf der Hut sein.

Gavin lächelte grausam. »Ich habe dich an unserem Hochzeitstag geliebt, Katherine«, sagte er. »Wenn ich noch immer zärtliche Gefühle für dich hegte, würde ich dich vielleicht einfach irgendwohin schicken, mit einer kleinen Rente und einem Dienstmädchen, um dann in Ruhe mein Leben fortzusetzen. Doch mein fataler Fehler, leider Gottes, ist, daß ich dich genauso gedemütigt sehen will, wie du mich erniedrigt hast, genauso betrogen, wie du mich betrogen hast.« Er trat ans Fußende von Katherines Bett, und seine Fingerknöchel traten weiß hervor, als er den Bettpfosten umklammerte. Seine grauen Augen glitzerten wie Frost auf Stahl, als er sie ansah. »Diesmal, Kathy, wirst du diejenige sein, die von den Leuten bemitleidet und verachtet wird.«

Katherines Kehle wurde eng. Sie liebte diesen Mann nicht, *kannte* ihn nicht einmal, und doch empfand sie seine Worte wie Steine, die mit aller Kraft geschleudert wurden und sie mitten in die Seele trafen. »Gavin …«

Er stieß ein leises, spöttisches Gelächter aus. »Wie liebevoll du meinen Namen aussprichst«, sagte er und trat neben die Wiege. Seine Gesichtszüge verloren etwas von ihrer Härte, als er das schlafende Kind betrachtete. »Warst du zu deinem Liebhaber auch so zärtlich wie zu mir?«

Katherine ließ sich entmutigt auf die Kissen zurücksinken und legte für einen Moment beide Hände über ihr Gesicht, um ihre Haltung wiederzugewinnen. »Ich weiß es nicht«, erwiderte sie aufrichtig.

Als sie wieder aufschaute, ertappte sie Gavin dabei, wie er sie mit unverhohlenem Kummer musterte. Der Ausdruck verschwand jedoch so plötzlich wieder, daß sie sich fragte, ob es nur Einbildung gewesen war.

»Gute Nacht«, sagte Gavin ohne jegliches Gefühl, und dann wandte er sich ab, schlenderte hinaus und schlug hart die Tür hinter sich zu.

Für lange Zeit lag Katherine zitternd in dem Bett der anderen Frau, beobachtete die Schatten, die sich in den Zimmerecken sammelten, und das Feuer, das allmählich zu Glut erstarb. Endlich, als sie sich stark genug fühlte, stand sie auf und kniete vorsichtig neben der Wiege ihres Sohnes nieder.

Er schlief, sein dichtes Haar schimmerte schwarz wie Ebenholz auf den weißen Kissen, und sie berührte ihn ganz sachte und staunte, daß ein so bezauberndes Wesen in einer so unfreundlichen Welt existieren konnte. Es war eine Miniaturausgabe von Gavin Winslow, dieses winzige Geschöpf, und Katherine liebte es bereits und betrachtete es als einen Teil von sich.

»Du siehst genauso aus wie dein Vater«, flüsterte sie ihm zu. »Eines Tages wird er das schon merken. Es könnte allerdings eine Weile dauern, glaube ich, denn du siehst ja, was für ein eigensinniger Mensch er ist. Wir werden sehr viel Geduld aufbringen müssen, du und ich.«

Lange Zeit blieb sie neben der Wiege hocken, bewunderte das Kind und erfreute sich an seinem Anblick. Dann, als sie die Anstrengung in ihrem erschöpften Körper spürte, erhob sie sich schwerfällig und ging zur Waschkommode.

Dort hing ein Spiegel, in einem breiten dunklen Holzrahmen, und Katherines erster Blick auf sich hatte eine ähnlich heftige Wirkung auf sie wie ein unverhofftes Erdbeben.

Die Kraft wich aus ihren Knien, und sie preßte eine Hand auf ihre Brust, in dem sinnlosen Versuch, das aufgeregte Klopfen ihres Herzens zu beschwichtigen. Sie erinnerte sich nicht, wo sie vor dem Unfall gewesen war, bevor sie die Kristallbrücke überquert und sich im Jahre 1895 wiedergefunden hatte, aber sie wußte, daß sie nicht die geringste Ähnlichkeit mit der Frau besessen hatte, die sie aus dem Spiegel anschaute.

Tatsächlich konnte sie sogar ihr früheres Ich sehen, das neben der Fremden stand, die sie geworden war.

In jenem anderen Leben war sie klein und schlank gewesen, während die Frau, die sie aus dem Spiegel ansah, groß war und zwar eine schlanke Taille, aber ansonsten eine recht üppige Figur besaß.

Vorher hatte Katherine kurzes braunes Haar gehabt, das sie in einem glatten Pagenkopf getragen hatte. Jetzt fielen kastanienrote Locken, dicht und wellig, über ihre Schultern und den Ausschnitt ihres Nachthemds. Ihre Augen waren grün, ihre Wangenknochen ausgeprägt und hoch, ihre Lippen voll, ihre Haut makellos und von einem Ton wie helles Elfenbein.

Katherine starrte sich sehr lange an. Dann, als die Schwäche in ihren Beinen übermächtig wurde, wandte sie sich ab und kehrte langsam zum Bett zurück.

Sie hatte sich kaum hingelegt und zugedeckt, als eine Frau mit einem Tablett eintrat. Es war dieselbe Frau, die Dr. Franz geschickt hatte, um Gavin zu holen, als offensichtlich war, daß die Geburt des Kindes unmittelbar bevorstand.

»Das Abendessen, Mrs. Winslow«, sagte sie, ohne Katherine anzusehen.

Angesichts der Tatsache, daß sie sich im Jahre 1895

befanden und die Hausherrin ganz offensichtlich eine Affäre gehabt hatte, vermutete Katherine, daß das Dienstmädchen sie als eine in Ungnade gefallene Frau ansah, mit der es lieber nicht in Verbindung gebracht werden wollte. Bei dem Gedanken kam Katherine sich noch isolierter vor, noch verwirrter und verängstigter.

»Es riecht sehr gut, was du mir da bringst«, sagte sie in einem verzweifelten Versuch, Konversation zu machen.

»Ja, Madam«, antwortete das Mädchen. »Die Köchin versteht etwas von Saucen. Der Doktor ißt dieses Gericht am liebsten.«

»Dr. Franz?« fragte Katherine. Sie war so dankbar für den Klang einer einigermaßen freundlichen menschlichen Stimme, daß sie das Gespräch um jeden Preis weiterführen wollte.

»Dr. Winslow«, berichtigte das Dienstmädchen und richtete einen erstaunten Blick auf Katherine. »Ihr Mann, Madam.«

Gavin war demnach also auch Arzt. »Oh«, sagte Katherine rasch und lächelte. »Ja, natürlich. Er hat eine Praxis hier in …«

»Seattle«, schloß das Mädchen stirnrunzelnd.

Katherine war wie ausgehungert, und das Essen auf dem Tablett duftete verlockend. »Ja, in Seattle«, bestätigte sie. Das war eine Erleichterung. Das Jahrhundert mochte sie gewechselt haben, aber sie befand sich noch immer in derselben Stadt. »Und wie war noch mal dein Name?«

Die junge Frau wich einen Schritt zur Tür zurück, als befürchtete sie, daß Katherine sie jeden Augenblick anspringen könne, mit wildem Blick und Schaum vor dem Mund.

»Jemima«, wisperte sie, und kaum hatte sie es gesagt, wandte sie sich ab und stürzte fluchtartig aus dem Zimmer.

Katherine aß und versuchte, eine Erklärung für das zu finden, was mit ihr geschehen war.

Vielleicht war es das Essen, was ihr Befinden besserte.

Sie glaubte sich zu entsinnen, daß ihr Blutzuckergehalt zu sinken pflegte, wenn sie zu hungrig war …

Sie erinnerte sich, in einem fernen Klinikbett gelegen zu haben, erinnerte sich an das leise Gerede der Krankenschwestern und an die warme Hand ihres Bruders … bevor sie auf dieser kristallenen Brücke gestanden und das Licht, das sie umgeben hatte, angefleht hatte, sie nicht sterben zu lassen. Anscheinend waren ihre Bitten mit dem Flehen einer anderen Frau zusammengetroffen – *o Gott, hilf mir … laß mich sterben* – worauf sie und Gavins wahre Ehefrau irgendwie die Plätze getauscht haben mußten …

Das ist eigentlich unglaublich, dachte Katherine, als sie das Tablett auf den Nachttisch stellte und sich an die Kissen lehnte – und dennoch war sie hier, im Körper einer anderen Frau. Einem Körper, der ihr viel besser gefiel als ihr alter, trotz der Vielzahl von Problemen, die mit der Situation verbunden waren.

Nicht Jemima kam, um das Tablett zu holen, sondern die Indianerin, und das entlockte Katherine ein Lächeln. Jemima hatte anscheinend Angst gehabt, sich nach der Episode mit ihrem Namen noch einmal in die Nähe ihrer Herrin zu begeben.

»Wie heißt du?« erkundigte sie sich freundlich, als die junge Frau das Tablett auf den Korridor hinausgetragen hatte und noch einmal zurückkam. Das Baby erwachte und stieß einen hungrigen kleinen Schrei aus.

»Maria«, erwiderte die Indianerin ungerührt und beugte sich über die Wiege, um das Kind herauszunehmen, bevor es Katherine gelungen war, die Beine über den Rand des Betts zu schwingen. Maria setzte sich in den Schaukelstuhl an dem ersterbenden Kaminfeuer und öffnete das Mieder ihres schlichten Kleids, um dem Baby ihre Brust zu geben.

Wieder verspürte Katherine Neid. Ihr gefiel der Gedanke nicht, das Kind – oder seinen Vater – mit irgendeiner anderen Frau zu teilen.

Marias ganze Aufmerksamkeit konzentrierte sich auf

das Baby; sie summte leise vor sich hin, während sie es an ihrer Brust hielt, und streichelte mit einem Finger den dunklen Flaum auf seinem Köpfchen. Der Feuerschein hüllte die Frau und das Kind flackernd ein, tauchte sie in Rot und Schatten.

Eine abgrundtiefe Einsamkeit erfaßte Katherine; sie fühlte sich, als wäre sie auf irgendeinem unbekannten Planeten ausgesetzt worden. Sie erinnerte sich nur ganz schwach an jenes andere Leben, und in diesem hier schien jeder ihr nur Abneigung entgegenzubringen.

Irgendwann knöpfte Maria ihr Mieder zu und brachte das Kind zum Bett, um seine Windeln zu wechseln. Sie überreichte den kleinen Jungen Katherine, die ihn sanft auf ihre Schulter legte und ihm auf den Rücken klopfte, damit er sein Bäuerchen machte.

»Danke«, sagte Katherine, hingerissen und bezaubert von dem kleinen Wunder, das sie in ihren Armen hielt.

»Wie werden Sie den Kleinen nennen?« fragte Maria, während sie Katherine aus ruhigen dunklen Augen musterte, die nichts von dem verrieten, was sie dachte.

Katherine litt vor lauter Liebe zu dem Kind, das an ihrer Schulter zappelte, und sehnte sich danach, die Möglichkeit zu haben, ihm selbst die Brust zu geben. »Ich weiß es nicht«, antwortete sie. »Vielleicht werden wir ihn nach seinem Vater benennen.«

Das Schweigen, das darauf folgte, war ausgesprochen unbehaglich. Katherine, die sich an die Anklage erinnerte, die ihr Mann ihr ins Gesicht geschleudert hatte, errötete und fügte rasch hinzu: »Gavin. Er wird natürlich Gavin heißen.«

Maria reagierte nicht darauf, und ihr Verhalten ließ sich weder als freundlich noch als unfreundlich bezeichnen. »Gibt es sonst noch etwas, was ich für Sie tun kann, Mrs. Winslow?« Ohne Katherines Antwort abzuwarten, ging sie zum Kamin und legte noch ein Scheit aufs Feuer. »Der Kessel steht noch unten auf dem Herd. Ich könnte Ihnen Tee aufbrühen.«

Katherine schüttelte den Kopf. »Nein. Nein, vielen

Dank, Maria. Aber wenn Sie das Kind bitte zu Bett bringen würden …«

Die Indianerin musterte Katherine einen Moment aus schmalen Augen, hob dann das Baby auf und legte es behutsam in seine Wiege. »Gute Nacht, Mrs. Winslow«, sagte sie, nachdem sie das Gas abgestellt hatte, das die Lampen nährte.

Nur der Schein des Feuers und das schwache Mondlicht, das durchs Fenster strömte, erhellten den Raum, nachdem Maria die Tür hinter sich geschlossen hatte.

Vorsichtig streckte Katherine sich auf der mit Federn gefüllten Matratze aus. Dieser Körper, den sie sich geborgt hatte, war sehr wund, und ihr war zum Heulen zumute vor Erschöpfung und Verwirrung, doch all diesen Dingen zum Trotz verspürte sie tief in ihrem Innersten ein Gefühl tiefster Freude und Befriedigung. Sie hatte eine zweite Chance erhalten zu leben, und sie war fest entschlossen, das Beste daraus zu machen.

Während sie die Schatten beobachtete, die der Feuerschein an die hohe Zimmerdecke warf, fragte sie sich, ob Gavin in diesem Raum mit seiner Frau jemals gelacht oder sie hier geliebt haben mochte. Er konnte doch unmöglich schon immer so grimmig und ernst gewesen sein!

In den wenigen Momenten, bevor sie einschlief, war ihr, als kehrte die erste solide Erinnerung an jenes andere Leben in ihr zurück. Sie fuhr in ihrem roten Kabriolett über den Highway, ihr dunkles Haar im Wind … Sie war auf dem Weg zum Büro ihres Bruders Jeremy in der Innenstadt … Sie wollten zusammen essen.

Innerhalb von Sekunden veränderte sich alles. Ein Lastwagen scherte vor ihr aus, und bevor sie bremsen konnte, prallte ihr Wagen mit einem ohrenbetäubenden Krachen gegen den Anhänger des Lkw. Metall knirschte, Schmerz durchzuckte ihren Körper, und dann explodierte Dunkelheit um sie wie eine Bombe.

»Kathy!« Starke Hände umfaßten Katherines Schultern, und eine strenge Männerstimme durchdrang den Nebel aus Angst, der sie umgab. »Katherine, wach auf!«

Gavin saß auf der Bettkante, und eine grenzenlose, unerfüllbare Sehnsucht, von ihm in die Arme genommen und getröstet zu werden, erfaßte sie. Das Baby, das von ihren Schreien aufgewacht war, begann zu weinen.

Katherine wollte sich erheben, aber Gavin ließ es nicht zu.

»Bemüh dich nicht«, sagte er brüsk. »Ich hole ihn.«

Fremder und Ehemann zugleich, hob Gavin den Säugling geschickt aus seinem Bettchen und überreichte ihn Katherine.

»Es tut mir leid«, sagte sie leise und drückte die Lippen an die Wange ihres Babys. »Es tut mir so leid, daß ich dich geweckt habe, mein Süßer …«

Etwas veranlaßte sie plötzlich, die Augen zu Gavin zu erheben, und sie sah, daß er sie wieder ganz merkwürdig anschaute, beinahe so, als erkenne er sie nicht.

Katherine atmete tief ein und zwang sich, den Mann anzulächeln, der ihr solch eindeutige Verachtung entgegenbrachte. »Unser Sohn braucht einen Namen, weißt du«, sagte sie. »Wir können dieses Kind nicht für den Rest seines Lebens als ›er‹ oder ›ihn‹ bezeichnen.«

Selbst im schwachen Schein des Feuers sah sie, wie Gavins kräftiger Körper sich versteifte. Der kurze, zerbrechliche Waffenstillstand, der für ein paar Minuten zwischen ihnen geherrscht hatte, war ganz offenbar vorbei.

»Wie wäre es, wenn wir ihn Jeffrey nennen würden?« fragte Gavin in einem Ton, der trotz seiner Sanftheit grausam war. »Nach seinem Vater.«

3. Kapitel

»Hinaus!« zischte Katherine mit einem wütenden Blick auf Gavin. Obwohl sie innerlich zitterte, wirkte sie stark und angriffslustig wie eine Löwin, als sie aufstand, um den Säugling in seine Wiege zurückzutragen.

Gavin blieb ungerührt und mit verschränkten Armen vor ihr stehen. »Darf ich dich daran erinnern, daß das *mein* Haus ist?«

»Das interessiert mich nicht!« versetzte sie. »Du bist nichts als ein eingebildeter Tyrann, und falls du ein Musterbeispiel für die Männer des neunzehnten Jahrhunderts bist, wundert es mich nicht, daß in dieser Zeit die Frauenbewegung begonnen hat!«

»Wenn wir jetzt mit Beleidigungen anfangen …«

»Wage es nicht!« Katherine preßte die Hände über die Ohren und wich rückwärts zu ihrem Bett zurück. »Ich weiß genau, was du von mir denkst, Gavin Winslow, aber ich habe heute eine Menge durchgemacht und wäre dir sehr verbunden, wenn du mich jetzt in Ruhe lassen würdest!«

Zu ihrem Erstaunen wich ein wenig von der Strenge aus Gavins Zügen, und er ging zum Bett, um sie mit einer Art widerstrebender Zärtlichkeit zuzudecken.

»Du hast recht«, sagte er rauh. »Es tut mir leid.« Und damit beugte er sich unfaßbarerweise vor, um Katherine auf die Stirn zu küssen, und bei diesem schlichten, flüchtigen Kontakt veränderte sich etwas tief in ihrem Innersten, unwiderruflich und für immer.

Gavin kam den ganzen nächsten Tag nicht in ihr Zimmer, und auch am Tag darauf nicht. Katherine verbrachte ihre Zeit damit, sich um das Kind zu kümmern, das sie jetzt endlich selbst stillen konnte, las die Bücher und Zeitungen, die Maria ihr gebracht hatte, und dachte zurück an jenes andere Leben …

Denn das war das einzige, woran sie sich noch bruchstückhaft erinnerte – über die Frau, die sie geworden war, wußte sie nach wie vor noch äußerst wenig.

Als Katherine Hollis hatte sie in einer Welt der Hektik und des Lärms gelebt, bei einem Marktforschungsinstitut in Seattle gearbeitet und nach und nach ihr kleines Apartment am Lake Washington abbezahlt. Sie war einmal kurz davor gewesen, eine Ehe einzugehen, hatte dann jedoch gerade noch rechtzeitig gemerkt, daß Phillip Hughes nicht der Richtige für sie war und ihm seinen Ring zurückgegeben.

Sie erinnerte sich, daß sie in einem bescheidenen Heim auf dem Queen Anne Hill in Seattle aufgewachsen war und ihre geschiedene Mutter, Julia, im Eßzimmer Klavierunterricht gegeben hatte, um die mageren Unterhaltszahlungen ein wenig aufzubessern. Julia war an Krebs gestorben, als ihre Tochter zwanzig war, und danach hatte Katherine nur noch Jeremy gehabt ...

Und jetzt, dachte sie staunend, *bist du in einer völlig anderen Welt*. Hier gab es keine schnellen Kabrioletts, keine Marktforschungsinstitute, keine Lkws, die mitten auf dem Highway ausscheren konnten. Dort draußen ratterten Kutschen, Einspänner und Pferdekarren über holprige, nichtasphaltierte Straßen und Kopfsteinpflaster.

Die Sonne schien hell, und der Himmel war so blau, daß sein Anblick Katherine das Herz zusammenschnürte.

Sie stand am Fenster und schaute auf den Garten hinaus, mit seinem Pavillon und den farbenfrohen Blumen, als ein leises Klopfen an der Tür ertönte. Gerade als sie sich umdrehen wollte, um freudig »Herein« zu rufen – sie war so einsam, daß sogar Gavin ein willkommener Besuch gewesen wäre –, sah sie ihren Mann durch ein Tor im Gartenzaun treten.

Er sah so umwerfend attraktiv aus in den engen Reithosen, dem weißen Leinenhemd, dem taubengrauen Rock und den hohen Stiefeln, daß Katherine der Atem stockte. Sie wollte schon an das Glas pochen und ihm zuwinken, weil sie all seine unerträglichen Eigenschaften vergaß angesichts der starken Anziehungskraft, die sie empfand, als plötzlich eine Frau an seiner Seite erschien. Ihr elegantes Kleid war gelb wie die Rosen, die den Pavillon umrankten, und ihr Haar war von einem warmen Honigblond.

Während Katherine betroffen zuschaute, reichte die Frau Gavin beide Hände, und er ergriff sie und hielt sie fest. Seine ebenmäßigen weißen Zähne blitzten auf, als er lächelte und sich dann galant über die behandschuhten

Hände seiner Begleiterin beugte, um einen Kuß daraufzuhauchen.

»Schon wieder diese Caroline Raynes«, ertönte eine Stimme neben Katherine, die sie überrascht zusammenzucken ließ. »Sieh dich lieber vor ihr vor, sie hat es auf Gavin abgesehen.«

Als Katherine den Kopf wandte, erblickte sie ein zierliches Mädchen neben sich. Es hatte dunkles Haar und graue Augen wie Gavin, woraus Katherine schloß, daß diese Frau ihre Schwägerin sein mußte. Die kleine goldene Anstecknadel am Mieder ihres schlichten, aber kostspieligen Kleids trug ihren Namen.

»Hallo, Marianne.«

Mariannes ganzes Interesse galt der Szene unten im Garten; sie merkte nicht, wie Katherine sie prüfend musterte und einen raschen Blick auf den Ringfinger ihrer linken Hand warf, um festzustellen, ob ihre Schwägerin verheiratet war. Aber Marianne trug keinen Ring.

»Sieh dir das an«, sagte sie gerade und beugte sich so weit vor, daß ihr Atem die Fensterscheibe beschlug. »Wie schamlos diese Frau doch ist!«

Katherine schaute wider besseres Wissen hin. Caroline stand auf den Zehenspitzen, und ihre Hände ruhten auf Gavins Rockaufschlägen, während sie ihm lächelnd etwas ins Ohr flüsterte. Eine solch heftige, primitive Eifersucht durchzuckte Katherine, daß sie das Fensterbrett umklammerte, um nicht mit der Faust daraufzuschlagen.

»Natürlich hast du eine Menge davon dir selbst zuzuschreiben nach dem Skandal, den du durch deine Affäre mit Jeffrey Beecham ausgelöst hast«, fügte Marianne seelenruhig hinzu, während sie Katherines Arm nahm und sie vom Fenster fortzog. »Aber komm jetzt, es wird Zeit, daß du dich für die Taufe anziehst. Du kannst schließlich nicht in Pantoffeln und Morgenrock daran teilnehmen, oder?«

Die Vorstellung, dieses Zimmer zu verlassen, und sei es auch nur für kurze Zeit, besserte Katherines Stimmung augenblicklich. Jedesmal, wenn sie aufgestanden war, um sich ein wenig Bewegung zu verschaffen, waren immer sofort Dr. Franz oder eins der Dienstmädchen erschienen, um sie ins Bett zurückzuscheuchen.

»Was soll ich dazu sagen?« fragte sie verwirrt.

»Ja, was wohl?« antwortete Marianne und verdrehte die Augen. Sie öffnete eine Tür links neben dem Kamin, die bisher immer verschlossen gewesen war, wenn Katherine versucht hatte, sie zu öffnen, und betrat das angrenzende Zimmer. »Als ob du nicht mehr Kleider hättest als irgendeine andere Frau in Seattle!«

Katherine folgte ihrer Schwägerin rasch, ließ ihren Blick nach rechts und links schweifen und versuchte, soviel wie möglich von dem großen Raum zu sehen. »Wer weiß, ob mir davon etwas paßt«, erwiderte sie zerstreut.

Ein riesiger Kronleuchter schmückte die hohe Zimmerdecke, und die Vorderfront des Kamins bestand aus hellem Marmor. Kostbare Orientteppiche bedeckten den Boden, die Wände waren mit Rosenholz verkleidet, und das Bett war größer als das Wohnzimmer ihres kleinen Apartments in jenem anderen Seattle.

Katherine blieb mitten im Zimmer stehen und schaute sich staunend um, während Marianne zu einem Einbauschrank mit zwei großen Türen ging, ihn öffnete und aus Katherines Sicht verschwand.

»Unsinn«, schallte ihre Stimme aus dem Schrank. »Du warst sehr vorsichtig mit dem, was du gegessen hast, nicht wahr?« rief sie. »Ich glaube, das blaue Taftkleid wäre genau richtig, meinst du nicht? So, wie es um deinen Ruf bestellt ist, meine Liebe, wäre es völlig sinnlos, auch nur den *Versuch* zu machen, Anstand zu bewahren. Nein, die Gelegenheit erfordert etwas, das beweist, daß du dich nicht abschieben und vergessen lassen wirst.«

Katherine zuckte zusammen, als die Eingangstür des Raums aufschwang und Gavin eintrat, eine schwarze Arzttasche und eine Reitgerte in der einen Hand.

Sein Blick glitt über ihren zerknitterten Morgenrock und ihr aufgelöstes Haar, mit einer Art wohlwollender Verachtung, die Katherine mit jäher Wut erfüllte.

»Wo ist Caroline?« erkundigte sie sich liebenswürdig.

Gavin legte seine Sachen auf einen Tisch, von dem Katherine dachte, daß er bei einer Antiquitätenauktion in der modernen Welt ein kleines Vermögen einbringen würde. »Caroline«, erwiderte er in barschem Ton, »ist zu sehr Dame, um sich auf jene Art verbotener Rendezvous einzulassen, auf die du dich spezialisiert hast.«

Katherine spürte, wie sie errötete, und zog unwillkürlich ihren Morgenrock noch fester um den Körper, als könne sie sich damit schützen.

»Zu sehr Dame, ha!« warf Marianne ein, bevor Katherine sich eine Antwort überlegen konnte, warf das zuvor erwähnte blaue Taftkleid ihrer Schwägerin zu und wandte sich dann, die Hände in die Hüften gestützt, zu ihrem Bruder um. »Für jemanden, der sich wie du für einen Mann von Welt hält«, sagte sie ganz unverblümt, »bist du ganz unglaublich naiv.«

Gavin schaute Katherine an, obwohl er mit Marianne sprach, und seine Miene drückte unverhohlene Verachtung aus. »Das kann ich nicht abstreiten«, antwortete er, »denn schließlich habe ich mein Herz einst einer Frau geschenkt, in deren Brust vermutlich ein eisenharter Stein ruht.«

Tränen brannten in Katherines Augen, und sie schluckte, um sie zurückzudrängen. Es gab nichts, was sie dazu hätte sagen können ... jene andere Katherine hatte offenbar tatsächlich Ehebruch begangen. Aber bei jeder Gelegenheit, wenn sie Gavin begegnete, ganz gleich, wie selten und flüchtig diese Momente waren, fühlte sie sich auf unwiderstehliche Weise zu ihm hingezogen, als wäre seine Seele ein Magnet.

Marianne stieß ihn in die Rippen, und die Geste war so schwesterlich, daß sie Katherine trotz allem beinahe ein Lächeln entlockt hätte. »Hör auf, so gemein zu sein, Gavin, und zieh dich für die Taufe deines Sohnes an – es sei denn, du willst in deinen Reitsachen an der Feier teilnehmen.«

Der Blick, den Gavin Katherine zuwarf, blieb unbemerkt von Marianne, weil sie bereits zur Tür des anderen

Zimmers eilte. Katherine, die Gavins Spott wie eine Ohrfeige empfand, folgte ihrer Schwägerin rasch und fragte sich, ob Gavin überhaupt die Absicht hatte, an der Taufe seines Sohnes teilzunehmen.

Die hatte er, wie sich herausstellte.

Gavin verkündete der kleinen Versammlung, ohne Katherine vorher auch nur zu *informieren*, ganz zu schweigen davon, sie nach ihrer Meinung zu befragen, daß der Junge Christopher Jennings Winslow heißen würde, und spielte für alle Welt den stolzen Vater.

Er nahm sogar seinen Platz neben Katherine ein, nachdem die Zeremonie beendet war, die im kleinen Kreis in der hauseigenen Kapelle stattgefunden hatte, schüttelte seinen Gästen die Hände und nahm ihre Glückwünsche entgegen.

Sie alle schienen Gavin zu bewundern und zu schätzen, doch die Blicke, die sie Katherine zuwarfen, drückten unverhohlene Neugier aus. Ein festliches Essen wurde im Garten aufgetragen, und drinnen im Haus stapelten sich die Geschenke auf den Tischen.

Trotz seiner früheren Versuche, den Schein zu wahren, war Gavin, als Maria den kleinen Christopher ins Haus brachte, in ein angeregtes Gespräch mit der temperamentvollen Caroline Raynes vertieft.

»Ich hasse selbstbewußte Frauen«, murmelte Katherine und wandte sich verärgert ab – nur um mit einem großen, gutaussehenden Mann in einem kostspieligen Tweedanzug zusammenzustoßen, der direkt hinter ihr gestanden hatte. Er hatte grüne Augen und kastanienbraunes Haar, und sein sinnlicher Mund verzog sich zu einem traurigen kleinen Lächeln.

»Ich auch«, sagte er, während er Katherines Hände nahm, genau wie Gavin es früher an diesem Tag bei Caroline getan hatte, als Katherine ihn vom Fenster aus beobachtet hatte. »Wie geht es dir, meine Liebe?«

Sein warmer, fürsorglicher Ton brachte Katherine vollkommen aus der Fassung. Noch immer geschwächt von der Geburt und verletzt von ihren diversen Zusammenstößen mit Gavin, empfand sie die Aufmerksamkeit dieses Mannes wie warmen Sonnenschein nach einem Bad in einem kalten Strom.

»G-gut«, sagte sie.

»Du solltest noch nicht auf den Beinen sein.« Er nahm ihren Arm und führte sie zum Springbrunnen, der den gepflegten Garten schmückte, dann drückte er sie sanft auf die breite Steinbank, die den Brunnen umgab. Schließlich holte er ihr ein Glas Punsch vom Tisch mit den Erfrischungen und einen Teller mit süßen kleinen Sesamplätzchen.

Katherine hätte gern gewußt, wer dieser nette Mann war, der sich so rührend um sie kümmerte. Während sie an ihrem Punsch nippte, dachte sie, wie schade es doch war, daß nicht alle Gäste Broschen mit ihren Namen trugen, wie ihre Schwägerin Marianne es tat.

»Wie warm die Sonne ist«, sagte sie, hob ihr Gesicht zum blauen Himmel und schloß lächelnd ihre Augen. »Ist es nicht ein wunderbarer Tag heute?«

»Ja, herrlich«, erwiderte ihr Begleiter geistesabwesend. »Katherine, was unsere Pläne angeht … Meinst du nicht, wir sollten sie lieber noch ein paar Wochen verschieben, bis du wieder etwas kräftiger bist?«

»Hm«, antwortete sie, weil sie gar nicht wirklich zuhörte. Violinentöne erklangen in der Nähe, und sie begann leise mitzusummen. »Ich wünschte, wir könnten tanzen«, sagte sie und schlug die Augen auf, um den gutaussehenden Fremden anzusehen. »Möchten Sie mit mir tanzen?«

Eine dritte Stimme antwortete, die ihr leider nur allzu gut bekannt war. Genau wie der besitzergreifende Griff um ihren Oberarm.

»Es wird Zeit, daß du dich zur Ruhe begibst«, teilte Gavin seiner Frau in schroffem Ton mit. »Komm mit. Ich begleite dich zu deinem Zimmer.«

Katherine versuchte nicht, ihm ihren Arm zu entziehen, obwohl sie Gavin seinen Ton und sein Verhalten sehr verübelte. Sie war tatsächlich müde, so müde, daß sie sich kaum noch auf den Beinen halten konnte. Tanzen stand natürlich völlig außer Diskussion, obwohl es ihr einen Augenblick zuvor noch wie eine wunderbare Idee erschienen war.

»Es war nett, Sie kennengelernt zu haben«, sagte sie zu dem anderen Mann, ohne über ihre Worte nachzudenken, und dann schob Gavin sie auf die großen Terrassentüren zu, die in den Salon des Hauses führten.

Kaum hatten sie die Schwelle überquert, hob er sie brüsk auf seine Arme. »*Es war nett, Sie kennengelernt zu haben*«, äffte er sie nach. »Was für eine dämliche Bemerkung sollte das denn sein?«

Katherine legte den Kopf an seine breite Schulter und gähnte. »Ach so«, erwiderte sie in einem Ton, der müde Resignation verriet. »Dann war das wohl der berüchtigte Jeffrey Beecham, mit dem ich angeblich ein Verhältnis hatte.«

Gavin erklomm so leichtfüßig die Stufen, als bereitete Katherines beträchtliches Gewicht ihm nicht die kleinste Mühe. »Angeblich?« schnaubte er entrüstet. »Ich habe euch beide zusammen im Bett erwischt, mein Liebling. Oder hast du das etwa schon vergessen?«

4. Kapitel

Gavins Schritte wurden unwillkürlich langsamer, als er an der Tür seines eigenen Schlafzimmers vorbeikam – er hatte Kathy in glücklicheren Tagen unzählige Male in diesen Raum getragen, doch dann ging er ohne Zögern weiter.

Als sie den Eingang zu Katherines Zimmer erreichten, das ursprünglich ein Ankleideraum gewesen war, öffnete er die Tür und trug sie über die Schwelle.

Maria, die bei dem schlafenden Christopher gesessen hatte, erhob sich wortlos von ihrem Stuhl und ging hinaus.

Katherine gähnte und räkelte sich wie eine Katze, als Gavin sie sanft auf die Matratze legte. Ein schmerzhaftes Ziehen ging durch Gavins Lenden, als er sie so vor sich liegen sah. Er hätte sie natürlich nicht lieben können, das war ihm klar; nur ein rücksichtsloser Grobian hätte so kurz nach der Geburt ein solches Entgegenkommen verlangt. Aber das Wissen hinderte ihn nicht daran, sie zu begehren, mochte Gott ihm beistehen, genausowenig wie die Erinnerung daran, wie sie nackt in Jeffrey Beechams Armen gelegen hatte an jenem furchtbaren Tag vor einigen Monaten.

Gavin schloß die Augen, als er sich erinnerte. Und bereute.

Er hatte sich sinnlos betrunken, zum ersten und letzten Mal in seinem Leben, nachdem er seine Frau und ihren Liebhaber im Gästehaus entdeckt hatte. Und obwohl er Kathy in jener Nacht in ihrem Schlafzimmer nicht wirklich Gewalt angetan hatte, hatte er sie grob genommenen. Der Umstand, daß seine Frau seine Wut für Leidenschaft gehalten und rückhaltlos erwidert hatte, war keine Absolution für ihn.

Jetzt, wie sie da auf dem Bett lag, in das er sie verbannt hatte, wirkte Katherine viel zu engelhaft und unschuldig, um die Liebe ihres Gatten zu verraten. Sie schenkte ihm ein müdes kleines Lächeln, schloß die Augen und schlief ein.

Gavin war außerstande, seine strenge Miene beizubehalten, nun, wo sie ihn nicht mehr sehen konnte. Er lächelte, als er ihr sanft die Satinschuhe abstreifte und sie zärtlich mit einer leichten Wolldecke zudeckte, die er auf einem Stuhl gefunden hatte.

Sie bewegte sich unter der Decke, und Gavins Herz zog sich schmerzhaft hart zusammen. Irgendein uralter Instinkt sagte ihm, daß sie nicht dieselbe Frau war, die er gekannt hatte, sondern daß sie sich auf drastische Weise verändert hatte, irgendwie. Da er jedoch Mediziner war, ein Mann der Wissenschaft, konnte er einer derart mystischen Erklärung keinen Glauben schenken.

Er vertraute Fakten, nicht Gefühlen. Es war eine Lektion, die er auf die harte Tour gelernt hatte.

Tapfer widerstand er der Versuchung, ihr eine kastanienrote Strähne aus der Stirn zu streichen, und wandte sich ab, um das Zimmer zu verlassen. Doch dann, außerstande, seine eigenen Impulse zu beherrschen, hielt er neben der Wiege inne und betrachtete den kleinen Jungen, dem er heute den Namen Christopher gegeben hatte.

Gavin vermochte jetzt nicht mehr abzustreiten, nicht einmal vor sich selbst, daß dieses Kind sein eigenes war – die Ähnlichkeit war viel zu ausgeprägt, als daß sie hätte übersehen werden können.

Nach einem Blick in Katherines Richtung, um zu sehen, ob sie auch wirklich schlief, hockte er sich neben der Wiege nieder und berührte zärtlich Christophers kleines Ohr.

»Mein Sohn«, sagte er, und seine Stimme war kaum mehr als ein heiseres Flüstern. Dann erhob er sich, ging aus dem Zimmer und schloß leise die Tür hinter sich.

Wie immer, wenn Verwirrung ihn beherrschte, nahm Gavin auch diesmal Zuflucht zur Routine. Er würde sich umziehen, beschloß er, seine Arzttasche holen, die Kutsche vorfahren lassen und sich zur Visite ins Krankenhaus begeben.

Seine Arbeit im Hospital würde ihn für den Rest der Nacht beschäftigen, und morgen würde er dann weitersehen …

Am nächsten Morgen erwachte Katherine in einem Zimmer, das von Sonnenlicht durchflutet war. Als Maria ihr heißes Wasser brachte, hatte Katherine den kleinen Christopher bereits gewickelt und gefüttert, und Mutter und Kind saßen in einem Schaukelstuhl am Fenster und bewunderten die herrliche Aussicht auf den Garten.

»Sie hätten noch nicht aufstehen sollen, Mrs. Winslow«, sagte Maria in ihrem gewohnten, ausdruckslosen Ton.

»Unsinn«, erwiderte Katherine. »Es ist ja schließlich

nicht so, als wäre ich operiert worden«, sagte sie, hob Christopher auf und küßte seine Stirn. »Ein Kind zur Welt zu bringen ist etwas ganz Natürliches, und je früher ich aufstehe und mich bewege, desto besser.«

Maria stellte die Kanne mit dem Wasser auf den Waschtisch und legte einen Waschlappen aus Damast bereit, ein flauschiges Handtuch und ein Stück Seife, das so stark duftete, daß Katherine es von ihrem Platz aus riechen konnte. »Wie Sie meinen, Mrs. Winslow«, erwiderte Maria achselzuckend. »Ich hole Ihren Tee, während Sie sich waschen, und Miss Marianne meinte, Sie sollten etwas essen. Soll ich Ihnen das Baby abnehmen, bis Sie fertig sind?«

Katherine übergab ihr ihren Sohn, wenn auch widerstrebend, und Maria legte ihn in die Wiege. »Tee wäre schön, aber frühstücken werde ich in der Küche, im Eßzimmer oder wo alle anderen ihre Mahlzeiten zu sich nehmen. Ich bin es allmählich leid, in diesem Zimmer eingesperrt zu sein.« Sie goß etwas von dem heißen Wasser, das Maria ihr gebracht hatte, in die Porzellanschüssel, die zum Waschen diente, und griff nach Seife und Waschlappen. »Sagen Sie, Maria, wieso sprechen Sie eigentlich so korrekt?«

Maria, die schon auf dem Weg zur Tür war, blieb noch einmal stehen und schaute sich nach Katherine um. »Sie meinen, warum ich nicht wie eine Indianerin spreche?«

Katherine errötete. Es war nicht ihre Absicht gewesen, herablassend zu erscheinen, aber Maria mußte es so aufgefaßt haben. »Ja«, gab sie ehrlich zu. »Darüber habe ich mich schon oft gewundert.«

Zum ersten Mal, seit sie sich kannten, lächelte Maria. »Meine Stiefmutter war eine Weiße und arbeitete als Lehrerin, bis sie meinen Vater heiratete. Sie lehrte mich ›Boston-Englisch‹, aber ich habe die Sprache meines Volkes nicht vergessen. Sie ist etwas sehr Kostbares für mich.«

»Unglücklicherweise«, sagte Katherine mit einer Gedankenlosigkeit, die keine Absicht war, »wird der indianische Lebensstil in den kommenden Jahren fast vollkommen verschwinden.« Erst als Katherine im Wandspiegel Marias bestürzte Miene sah, begriff sie, daß sie einen Fehler gemacht hatte.

Maria senkte für einen Moment den Kopf, aber als sie wieder zu Katherine aufschaute, lag ein stolzer, herausfordernder Blick in ihren Augen. »Der indianische Lebensstil wird immer weiterleben, in der Sicherheit unserer Herzen«, erklärte sie ruhig.

Katherine spülte die Seife ab und trocknete dann Gesicht und Hände gründlich mit dem bereitliegenden Handtuch, um Zeit zum Nachdenken zu gewinnen. Schließlich drehte sie sich um und schaute Maria an. »Ja«, sagte sie. »Vielleicht ist das die einzige Hoffnung für all unsere Traditionen – die Erinnerungen unserer Kinder.«

Maria schluckte sichtlich, schaute zu Christopher hinüber und nickte ernst. »Die alten Gebräuche und Geschichten sind zu kostbar, um in Vergessenheit zu geraten. Sie sind ein Teil dessen, was wir sind.«

»Ja«, antwortete Katherine ohne Zögern. »Ich werde alles aufschreiben, woran ich mich erinnere, jedes einzelne Detail.« Abgesehen davon, daß sie Christopher zur Welt gebracht hatte, hatte sie nichts Sinnvolles getan, seit sie so unversehens im neunzehnten Jahrhundert gelandet war. Das Mindeste, was sie tun konnte, war, eine Art Bericht über ihre Erfahrung zu verfassen. Vielleicht würde dann irgend jemand – irgendwann – ihrer Erzählung Glauben schenken.

Ein ausgedehntes Schweigen entstand, während Maria zögernd an der Tür stand und Katherines Blick vermied. Als sie sich endlich zu Worten durchgerungen hatte, sagte sie: »Meine Stiefmutter wollte mir helfen, die alten Legenden aufzuschreiben, aber wir dachten immer, es bliebe uns noch sehr viel Zeit dafür. Und vor zwei Jahren erkrankte sie dann an Cholera und starb.«

»Das tut mir leid«; sagte Katherine aufrichtig. Sie wußte, wie es war, eine Mutter zu verlieren. Erinnerungen bedrängten sie – an gewachste Linoleumböden, frischgebackene Plätzchen, die das ganze Haus mit dem köstlichen Aroma von Schokolade, Zucker und Butter erfüllten, an einen Weihnachtsbaum mit selbstgebasteltem Schmuck und glitzernden bunten Lichtern, an Tonleitern, die irgendein gewissenhafter Schüler im Eßzimmer auf dem Piano übte ...

Katherine hatte all das verloren und noch viel mehr, als Julia Hollis an Krebs gestorben war, und die Trauer verfolgte sie sogar noch bis in das Leben dieser anderen Frau ...

»Ich bringe Ihnen jetzt Ihren Tee«, sagte Maria und schloß die Tür.

Katherine begann vor dem Kamin auf und ab zu gehen, von einer fast unerträglichen Unruhe erfaßt. Sie erinnerte sich auch jetzt nur an einige wenige Einzelheiten ihrer früheren Existenz, aber sie wußte, daß sie ein aktiver, energischer Mensch gewesen war, der stets darauf geachtet hatte, genügend Bewegung zu bekommen.

»Diese viktorianische Nummer mit dem Vogel im goldenen Käfig ist für mich nichts«, gestand sie dem Baby, das zur Antwort leise seufzte.

Katherine blieb stehen und betrachtete ihr Bild in dem eleganten Spiegel über dem Kamin. Obwohl sie inzwischen Zeit gehabt hatte, sich mit ihrer Lage abzufinden, wenn auch vielleicht nicht, sie zu verstehen, verblüffte es sie nach wie vor, das Gesicht einer Fremden zu erblicken, wann immer sie in einen Spiegel schaute.

Aus der Überlegung heraus, daß sie irgendeine Beschäftigung benötigte, ganz gleich, wie unwichtig oder sogar dumm sie sein mochte, richtete Katherine den Blick auf die Verbindungstür zu Gavins Zimmer. Wenn sie hinausgehen wollte, um ihre Umgebung zu erforschen, brauchte sie Kleider, und die befanden sich offenbar in dem Schrank, den Marianne am Tag zuvor betreten hatte.

Als Katherine die Hand auf den Türknauf legte und versuchte, ihn zu bewegen, machte sie sich auf einen ärgerlichen Schrei ihres Mannes gefaßt. Aber die Tür war verschlossen, wie schon am Tag zuvor.

Ein Blick auf die Uhr auf dem Kaminsims verriet ihr,

daß es kurz nach neun Uhr morgens war. Ein pflichtbewußter Arzt wie Gavin müßte sich doch eigentlich längst auf den Weg zum Krankenhaus oder in seine Praxis gemacht haben ...

Nachdem Katherine den Gürtel ihres Morgenrocks befestigt hatte, straffte sie die Schultern, trat auf den Korridor hinaus und drückte kühn die Klinke einer der großen Doppeltüren herab, die in das Schlafzimmer des Hausherrn führten.

Du tust ja nichts Schlimmes, sagte sie sich beruhigend, während sie auf den Schrank zuging, ohne auch nur einen Blick auf das massive Himmelbett zu werfen. Seit sie dieses Bett am Tag zuvor gesehen hatte, bedrängten sie einige sehr verwirrende Gedanken und Vorstellungen. Eine davon war, wie sie nackt auf diesem breiten Bett lag, sich Gavin hingab und ihn stöhnend in sich aufnahm.

Als sie den geräumigen Einbauschrank betrat, fand sie eine so unglaublich große Auswahl an Kleidungsstücken, wie sie es nie erwartet hätte. Da waren Kleider aus Seide und Organdy, aus Chiffon und Baumwolle, aus Samt und Seide. Die kostspielige Schönheit dieser Kleider ließ ihren Atem stocken, und ein Bild erstand vor ihrem inneren Auge, von einem kleinen Mädchen, das sich gern herausgeputzt hatte, fern in einem anderen Jahrhundert, in einem anderen Universum.

Vorsichtig nahm sie ein grünes Kleid mit einer kurzen Jacke von dem Bügel. Das Material war ein federleichter Wollstoff, und beide Kleidungsstücke waren mit schwarzer Seide abgepaspelt.

Sie war so vertieft in die imponierende Vielfalt dieses Kleiderschranks, daß aller Atem aus ihren Lungen wich, als sie sich umwandte und mit einer harten, muskulösen Brust zusammenprallte.

In Reithosen, mit nacktem Oberkörper und die Arme über der Brust verschränkt, stand Gavin in der Tür zum Einbauschrank. Obwohl sein dunkles Haar noch wirr vom Schlaf war und dunkle Bartstoppeln sein Kinn umgaben, sah er zu gut aus, um wahr zu sein.

»Guten Morgen«, sagte er gedehnt, und Katherine konnte sehen, daß ihr Unbehagen ihm Vergnügen bereitete.

Heiße Röte stieg in ihre Wangen, und aus dem Gedanken heraus, daß Angriff die beste Verteidigung war, fragte sie in vorwurfsvollem Ton: »Was für eine Sorte Arzt ist das, der um diese Zeit noch faul im Bett liegt?«

Er lachte, und obwohl der Ton nicht eigentlich boshaft war, zerrte er an Katherines ohnehin schon wunden Nerven. »Die Sorte Arzt, die erst um halb sechs heute morgen aus dem Hospital zurückgekommen ist.«

Katherine schluckte und wünschte, er möge sie vorbeilassen. »Wenn du mich entschuldigen würdest ...«

Gavin legte eine Hand unter ihr Kinn und hob es zu sich empor. Seine Augen verloren plötzlich ihr vergnügtes Funkeln, als er prüfend ihr Gesicht betrachtete. »Wo wolltest du hin, Katherine?«

»Nach draußen«, antwortete sie. »Wenn ich nicht bald ein bißchen frische Luft und Sonnenschein bekomme, verliere ich den Verstand.«

Für einen Moment zog er die dunklen Brauen zusammen. »Seit wann bist du gern an der frischen Luft, Katherine?« fragte er, und ein mißtrauischer Ausdruck huschte über seine Züge. »Ach so. Natürlich. Du willst dich irgendwo mit Beecham treffen.«

Der Vorwurf, obwohl völlig unberechtigt, kränkte Katherine zutiefst. »Nein.«

Sanft strich Gavin mit dem Daumen über ihre Wange, und ein bedrohliches Licht erschien in seinen grauen Augen, gefährlich wie ein nächtliches Feuer, das im Lager des Feinds aufflackerte. Und dann berührte er ihren Mund, als wolle er ihn auf seine Eroberung vorbereiten.

Einen Moment später, mit einem rauhen Ton, der tief aus seiner Kehle kam, küßte Gavin sie. Der Kuß löste eine wahre Flut von Emotionen in Katherine aus, und als Gavin sie an sich zog, war ihr, als wäre sie mit hoher Geschwindigkeit gegen eine Betonmauer geprallt.

Sie hätte sich keine mächtigeren Gefühle als diese vorstellen können, doch als Gavins Zunge in die warme Höhlung ihres Mundes eindrang, wurde sie mit einem vollkommen neuen Grad der Erregung konfrontiert. Ihre Knie wurden schwach, ihr Herz begann so rasch zu schlagen, daß sie befürchtete, es werde explodieren, und ein warmes Prickeln begann sich in ihr auszubreiten. Als Gavin eine Hand an ihre Brust hob und sie streichelte, ohne seinen Kuß zu unterbrechen, wurde sie von einer jähen, unendlich süßen Ekstase erfaßt, wie sie sie noch nie zuvor erfahren hatte.

Wimmernd drängte sie sich an ihn, und als Gavin den Kuß abrupt beendete, starrte sie betroffen zu ihm auf.

»Nie wieder, Kathy«, sagte er schroff. »*Nie wieder*.«

Katherine bückte sich, um das Kleid aufzuheben, das ihren Händen entglitten war, weil sie nicht wollte, daß er den Schmerz und die Beschämung in ihren Zügen sah. Vielleicht verstand sie nicht genau, wovon er sprach, aber eins war ihr klar: daß er sie soeben eiskalt abgewiesen hatte.

Zutiefst erschüttert, aber ohne ein Wort zu ihm ging sie hinaus. Gavin brauchte nicht zu wissen, daß es ihren ganzen Stolz erforderte, sich nicht vor ihm zu verteidigen, und ihren ganzen Mut, das Kleid, das sie ausgewählt hatte, mitzunehmen, als sie ging.

Eins stand fest. Sie konnte nichts ändern an dem, was mit ihr geschehen war; sie hatte das Gefühl, als gäbe es keinen Weg zurück zu jener Zeit und jenem Ort, die hinter der kristallenen Brücke lagen.

Und damit blieb ihr nur das Jetzt und Hier, womit sie etwas anfangen konnte, und sie war fest entschlossen, die Ärmel aufzukrempeln und sich in dieser fremden Welt ein Leben aufzubauen.

Mit oder ohne Dr. Gavin Winslow.

5. Kapitel

Katherine spazierte durch den gepflegten Garten, der das Haus umgab, froh, endlich wieder an der frischen Luft zu sein und den Sonnenschein auf ihrer Haut zu spüren. Als sie müde wurde, setzte sie sich auf den Rand des Springbrunnens, tat einen langen, genießerischen Atemzug und schloß die Augen.

Der leichte, unerwartete Kuß ließ sie verblüfft die Augen wieder aufschlagen.

Jeffrey lächelte auf sie herab. »Hallo, Kathy«, sagte er mit kehliger Stimme.

Wenn Katherine die Macht besessen hätte, den Mann in eine andere Dimension zu versetzen, dann hätte sie es jetzt getan. Sie war überhaupt nicht überrascht, als sie zu den Fenstern im ersten Stock hinüberschaute und einen kurzen Moment lang Gavin sah, bevor er sich wieder abwandte.

Jeffrey setzte sich neben sie und ergriff ihre Hand; Katherine entzog sie ihm bestürzt.

»Du hättest keinen schlechteren Zeitpunkt wählen können!« zischte sie, als sie aufsprang und ihre Röcke glattstrich.

Jeffreys Blick war ihrem zu der Fensterreihe im ersten Stock gefolgt. »Ich schätze, daß der gute Doktor in diesem Augenblick schon unterwegs ist, um mir die Nase einzuschlagen«, bemerkte er seufzend.

»Ich könnte es ihm nicht verübeln«, entgegnete sie, setzte mit zitternden Fingern ihre grüne Haube auf und befestigte die schwarzen Ripsbänder unter ihrem Kinn. Dann tat sie einen weiteren tiefen Atemzug, diesmal, um Mut zu sammeln, und schaute Jeffrey an. »Ich weiß nicht, was zwischen uns beiden vorgefallen ist«, sagte sie und errötete, als Jeffrey eine Augenbraue hochzog und vielsagend lächelte. »Na schön, ich *weiß* es. Aber ich möchte es vergessen. Ich ... ich liebe meinen Mann.«

Jeffreys Belustigung wich Ärger. Er richtete sein seidenes Halstuch und erhob sich, um empört auf Katherine herabzusehen. »Du hast mir ein Versprechen gegeben. Du hast geschworen, mit mir nach San Francisco zu fahren, nur wir beide, ganz allein, sobald du deine Kraft zurückgewonnen hast.«

Katherine runzelte die Stirn. »Nur wir beide? Ich kann dir doch unmöglich versprochen haben, mein kleines Kind zurückzulassen ...«

Eine dunkle Röte stieg von Jeffreys Nacken auf. »Wir waren uns einig, daß das Kind hier besser aufgehoben ist, bei Dr. Winslow und seiner Schwester. Katherine, was ist los mit dir? Du bist nicht mehr die Frau, die ich gekannt habe!«

Verwirrt ließ sie sich auf die breite Marmorbank zurücksinken. Es gefiel ihr, diesen reifen, weiblichen Körper zu besitzen, und sie liebte Christopher und ... ja, möge der Himmel ihr beistehen, sie liebte auch Gavin ..., aber je mehr sie über die echte Mrs. Winslow herausfand, desto mehr Verachtung begann sie für jene andere Katherine zu empfinden. Denn diese Frau hatte nicht nur ihren Mann betrogen, sondern allen Ernstes vorgehabt, ihr eigenes Kind im Stich zu lassen!

Katherines Zuversicht verblaßte, eine tiefe Niedergeschlagenheit erfaßte sie. Vor einer Stunde hatte sie noch gewagt zu glauben, daß es möglich wäre, Gavins Verzeihung zu erlangen und vielleicht sogar seine Liebe. Doch nun erschien ihr die ganze Situation noch viel hoffnungsloser als jemals zuvor.

»Ich will dich nie wiedersehen, Jeffrey«, sagte sie leise, aber entschieden. »Niemals.«

Jeffrey starrte sie einen langen Moment nur böse an, dann wandte er sich ab und stürmte aus dem Garten. Das Eisentor fiel krachend hinter ihm ins Schloß.

Das nächste Geräusch, das Katherine hörte, war ein langsamer, höhnischer Applaus.

Als sie sich umwandte, entdeckte sie Gavin auf dem Kiesweg, der zu den Terrassentüren führte. Er sah hinreißend attraktiv wie immer aus in seinen braunen Reithosen, dem Leinenhemd und dem maßgeschneiderten Tweedjackett.

»Hör auf damit«, fuhr sie ihn an. »Ich ertrage deinen verdammten Spott nicht mehr.«

»Eine exzellente Vorstellung – die junge Mutter, die ihrem Liebhaber den Abschied gibt. Du hättest Schauspielerin werden sollen.«

Wütend stampfte Katherine mit dem Fuß auf. »Hör endlich auf, dich wie ein Blödmann aufzuführen und glaub mir, was ich sage, ja? Es war ernst gemeint, was ich zu Jeffrey sagte – Mr. Beecham, meine ich. Ich will ihn nicht mehr wiedersehen, nie mehr!«

»Was ist ein Blödmann?« fragte Gavin mit argwöhnischer Neugier.

Katherine lachte, aber es klang bitter und verzweifelt. »Jemand, der so dumm und starrsinnig wie ein Esel ist«, erwiderte sie.

Einen langen Moment starrte Gavin sie nur an, und nichts in seinem Ausdruck ließ darauf schließen, was er dachte. In seinen schiefergrauen Augen lag etwas, was man vielleicht als Zärtlichkeit hätte deuten können, aber sie spiegelten auch Zorn und Mißtrauen wider. »Ich glaube, du gehst jetzt besser wieder hinein«, bestimmte er schließlich.

Sie unternahm keinen Versuch, Einwände zu erheben, denn dazu war sie plötzlich viel zu müde; die Ereignisse des Morgens waren ein bißchen zuviel für sie gewesen. Sie begann in Richtung Haus zu gehen, mit abgewandtem Blick, und als sie an Gavin vorbeikam, ergriff er ihren Arm und hielt sie auf.

»Einen zweiten Fehler werde ich dir nicht verzeihen, Katherine«, sagte er.

Sie weigerte sich, ihn anzusehen. »Du hast den ersten auch noch nicht verziehen«, hielt sie ihm vor.

In ihrem Zimmer erwarteten sie ein frisches Nachthemd und ein Morgenrock, und eins der Dienstmädchen hatte saubere Laken aufgezogen.

Katherine zog sich um und setzte sich dann in den

Schaukelstuhl, um Christopher zu stillen, der von Tag zu Tag mehr Appetit zu entwickeln schien. Als er kurz darauf wieder eingeschlafen war, schlüpfte Katherine zwischen die kühlen Laken, streckte sich auf dem glatten Leinen aus und schloß die Augen, um ebenfalls zu schlafen.

Als sie einige Stunden später erwachte, dämmerte draußen schon der Abend, und auf dem Nachttisch wartete ein Tablett mit ihrem Abendessen. Maria saß im Schaukelstuhl am Feuer und stillte den kleinen Christopher.

Seufzend richtete Katherine sich auf und nahm das Tablett auf ihren Schoß. »Ist dein Baby ein Junge oder ein Mädchen?« fragte sie die Indianerin.

Marias Gesicht nahm einen abweisenden Ausdruck an. »Ein Junge.«

Das Tablett enthielt eine verlockende Auswahl von Gerichten, unter anderem Geflügelpastetchen und einen Teller eingekochter Birnen. »Ich würde ihn gern einmal sehen. Wie heißt er?«

Maria hielt den Blick auf Christopher gerichtet, als sie antwortete. »Die Stammesältesten werden meinem Sohn einen Namen geben, wenn die Zeit gekommen ist.« Dann sah sie plötzlich Katherine an. »Ich würde ihn auch gern sehen, aber er lebt jetzt bei meinem Volk.«

Katherine, die mit Appetit zu essen begonnen hatte, legte die Gabel auf das Tablett zurück und vergaß das Essen. »Soll das heißen, daß sie dir dein Baby abgenommen haben?«

»Ich habe es ihnen gegeben; sein Vater ist der Sohn des Häuptlings. Es ist am besten so.«

Katherine zwang sich, noch einen Bissen zu sich zu nehmen. »Ich könnte es nicht ertragen, von Christopher getrennt zu werden«, meinte sie leise.

Ein Blick in Marias Richtung verriet, daß die Frau sie jetzt in unverhohlener Verwirrung anstarrte. Vielleicht hatte sie gewußt, daß die Hausherrin beabsichtigte, mit ihrem Geliebten durchzubrennen und ihr Kind zurückzulassen, damit andere es aufzogen. Vielleicht hatte Maria sogar gehofft, die Leere in ihrem Herzen zu füllen, indem sie für das Baby sorgte, wenn Katherine erst fort war.

»Ich werde Christopher mit dir teilen«, fügte Katherine sanft hinzu.

Maria blinzelte und wandte den Blick ab, um Katherine dann wieder anzuschauen. »Sie haben sich verändert«, stellte sie fest. »Und mir scheint, es gibt da einiges, woran Sie sich nicht mehr erinnern.«

Katherine nickte. »Ja, ich habe mich verändert«, pflichtete sie ihr bei. »Ich habe mich sogar mehr verändert, als irgend jemand auf dieser Welt mir jemals glauben würde. Und du hast recht – es gibt sehr vieles, woran ich mich nicht erinnere. Hat Mrs. Wins... habe ich ein Tagebuch geführt, Maria? Habe ich irgendwelche Briefe aufbewahrt, die ich erhalten habe?«

Christopher war inzwischen eingeschlafen. Behutsam bettete Maria ihn auf ihren Schoß, knöpfte ihr Mieder zu und hob den zufriedenen Säugling dann auf ihre Schulter, damit er sein Bäuerchen machte.

»Ja, es gibt Papiere«, beantwortete sie Katherines Frage. »Ich werde sie Ihnen bringen, sobald Dr. Winslow zur Visite ins Krankenhaus gefahren ist.«

»Danke«, erwiderte Katherine schlicht.

Tatsächlich suchte Gavin sie jedoch noch einmal in ihrem Zimmer auf, bevor er das Haus verließ. Fast wäre es ihr lieber gewesen, wenn er getobt und geschrien hätte, anstatt solch kühle, ruhige Distanz zu ihr zu wahren.

»Ich werde dich für den Rest des Sommers in unser Ferienhaus auf der Insel schicken«, teilte er ihr nüchtern mit, in einem Ton, der keinen Widerspruch erlaubte.

Katherine war zutiefst betroffen. Erstens hatte sie keine Ahnung, welche Insel Gavin meinte, und zweitens war ihr der Gedanke verhaßt, ihn mit jemandem wie Caroline Raynes allein in Seattle zurückzulassen. »Habe ich ein Mitspracherecht in dieser Angelegenheit?« erwiderte sie mit erzwungener Ruhe.

Die Vorstellung schien Gavin zu verblüffen. »*Mitspracherecht*?«

Katherine nickte. Diese Männer aus dem neunzehnten Jahrhundert waren schlicht unmöglich. »Was wäre, wenn ich dir jetzt sagen würde, daß ich nicht wegfahren möchte und lieber hier bei dir in Seattle bliebe?«

Gavin stieß einen leidgeprüften Seufzer aus. »Dann würde ich dir darauf antworten, Katherine, daß deine Wünsche hier kein großes Gewicht besitzen«, entgegnete er.

Wieder hatte er Worte benutzt, von denen er wußte, daß sie Katherine kränken würden; sie schmerzten mindestens so sehr, als wenn er ihr mit dem Handrücken ins Gesicht geschlagen hätte.

»Bastard«, sagte sie aufgebracht, aber nicht nur, weil er sie verletzt hatte, sondern auch, weil Tränen in ihren Augen aufstiegen und sie nicht wollte, daß er sie wegen irgend etwas weinen sah, was *er* gesagt oder getan hatte.

Er kam zu ihrem Bett und beugte sich über sie, um sie auf die Stirn zu küssen. »Ja, ich liebe dich auch, mein Herz«, erwiderte er mit übertriebener Liebenswürdigkeit. »Und ich wünsche dir eine angenehme Nachtruhe.«

Und da – endlich – bemerkte Katherine, daß er formelle Abendkleidung trug. »Du willst ausgehen!« sagte sie in vorwurfsvollem Ton und sah ihn schon in irgendeinem eleganten Ballsaal mit einer schönen Frau nach der anderen tanzen. Das nächste Bild, das ihre Phantasie ihr vorspielte, zeigte Gavin und die ach so anständige Miss Raynes, wie sie bei einem ausgiebigen Dinner saßen, sich tief in die Augen schauten und dann ihre Weingläser klirren ließen in einem Toast, der den Rest der Welt ausschloß.

»Ja«, erwiderte Gavin schlicht.

Katherine begann schon Protest zu erheben, nahm sich dann jedoch zusammen. Sie konnte ihn unmöglich bitten, *nicht* auszugehen – nicht nach den Fehltritten, die die andere Katherine sich geleistet hatte. »Gavin …« Nervös fuhr sie mit der Zunge über ihre Lippen, die wie ausgedörrt waren. »Ich weiß nicht, ob ich … Ich meine … würde es etwas nützen, wenn ich dir sagte, daß mir alles sehr, sehr leid tut, was vor einigen Monaten vorgefallen ist?«

Sie spürte schon, wie er sich innerlich von ihr distanzierte, noch bevor er von ihrem Bett zurücktrat. »Nein«, erwiderte er flach. »Dazu ist es jetzt zu spät.«

Und damit wandte er sich zu der Wiege neben ihrem Bett um. Katherine hätte zu gern seinen Gesichtsausdruck gesehen, als er auf den kleinen Christopher hinabschaute, aber da weder die Gaslampen angezündet waren und auch kein Feuer im Kamin brannte, war es im Zimmer viel zu dunkel, um sein Gesicht zu erkennen.

»Ich denke, dir wird inzwischen aufgefallen sein, daß dein Sohn dir wie aus dem Gesicht geschnitten ist«, bemerkte sie schüchtern.

Da erhob Gavin endlich wieder den Blick zu ihr, und die Kälte, die sie darin sah, ließ sie erschaudern. »Ja, Christopher ist mein Sohn«, stimmte Gavin ruhig zu. »Aber das war nichts weiter als ein glücklicher Zufall. Genausogut hätte er auch von Beecham oder dem Mann sein können, der die Kohlen bringt. Was dich und mich angeht, Katherine, so hat sich nicht das geringste geändert durch die Tatsache, daß ich dieses Kind als mein eigenes akzeptiert habe.«

Der Klumpen, der sich in Katherines Kehle formte, machte es ihr unmöglich, etwas zu erwidern, aber im Moment wäre sie ohnehin viel zu verwirrt dazu gewesen. Selbst wenn ihr Leben davon abgehangen hätte, wäre ihr keine Antwort eingefallen, die scharf genug gewesen wäre, um Gavins grausamen Worten Paroli zu bieten.

In jener Nacht schien eine ganz ungewohnte Betriebsamkeit im Haus zu herrschen, aber Katherine war noch immer viel zu erschüttert von ihrem Wortwechsel mit Gavin, um sich zu fragen, worauf all diese hektische Aktivität zurückzuführen sein mochte.

Am Morgen darauf erfuhr sie es.

»Wir brechen heute zu unserem Ferienhaus auf der Insel auf«, teilte Marianne ihr freudestrahlend mit. »Du ahnst gar nicht, wie froh ich bin, daß ich bald wieder am Strand spazierengehen kann.«

Auch Katherine liebte den Strand, und die Aussicht,

eine Zeitlang in einem Haus am Meer zu leben, hätte sie in ihrem anderen Leben wahrscheinlich sehr begeistert, doch jetzt stimmte sie sie nur traurig. Es war offensichtlich, daß Gavin seine Frau und seine Schwester aus dem Weg haben wollte, um ungestört seine Geliebte sehen und sie zu sich nach Hause einladen zu können.

Mit einer wahren Karawane von Kutschen brachen Katherine und Marianne zum Hafen auf. Sie und ihre Schwägerin fuhren in der ersten, Maria und Christopher in der zweiten, während ein schwerbeladener Pferdewagen, der ihr Gepäck beförderte, den Abschluß der Kolonne bildete.

Als sie Elliott Bay erreichten, wo ein kleines Schiff sie erwartete, um sie nach Vashon Island zu bringen, besserte Katherines bedrückte Stimmung sich ein wenig. Der Hafen mit seinen schwankenden Holzstegen, den abenteuerlich aussehenden Matrosen und dem Gebimmel der Schiffsglocken war so völlig anders als sein Gegenstück im Seattle der modernen Zeiten, daß Katherine nur noch staunen konnte.

Nachdem die Passagiere und ihr Gepäck im Schiff untergebracht waren, betätigte der Kapitän sein Horn, und das Boot legte ab und nahm Kurs auf das offene Meer. Katherine stand an der Reling und schaute zu, wie der Hafen langsam immer kleiner wurde.

Die Stadt war jener anderen, die sie kannte, ungeheuer ähnlich, und doch vollkommen anders.

Gavin hatte sich nicht einmal die Mühe gemacht, sie zum Hafen zu begleiten, und Katherine fragte sich, ob er überhaupt von seiner Dinnerparty am Abend zuvor zurückgekehrt sein mochte. Sie hatte ihn nicht mehr gesehen, seit er in ihrem Zimmer gewesen war, und weder auf dem Korridor noch sonst irgendwo im Hause seine Stimme vernommen.

»Ich habe die Briefe und die Tagebücher mitgebracht«, sagte Maria, die neben ihr an Deck erschienen war. Auf Katherines Stirnrunzeln hin lächelte sie und sagte: »Machen Sie sich keine Sorgen. Christopher ist bei seiner

Tante, die froh ist, ihn einmal ganz allein für sich zu haben.«

Katherine seufzte. »Danke, daß du mich unterstützt, Maria – und daß du mich vor allem nicht für verrückt erklärst.«

Die alterslosen braunen Augen der Indianerin betrachteten Katherine wohlwollend. »Sie sind nicht verrückt«, antwortete Maria mit ruhiger Entschiedenheit. »Und Sie sind auch nicht Katherine Winslow.«

6. Kapitel

Als Katherine in Marias nachdenkliche braune Augen schaute, begriff sie, daß sie eine Freundin gefunden hatte. Sie war allerdings noch nicht bereit, ihre unverhoffte Ankunft in dieser Zeit und an diesem Ort zu erklären, weil sie selbst noch nicht ganz verstand, was eigentlich mit ihr geschehen war. Aber es war ein Trost für sie, zu wissen, daß es wenigstens einen Menschen gab, der möglicherweise ein offenes Ohr für eine so merkwürdige Geschichte haben würde.

Danach schauten beide Frauen in einverständlichem Schweigen zu, wie die Küste langsam verschwand, als das dampfbetriebene Boot in die Bucht hinausglitt und Kurs auf Vashon Island nahm. Weiße und graue Möwen zogen kreischend ihre Kreise über ihnen, und das Meer war blau wie Tinte unter einem wolkenlosen Himmel, an dem die Sonne ihren gleißend hellen Schein verströmte.

Katherine war fasziniert von der immer kleiner werdenden Silhouette ihrer Heimatstadt. Keine Wolkenkratzer aus Glas und Stahl ragten in den Himmel auf, und auf den Straßen fuhren Kutschen und Pferdewagen statt Automobile.

Sie lächelte. »Es ist wie im Film«, sagte sie.

Maria runzelte die Stirn. »Was?«

Katherine tätschelte beruhigend Marias Hand. »Das erkläre ich dir ein andermal« versprach sie.

Schließlich erreichte das Boot Vashon Island, wo bereits eine Kutsche die Winslows erwartete, zusammen mit einem Pferdekarren, auf dem das Gepäck befördert werden sollte.

Katherine war genauso fasziniert von der Insel, wie sie es von der Stadt gewesen war. Als sie durch eine kleine Ortschaft fuhren, entdeckte sie einen Krämerladen, eine Schmiede und einen malerischen, ganz aus Natursteinen erbauten Leuchtturm. Für sie war die Welt ein einziges großes Museum zum Anfassen geworden.

Das ›Sommerhaus‹ der Winslows, das direkt am Strand lag, war nicht weniger beeindruckend als das prächtige Herrenhaus, das sie in der Stadt bewohnten.

Es war ein riesiges Bauwerk aus weißgetünchtem Backstein, mit unzähligen Balkonen und Terrassen. Etwa einen halben Meter unter dem höchsten Giebel erglühte ein achteckiges, bleiverglastes Fenster unter dem Sonnenlicht, das sich in seinen bunten Scheiben widerspiegelte. Überall blühten Rosen, es gab Gartenlauben, Bänke und Springbrunnen, und zwei Reihen anmutiger Trauerweiden säumten wie eine Ehrengarde die kiesbestreute Allee, die zum Haus hinaufführte.

Obwohl Katherine nicht glücklich darüber war, auf die Insel verbannt worden zu sein, war sie doch entzückt von diesem wundervollen Haus. Sein bloßer Anblick allein weckte in ihr ein solch tiefempfundenes Gefühl der Heimkehr, daß ihr die Tränen kamen.

Während sie sich bemühte, sie zurückzudrängen, sagte sie leise: »Es ist wunderschön.«

Marianne hatte nicht einmal einen Blick aus dem Kutschenfenster geworfen. »Du benimmst dich wirklich äußerst sonderbar in letzter Zeit, Katherine. Du sprichst, als hättest du das Sommerhaus noch nie gesehen, und dabei bist du hier getraut worden!«

Katherine warf ihrer Schwägerin einen hilflosen Blick zu, biß sich aber auf die Lippen und ignorierte Mariannes

Bemerkung. Was hätte sie auch schon darauf erwidern können, was sie nicht in Gefahr gebracht hätte, in irgendein finsteres Irrenhaus des neunzehnten Jahrhunderts eingewiesen zu werden?

Wenn Marianne wüßte, an wie viele Dinge ich mich nicht ›erinnern‹ kann, dachte Katherine. Was mochte aus Gavins und Mariannes Eltern geworden sein? Oder – was das betraf – aus ihren eigenen? War jene andere Katherine in einer glücklichen Familie aufgewachsen, mit Brüdern und mit Schwestern, oder war sie das einzige Kind gewesen? Und warum war eine hübsche junge Frau wie Marianne nicht verheiratet?

Die Fragen waren praktisch unerschöpflich, und Katherine hoffte, daß die Briefe und Tagebücher, die Maria für sie mitgebracht hatte, ihr wenigstens auf einige von ihnen eine Antwort geben würden.

Als die Kutsche über das Kopfsteinpflaster der Einfahrt ratterte, erwachte Christopher in Marias Armen und begann zu zappeln. Katherine griff nach ihm und wunderte sich dabei über die tiefe Liebe, die sie für den kleinen Jungen empfand. Obwohl er das Kind einer anderen Frau war und weder von ihr selbst empfangen noch ausgetragen worden war, hätte sie ihn nicht mehr lieben können, wenn er ihr eigener Sohn gewesen wäre.

»Psst«, sagte sie leise, hielt das Kind an ihrer Schulter und streichelte seinen Rücken. »Wir sind gleich zu Hause.«

Von innen war das Haus nicht weniger beeindruckend als von außen. Die Zimmer waren alle groß, hell und mit kostbaren Möbelstücken eingerichtet, doch obwohl diese Möbel alle aus solidem, schwerem Holz gefertigt waren, gaben sie Katherine nicht das Gefühl, sie zu ersticken, wie sie es bei ihren Gegenstücken im Stadthaus der Winslows empfunden hatte.

Eine überdachte Sonnenterrasse, die auf den Obstgarten hinausging, hinter dem das Meer zu sehen war, entzückte Katherine ganz besonders. Hier, an diesem stillen, geschützten Ort gedachte sie einen großen Teil ihrer Zeit zu verbringen, um in Ruhe über all die Fragen nachzudenken, die sie beschäftigten und quälten.

Ihr Gepäck wurde in das Schlafzimmer des Hausherrn gebracht, das sich als der Raum herausstellte, zu dem das achteckige Buntglasfenster gehörte. Ein Wohnzimmer und ein Ankleidezimmer gehörten zu der kleinen Suite, deren Fußböden aus dunklem, polierten Edelholz bestanden. An einer Wand befand sich ein kleiner Kamin aus grauem und weißem Marmor, dessen Sims aus einem solch glänzenden, dunklen Holz bestand, daß es Katherine an Ebenholz erinnerte.

»Das muß ein Irrtum sein«, sagte Katherine nervös zu Marianne, als Christopher gestillt war und Maria ihn ins Kinderzimmer auf der anderen Seite des Korridors gebracht hatte.

»Was soll ein Irrtum sein?« fragte Marianne, als George, der Butler, und Walter, der Stallbursche, den Raum verlassen hatten.

Katherine ging zur Tür, um sie zu schließen, und ihre Wangen brannten vor Verlegenheit, als sie sich zu Marianne umwandte. »Das ist doch sicher *Gavins* Zimmer. Du weißt, daß wir zu Hause getrennte Zimmer haben ...«

»Na und?« versetzte Marianne ungerührt. »Es wäre sowieso besser, wenn ihr euch ein Zimmer teilen würdet.«

Katherine wurde ungeduldig. »Trotzdem halte ich es für ratsamer, in ein anderes Zimmer umzuziehen.«

»Unsinn«, entgegnete Marianne entschieden. »Gavin ist nicht Gott, so gern er sich das auch einredet; er hat kein Recht, dir ständig seinen Willen aufzuzwingen. Außerdem sehen wir ihn vermutlich ohnehin nicht, bis wir im September wieder nach Seattle zurückkehren.«

»Im September?« Katherine fühlte sich sehr wohl auf dieser Insel, so wenig sie auch bisher davon gesehen hatte, aber die Vorstellung, Gavin drei lange Monate nicht zu sehen, war ihr einfach unerträglich.

Marianne seufzte, spreizte für einen Moment die Hände und ließ sie dann wieder sinken. »Du hast dich also endlich doch in deinen Mann verliebt, nicht wahr?« fragte sie mit liebevoller Unverblümtheit. »Verzeih mir, daß ich frage, Katherine, aber warum hast du so lange dafür gebraucht? Hättest du deine zärtlichen Gefühle nicht schon früher entdecken können – *bevor* du deinen Mann vor halb Seattle gedemütigt und bloßgestellt hast?«

Es klang nicht die geringste Feindseligkeit in Mariannes Worten mit, nur aufrichtige Verwunderung. »Ich kann es dir nicht erklären«, antwortete Katherine, während sie durch die hohen Glastüren auf den Balkon hinaustrat. »Zumindest jetzt noch nicht. Aber du hast schon recht, Marianne – ich glaube, ich habe mich in meinen eigenen Mann verliebt. Und der liebe Himmel weiß, daß ich buchstäblich *alles* tun würde, um ihn zurückzugewinnen.«

Marianne trat neben sie an das Geländer des Balkons, und zusammen betrachteten sie den Sonnenschein, der auf den stillen Gewässern der Bucht glitzerte, und die weißen Möwen, die über den Wipfeln der Apfelbäume im Garten kreisten. »Ich würde mich freuen, wenn es dir gelingen würde«, sagte Marianne leise, »für dich und Christopher, und ganz besonders auch für Gavin. Aber die Art und Weise, wie du in aller Öffentlichkeit mit Jeffrey Beecham kokettiert hast, Katherine ... Das war eine Demütigung, die für einen Mann nur sehr schwer zu verkraften ist.«

Katherine schluckte und wagte nicht, Marianne anzusehen, als sie weitersprach. »Angenommen, ich würde dir jetzt sagen. daß ich mich an nichts mehr von dem erinnere, was vor Christophers Geburt geschehen ist? Weder an die Hochzeit noch an den Ehebruch. An rein gar nichts. Würdest du mir glauben, Marianne?«

»Ich würde mir große Sorgen um dich machen«, erwiderte ihre Schwägerin leise.

Katherine zwang sich, Mariannes Blick zu erwidern, und erkannte, daß sie nicht mehr sagen durfte, nicht in diesem Augenblick zumindest. »Du bist so schön, Marianne. Warum hast du nie geheiratet und deine eigene Familie gegründet?«

Mariannes makellose Haut erblaßte, und sie preßte

ganz unbewußt die Lippen zusammen – aber nicht aus Ärger, sondern aus Qual, dachte Katherine, die sie aufmerksam beobachtete. »Du erinnerst dich *wirklich* nicht«, sagte Marianne kopfschüttelnd. »Katherine, ich war mit Timothy Waynewright verlobt, dem Vizepräsidenten unserer Handelsbank. Er wurde zwei Tage vor unserer Hochzeit bei einem Banküberfall erschossen.«

»Großer Gott«, flüsterte Katherine bestürzt und stützte sich einen Moment lang auf die Balustrade. »Es tut mir so leid, Marianne …«

Marianne sah aus, als bekümmerte Katherines Gesundheitszustand sie viel mehr als ihre eigene Tragödie. Resolut nahm sie ihre Schwägerin am Arm und führte sie mit sanftem Nachdruck ins Haus zurück.

»Wir sollten Gavin davon erzählen – von deinen Gedächtnislücken, meine ich. Es ist möglich, daß das einiges ändern würde.« Während sie sprach, zog sie Katherine zu dem großen Bett, zwang sie, sich hinzulegen, und deckte sie mit einer leichten Decke aus cremefarbener Kaschmirwolle zu.

Katherine schüttelte den Kopf. »Ganz bestimmt nicht«, sagte sie. »Er würde ja doch nur glauben, ich machte euch etwas vor, um nicht für Katherines … für meine Fehler büßen zu müssen.«

Marianne ließ sie schließlich allein, und Katherine schlief einige Stunden. Als sie erwachte, stand ein lavendelfarbener Hutkarton auf ihrem Nachttisch, den sie vorher nicht bemerkt hatte. Verwundert richtete sie sich auf, strich ihr Haar zurück und nahm den Karton auf ihren Schoß.

Er war gefüllt mit parfümierten Briefen, und es lagen auch altmodische, blaugetönte Fotografien darin und zwei dicke, ledergebundene Tagebücher.

Katherine begann mit den Briefen, die zum größten Teil von Schulfreundinnen und Verwandten an der Ostküste stammten. Aus diesen Briefen erfuhr sie, daß jene andere Katherine von einer reichen, unverheirateten Tante in Maine aufgezogen worden war. Sie hatte von der ersten bis zur zwölften Klasse ein Internat in Connecticut besucht und war dann auf eine Schule in Boston übergewechselt, wo sie ihre Abschlußprüfung abgelegt hatte.

Die Fotografien zeigten Katherine, die neben Gavin stand und mit strahlendem Lächeln zu ihm aufschaute. Auch er sah sehr, sehr glücklich aus. Was mochte es gewesen sein, das die tragische Veränderung in ihrer Beziehung bewirkt hatte?

Katherine lehnte sich für eine Weile an das mit kunstvollen Schnitzereien versehene Kopfteil ihres Betts, starrte in den leeren Kamin und versuchte, sich ein klares Bild aus dem zu schaffen, was sie aus dem ersten Dutzend Briefen erfahren hatte. Erst als Mrs. Hawkins, die Haushälterin, ihr Tee und frische Erdbeeren gebracht hatte, begann sie die anderen Briefe zu lesen.

Es war ein eigenartiges Erlebnis, diesen intimen Blick in das Leben einer anderen Frau zu tun und ihre Hoffnungen und Träume in der Handschrift einer alten Tante, einer verständnisvollen Freundin oder einer Cousine widergespiegelt zu sehen. Obwohl Katherine viel über jene andere Katherine in diesen langen Stunden der Lektüre herausfand, vermehrten sich die Fragen noch schneller als die Antworten.

Die Tagebücher, die die intimste Einsicht überhaupt versprachen, erwarteten sie noch, aber Katherines Kopf dröhnte bereits von all dem, was sie bisher herausgefunden hatte, und so beschloß sie, sich die Tagebücher für einen anderen Tag aufzuheben.

Beim Dinner an jenem Abend war Katherine sehr nachdenklich und überließ es Marianne, die Unterhaltung zu bestreiten. Ihre Vorgängerin war ein oberflächliches, egoistisches Geschöpf gewesen, überaus empfindlich und verwöhnt, obwohl sie schon frühzeitig ihre Eltern verloren hatte. Sie mußte ein sehr einsames, verzogenes Kind gewesen sein, das sich nach Liebe und Zuwendung gesehnt hatte.

Am nächsten Morgen stand Katherine schon früh auf, übergab Christopher, nachdem sie ihn versorgt hatte,

Maria, und verließ das Haus zu einem Spaziergang, zu dem sie eins der Tagebücher mitnahm. Während sie durch den Obstgarten zum Strand hinunterging, hörte sie das leise, gleichmäßige Rauschen der Brandung, und dieses Geräusch weckte eine Zuversicht in ihr, wie sie sie schon sehr lange nicht mehr empfunden hatte.

Eine Weile schlenderte sie am Strand entlang, entzückt über alles, was sie sah und spürte, roch und hörte – das blaue Meer, den feuchten, groben Sand, die frische, salzhaltige Luft und das schrille Kreischen der Möwen, die über ihr ihre Kreise zogen. Als sie einmal eine Austernbank entdeckte, blieb sie stehen, beschattete ihre Augen vor der grellen Sonne und überlegte, ob irgendwelche dieser groben Muschelschalen Perlen enthalten mochten.

Nach einer Weile begann sie zu ermüden und kehrte in den Obstgarten zurück. Als sie einen Baum mit einem niedrigen, soliden Ast fand, von dem sie einen guten Ausblick auf das Meer hatte, kletterte sie hinauf. Dann, ihre langen Röcke sittsam unter sich gerafft, zog sie das erste der Tagebücher aus der Tasche und begann zu lesen.

Die Verfasserin des Tagebuchs war nach einer Reise nach Hongkong zum ersten Mal nach Seattle gekommenen. Auf einer Gesellschaft hatte sie Dr. Gavin Winslow kennengelernt, den sie in ihrem Tagebuch als ›gutaussehend, aber furchtbar ernst‹ beschrieb. Sie hatte auch nicht vergessen, zu vermerken, daß er ein beträchtliches Vermögen von seinem Vater geerbt hatte, der einer der ersten ›Holzbarone‹ in der Gegend um Seattle gewesen war – eine Tatsache, die jene andere Katherine offenbar als Ausgleich dafür akzeptierte, daß Gavin nur den bescheidenen Beruf eines Arztes ausübte.

Als Katherine weiterlas, begannen ihre früheren Vermutungen sich zu bestätigen. Gavins junge Braut war nicht nur eine schamlose Verführerin gewesen, die es geradezu darauf angelegt hatte, ihren Mann vor den Augen der ganzen Welt zu demütigen, sondern auch ein sehr einsames, verwirrtes Kind. Sie hatte *jedermanns* Liebe und Aufmerksamkeit gebraucht, nicht nur die ihres Ehemannes. Wenn die Leute sie nicht beachteten, so hatte sie geschrieben, fühlte sie sich, als sei sie unsichtbar, und begann manchmal sogar an ihrer eigenen Existenz zu zweifeln. Oft versank sie in ›schwarze Melancholie‹ und wünschte allen Ernstes, nie geboren zu sein.

Ihr Name schallte durch die warme, salzhaltige Brise.

»Katherine! Kaaathy!«

Es war Marianne.

Katherine schloß das Tagebuch, steckte es in ihre Rocktasche und stieg vom Baum. Ihre Geschicklichkeit in dieser Hinsicht war ein Mitbringsel aus jenem anderen Leben, das sie auf der anderen Seite der Kristallbrücke geführt hatte. Dort war sie schon als Kind ein unverbesserlicher Wildfang gewesen.

Als Katherine den Boden erreichte und sich umwandte, um auf ihre Schwägerin zuzugehen, sah sie, daß die junge Frau sie fassungslos anstarrte. »Katherine, warst du da oben in dem Baum?« fragte sie ungläubig.

»Warum fragst du?« antwortete Katherine freundlich. »Du hast mich doch gesehen.«

»Aber du hast so etwas doch noch nie getan!«

Katherine lächelte. »Jetzt tue ich es.«

7. Kapitel

Katherine und Marianne nahmen das Mittagessen auf der geschützten Gartenterrasse ein, und Maria leistete ihnen dabei Gesellschaft. Katherine war geistesabwesend wie schon am Abend zuvor beim Dinner; sie konnte an nichts anderes mehr denken als an das Tagebuch, das sie in der Tasche ihres Kleids verborgen hielt.

Die plötzliche Erkenntnis, die ihr bei all ihren geheimen Überlegungen einmal kam, erschütterte sie so heftig, daß sie klirrend den Suppenlöffel fallen ließ und einen leisen Schrei ausstieß.

»Entschuldigt mich bitte«, stieß sie hervor, während sie ihren Stuhl zurückschob und sich rasch erhob.

Die anderen beiden Frauen schienen sehr verblüfft über ihr seltsames Verhalten.

»Alles in Ordnung, Katherine?« fragte ihre Schwägerin besorgt.

Doch Katherine nickte nur und eilte rasch ins Haus. In dem großen, sehr maskulin eingerichteten Arbeitszimmer gleich neben der großen Eingangshalle fand sie, was sie suchte: einen Schreibtisch, Papier, ein Fäßchen Tinte und eine Feder.

Während sie in dem bequemen Ledersessel am Schreibtisch Platz nahm, zog sie mehrere Blätter feinstes Bütten aus der Schublade. Nachdem sie das Papier auf dem polierten Holz zurechtgelegt hatte, öffnete sie das Tintenfäßchen, tauchte die Feder ein und begann in fieberhafter Hast zu schreiben.

Wachsende Erregung erfaßte sie, als sie einen inhaltlich vollkommen bedeutungslosen Satz nach dem anderen niederschrieb. Erst als ihre Hand ermüdete, wischte Katherine endlich die Feder ab und schraubte den Deckel wieder auf das Tintenfäßchen.

Ohne abzuwarten, bis die Seiten getrocknet waren, verglich sie ihre eigene Schrift mit jener in den Tagebüchern. Die Buchstaben auf den losen Blättern waren viel schmaler, sauberer und bedeutend kleiner.

Sie hatte also doch etwas mehr aus ihrem früheren Leben zurückbehalten als bloß ein Gewirr undeutlicher Erinnerungen. *Sie hatte ihre eigene Schrift behalten.*

Die Erkenntnis raubte Katherine im ersten Augenblick den Atem und erschütterte sie so sehr, daß sie nicht wagte, aufzustehen, weil sie befürchtete, daß ihre zitternden Knie unter ihr nachgeben würden.

Einen Moment lang legte sie den Kopf auf die Schreibtischplatte und atmete tief durch, um die Beherrschung wiederzugewinnen. Jene andere Katherine lag jetzt mit an Sicherheit grenzender Wahrscheinlichkeit in jenem Krankenhausbett im Seattle des zwanzigsten Jahrhunderts –

hundert Jahre später also –, oder vielleicht war sie sogar schon längst gestorben ...

Katherine verspürte Mitleid mit Gavins Frau, aber sie begehrte auch ihren Körper, ihren Mann und ihr Leben, obwohl die eigentliche, ursprüngliche Besitzerin all dessen ein wahrhaft unfaßbares Chaos hinter sich zurückgelassen hatte.

Katherine begann zu zittern und fröstelte, obwohl es warm im Zimmer war. Vielleicht würde der ganze Vorgang sich ja irgendwann wieder umkehren ... Vielleicht würde sie Christopher, Gavin und dieser eleganten alten Welt, die sie so zu schätzen gelernt hatte, wieder entrissen werden ...

Nachdem sie lange reglos so verharrt hatte, atmete Katherine tief durch und zwang sich, den Kopf zu heben und sich aufzurichten. Sie würde alles so nehmen, wie es kam, beschloß sie, und sich erst mit zukünftigen Problemen auseinandersetzen, wenn sie auf sie zukamen. Bis dahin jedoch würde sie alles tun, um einen Weg zu finden, Gavins Liebe zu gewinnen.

Während jener ersten Woche in dem Sommerhaus auf der Insel las Katherine die Tagebücher jener anderen Frau und ihre Briefe immer wieder von neuem durch und studierte aufmerksam die Fotografien, die ebenfalls in dem Hutkarton gelegen hatten. Sie probierte auch alle Sommerkleider an, die sich in ihrem Gepäck befunden hatten, und betrachtete sich oft stundenlang sehr nachdenklich im Spiegel. In der zweiten Woche kam endlich ein Brief von Gavin. Katherine war enttäuscht, wenn auch nicht überrascht, als sie feststellte, daß er an Marianne adressiert war. Obwohl er Grüße an sie enthielt und Gavin sich auch nach Christopher erkundigte, war es fast, als ob Katherine gar nicht existieren würde.

Gegen Ende der dritten Woche hatte sie begonnen, zu Pferd die ganze Insel zu erkunden. Aber obwohl sie diese langen Ausritte sehr genoß, war ihr durchaus bewußt, daß sie nichts weiter waren als ein Versuch, vor ihren eigenen Zweifeln und verletzten Gefühlen davonzulaufen.

Nach einem Monat teilte Marianne ihr mit, daß sie beabsichtigte, eine große Gesellschaft im Garten des Hauses zu veranstalten. Sämtliche Bekannte und Freunde der Winslows, ganz gleich, ob sie auf der Insel lebten oder in der Stadt, sollten eine Einladung zu diesem Gartenfest erhalten.

Katherine sah ihre Garderobe durch, Kleidungsstück um Kleidungsstück, und hoffte inständig, daß Gavin zu dem festlichen Ereignis auf die Insel kommen würde.

Anfang August, fünf Wochen nachdem Marianne, Katherine und Christopher auf die Insel gekommen waren, um dort den Sommer zu verbringen, fand die Gartenparty statt. Gavin schickte aus Seattle eine Nachricht, in der er sich mit knappen Worten für sein Nichterscheinen entschuldigte und es damit begründete, daß er im Augenblick zu sehr mit Arbeit überlastet sei.

Katherine nahm natürlich an dem gesellschaftlichen Ereignis teil, obwohl sie viel lieber in ihrem Zimmer geblieben wäre. Sie lächelte, obwohl sie fast nicht atmen konnte, weil das Herz ihr in der Kehle saß, und plauderte angeregt mit Mariannes Gästen. Sie hatte für jeden ein freundliches Wort bereit, achtete jedoch darauf, nichts zu tun, was ihr als unschicklich hätte ausgelegt werden können, weil sie hoffte, wenigstens ein bißchen von dem Schaden wiedergutzumachen, den jene andere Katherine angerichtet hatte.

Nachdem der letzte Gast jedoch gegangen war, schloß Katherine sich in ihrem Zimmer ein und weinte, weil Gavin nicht gekommen war.

An einem heißen Tag Ende August, als Maria Freunde auf der anderen Seite der Insel besuchte und Christopher mitgenommen hatte, ließ Marianne sich nach Seattle übersetzen, um an einer Hochzeit teilzunehmen. Katherine schaute zu den dunklen Wolken auf, die sich am Horizont zusammenballten, und eine prickelnde Vorfreude erfaßte sie.

Ein Gewitter braute sich zusammen, und Katherine liebte Gewitter.

Als die Nacht hereinbrach, schien die ganze Erde unter der Macht des Donners zu erheben. Der Wind heulte um das Haus, und Katherine wußte, daß das Wasser in der Bucht jetzt sehr bewegt sein würde und die Wellen schaumbedeckt. Blitze umzuckten den alten Leuchtturm, den Katherine schon so oft gezeichnet hatte, und die Haushälterin und der Butler hasteten von Raum zu Raum und sicherten die Fenster.

Katherines Faszination für die Naturgewalten schien das alte Ehepaar sehr zu verwirren, aber beide verzichteten auf einen Kommentar. Trotz Katherines mehrfacher Versuche, den beiden alten Leuten zu beweisen, daß sie sie als gleichberechtigt ansah, betrachteten sie selbst sich nach wie vor als Dienstboten.

»Möchten Sie, daß ich Ihnen einen Brandy bringe, Mrs. Winslow?« erkundigte die Haushälterin sich besorgt. Mrs. Hawkins war eine große, korpulente Frau mit blauen Augen und schneeweißem Haar, das sie sauber zu einer Krone geflochten trug. »Ich weiß ja, daß Sie immer ein bißchen nervös werden, sobald Gewitter aufzieht.«

»Nervös?« Katherine lachte schallend. »Du liebe Güte, nein – ich habe noch nie Angst gehabt vor ein bißchen Blitz und Donner, Mrs. Hawkins.«

Aber jene andere Katherine hatte Angst gehabt. Und deshalb schaute Mrs. Hawkins *sie* nun plötzlich an, als ob sie sich vor ihren Augen in einen Werwolf verwandelt hätte.

Bevor die Haushälterin jedoch etwas erwidern konnte, schlug die Haustür zu, und eine Stimme, die selbst den Donner übertönte, schallte durch das Haus. »Marianne! Maria!« Gavin. Es kränkte Katherine, daß er nicht auch ihren Namen rief, aber das hätte sie natürlich nicht überraschen dürfen, denn schließlich hatte Gavin ihr von Anfang an nicht die kleinste Illusion gelassen, daß er ihr irgendwelche zärtlichen Gefühle entgegenbrachte.

Zumindest war er konsequent.

Da Mrs. Hawkins gerade damit beschäftigt war, ein Feuer im Wohnzimmerkamin anzuzünden, ging seine

Frau, um ihren schlecht gelaunten Herrn und Meister zu begrüßen. Als Gavin den Raum betrat, schaute er durch sie hindurch, als ob sie unsichtbar wäre, und trat an den Kamin, um seine Hände zu wärmen.

Die Haushälterin und der Butler verließen auf der Stelle den Raum, und auch Katherine war schon auf dem Weg zur Tür, als Gavin sie mit einer brüsken Frage aufhielt. »Wo ist mein Sohn?«

Das solide Dach des Hauses erbebte unter der Kraft zweier Gewitterfronten, die hoch am Himmel über ihnen aufeinanderprallten, aber nicht einmal sie hätten elementarer sein können als Gavins und ihr eigener Wille, als sie sich kreuzten.

»*Unser* Sohn ist bei Maria«, antwortete Katherine ruhig und fragte sich, wie sie Dr. Winslow so sehr lieben konnte, obwohl er doch jedesmal, wenn sie ihn sah, unweigerlich den Wunsch in ihr erweckte, ihn zu erdrosseln. »Sie sind heute nachmittag zu Besuch zu Freunden von Maria gefahren, aber ich bin sicher, daß sie Zuflucht vor dem Gewitter gefunden haben und ihnen nicht das geringste zugestoßen ist.«

Gavin betrachtete seine Frau aus Augen, die kalt waren wie eisbedeckter Stahl. »Ist es dir gut ergangen in den letzten Wochen?«

Katherine dachte, wie passend es jetzt gewesen wäre, wenn er gefaucht und die Zähne gebleckt hätte, aber Gavin war trotz allem genauso umwerfend attraktiv wie immer. Die leise Schwäche, die ihre Knie erfaßte, war der beste Beweis dafür. »Es ging mir ausgezeichnet.«

Ein Donnerschlag ließ die Fenster erklirren, und Gavins Augen wurden schmal, als er Katherine mit prüfenden Blicken maß. »Ich hatte eigentlich erwartet, dich unter dem Bett zu finden, meine Liebe«, sagte er. »Da hast du dich doch sonst immer versteckt, weil du Angst vor dem Gewitter hattest.«

»Du kennst mich lange nicht so gut, wie du vielleicht denkst«, entgegnete sie schroff – denn trotz ihres Ärgers hatte sie das eigenartige Gefühl, als habe sich ein gefährlicher Zauber mit Gavins Ankunft über das große Haus gelegt.

»Ich kenne dich nur allzu gut«, korrigierte Gavin sie, während er seinen langen Mantel ablegte und achtlos beiseite warf, bevor er zu einem Teakholzschrank neben der Tür ging, um sich einen Brandy einzuschenken.

Katherine beschloß, daß es besser war, seine letzte Feststellung zu ignorieren. »Was bringt dich her, Gavin?« erkundigte sie sich kühl und trat näher an das wärmende Feuer, weil er den Platz inzwischen aufgegeben hatte. »Hat dir jemand erzählt, ich sei glücklich? Denn das würde ja dein überstürztes Erscheinen und dein unbotmäßiges Verhalten ausreichend erklären.« *Mit der Zeit bekomme ich die viktorianische Sprechweise ganz gut in den Griff;* dachte sie, und beglückwünschte sich im stillen.

Gavin runzelte die Stirn, als er sie im flackernden Schein der Lampen betrachtete, und der Brandy in seinem Glas leuchtete wie Bernstein, als er es an die Lippen hob. »Seit wann benutzt du Worte wie ›unbotmäßig‹?« fragte er erstaunt, nachdem er einen Schluck getrunken hatte.

»Du würdest es ja doch nicht glauben, wenn ich es dir erzählen würde«, antwortete Katherine. Ein unsichtbares Feuer tanzte und schwelte im Raum, und sie spürte, daß Gavin sich des erotischen Prickelns zwischen ihnen mindestens so sehr bewußt war wie sie selbst.

Er trank einen weiteren Schluck von seinem Brandy. »Es wird dir sicher leid tun, zu erfahren, daß dein Jeffrey Beecham sich zu grüneren Weiden aufgemacht hat.« Die Herausforderung war in einigermaßen mildem Ton gesprochen, aber deshalb nicht weniger bedrohlich.

»Das ist gut«, erwiderte sie mit ruhiger Entschiedenheit. »Ich werde ihn nicht vermissen.« Dann schluckte sie, um Mut zu fassen für die nächsten Worte. »Aber du hast mir gefehlt, Gavin. Sehr sogar.«

Gavins kühler Blick glitt über sie – über das Kleid, dessen weißer Baumwollstoff mit winzigen, lavendelfarbenen Blüten bestickt war, und über das dichte, kastanienbraune Haar, das sie zu einem weichen Knoten aufgesteckt hatte. Als Katherine sah, wie Gavin schluckte, erfaßte sie eine überwältigende Zärtlichkeit für ihn und ein Verlangen, das so machtvoll war, daß sie sich gar nicht auszudenken wagte, wohin es führen würde, wenn sie ihm nachgab.

»Beleidige mich nicht, indem du so tust, als brächtest du mir irgendwelche Gefühle entgegen«, antwortete er schroff. Doch trotz seiner warnenden Worte – und obwohl der halbe Raum sie trennte – war Katherine sich der Härte und Hitze seines Körpers nur allzu intensiv bewußt.

Sie seufzte schwer. Sie hatte noch nie einen Mann verführt – und war auch noch nie verführt *worden,* was das betraf –, so daß sie also nicht die geringste Ahnung hatte, wie sie vorgehen sollte. Sie wußte nur, daß sie in dieses Jahrhundert versetzt worden war und in die Gesellschaft dieses Mannes, weil seine Seele die Gefährtin ihrer Seele war.

»Du begehrst mich, Gavin«, sagte sie schlicht. Und sehr, sehr leise.

Er wandte sich ab und schleuderte das Glas mit dem Brandy in den Kamin. Das Glas zerschellte, der Alkohol ließ die Flammen auflodern, doch Gavin schien nichts davon zu bemerken. Er stand mit dem Rücken zu Katherine am Kamin und stützte beide Hände auf den Sims.

Er hatte keinen Zoll nachgegeben, und doch wußte Katherine instinktiv, daß sie jetzt die Oberhand besaß. »Ich hole dir etwas zu essen, wenn du möchtest«, sagte sie in so normalem Ton wie möglich. In all diesen Wochen hatte sie gebetet und gehofft, daß Gavin auf die Insel kommen möge, und jetzt, wo er hier war, war sie sich ihrer Liebe zu ihm sicherer als je zuvor.

Er schwieg sehr lange, aber Katherine war nicht weniger stur als er und wartete geduldig ab.

»Bring das Tablett in mein Schlafzimmer«, antwortete er schließlich.

Das Herz stieg ihr in die Kehle. Sie war bang und froh zugleich, als sie in die Küche eilte, und als sie eine halbe Stunde später, nachdem sie sorgfältig die Reste des

Abendessens aufgewärmt hatte, die Treppe hinaufstieg und das große Schlafzimmer betrat, zitterte sie am ganzen Körper.

Es war nicht die Angst davor, sich Gavin hinzugeben, was ihr Furcht einjagte, obgleich sie noch nie in ihrem Leben mit einem Mann geschlafen hatte. Nein, was sie beängstigte, war die Möglichkeit, daß er vielleicht gar nichts anderes vorhatte, als sie abzuweisen und zu demütigen.

Das Tablett auf einer Hand balancierend, öffnete sie die Tür und betrat das Zimmer, das sie in all diesen Wochen ganz für sich allein gehabt hatte.

Gavin hatte das Feuer im Kamin geschürt und saß nun in einem Lehnstuhl und starrte mit ernster Miene in die Flammen. Er hatte seinen Mantel und Kragen abgelegt, und sein Hemd stand fast bis zur Taille offen.

Katherine hätte sich jetzt gern die Illusion gestattet, daß er ihr zuliebe so unverschämt gut aussah, aber es war viel wahrscheinlicher, daß er sich des verlockenden Anblicks, den er bot, gar nicht bewußt war.

Sie stellte das Tablett auf den kleinen runden Tisch neben seinem Sessel, doch er nahm sie nicht zur Kenntnis, sah sie nicht einmal an.

Sie beschloß, daß sie ihn vorhin mißverstanden haben mußte, und wandte sich in einer Mischung aus Erleichterung und Enttäuschung ab. »Ich werde in einem der Gästezimmer schlafen«, sagte sie mit einer Stimme, die so leise war, daß sie über dem Krachen des Donners draußen und dem Prasseln des Feuers im Kamin kaum zu verstehen war.

»Du bist meine Frau«, erklärte Gavin schroff und noch immer, ohne Katherine anzusehen. »Du wirst in meinem Bett schlafen.«

8. Kapitel

Das warme Licht des Feuerscheins flackerte über Gavins regenfeuchte Kleider, glitzerte auf dem polierten Leder seiner Reitstiefel und verlieh seinem ebenholzschwarzen Haar einen bläulich-roten Schimmer. Katherine war erschüttert von der überwältigenden Liebe, die sie für diesen Ehemann empfand, der ihr durch Zufall in den Schoß gefallen war – es war fast, als ob irgendein altes Unrecht endlich berichtigt worden wäre, nach einem langen, mühevollen Kampf.

Jede einzelne Faser ihres Körper schien zu vibrieren wie die Saiten eines empfindlichen alten Instruments, das jemand aus einer verstaubten Truhe befreit und gestimmt hatte, damit es unter kundigen, geliebten Fingern neu erklang.

Gavin legte seine Hände auf die Armlehnen seines Sessels und richtete sich müde auf. Als er sich zu Katherine umwandte, lag sein Gesicht im Schatten, so daß sie den Ausdruck seiner Augen nicht erkennen konnte, aber sie spürte die nur mühsam unter Kontrolle gehaltene Kraft seines Körpers und den Aufruhr und den Tumult, die seinen Verstand beherrschten. Katherine wußte, daß es bei dem Konflikt, den er mit sich austrug, um die mächtigsten aller menschlichen Emotionen ging – um Liebe und das Gefühl, das Hand in Hand mit ihr einherging: Haß.

Zum ersten Mal, seit sie an diesem Ort gelandet war, begann sie wirklich Hoffnung zu verspüren, daß sie vielleicht doch noch den Weg in Gavins Herz finden würde, um sich dort einen dauerhaften Platz zu schaffen.

Aus Angst jedoch, daß alles, was sie sagen konnte, das empfindliche Gleichgewicht vielleicht zur falschen Seite neigen würde, schwieg sie und sah ihn nur hocherhobenen Kopfes an, um ihm zu zeigen, daß sie nicht einzuschüchtern war.

Er trat einen Schritt auf sie zu, dann noch einen,

zögernd und so widerstrebend, als wehrte er sich gegen irgendeine elementare Kraft, die ihn zu Katherine hinzog.

Langsam hob er die Hand und legte sie auf ihre Schulter, und sie wandte den Kopf und küßte seine Fingerknöchel.

»Möge Gott mir beistehen«, wisperte er in einem Ton, als habe er nun von keiner Seite mehr Beistand zu erwarten, nicht einmal vom Himmel. Er legte den Kopf zurück und schloß die Augen, und einen langen Moment betrachtete Katherine das Spiel der Muskeln an seinem kräftigen Hals, bevor sie langsam den Kopf neigte und ihre Lippen auf Gavins Kehle preßte.

Sie spürte, wie ein Erschauern ihn durchzuckte, und ein Gefühl des Heimgekehrtseins, das weit über alles Körperliche hinausging, erfaßte sie, als er sie aufstöhnend an sich riß. Ihr Haar fiel offen über ihren Rücken, als er mit einer einzigen Bewegung den kleinen Knoten löste, den sie so sorgfältig festgesteckt hatte.

Dann ließ er seine freie Hand ihren Rücken hinabgleiten und preßte ihren weichen, nachgiebigen Körper an seinen harten, unnachgiebigen. Als er sie küßte, ungestüm und fordernd, war es Katherine plötzlich, als hätte der behagliche, warme Raum sich in ein Vakuum verwandelt – als schwebte sie in freiem Raum. Nur der Kontakt mit Gavins Lippen ermöglichte ihr das Atmen; wenn er den Kuß unterbrach, würde ihre letzte Verbindung mit der Lebenskraft gebrochen sein, sie würde sich in Asche auflösen und aufhören zu existieren.

Gerade, als Katherine dachte, sie ertrüge keine weitere dieser schwindelerregenden Emotionen mehr, weil sie sonst Gefahr lief, den Verstand zu verlieren, drängte Gavins warme Zunge sich besitzergreifend zwischen ihre Lippen. Es war ein Symbol für die Eroberung, die darauf folgen würde, das war Katherine bewußt, und diese süße Warnung raubte ihr die Kraft aus ihren Knien.

Sie stieß einen hilflosen kleinen Schrei aus, als Gavin sie, ohne den Kuß auch nur für einen Moment zu unterbrechen, aufhob und zu seinem Bett trug. Erst als er sie sanft abgelegt hatte, löste er sich aus ihren Armen und trat zurück, um sie anzusehen, während er sie auszog.

Er machte ein entnervend langsames Ritual daraus, begann mit den Schuhen und küßte, nachdem er ihre Strümpfe einen nach dem anderen hinabgerollt hatte, die Innenseiten ihrer Füße.

Mit der gleichen entnervenden Langsamkeit schob er ihre Röcke und Unterröcke hinauf, und Katherine biß sich auf die Lippen, um ihn nicht anzuflehen, endlich zu ihr zu kommen und sie zu nehmen.

Als sie vollkommen entblößt war und nackt vor ihm lag, überzog ein feiner Schweißfilm ihre Haut, und sie bog sich verlangend seiner Hand entgegen.

Er streichelte eine ihrer vollen Brüste, als er anfing, seine eigenen Kleider abzulegen, und als er endlich nackt war wie sie, legte er sich auf sie und ließ sie seine männliche Erregung an ihrem Schenkel spüren.

Jetzt, dachte sie entzückt, als eine Welle jähen, ungestümen Begehrens sie durchzuckte. *Jetzt wird er mich endlich nehmen, und ich werde ihm gehören.*

Doch statt dessen glitt er an ihrem Körper hinunter, und sein Brusthaar kitzelte auf angenehmste Weise ihre Brüste und ihren Bauch. Als er die Lippen um eine ihrer Brustspitzen schloß, schrie sie in hilflosem Entzücken auf und drängte sich seinem starken Körper entgegen, der sich über ihr wölbte wie eine Brücke über einem reißenden Fluß.

Draußen blitzte und donnerte es, der Regen prasselte an die Fenster, und Katherine dachte, daß es vollkommen egal war, wie laut sie in ihrer Lust aufschrie, da niemand auf diesem Planeten ihre Schreie hören würde.

Und so gab sie sich ihm hin, rückhaltlos und ohne Zögern, streckte in ihrer hilflosen Erregung die Hände aus und umklammerte haltsuchend das Bettgestell. Wenn sie noch in der Lage gewesen wäre, etwas zu sagen, dann hätte sie gebettelt und gefleht, doch über diesen Punkt war sie inzwischen längst hinaus. Ein Sturm war in ihrem Körper und in ihrer Seele ausgebrochen, dem sie hilflos ausgeliefert war.

Endlich, endlich, als sie fast weinte vor Verlangen, drang Gavin mit einer machtvollen Bewegung in sie ein. Mit einem siegessicheren Lächeln schaute er in ihre weitaufgerissenen Augen, als er sie in Besitz nahm, und beobachtete im schwachen Schein des Feuers ihre Reaktion.

Katherine war noch nie mit einem Mann intim gewesen, nicht in ihrem früheren Leben jedenfalls, und in jenem anderen Körper hätte sie jetzt vermutlich Schmerz verspürt. Doch so, wie es war, empfand sie nur eine vorübergehende Spannung, die jedoch sehr rasch in ein unendlich lustvolles Prickeln überging, als der Sturm in ihrem Herzen und ihrer Seele immer heftiger zu toben begann.

Wild umklammerte sie Gavins Schultern und stöhnte hilflos, weil sie außerstande war, ihn um das zu bitten, was sie wollte, weil sie es selbst nicht zu benennen wußte.

Glücklicherweise schien er es jedoch zu wissen, denn nun begann er sich in ihr zu bewegen, langsam, rhythmisch und sehr gemächlich, und während er es tat, küßte er ihre Lippen, ihren Nacken, ihre Ohrläppchen und ihre Kehle.

Jede Bewegung ließ Katherine jedoch nur noch verzweifelter die nächste ersehnen. Ihr Atem ging schneller, flacher, ihre Brüste preßten sich an Gavins Brust, und ihre Beine umschlangen ihn, als ob sie ihn nie wieder freigeben wollten. Irgendwann erreichte Katherine den Höhepunkt ihrer Ekstase, während sie von einer Flutwelle der unglaublichsten Gefühle davongetragen wurde, staunte sie über ihren neuen Körper, der sich wild unter Gavin aufbäumte und sich ihm entgegendrängte, als könne er nicht genug von ihm bekommen. Ihr unbeherrschtes Stöhnen brach die letzte Barriere, die er um sich errichtet hatte, und mit einem heiseren Aufschrei drang er ein letztes Mal tief in sie ein und verströmte seine Leidenschaft in ihr.

Dann, als es vorbei war, brach er erschöpft auf ihr zusammen und ließ den Kopf auf ihre Brust sinken. Er keuchte genauso heftig wie Katherine, und keiner von beiden wäre jetzt imstande gewesen, auch nur ein einziges Wort zu äußern.

Nun, nachdem die sinnlichen Forderungen seines Körpers erfüllt waren – für den Augenblick zumindest –, war Gavin endlich wieder fähig, einen halbwegs vernünftigen Gedanken zu fassen. Doch *was* er dachte, beunruhigte ihn sehr.

Die Menschen änderten sich nur sehr selten auf dauerhafte Weise – das wußte er durch sein Studium und seine persönlichen Erfahrungen als Mann und Arzt. Selbst scheinbare Veränderungen der Persönlichkeit waren im allgemeinen nur von kurzer Dauer, außer in einigen Fällen religiöser Bekehrungen vielleicht.

Als er auf den Herzschlag der Frau lauschte, auf deren üppigen Brüsten sein Kopf ruhte, tat er es nicht als Arzt, sondern als Mann, der tiefe Befriedigung aus dem Geräusch bezog. Dies war Kathy, die Frau, die er bis zur Verzweiflung geliebt hatte, die Mutter seines Sohnes und die einzige Frau, mit der er seit ihrer Heirat ein Bett geteilt hatte. Ja, selbst nachdem seine Frau ihn betrogen hatte, war er ihr noch treu geblieben.

Katherine schien sich seit Christophers Geburt auf drastische Weise verändert zu haben, aber Gavin wagte noch nicht daran zu glauben. Ihre Indiskretionen, über die die ganze Stadt gesprochen hatte, hatten ihn in tiefster Seele verwundet, und er wußte, daß er einen solch furchtbaren Schmerz nicht noch einmal ertragen würde.

Seufzend schloß er die Augen, um nicht aufs neue der Versuchung zu erliegen, den Kopf zu wenden, um sich mit Katherines prachtvollen Brüsten zu beschäftigen, und dabei schoß ihm eine ganze Serie von Bildern durch den Kopf, Bilder, die ihn schon seit Monaten keine Ruhe mehr ließen …

Vor Monaten hatte Kathy sich geweigert, ihre Affäre mit Jeffrey Beecham zu beenden, mit der Begründung, er sei aufmerksamer und liebevoller als Gavin, und vor allem *unterhaltsamer*. Sie hatte nie einen Hehl daraus gemacht, daß sie viel lieber Beechams Frau gewesen wäre.

Nach Christophers Geburt jedoch hatte sie den anderen Mann abgeschüttelt wie einen lästigen Staubfleck und hatte seine, Gavins, Umarmungen heute nacht mit einer

Leidenschaft erwidert, wie er sie noch nie an ihr erlebt hatte.

Auch ihre Sprechweise hatte sich verändert. Obwohl ihr Wortschatz schon vorher nicht begrenzt gewesen war, beherrschte sie die Sprache jetzt entschieden besser.

Und ihr Verhalten ... Katherine war Christopher eine hingebungsvolle Mutter, das hatte Gavin selbst beobachtet und wußte es auch aus Mariannes Briefen. Aber das war noch längst nicht alles ...

Mariannes Berichten zufolge schien Kathy sich angewöhnt zu haben, auf Bäume zu klettern, sich auf einen Ast zu hocken und dort stundenlang zu lesen. Es war schon erstaunlich genug, daß sie irgendein anderes Buch als ihre eigenen Tagebücher aufschlug, aber daß sie sich angeblich sogar durch die umfangreiche Bibliothek des Ferienhauses las, kam Gavin fast unglaublich vor. Und die Dienstboten hatte sie auch noch nie zuvor mit einer solchen Höflichkeit behandelt.

Gavins Körper, der nach Liebe hungerte, kümmerten die Überlegungen und Zweifel nicht, die seinen Geist bedrängten. Er spürte, wie sein Glied sich aufrichtete, wie die Muskeln an seinen Hüften und an seinem Po sich ganz unwillkürlich anspannten.

Er fragte sich, wie sie ihn jetzt empfangen würde, sie, die nie großes Interesse am Liebesspiel bewiesen hatte, weil sie es stets als *unsauber* und viel zu anstrengend empfunden hatte – mit ihm zumindest.

Mit einem tiefempfundenen Seufzer wandte Gavin den Kopf und strich mit den Lippen über eine ihrer rosigen Brustspitzen, die sich augenblicklich aufrichtete unter der Liebkosung, als ob sie nur darauf gewartet hätte.

Ganz sachte legte er eine Hand auf Katherines Bauch und ließ sie langsam kreisen.

Ihre Finger glitten unter sein Haar, und sie überraschte ihn, indem sie ihn an sich zog, um ihn zu küssen. Kurz bevor ihre Lippen seine berührten, wisperte sie atemlos: »Kein Vorspiel diesmal, Gavin. Nimm mich einfach nur, hart und schnell.«

Ihre Worte berauschten ihn so sicher, wie ein Glas guter Kentucky Whiskey es getan hätte, und wieder war er außer sich vor Staunen, als er sich anschickte, ihr zu geben, was sie wollte. Was sie beide wollten.

Das Gewitter hatte sich verzogen, als Katherine am nächsten Morgen erwachte, und Gavin war bereits aufgestanden. Aber Christopher war wieder da und betrachtete seine Mutter über Marias Schulter, die am Kamin im Schaukelstuhl saß und den Säugling in den Armen hielt.

Das jähe Gefühl der Verlassenheit, das Katherine ergriffen hatte, als sie sah, daß Gavin fort war, wich einer ungestümen Freude über das Wiedersehen mit ihrem kleinen Sohn.

»Du bist also heimgekehrt von deiner Reise«, rief sie glücklich, richtete sich im Bett auf und zog das Laken über ihre Brust, weil Gavin sie in der Nacht zuvor bis auf die Haut ausgezogen und ihr danach keine Gelegenheit mehr gegeben hatte, ein Nachthemd anzuziehen.

Maria wandte sich lächelnd zu ihr um. »Ja. Ich hoffe, Sie haben sich keine Sorgen gemacht – wir waren während des Gewitters bei Tante Nisa und Onkel Tie. Mein Onkel hat uns heute morgen heimgebracht.«

Obwohl Katherine Christopher sehr vermißt hatte, vertraute sie auf Marias Fähigkeit, auf ihn aufzupassen, und war daher nicht übermäßig besorgt gewesen. »Ich habe mich auf dich verlassen, Maria. Aber laß mich jetzt meinen hübschen kleinen Jungen halten, bevor ich vor Sehnsucht nach ihm sterbe.«

Sanft überreichte Maria den Säugling Katherine, die ihn an die Brust zog und den Kopf beugte, um sein seidenweiches Haar zu küssen.

»Hast du Dr. Winslow heute morgen schon gesehen?« fragte sie und hoffte, daß die Frage nicht allzu viel von ihren Gefühlen verriet.

Ein verstohlener Blick auf Marias Gesicht bewies

jedoch, daß die Indianerin längst erraten hatte, was in der Nacht geschehen war – wahrscheinlich war ihr aufgefallen, daß Katherine kein Nachthemd trug, und bestimmt hatte sie auch die Reitstiefel vor dem Kleiderschrank nicht übersehen.

»Ich könnte mir vorstellen, daß er zum Strand hinuntergegangen ist«, erwiderte Maria lächelnd. »Wenn den Doktor irgend etwas sehr beunruhigt, dann kommt er gerne her und geht am Strand spazieren, um in Ruhe nachzudenken.«

Katherine zog Christopher unwillkürlich noch ein bißchen fester an sich und streichelte seinen Rücken. Gavin hatte sie in der Nacht zuvor geliebt und sie damit, ohne es zu wissen, auf unwiderrufliche Weise und für immer verändert, aber das Wort ›Liebe‹ hatte er nicht ein einziges Mal ausgesprochen. Sie konnte daher nur vermuten, daß ihm heute morgen Zweifel gekommen waren und er vielleicht sogar bedauerte, was in der Nacht geschehen war.

»Sie sehen so traurig aus«, sagte Maria, als sie zum Bett kam, sich auf die Kante setzte und tröstend Katherines Hand ergriff.

Tränen schimmerten in Katherines Augen. »Das bin ich auch«, erwiderte sie leise. Und dann – weil sie wußte, daß die Indianerin ihr freundliche Gefühle entgegenbrachte und sie das Geheimnis einfach nicht länger für sich behalten konnte – begann sie, ihr die ganze, unglaubliche Geschichte zu erzählen. Mit behutsamen Worten schilderte sie Maria jenes andere Leben, beschrieb ihr so anschaulich wie möglich die Autobahn, den schnellen Sportwagen und den Lkw, der sie geschnitten hatte. Sie sprach von dem Unfall, der Kristallbrücke und dem Schock, im Körper einer anderen Frau zu erwachen – einer Frau, die gerade in den Wehen lag – und dem sogar noch eigentümlicheren Gefühl, daß sie Gavin Winslow schon seit einer Ewigkeit gekannt hatte, daß ihre Liebe zu ihm so alt war wie die Sterne und daß sie zu ihm gehörte.

Als sie ihre Erzählung beendet hatte, blieb Katherine ruhig sitzen, hielt Christopher in den Armen und wartete gespannt, ob es wenigstens einen Menschen auf dieser Welt gab, der ihr ihre Geschichte glauben würde.

9. Kapitel

Maria nahm Katherine vorsichtig das Baby ab, das an der Brust seiner Mutter eingeschlafen war, und legte den kleinen Christopher in seine Wiege.

Das Laken um den Körper geschlungen, rutschte Katherine zum Fußende des Betts, wo ihr seidener Morgenrock lag, den sie dann hastig überstreifte. Sie hoffte, daß Maria sich noch an den Tag erinnerte, an dem sie zur Insel gefahren waren, als sie an der Reling des Schiffs gestanden hatten und die Indianerin gesagt hatte: *Sie sind nicht verrückt. Und Sie sind auch nicht Katherine Winslow.*

Als Katherines Freundin sich zu ihr umwandte, erhellte ein aufmunterndes Lächeln ihr Gesicht. »Es gibt viele seltsame Legenden in unserem Volk«, meinte sie achselzuckend. »Und wer sind wir schon, um über Wahrheit oder Unwahrheit zu entscheiden?«

Katherine war so erleichtert, daß sie sich für einen Moment hinsetzte. »Weißt du, was Gavin wahrscheinlich sagen würde, wenn ich ihm die gleiche Geschichte erzählen würde? Daß sie auf eine geplatzte Ader in meinem Gehirn oder irgendeine psychotische Erfahrung zurückzuführen ist.«

Marias hübsches Gesicht nahm einen verständnislosen Ausdruck an. »Was?«

»Er würde mich für verrückt erklären«, antwortete Katherine schlicht.

»Erzählen Sie mir mehr von jener anderen Welt. Ist sie besser als diese hier?«

»In mancher Hinsicht ja«, antwortete Katherine seufzend. »In hundert Jahren sind große medizinische Fortschritte errungen worden.« Sie schaute zu Christopher hinüber, der friedlich in seiner Wiege schlief, und verspürte den fieberhaften Wunsch, ihn vor allem Unheil zu beschützen. »Viele der Krankheiten dieser Zeit wie Keuchhusten, Masern und Pocken, sind fast gänzlich ausgerottet worden. Die Leute brauchen nicht mehr so hart zu arbeiten, und alles geht viel schneller. Hier zum Beispiel braucht ein Brief zwei Wochen, um das Land zu durchqueren, aber wo ich herkomme, gibt es eine Maschine, die Fax genannt wird und Worte oder Bilder überallhin auf der Welt innerhalb einiger weniger Sekunden übermitteln kann.«

Maria starrte sie offenen Mundes an.

Wenn es eins gab, was Katherine liebte, dann war es ein interessiertes Publikum.

»Es gibt auch noch andere phantastische Maschinen – Flugzeuge zum Beispiel«, fuhr sie ermutigt fort. »Sie sind wie riesige Metallschiffe, nur daß sie Flügel haben und durch den Himmel fliegen, anstatt sich auf dem Wasser zu bewegen.

»Diesen Ort möchte ich gern sehen!.«

Katherine schüttelte den Kopf. »Das erscheint mir ziemlich ausgeschlossen«, sagte sie sanft und legte eine Hand auf die Schulter ihrer Freundin. »Aber mach dir keine Sorgen, ich habe genug Geschichten, die ich dir erzählen kann, bis wir beide alte Frauen sind. Tatsächlich werden sich einige dieser Dinge bis dahin schon verwirklicht haben.«

»Sie müssen sie aufschreiben, all diese Dinge, an die Sie sich erinnern!«

Katherine stimmte zu und konnte sich dabei ein Grinsen nicht verkneifen. Was für einen Schock es den Historikern der modernen Zeit versetzen würde, wenn sie eines Tages ihr verstaubtes Tagebuch aus dem Jahre 1895 öffneten und darin detaillierte Beschreibungen von Faxgeräten, Computern, Flugzeugen und Videokameras entdeckten!

»Und in welcher Hinsicht ist diese Zeit hier besser als Ihre eigene?« wollte Maria wissen.

»Ich weiß nicht, ob ›besser‹ das richtige Wort ist«, erwiderte Katherine nachdenklich. »In diesem Zeitalter hier sind die Dinge ganz allgemein ein bißchen simpler. Es gibt nicht soviel Streß in dieser Welt.« Lächelnd schaute sie sich in ihrem eleganten Zimmer um. »Es ist ungemein romantisch, dieses Leben, mit seinen Kutschfahrten, seinen prachtvollen Herrenhäusern und den wunderschönen langen Kleidern, die rascheln, wenn man sich bewegt. Aber es ist mir auch bewußt, daß die große Mehrheit der jetzigen Menschen diese Art von Luxus vermutlich gar nicht kennt.«

Maria runzelte die Stirn. »Tragen die Frauen in Ihrer Welt denn keine langen Kleider?« Katherine lächelte.

»Nur zu sehr eleganten Veranstaltungen oder so. Ich habe fast immer nur Jeans getragen – Hosen.«

»Frauen tragen *Hosen*?« Marias Stimme war ganz leise vor Fassungslosigkeit und Staunen.

»Ja«, bestätigte Katherine lächelnd. »Und sie besitzen auch das Recht zu wählen, führen ihre eigenen Geschäfte und haben politische Ämter inne.«

Maria griff sich mit beiden Händen an die Schläfen und schüttelte verwirrt den Kopf. »Ich glaube, das ist alles ein bißchen zuviel auf einmal.«

Katherines Zuneigung zu ihrer stillen, nüchternen und besonnenen Freundin wuchs. »Ja«, pflichtete sie ihr freundlich bei. »Aber glaub nur nicht, Maria, daß ich aus einer Art Paradies zu euch gekommen bin. Die menschliche Rasse hat noch einen weiten Weg zu gehen.«

Noch immer zutiefst verwundert, ging die Indianerin, und Katherine wusch sich, zog sich an und bürstete ihr Haar. Dann, nachdem sie das Baby wieder Marias zuverlässiger Obhut übergeben hatte, verließ sie das Haus und machte sich auf den Weg zum Strand.

Katherine redete sich ein, daß sie nicht auf der Suche nach Gavin war, aber als sie ihn in der Ferne auf einem Felsen sitzen sah, schlug ihr Herz vor Freude schneller. Rasch glättete sie den Rock ihres bunten Kleids und strich über ihr Haar.

»Guten Morgen«, rief sie, als sie nahe genug war, um von Gavin gehört zu werden. Mit einer Hand beschattete sie ihre Augen vor der gleißenden Sonne, lächelte und winkte, doch hinter ihrer gelassenen Fassade verbarg sich eine Frau, die wußte, daß sie ihre Seele auf immer und ewig verpfändet hatte.

Gavins Blick glitt über ihr Gesicht, ihren Körper und wieder zurück zu ihrem Gesicht. Geschickt stieg er von seinem Felsbrocken herab und legte seine leichte Tweedjacke um die Schultern. Es lag eine Distanz in seinem ganzen Verhalten, die sogar noch beunruhigender war als die Feindseligkeit, die er sonst zur Schau gestellt hatte.

»Habe ich mich geirrt, als ich dachte, gestern nacht hätte sich zwischen uns etwas geändert?« fragte Katherine tapfer und blieb auf dem grobkörnigen Sandstrand vor ihm stehen. Die Brandung umspülte ihre Füße und befeuchtete den Saum ihres Kleids, und der Wind zupfte kupferfarbene Locken aus ihrem aufgesteckten Haar.

Gavins Miene war düster, und in Katherine erwachte ein jäher Ärger, der so bodenlos war wie der Puget Sound, als ihr klar wurde, wie tief Gavins treulose Braut ihn verwundet haben mußte. Es war eine bittere Ironie des Schicksals, den Preis für die Sünden einer anderen Frau zahlen zu müssen.

»Es gibt Momente«, antwortete Gavin nach einem langen, nachdenklichen Schweigen, »in denen ich, wenn ich dich nicht kennen würde, das Gefühl hätte, eine völlig andere Frau vor mir zu haben.«

Zögernd berührte Katherine seinen Arm, und dieser flüchtige Kontakt genügte, um eine Vielzahl süßer Emotionen in ihr auszulösen. Sie klammerte sich jedoch an ihre Vernunft und an die traurige Gewißheit, daß Gavin sie für verrückt erklären würde, falls sie versuchte, ihm zu erklären, wie sie zu ihm gekommen war. »Ist es nicht genug, daß ich mich verändert habe, Gavin, und aufrichtig bereue, was immer auch in der Vergangenheit geschehen sein mag? Können wir nicht einfach von hier aus weitermachen?«

Er hob die Hand, als wollte er ihre Wange berühren, doch dann ließ er sie wieder sinken. Sein Lächeln war so flüchtig und traurig, daß es Katherine das Herz zerriß. »Ja und nein«, antwortete er schließlich rauh. »Ich will dich wieder in meinem Bett, und ich will auch noch mehr Kinder mit dir haben, aber es wird immer einen Teil meiner Seele geben, den ich nicht mit dir teilen kann.«

Katherine konnte sich nichts Schöneres vorstellen, als Gavins Bett zu teilen und Kinder mit ihm zu zeugen, aber der Schmerz, den seine Worte ihr verursachten, war so heftig, daß sie im ersten Moment wie betäubt war.

Gavin wollte sie *benutzen*, wie ein Hengst eine Zuchtstute benutzte, und mit keinem erkennbar großen Unterschied in seinen Gefühlen. Er bat sie nicht, ihm eine echte Gattin zu sein, und was er ihr anbot, hatte nicht einmal entfernt etwas mit Liebe zu tun.

Ihr ganzer Körper bebte von der Anstrengung, ihm nicht ins Gesicht zu schlagen.

»Ich bin keine Hündin«, beschied sie ihn nach langem Schweigen kalt.

Gavin schob einen Finger unter die Spitze ihres Mieders und strich über ihre Brustspitze, die sich unter der Berührung aufrichtete und seiner Hand entgegendrängte. »Die Antwort *darauf*, meine Liebe«, sagte er, »ist so offensichtlich, daß ich sie nicht einmal auszusprechen brauche.« Mit einem Lächeln, das jetzt ganz entschieden selbstgefällig war, legte er seine flache Hand um ihre Brust und lachte leise, als sie schwer und üppig in seinen Fingern ruhte.

Katherine versuchte, sich ihm zu entziehen, und errötete vor Zorn und vor Erniedrigung, aber Gavin legte einen Arm um ihre Taille und hielt sie zurück.

»Endlich«, sagte er, »weiß ich, wie ich mit dir umzugehen habe, Katherine. Du brauchst einen Mann, der deinen Körper so geschickt zum Erklingen bringt wie ein Engel seine Harfe, und wir wissen beide, daß ich – aus irgendeinem Grund, den nur die Götter kennen – dieser Mann geworden bin. Ich werde dich sehr oft besitzen und verwöhnen, und du wirst dich in der Zwischenzeit anständig benehmen oder die Konsequenzen deines Ungehorsams zu tragen haben.«

Katherines Widerstand erlosch; sie spürte, wie das Blut aus ihren Wangen wich. »Welche Konsequenzen, Gavin?« Die Frage war nicht viel mehr als ein Wispern, weil es sie ungeheure Mühe kostete, den Klumpen in ihrer Kehle zu überwinden.

Mit dem Zeigefinger strich er sanft die Rundung ihres Kinns nach, und sie haßte ihn dafür, daß er selbst mit dieser harmlosen Berührung ein solch heftiges Verlangen in ihr auslösen konnte. »Ganz einfach«, erwiderte er seufzend. »Ich würde mich von dir scheiden lassen und dich mit einer Dienstmagd in irgendein fernes Landhaus schicken.«

»Und Christopher?«

»Mein Sohn würde natürlich bei mir aufwachsen«, sagte Gavin flach.

Obwohl sie nicht fortgeschickt werden wollte und sich inzwischen an den luxuriösen Lebensstil gewöhnt hatte, den er ihr bot, hätte sie es durchaus ertragen, auf all diese Dinge zu verzichten. Der Gedanke jedoch, von ihrem Sohn getrennt zu werden, erfüllte sie mit Verzweiflung und Entsetzen. Während sie in ihrem eigenen Jahrhundert die Möglichkeit gehabt hätte, um Christopher zu kämpfen, besaß sie Ende des neunzehnten Jahrhunderts nicht mehr legale Rechte als die Pferde oder Hunde ihres Mannes. Sie war sein Eigentum, mit dem er tun und lassen konnte, was er wollte.

»Das könnte ich nicht ertragen«, erwiderte sie leise, aber stolz.

Gavin legte einen Finger unter ihr Kinn und zwang sie, ihn anzusehen. Obwohl keine Grobheit in seiner Berührung lag, haftete ihr auch nicht die geringste Zärtlichkeit an. »Vielleicht hat die Mutterschaft deine schwarze Seele ein wenig gebessert«, meinte er. »Wir werden sehen.« Und damit ließ er sie stehen und begann zum Haus zurückzugehen.

Katherine schaute ihm nach und spürte, wie ein ungeheurer Zorn in ihr erwachte, geboren aus Enttäuschung, Angst und – das war das Schlimmste – ungezügeltem Verlangen.

Wahrscheinlich war es die Verzweiflung, die sie dazu veranlaßte, Gavin nachzueilen und ihn wütend am Jackett zu packen, das noch immer lose über seinen Schultern hing.

»Verdammt, Gavin«, schrie sie, »wie kannst du es wagen, eine derartige Bombe fallen zu lassen und dich dann einfach umzudrehen und zu gehen!«

Es war mehr Verwunderung als Ärger, was sich auf seinen Zügen abmalte, als er sich umwandte, um sie anzusehen. »Eine ›Bombe‹?« Katherine seufzte und schüttelte den Kopf. Sie brachte jetzt nicht die Geduld auf, ihm vom Ersten Weltkrieg zu erzählen und all den darauffolgenden Entwicklungen, die die Sprache beeinflußt hatten. »Wenn du doch nur bereit wärst, mir eine Chance zu geben, Gavin«, flehte sie und umklammerte seinen Arm. »Wenn du mir doch nur Gelegenheit gäbst, zu beweisen, daß ich wirklich anders bin …«

»Falls ich das Bedürfnis verspüre, werde ich dich hier besuchen«, sagte er. »Und wenn ich nach Seattle zurückkehre, werde ich dort so leben, wie ich es schon viel früher hätte tun sollen.«

Katherine starrte ihn erschrocken an. »Das soll wohl heißen, daß du dir eine Geliebte nehmen wirst?« rief sie empört. »Aber vielleicht hast du das ja längst getan und bereits irgendeinen Vogel in einem goldenen Käfig …«

Er schüttelte den Kopf, aber nicht aus Protest, sondern aus Verblüffung. Seine Worte klangen allerdings alles andere als verwirrt; sie waren kalt und unzweideutig. »Du besitzt doch wohl hoffentlich nicht den Nerv, es mir verbieten zu wollen?« entgegnete er spöttisch.

Katherine schloß die Augen und verkrampfte die Hände, um nicht die Möwen zu überschreien, die kreischend über ihnen ihre Kreise zogen. Als sie endlich ihrer Stimme wieder traute, erwiderte sie mit erzwungener Ruhe: »Selbstverständlich werde ich das. Ich bin deine Frau und werde dich mit keiner anderen teilen.«

Er berührte ihr Haar und bedachte sie mit einem nachsichtigen Lächeln. »Wie erfrischend – und völlig uncharakteristisch«, meinte er und beugte sich ein wenig vor, um ihre Lippen zu küssen. Aber sie wußte, daß dieser Kuß keineswegs als Zärtlichkeitsbeweis zu werten war, sondern höchstens als Herausforderung.

Wieder schob er einen Finger unter die Spitze ihres Mieders und ließ ihn zwischen die warme, seidige Haut ihrer Brüste gleiten. »Ich fahre heute in die Stadt, um nach meinen Patienten zu sehen, aber ich werde rechtzeitig zum Dinner und zur Erfüllung deiner ehelichen Pflichten wieder dasein, meine Liebe. Halte dich also bereit für mich.«

Während Katherines Verstand sich noch gegen seine Worte auflehnte, wünschte ihr Körper sich bereits die Lust herbei, die nur Gavin ihr bereiten konnte. Ihre Brustspitzen zitterten von dem Verlangen, seine Lippen zu spüren, ihre Hüften und ihre Schenkel konnten es kaum erwarten, sein Gewicht zu tragen. In ihrer eigenen Zeit gab es Talkshows, in denen Probleme wie die ihren erörtert wurden, aber da Sally und Phil, Oprah und Geraldo erst noch geboren werden mußten, blieb Katherine nichts anderes übrig, als zu sehen, wie sie allein zurechtkam.

Sie trennten sich nach Gavins letzten Worten, und Katherine ging zu einem ihrer bevorzugten Zufluchtsorte, einer kleinen Kapelle in den Wäldern. Ein anheimelndes Licht fiel durch das Buntglasfenster, und Katherine zündete eine Kerze an und setzte sich in eine der Bänke vor dem Altar.

Vor ihrem Unfall und der darauffolgenden mystischen Erfahrung war Katherine nie besonders religiös gewesen. Sie war sich immer noch nicht ganz im klaren über ihren Glauben, aber sie war *Jemandem* begegnet an der glitzernden Kristallbrücke und wußte nun, daß das Universum nicht so war, wie sie sich das früher vorgestellt hatte. Eine klare Logik und Ordnung schienen die Ereignisse zu bestimmen, obwohl sie beim besten Willen nicht verstehen konnte, wie ihre eigene Situation in dieses Schema paßte.

Als sie in der beruhigenden Stille der kleinen Kapelle saß, rann eine Träne über ihre Wange. Mit jedem Tag schien ihre alte Existenz im modernen Seattle ferner und ferner zu rücken und kam ihr immer mehr wie eine phantastische Geschichte vor, die sie irgendwo gelesen hatte. Nur dieses Leben, hier und jetzt, war real und wichtig, das einzige, das sie wirklich leben wollte, und doch schien der Abgrund zwischen ihr und Gavin zu groß, um überbrückt zu werden. Es herrschten nur dann Harmonie und Einverständnis zwischen ihnen, wenn sie sich liebten, und das war schlicht und einfach nicht genug.

10. Kapitel

Gavin kehrte tatsächlich an jenem Abend zum Dinner auf die Insel zurück. Später, in der Ungestörtheit ihres Zimmers, liebte er Katherine, genau wie er versprochen hatte, und obwohl ihr Stolz es von ihr verlangte, besaß sie nicht die Kraft, diesem Mann zu widerstehen.

Gavin versetzte sie in andere Welten, nahm sie mit jeder neuen Eroberung auf ungeahnte neue Höhenflüge mit und erstickte ihre lustvollen Schreie, damit nicht das gesamte Haus erfuhr, was in ihrem Zimmer vor sich ging. In den kurzen Intervallen zwischen ihren leidenschaftlichen Umarmungen küßte und liebkoste er Katherine, bis von neuem ein solch fieberhaftes Verlangen sie beherrschte, daß sie ihn stöhnend anflehte, sie zu lieben.

Als Christopher zu weinen begann, stand Gavin auf, zündete eine Lampe an und wechselte dem Kind die Windeln, bevor er es zu Katherine ins Bett brachte und zuschaute, wie sie ihren Sohn stillte. Noch nie, weder in diesem noch in jenem anderen Leben, hatte sie die wunderbaren Geheimnisse ihrer Weiblichkeit je so sehr geschätzt wie heute.

Sie legte Christopher in die Wiege zurück, als er müde und gesättigt war, und blieb noch lange bei ihm stehen, um ihn in stiller Ehrfurcht zu betrachten. Sie hatte sich nicht die Mühe gemacht, ihren Körper zu bedecken, und ihr langes Haar fiel ihr offen und ungebändigt auf den nackten Rücken.

»Katherine.«

Sie wandte sich um und sah, wie Gavin auf ihrer Seite des Betts das Laken zurückschlug. Unfaßbarerweise begehrte er sie schon wieder.

Ohne das geringste Zögern kehrte sie zu ihrem Mann zurück.

Sie ist anders. Der Gedanke nagte unentwegt an Gavin, als er an der Reling des Boots stand, das ihn nach Seattle zurückbrachte. Vor ihrer Veränderung, die irgendwie mit Christophers Geburt zusammenhing, hatte Kathy seine Umarmungen gemieden, mit der Begründung, er sei zu groß, zu ungestüm, zu unersättlich …

In der Nacht zuvor hatte sie jedoch nicht genug von ihm bekommen können. Er hatte sie geküßt, um die heiseren Schreie ihrer Lust zu ersticken. Einmal, als er sie auf die Art genommen hatte, wie es zu Beginn der Menschheit üblich gewesen war, hatte er ihr mit einer Hand den Mund verschlossen. Sie hatte einen seiner Finger in den Mund genommen, und Gavin hatte die Augen geschlossen, um mit einem letzten, ungestümen Stoß noch viel tiefer in sie einzudringen, und es war niemand dagewesen, um seinen eigenen heiseren Triumphschrei zu ersticken.

Gavin seufzte. Mrs. Hawkins behauptete, Katherine suche regelmäßig die Kapelle in dem kleinen Wäldchen hinter dem Haus auf, was ihm ein weiteres Rätsel war. Denn die Kathy, die er kannte, hatte keine andere Gottheit als ihr eigenes Ich gekannt.

Mariannes Berichten zufolge verbrachte Katherine viele Stunden mit Maria auf der geschützten Terrasse vor dem Garten und schrieb fleißig ›Geschichten‹ auf. Das war noch etwas, was Gavin sehr verblüffte: Die Frau, die er geheiratet hatte, wäre nicht einmal auf den Gedanken gekommen, eine Wäscheliste anzufertigen, ganz zu schweigen davon, Prosa zu verfassen.

Nervös strich er sich durchs Haar. Katherine will mich glauben machen, daß sie sich verändert hat, dachte er. Aber für ihn war es nichts weiter als ein geschickter Plan, um sein Vertrauen wiederzugewinnen, damit Katherine an dem luxuriösen Lebensstil festhalten konnte, der ihr so ungeheuer wichtig war.

Wie ironisch das alles ist, dachte er. Kaum hatte er aufgehört, sie zu lieben, war sie plötzlich alles, wofür er sie gehalten hatte, damals, in jenen Tagen vor der Hochzeit. Gavin betrachtete diese Zeit jetzt als eine Art närrischer Verzückung – er hatte sich von seinen eigenen Illusionen blenden lassen und nicht die Absicht, diesen Fehler noch einmal zu begehen.

Die Fähre lief in den Hafen ein, und Matrosen schrien einander Rufe zu, als sie das Boot am Pier vertäuten und die Planke hinunterließen. Es war ein strahlend schöner Tag, und anstatt vorauszueilen zum Krankenhaus und den Patienten, die ihn dort erwarteten, schweiften Gavins Gedanken immer wieder zu der Insel ab, zu seiner Frau. Sie hatte ihm mit verweinten Augen nachgesehen, ihr Kinn stolz und trotzig vorgeschoben, und er wußte, daß das Bild ihm keine Ruhe lassen würde, bis er sie wiedersah.

Die Tür einer besonders eleganten Kutsche öffnete sich, als er vorbeiging, um sich eine Mietkutsche zu suchen, und Caroline Raynes schaute heraus und strahlte ihn an. »Gavin!«

Caroline, die Nichte des sehr fortschrittlich denkenden Dr. Elliott Raynes, eines Kollegen Gavins, war eine Schönheit mit blondem Haar und koketten braunen Augen. Sie hatte sich Gavin bei mehr als einer Gelegenheit angeboten, als verschenkte sie ihre Gunst genauso bedenkenlos wie Süßigkeiten oder exotische Früchte.

Er hatte immer vorgehabt, sich zu bedienen – ein andermal. Nun, so kurz nach einer neuen Taufe in den Feuern körperlicher Wonnen, war Gavin sich seiner Verwundbarkeit Katherine gegenüber nur allzu stark bewußt, und ihm war klar, daß er sich bemühen mußte, das zu ändern.

So schnell wie möglich.

Dr. Gavin Winslow hatte nämlich endlich beschlossen, sich eine Mätresse zu nehmen – aber nicht etwa, weil er mehr wollte oder brauchte als die unsägliche Lust, die Katherine ihm in seinem eigenen Bett bereitete, sondern weil er Schutz vor den Reizen seiner schönen Frau benötigte.

»Hallo, Caroline«, sagte er und erwiderte ihr Lächeln.

»Auf dem Weg ins Krankenhaus?« Carolines Stimme war schrill wie Kuhglocken, und Gavin wunderte sich, daß ihm dies bisher nie aufgefallen war.

Er nickte, und sie lud ihn ein, in ihrer Kutsche mitzufahren, genau, wie er erwartet hatte. Als er ihr in dem eleganten, mit kostspieligem Leder ausgeschlagenen Gefährt gegenübersaß, betrachtete er prüfend ihren schlanken Körper.

Katherine ist etwas üppiger, dachte er, *vor allem, seit sie das Baby hat …* Aber er liebte es, die sanften Rundungen ihres Körpers unter sich zu spüren wie ein duftendes, weiches Federbett.

»Gavin?« fragte Caroline schmollend, und Gavin zwang sich, ihr wieder seine Aufmerksamkeit zu widmen.

»Ich glaube, ich habe dich noch nie so schön gesehen«, sagte er.

»Ich kehre in die Stadt zurück«, verkündete Katherine, zwei Wochen nachdem Gavin die Insel verlassen hatte. In all dieser Zeit hatte sie nicht einmal eine kurze Nachricht von ihm erhalten, geschweige denn einen Besuch, und ihre Phantasie spielte ihr alle möglichen furchtbaren Visionen vor.

»Gavin hat noch nicht nach uns geschickt«, wandte Marianne ein, als sei damit die Angelegenheit erledigt. Es war ein regnerischer Nachmittag, und die beiden Frauen saßen auf der Terrasse, Marianne mit einer Stickarbeit und Katherine schreibend.

Sie hatte die Erinnerungen an ihr früheres Leben so schnell wie möglich aufgeschrieben, und das war gut so, denn mit jedem Tag erinnerte sie sich an weniger Einzelheiten dieses Orts hinter der Kristallbrücke. Über kurz oder lang, dachte sie, werde ich ihn wahrscheinlich ganz vergessen haben.

»Natürlich hat er nicht nach uns geschickt«, murmelte Katherine ärgerlich. »Weil er viel zu beschäftigt mit seiner Mätresse ist!« In der Gesellschaftsspalte der heutigen Ausgabe der *Seattle Times* war Gavin mit Caroline Raynes in Verbindung gebracht worden, und Katherine litt, seit sie am Morgen den Artikel gelesen hatte.

Marianne schaute nicht einmal von ihrer Stickarbeit auf. »Alle Männer haben Mätressen, Katherine«, meinte sie achselzuckend. »So ist das Leben nun einmal.«

»*Mein* Leben wird nicht so sein«, entgegnete Katherine und erhob sich wütend. Ohne ein weiteres Wort zu ihrer Schwägerin stürmte sie die Treppe hinauf, bereitete ihr Baby auf die Reise vor, packte ihre eigenen Sachen und schickte dann den Butler nach der Kutsche.

Als die Fähre an jenem Nachmittag ablegte, war Katherine an Bord, zusammen mit Maria und Christopher. Es war an der Zeit, zu handeln; Katherine liebte ihren Mann und war fest entschlossen, um ihn zu kämpfen.

Als sie das stattliche Herrenhaus erreichte, traf sie sämtliche Dienstboten bei den Vorbereitungen für eine umfangreiche Gartenparty an. Bunte chinesische Laternen hingen von Drähten, die im Garten aufgespannt waren, und Papiergirlanden schmückten Lauben und Gartenbänke. Tische waren aufgestellt worden, und extra für diesen Tag bestellte Dienstboten eilten hin und her, um

Stühle, Essen und noch mehr schmückendes Beiwerk hinauszuschleppen.

Zuerst war Katherine entzückt, doch dann begriff sie, daß sie nicht nur nicht zu dieser Party eingeladen war, sondern offenbar nicht einmal etwas davon erfahren sollte. Zorn wallte in ihr auf wie Quecksilber in einem Wüstenthermometer.

»Bring Christopher bitte nach oben«, trug sie einer sehr verwirrten Maria auf, die jedoch widerspruchslos gehorchte. Nachdem Katherine ihre Handschuhe auf die Marmorplatte des Tischs in der Eingangshalle geworfen hatte, wandte sie sich resolut zur Küche.

Obwohl sie alles andere als überrascht war, Caroline Raynes dort anzutreffen, die sich mit dem Koch besprach, explodierten ihre Emotionen wie Schießpulver in der Hölle. »Was tun Sie hier?« herrschte sie Miss Raynes an.

Der Koch wich entsetzt zurück und verließ fluchtartig die Küche, weil er ganz offenbar das Nahen einer Tragödie zu spüren schien.

»Das gleiche könnte ich Sie auch fragen«, entgegnete Caroline. »Soweit mir bekannt ist, hat Gavin Sie auf die Insel verbannt, wo Sie sich nicht in Schwierigkeiten bringen können.« Ein spöttisches Lächeln begleitete ihre nächsten Worte. »Sie wissen schon. Wie beim letzten Mal.«

»Hinaus«, sagte Katherine leise, aber drohend.

Caroline schien ihre Entschlossenheit zu spüren, denn sie erblaßte. »Aber die Feier …«

»Es gibt für Sie hier nichts mehr zu feiern, Miss Raynes«, fiel Katherine ihr ins Wort. »Und das können Sie so auffassen, wie Sie wollen.«

»Dazu wird Gavin aber noch ein Wort zu sagen haben!« zischte Caroline empört, nahm aber nichtsdestoweniger ihr kleines, perlenbesetztes Retikül und wandte sich zum Gehen.

»Das wird er allerdings«, erwiderte Katherine. Sie dachte an die Duellpistolen aus dem achtzehnten Jahrhundert, die über dem Kamin in Gavins Arbeitszimmer hingen, und fragte sich, woher man wohl die Kugeln für diese Pistolen bekommen konnte. Oder was auch immer damit abgefeuert wurde.

Als Katherine sich wieder ein wenig beruhigt hatte, bemerkte sie die große Torte auf dem Tisch, und plötzlich war ihr alles klar. Natürlich. Es war Gavins Geburtstag, und sie als seine Frau hätte es wissen müssen. Es wäre *ihre* Aufgabe gewesen, eine Party für ihn zu veranstalten.

Als Gavin eine halbe Stunde später in sein Arbeitszimmer kam, war er mehr als überrascht, als er Katherine erblickte, die an seinem Schreibtisch saß und nachdenklich die Duellpistole betrachtete, die sie von der Wand genommen hatte.

»Alles Gute zum Geburtstag«, sagte sie freundlich, aber ohne den Anflug eines Lächelns. Dann richtete sie stirnrunzelnd den Blick auf die Waffe in ihrer Hand. »Sag mir, Gavin, funktioniert das Ding noch? Denn wenn, dann würde ich dich jetzt gern kastrieren.«

Gavin erwiderte nichts darauf, ging nur zum Schreibtisch und hob eins der Blätter ihres Tagebuchs auf, die vor ihr lagen. Es war die Seite, auf der sie ein Raumschiff gezeichnet und beschrieben hatte. »Was ist das?«

»Der Beweis, daß ich nicht die Person bin, für die du mich hältst«, antwortete Katherine und hoffte, daß ihre Stimme fest und entschieden klang. »Sieh dir die Handschrift an, Gavin. Hat *sie* so geschrieben?«

Er senkte das Blatt, um Katherine anzusehen, und an seinem betroffenen Gesichtsausdruck erkannte sie, daß sie endlich zu ihm vorgedrungen war. »Nein«, antwortete er, und das Wort klang heiser und gebrochen. Hier war etwas, das Gavin mit wissenschaftlichem Geschwätz nicht abtun konnte, und Katherine sah, daß er ungemein beunruhigt war. »Katherine ...«

Sie legte die Pistole auf den Schreibtisch und stand auf, um ihren Mann mit ruhiger Würde anzusehen. »Hast du mit Caroline geschlafen, Gavin? Ist sie deine Geliebte?«

Er starrte sie noch immer so verwundert an, als hätte er eine Art Mißgeburt vor sich. Er war so erschüttert, daß es ihm die Sprache verschlagen hatte, und Katherine wunderte sich jetzt, daß sie nicht schon früher auf die Idee gekommen war, ihm Beispiele ihrer Handschrift vorzuführen. *Vielleicht*, dachte sie, *habe ich es im Unterbewußtsein gar nicht gewollt, bis ich bereit war, mich endgültig und unwiderruflich an diese Zeit, an diesen Ort und diesen Mann zu binden.*

»Beantworte meine Frage, Gavin«, beharrte sie.

»Nein«, erwiderte er seufzend. »Ich wollte es, aber es ist nie dazu gekommen.«

Katherine legte die Hände auf seine Rockaufschläge. »Das ist gut, denn ich liebe dich von ganzem Herzen, Gavin, und ich werde dich im Bett so stark beanspruchen, daß du keine andere Frau mehr brauchst. Nie wieder. Und du kannst mir vertrauen, weil ich nicht die Katherine bin, die du gekannt hast, und weil ich dich nie verletzen würde.«

Sie fühlte, wie ein Erschauern durch seine kräftigen Schultern ging. Er preßte die Lippen zusammen, und für Katherine war es mehr als offensichtlich, daß er einen harten Kampf mit sich selbst ausfocht, um seine Emotionen zu beherrschen. Eine überwältigende Zärtlichkeit für ihn erfaßte sie bei dem Gedanken, wie furchtbar er gelitten haben mußte.

»Sag mir, wer du bist«, bat er sie rauh. »Woher du kommst ... und wie so etwas geschehen konnte ...«

Lächelnd legte sie einen Finger an seine Lippen. »Nicht jetzt, Dr. Winslow. Jetzt solltest du lieber dein Geburtstagsgeschenk auspacken.«

Ein Lächeln erhellte seine Augen, und er nahm ihre Hand. »Was für ein skandalöser Vorschlag, Mrs. Winslow. Überall im Haus sind Dienstboten, und die Gartenparty wird jeden Augenblick beginnen.«

»Die Dienstboten sind alle blind und taub«, scherzte Katherine »und wenn es eine Party gibt, ist das nur ein Grund mehr zum Feiern.«

Hand in Hand stiegen sie die Treppe hinauf, selbstvergessen und ohne einen Blick für die Dienstboten in der großen Halle, die ihnen verwundert nachschauten. Im ersten Stock hob Gavin Katherine auf die Arme, küßte sie und trug sie über die Schwelle seines Schlafzimmers.

Diese Begegnung war ganz anders als ihre bisherigen Umarmungen, denn diesmal gab es kein ausgedehntes Vorspiel, keine neckischen Spielchen und keine verführerischen Zärtlichkeiten. Dazu war ihr Verlangen viel zu groß, ihrer langen Trennung und der neuentdeckten Harmonie wegen, und weil beide ein Hinauszögern ihrer Vereinigung als unerträglich empfunden hätten.

Irgendwie, ohne ihre leidenschaftlichen Küsse zu unterbrechen, gelang es ihnen, sich gegenseitig zu entkleiden. Dann drückte Gavin Katherine sanft aufs Bett, legte sich zwischen ihre weit gespreizten Schenkel und drang in sie ein.

Für Katherine waren die Gefühle sehr viel tiefgehender als bloße Lust; für sie war es auch eine spirituelle Erfahrung, etwas, das ihr schon seit der Entstehung des Universums vorbestimmt gewesen war. Sie stieß einen heiseren Schrei aus, als Gavin in sie eindrang, sich dann wieder zurückzog und von neuem in sie eindrang, und als ihr Körper auf dem Höhepunkt der Ekstase einen wilden Tanz begann, schien ihr Geist sich von ihm zu lösen und sich in die Lüfte aufzuschwingen.

Plötzlich merkte sie, daß sie wieder vor der Brücke aus Kristall stand, und eine tiefe, überwältigende Furcht erfaßte sie, weil sie wußte, daß sie für immer von Gavin fortgerissen werden konnte. Hinter ihr lagen 1895, Gavin, Christopher, Marianne und Maria, während vor ihr nur Dunkelheit zu sehen war, und das war der Moment, in dem Katherine erkannte, daß ihr alter Körper gestorben war.

»Jene andere Katherine«, fragte sie das gleißend helle Licht über der Brücke. »Was ist aus ihr geworden?«

Sie hat Frieden gefunden, antwortete das Licht ohne Worte.

Katherine war sehr erleichtert. »Laß mich zurückkehren nach 1895«, flehte sie. »Bitte. Dorthin gehöre ich, das war schon immer der Platz, der mir bestimmt war.«

Du hast dich entschieden, erwiderte das Licht.

Plötzlich war Katherine wieder in Gavins Bett, tränenüberströmt und noch immer zitternd von der Macht ihrer Erfüllung. Gavin keuchte, sein muskulöser Rücken fühlte sich feucht unter ihren Händen an, und sie war überglücklich, weil sie jetzt ein ganzes Leben hatte, um ihn zu lieben und von ihm geliebt zu werden, und genügend Zeit, ihm von der Kristallbrücke und der Welt auf der anderen Seite zu erzählen.

»Ich liebe dich«, sagte er.

Katherine küßte ihren Mann sanft auf die Stirn. Es mochte zwar sein Geburtstag sein, aber *sie* war es, die das Geschenk erhalten hatte.

Denn dein Herz kennt den Weg

1. Kapitel

Onion Creek im Staate Washington
April 1872

Bess Campbell spürte, wie sich eine große Hand auf ihre Schulter legte, und selbst im Schlaf entging ihr nicht, wie behutsam die Berührung war. Einen wundervollen Augenblick lang war ihr, als wäre sie wieder daheim in Philadelphia und Papa oder ihr Bruder Simon weckten sie, um sie zu einem frühmorgendlichen Ausritt einzuladen.

»Wachen Sie auf«, befahl ihr eine fremde Stimme.

Bess, die auf einem Stapel leerer Saatgutsäcke in einer Ecke des Gemischtwarenladens in Onion Creek geschlafen hatte, weil sie keinen besseren Platz gefunden hatte, schlug ihre blauen Augen auf und sah einen bärtigen, ungeheuer großen Mann, der grinsend vor ihr stand. Unwillkürlich stieß sie einen spitzen kleinen Alarmschrei aus.

»Sind Sie Miss Elizabeth Ann Campbell?« fragte der Riese. Er war ganz offenbar einer dieser Grenzlandbewohner, denn er trug ein grobgesponnenes Hemd, wollene Hosen und breite Hosenträger.

Bess, die voll angekleidet war und die ganze Nacht lang ihren Koffer und ihre Handtasche an die Brust gedrückt hatte, richtete sich abrupt auf ihrem improvisierten Bett auf. »Vielleicht bin ich das«, antwortete sie und strich ihr wirres blondes Haar glatt. »Aber wer sind Sie?« Er war jedenfalls *nicht* John Tate, der Mann, dessentwegen sie diese weite Reise unternommen hatte, um seine Frau zu werden.

Es war noch immer dunkel draußen, und nur eine einzelne Laterne, die auf einem Faß mit eingelegten Gurken stand, erhellte den kleinen Laden. Mr. Sickles, der Besitzer, stand stirnrunzelnd in der Nähe, sichtlich verärgert, daß er zu dieser frühen Stunde aus dem Bett geholt worden war.

Der bärtige Riese lachte und betrachtete Bess mit hellbraunen Augen, die vor Humor und Mutwillen zu funkeln schienen. »Nun ja, Ma'am«, antwortete er und entblößte dabei erstaunlich weiße Zähne, »ich muß zwar zugeben, daß ich nicht der Mann bin, den Sie erwartet haben, aber unter den gegebenen Umständen, fürchte ich, werden Sie sich mit mir als Bräutigam zufriedengeben müssen.«

Bess versteifte sich und spürte, wie ein Frösteln über ihren Rücken lief. Sie hatte nicht damit gerechnet, daß ihre Flucht nach Westen so gefahrvoll und unbequem sein würde, wie sie es gewesen war, und sie war nicht nur erschöpft, sondern auch zutiefst enttäuscht. Und nun hockte diese verwilderte Gestalt neben ihrem Bett und besaß die Frechheit, sich ihr als Bräutigam anzubieten!

»Ich bitte um Verzeihung«, sagte sie spitz, als sie nach ihrem Beutel griff und beinahe den Stoff zerriß, als die Bänder sich verhedderten. »Ich bin mit einem gewissen John Tate verlobt«, fuhr sie fort, während sie in der Tasche nach dem zerknitterten, oft gelesenen und oft bereuten Ehevertrag suchte, der sie an diesen gottverlassenen Ort gebracht hatte. Endlich fand sie das Dokument und zeigte es dem Fremden. »Hier – überzeugen Sie sich selbst.«

Der Mann betrachtete ihre Hände, und sein Gesichtsausdruck wechselte von neugierig zu nachdenklich. »Schlafen Sie immer mit Handschuhen?« fragte er.

Bess errötete und spürte jähen Zorn in sich erwachen. »Zerbrechen Sie sich darüber nicht den Kopf, Sir. Es ist ganz gewiß nicht Ihr Problem, was ich trage, wenn ich schlafe!«

Die whiskeybraunen Augen lachten sie an, und er ignorierte den Ehevertrag, den Bess mit zitternder Hand hochhielt, bis sie ihn schließlich wieder sinken ließ. »Ich denke doch, daß es mein Problem ist, Ma'am, weil ich Ihr Ehemann sein werde.«

Bess hatte inzwischen genügend Mut gesammelt, um sich, wenn auch etwas unsicher, aufzurichten, ihre Röcke auszuklopfen und ihr knappes Samtjäckchen glattzuziehen. »Ich habe Ihnen doch bereits gesagt, daß ich mit Mr. John Tate verlobt bin«, erklärte sie kühl. »Sind Sie taub, Sir?«

Auch er richtete sich auf und reichte ihr eine sehr große, aber – soweit sie im schwachen Schein der Laterne sehen konnte – *saubere* Hand. »Nein, Ma'am, ich weiß, daß Sie meinen Bruder heiraten sollten«, erwiderte er geduldig. »Das Problem ist nur, daß John nach Norden gegangen ist, um nach Gold zu suchen, und es mir überlassen bleibt, seine Verpflichtungen zu erfüllen. Und eine dieser Verpflichtungen ist, Sie zu heiraten.«

Bess schenkte seiner Hand genausowenig Beachtung wie er zuvor dem Ehevertrag, den sie ihm gezeigt hatte. Wieder zupfte sie an ihrer Jacke, obwohl sie wußte, daß an deren Sitz nichts mehr zu verändern war, und hob stolz das Kinn. Trotz der tapferen Fassade jedoch, die sie zur Schau stellte, hätte sie sich am liebsten unter den groben Säcken auf dem Boden verkrochen und geweint, bis die Engel im Himmel aus lauter Mitleid mit ihr weinten.

»Nun ja, dann erlauben Sie mir – Mr. Tate, vermute ich? –, Sie wenigstens von einer dieser Verpflichtungen zu entbinden. Ich würde nicht einmal im Traum daran denken, mich mit einem Fremden zu verheiraten.«

Im ersten Moment wirkte Mr. Tate enttäuscht, doch davon erholte er sich sehr schnell und grinste wieder. Es war wie das mutwillige Grinsen eines Chorknaben und paßte überhaupt nicht zu seinem äußeren Erscheinungsbild. »Natürlich würden Sie das«, widersprach er. »Sie wollten John heiraten, und er war für Sie ein Fremder – das weiß ich, weil er es mir gesagt hat, bevor er aufbrach, um Regenbogen zu jagen. Und Sie können mich von jetzt an Will nennen, weil ich nichts von diesen albernen Ostküstenmanieren halte.«

Wieder fuhr Bess auf und spürte, wie das Blut in ihre Wangen schoß, die ganz gewiß alles andere als sauber waren, obwohl sie sich am Abend zuvor gründlich im Fluß gewaschen hatte. »Das war etwas anderes«, entgegnete sie kühl. »Ich habe Mr. Tate kennengelernt und fand ihn rein äußerlich akzeptabel.« Wieder errötete sie, weil ihr zu spät bewußt geworden war, wie taktlos ihre Bemerkung klingen mußte.

Will Tate zog eine blonde Augenbraue hoch, und sein Grinsen schwankte für einen Moment ein wenig, doch dann festigte es sich wieder. Er stieß einen tiefen, leidgeprüften Seufzer aus, schien sich endlich zu erinnern, daß er seinen Hut noch trug, drinnen und vor allem in Gegenwart einer Dame, und nahm das verbeulte Ding rasch ab.

Er hatte mehr Haare auf dem Kopf als der verrückte Mann, den Bess einmal bei einer Zirkusschau gesehen hatte. Sie hatte den armen Kerl zutiefst bemitleidet, aber Mr. Will Tate benötigte ihr Mitleid nicht. Er war groß, einen ganzen Kopf größer als Bess, und seine Schultern waren so breit, daß er sich wahrscheinlich zur Seite drehen mußte, um durch eine normale Tür zu kommen. Er schien ungeheuer stark zu sein, nicht nur körperlich, sondern auch vom Temperament her, und er strahlte eine Art unkultivierter Hitze aus, die aus dem tiefsten Inneren seines Seins zu kommen schien.

»Ich weiß, daß ich bei weitem nicht so gut aussehe wie mein Bruder«, sagte er und drückte den schäbigen Hut an seine Brust, die für Bess so aussah, als müsse sie sich hart wie Granit anfühlen, wenn sie kühn genug gewesen wäre, sie zu berühren. »Aber ich bin eine gute Partie, Miss Elizabeth. Ich trinke nicht und fluche nicht mehr als jeder andere Mann, ich bade regelmäßig und gehe sonntags in die Kirche. Jeder weiß hier, daß ich im Winter sogar das Eis des Onion Creek aufbreche, um mir Badewasser zu holen, und es bis zu meiner Hütte hinaufschleppe, um es auf dem Feuer zu erhitzen. Und ich kann Ihnen beim Grab meiner eigenen Mutter schwören, daß ich Sie niemals schlagen würde.«

Bess, die plötzlich eine unverhoffte und gänzlich unerwünschte Wärme in sich aufsteigen spürte, errötete vor Verlegenheit und wehrte sich mit aller Kraft dagegen. Ihr Entschluß, John Tate zu heiraten, war schon überstürzt genug gewesen, die Handlung einer unbedachten, ja *verzweifelten* Frau, aber dieser Bruder hier war doch etwas völlig anderes. Er kam ihr wild und unzivilisiert vor, und außerdem begann sie plötzlich Gefühle zu verspüren und auf Ideen zu kommen, die entschieden *un*christlicher Natur waren.

Sie trat einen Schritt zurück und nahm Zuflucht zu selbstgerechter Empörung. »Ich muß schon sagen, es ist unglaublich dreist von Ihrem Bruder, mich den ganzen weiten Weg an diesen ... diesen Ort kommen zu lassen, um mich dann einfach sitzenzulassen!«

Will lächelte, und das versetzte Bess von neuem einen Stich, denn dieses Lächeln war bezaubernd. »Aber er hat Sie doch nicht sitzenlassen, Miss Elizabeth«, wandte er geduldig ein, als spräche er mit einer erschrockenen Kuh, die bis zum Hals im Schlamm versunken war. »John wußte sehr gut, daß ich für ihn einspringen würde. So war es schon immer bei uns beiden.«

Bess wandte sich ab und verschränkte die Arme über der Brust, weil ihr die Tränen kamen. »Hören Sie auf, mich ›Miss Elizabeth‹ zu nennen«, sagte sie ärgerlich. »Niemand hat mich je anders als Bess genannt.«

»Bess«, wiederholte er leise, und selbst das klang irgendwie erotisch, die Art, wie er ihren Namen murmelte, als kostete er ihn zunächst, um ihn dann langsam und genießerisch auf der Zunge zergehen zu lassen.

Bess versuchte, unauffällig mit dem Handrücken die Tränen abzuwischen, die in ihren Wimpern glitzerten, aber Will ergriff sanft ihren Ellbogen und drehte sie zu sich herum.

»Beruhigen Sie sich«, sagte er mit einer schroffen Zärtlichkeit, bei der Bess sich gleich ein wenig sicherer fühlte an diesem fremden, feindseligen Ort. »Es besteht kein Grund, sich aufzuregen und zu weinen. Es war nicht Ihre Absicht, mich zu heiraten, und auch ich hatte ganz gewiß nicht vor, mich an Sie zu binden, aber jetzt geht es eben nicht anders, und deshalb sollten wir versuchen, das Beste daraus zu machen. Wenn ich es mir recht überlege, könnte ich gut eine Frau zur Gesellschaft an einsamen Abenden gebrauchen und eine hilfreiche Hand auf der Farm wäre auch nicht zu verachten.«

Bess war fassungslos, nicht nur über seine unverblümte Offenheit, sondern auch über die Tatsache, daß er mit einer derartigen Leichtigkeit über eine solche heilige Institution wie die Ehe sprechen konnte. »Dann werden Sie sich woanders umsehen müssen«, antwortete sie, obwohl ein kühner und bis dahin völlig unbekannter Teil von ihr gern mit Will Tate heimgegangen wäre. »Ich kehre jedenfalls nach Philadelphia zurück.«

Doch noch während Bess die Worte sagte, wußte sie, daß sie unmöglich zurückkehren und die Schande und den Klatsch ertragen konnte, die sie dort erwarteten. Und Will war offenbar scharfsinnig genug, um ihr diese Erkenntnis anzusehen.

»Haben Sie überhaupt das Geld und die Kraft für eine solche Reise?« fragte er. »Und wenn Sie wieder da wären, müßten sie sich mit all dem auseinandersetzen, wovor Sie geflohen sind.«

»Ich bin nicht auf der Flucht ...«

Will hob eine Hand. »Belügen Sie mich nicht, Bess. Das ist ein unschöner Zug an Frauen, den ich genausowenig dulde wie Stehlen und Unzucht treiben.«

Wieder wurde Bess über und über rot. Kein Gentleman in Philadelphia hätte je ein solch skandalöses Wort benutzt, außer einem Prediger natürlich, und der hätte es in rein biblischem Zusammenhang genannt.

Endlich mischte sich der Ladenbesitzer, den Bess schon vollkommen vergessen hatte, in das Gespräch ein. »Sie beide sollten Ihre Probleme woanders regeln. Ich bin noch gar nicht richtig ausgeschlafen und habe keine Lust, mir Ihr Gejammere anzuhören!«

Es war offensichtlich, daß Bess im Notfall nicht mit der Hilfe dieses Mannes rechnen konnte, und da ganz Onion Creek nur über zwei weitere Gebäude verfügte, einen Mietstall und einen Saloon, war aus dieser Richtung auch nicht viel Unterstützung zu erwarten.

»Sie sind mir gegenüber im Vorteil, Mr. Tate«, sagte sie tapfer und bückte sich, um ihre Handtasche und ihren kleinen Lederkoffer aufzuheben. »Ich hatte mich darauf verlassen, daß Ihr Bruder hier sein würde. Ich kenne niemanden in dieser Stadt, habe fast kein Geld mehr und seit gestern, als ich mit der Eisenbahn in Spokane ankam, auch nichts mehr gegessen. Ich muß mich also ganz auf Ihre Güte und Ehrenhaftigkeit verlassen, fürchte ich.«

Wieder glitt ein Grinsen über Wills Gesicht, und Bess fragte sich einen flüchtigen Moment lang, ob er nicht sehr gut aussehen könnte ohne diesen scheußlichen Bart und das viel zu lange Haar. Als er sich jedoch zu Mr. Sickles umwandte, verhärteten sich seine Züge und Bess begriff, daß Will Tate gar nicht so oberflächlich war, wie sie gedacht hatte.

»Ich denke, Sie hätten der Dame ruhig ein Stück Brot und etwas Dörrfleisch geben können, Sie gewissenloser alter Geizkragen«, sagte er grimmig zu dem Händler. »Und viele andere Männer hätten sogar ihr eigenes Bett geopfert, bevor sie zugelassen hätten, daß eine Frau auf Reisen auf einem Haufen alter Säcke übernachtet.«

Bess erschauderte bei dem Gedanken, im Bett des Ladeneigentümers zu übernachten; sie war froh, daß er ihr kein solches Angebot gemacht hatte. Während sie eine behandschuhte Hand auf Wills Arm legte, der sich unter dem groben Stoff seines Hemds wie Stein anfühlte, sagte sie: »Machen Sie keinen Ärger, Will. Ich bin noch nicht verhungert, und ich habe hier auf diesen Säcken gar nicht schlecht geschlafen.« Unnötig hinzuzufügen, dachte sie, daß ich geweint habe vor Heimweh und Bedauern und geflucht über meine eigene Unbedachtheit.

»Ich bin kein Wohlfahrtsinstitut, Tate«, erwiderte der Mann.

Noch immer mit einem ärgerlichen Blick auf ihn, zog Will ein Geldstück aus seiner Hosentasche und warf es durch den engen, verstaubten kleinen Laden. Dann hob er den Deckel von einem Faß, nahm ein kleines Stück Käse heraus und bot es Bess an. »Hier«, sagte er. »Das wird genügen, bis wir daheim sind, wo ich Bohnen, Speckseiten und andere gute Sachen habe. Es ist nicht weit.«

Bess nahm den Käse und verspeiste ihn mit wenigen Bissen, während Will ihren kleinen Koffer aufhob.

»Haben Sie sonst noch etwas?«

Sickles schnaubte verächtlich. »Hast du keine Augen im Kopf, Will?« Er deutete mit dem Daumen auf eine der Wände seines Ladens. »Mein Schuppen draußen ist vollgestopft mit Truhen, Kisten und anderem Schnickschnack. Ich glaub', du wirst einen halben Tag dazu benötigen, all diesen Krempel aufzuladen.«

Bess biß die Zähne zusammen, um ihren Ärger zu beherrschen. Auf der ganzen Reise quer durchs Land hatten Eisenbahnbeamte sich über ihr Gepäck beschwert, und der Mann, der sie von Spokane mit dem Pferdewagen hergefahren hatte, hatte ihr den doppelten Preis berechnet und ihr gesagt, sie könne froh sein, daß er den Wagen am Bahnhof gerade ausgeladen hatte.

»Ich konnte doch nicht einfach fortfahren und alles zurücklassen, was mir gehörte«, protestierte sie.

Will warf ihr einen resignierten Blick zu, und irgendwie schmerzte das noch mehr, als wenn er ihr Vorwürfe gemacht hätte. »Kommen Sie, Bess«, sagte er und bedeutete ihr, voranzugehen. »Ich habe Arbeit auf der Farm und kann mir nicht erlauben, den ganzen Tag herumzustehen und zu schwatzen.«

Bedrückt folgte Bess ihm in die kühle Morgenluft hinaus. Es war kalt, und sie hörte das Rauschen des Onion Creek, der ganz in der Nähe vorüberfloß. Ihre Röcke raffend, ließ sie sich von Will auf den Kutschbock seines Wagens heben, was ihm nicht die geringste Mühe zu bereiten schien.

»Sie verstehen doch hoffentlich«, sagte sie, während sie sittsam ihre Röcke glattstrich, »daß das nicht bedeutet, daß ich Ihren Heiratsantrag annehme.«

Will hatte sich bereits abgewandt, um das Gepäck im Schuppen zu begutachten. Er stieß einen leisen Pfiff aus und murmelte etwas, das wie ein Fluchen klang.

»Ich dachte, Sie hätten gesagt, Sie fluchten nicht«, bemerkte Bess herausfordernd, weil sie sich jetzt nach dem Käse wieder etwas kräftiger fühlte und auch ein bißchen tapferer.

»Ich sagte, ich täte es nicht *oft*«, antwortete Will, während er die schwerste ihrer Truhen aufhob und sie achtlos auf die Ladefläche seines Wagens fallen ließ.

Das ganze Gefährt wackelte, und die beiden Pferde, die es zogen, wieherten und tänzelten nervös.

Ganz im Gegensatz zu der düsteren Prophezeiung des Ladenbesitzers gelang es Will, innerhalb von fünfzehn Minuten Bess' gesamtes Gepäck auf den Wagen zu laden. Die Sonne ging gerade hinter den Bergen auf, als er zu Bess auf den Kutschbock stieg und die Zügel in die Hand nahm.

»Ich bin ziemlich sicher, daß das nicht schicklich ist«, sagte Bess, die spürte, daß Will sich jetzt auf die Seite ihrer Kritiker schlagen würde, um irgendeinen abfälligen Kommentar darüber abzugeben, daß sie halb Philadelphia eingepackt und quer durchs ganze Land geschleppt hatte. »Daß ich Sie zu Ihrem Haus begleite, meine ich.«

Will löste die Bremse mit einer geübten Bewegung eines Fußes und schnalzte mit der Zunge, um die Pferde anzutreiben. »Nein, Ma'am, das ist es sicher nicht, aber mir scheint, daß uns im Augenblick nichts anderes übrigbleiben wird. Der alte Harlan Kipps müßte eigentlich schon bald vorbeikommen. Er ist ein Wanderprediger, und wir werden ihn bitten, uns zu trauen.«

Bess atmete tief ein, und die frische Luft stärkte sie fast so sehr wie das Stück Käse vorhin. Sie würde später über Wills Heiratsantrag nachdenken, denn im Augenblick hatte sie ganz andere Sorgen. »Woher soll ich wissen, ob Sie nicht schamlos die Situation ausnutzen, wenn wir erst allein sind?«

Von allen Antworten, die Will darauf hätte geben können, war Gelächter das, worauf Bess am wenigsten gefaßt war.

»Da haben Sie sich aber einen guten Zeitpunkt ausgesucht, um sich den Kopf über so was zu zerbrechen«, meinte er, als er sich wieder ein wenig beruhigt hatte und mit den Zügeln klatschte, um die Pferde schneller voranzutreiben. »Sie haben gerade die Nacht unter dem Dach eines der schlimmsten Sünder verbracht, die Gott den Tag vermiesen. Sie sind bei mir erheblich sicherer als beim alten Purvis Sickles, das kann ich Ihnen versichern.«

Bess war ziemlich bestürzt über diese Neuigkeiten, aber sie tat ihr Bestes, um sich nichts anmerken zu lassen, und starrte stur geradeaus, als ließen seine Worte sie völlig kalt. »Und Sie fluchen erheblich mehr, als Sie behauptet haben, als wir das erste Mal von Heirat sprachen«, entgegnete sie spitz.

Wieder lachte Will, aber er versuchte gar nicht erst, sich zu verteidigen. Statt dessen legte er die Hände mit den Zügeln in den Schoß, begann ein Lied zu summen und konzentrierte sich darauf, die Pferde über den holprigen, ausgefahrenen Weg zu lenken, den sie hier Straße nannten.

Die Gegend um die kleine Ortschaft Onion Creek war eine einzigartige Mischung aus Flachland und waldbestandenen Bergen. Bess bezog einen gewissen widerstrebenden Trost aus der Schönheit der Landschaft, als die aufgehende Sonne ihren Blick auf grüne Felder mit einer Vielzahl wilder Blumen lenkte, auf hohe, zerklüftete Felsen, die zu steil erschienen, um sie zu besteigen, und so hohe, mächtige Bäume, daß sie ganz gewiß schon hier gestanden hatten, als die Pilgerväter von Bord der *Mayflower* gegangen waren.

»Warum sind Sie nicht nach Norden gegangen wie Ihr Bruder, um Gold zu suchen?« fragte sie, nur um Konversation zu machen, als das Schweigen zu lange anhielt und sie sich einsam zu fühlen begann.

Will nahm seinen Hut ab, in einer etwas gereizten Geste, und setzte ihn dann wieder auf, genauso brüsk. »Das ist gutes Land hier«, sagte er. »Es hat alles, was ein Mann sich wünschen kann – Holz, gute Erde und eine Menge Platz. Warum jemand diese schönen Berge gegen einen Ort eintauscht, wo es sechs Monate im Jahr dunkel ist und die Flüsse bis auf den Grund gefrieren, ist mir unbegreiflich.«

Bess betrachtete Will aus dem Augenwinkel und begann sehr nachdenklich zu werden. Er besaß nicht das gute Aussehen seines Bruders, jedenfalls soweit sie das bei all diesem Haar sagen konnte, aber er war ein Mann, der offenbar bereit war, für das zu kämpfen, was er wollte.

Was bedeutete, daß er erheblich zäher war als sie.

»Was ist eigentlich vorgefallen im Osten, das Sie dazu getrieben hat, so weit zu fliehen?« fragte Will plötzlich und bewies damit nur wieder einmal diese verflixte Einfühlsamkeit, die ihr schon vorher aufgefallen war.

»Das ist aber eine unverblümte Frage.«

»Hier draußen nehmen wir uns nicht die Zeit für schöne Worte und höfliche Umschreibungen«, antwortete er. »Wir sagen einfach, was wir denken, in den meisten Fällen jedenfalls. Es erspart uns Zeit.«

Bess seufzte. Früher oder später würde sie sowieso gestehen müssen, warum also nicht jetzt, dann hatte sie es hinter sich. »Ich sollte einen Mann namens Jackson Reese heiraten«, begann sie, setzte sich aufrechter hin, sah Will aber nicht an. »Es war *das* gesellschaftliche Ereignis der Weihnachtszeit. Mein Brautkleid war mit echten Perlen bestickt – Mama hatte es in New York anfertigen lassen, und wir sind dreimal mit dem Zug zur Anprobe hingefahren.« Bess hielt inne, denn was sie jetzt zu sagen hatte, brachte sie fast um. »Aber all das hat mir nichts ausgemacht«, fuhr sie leise fort, »das mit dem Kleid und so, meine ich. Schlimm war nur, daß Jackson und meine Schwester Molly am Morgen der Hochzeit miteinander durchgebrannt sind.«

Zu Bess' abgrundtiefer Überraschung und Beschämung lenkte Will den Wagen an den Straßenrand und brachte die Pferde mit einem lauten »Hoh!« zum Stehen.

Bess zitterte auf dem harten, kalten Wagensitz, weil sie nicht wußte, warum Will die Fahrt so plötzlich unterbrochen hatte. Vielleicht hatte er beschlossen, sie mit Sack und Pack auszuladen. Vielleicht war auch er inzwischen zu dem Schluß gekommen, daß er sie nicht haben wollte, genau wie Jackson damals an ihrem Hochzeitstag.

»Dieser Mann muß der König aller Narren gewesen sein«, sagte er ruhig, während er einen starken Arm um Bess' Taille legte und sie einmal kurz an sich zog.

Sie war weder erschrocken noch gekränkt, weil sie wußte, daß diese Umarmung als Geste des Trostes und nicht als plumpe Vertraulichkeit gemeint war.

Will legte eine Hand unter ihr Kinn und zwang sie, ihn anzusehen. »Eins dürfen Sie niemals vergessen, Bess. Was dort in Ihrer Heimat geschehen ist, war *deren* Schande, die Ihrer Schwester und des Bastards, mit dem sie sich eingelassen hat, aber nicht Ihre, Bess. Wenn Sie klug sind, versuchen Sie, es zu vergessen und sich hier einen Platz für sich selbst zu schaffen.«

Bess nickte schließlich, weil sie ihrer Stimme nicht traute, und atmete erleichtert auf, als Will seine Hand wieder zurückzog, die Zügel aufnahm und die Pferde erneut in Bewegung setzte. Bald holperten sie wieder über die Straße, und Bess merkte plötzlich, wie müde und erschöpft sie war. Sie gähnte, legte ihren Kopf an Wills Schulter und döste ein.

Er weckte sie einige Zeit später, indem er die Zügel anzog und wieder »Hoh!« schrie.

Bess zuckte zusammen und schaute sich blinzelnd um. Die Sonne stand jetzt schon höher und warf ihr gleißend helles Frühlingslicht über das Land.

Bess kniff die Augen zusammen und erblickte eine kleine Blockhütte, genau wie jene, die sie in Bilderbüchern gesehen hatte. Jemand – wahrscheinlich war es Will gewesen – hatte einen ziemlich großen Gemüsegarten neben dem Haus angelegt. Auf der anderen Seite war eine Wäscheleine aufgespannt, an der eine verblichene Flickendecke hing.

Hühner gackerten und flatterten vor dem Haus herum, ein großer gelber Hund kam aus der Scheune, die viel größer als das Haus war, und ein lautes, klägliches Muhen ertönte aus dem langgestreckten Gebäude, das offenbar ein Kuhstall war.

Will war schon abgestiegen und ging um den Wagen herum, um Bess hinabzuheben, aber er blieb lachend stehen, als der Hund ihn freudig ansprang.

»Beißt er?« fragte Bess. Sie hatte zwar keine Angst vor Hunden, aber ihre Vernunft riet ihr, jedem Tier, das mehr wog als sie selbst, mit Vorsicht zu begegnen.

»Calvin?« fragte Will erstaunt und lachte schallend. »Nein, Ma'am, Calvin beißt niemanden außer Banditen, Steuereintreibern und Hausierern – nicht wahr, mein Junge?«

Bess, die sich ein wenig ärgerte, daß Will dem Hund mehr Beachtung schenkte als ihr, schickte sich an, allein vom Bock zu steigen, da Will zu beschäftigt war, den Hund zu begrüßen, um ihr eine Hand zu reichen.

Sie begann abzusteigen, mit dem Rücken zu Will, aber ihr Fuß verfing sich in ihren langen Röcken, und plötzlich spürte sie, wie Wills starke Hände ihre Hüften umfaßten und dann langsam zu ihrer Taille hinaufglitten.

Bess war peinlich berührt, nicht nur von der Intimität der Geste, sondern vor allem von ihrer eigenen Reaktion darauf. Ihr war, als sei ihr Körper vollgestopft mit chinesischen Feuerwerkskörpern, die nun alle auf einmal losgingen.

Eine Seite seines Munds verzog sich zu einem Lächeln, als hätte Will ihre Gedanken gelesen, und sie hätte schwören mögen, daß es Absicht war, als er sie ganz langsam an seiner Brust hinabgleiten ließ, bis ihre Füße festen Boden berührten.

Einen schier endlosen Moment lang schaute er ihr in die Augen, seine Hände noch auf ihrer Taille, und sie ertappte sich bei dem Gedanken, wie er wohl mit einem vernünftigen Haarschnitt und glattrasiert aussehen würde. Das Gesicht, das dann in ihrer Phantasie erschien, ließ ihr Herz vor Erregung schneller pochen.

Endlich trat Will zurück und begann ihr Gepäck auszuladen. Bess entfernte sich hastig, ging um die Blockhütte herum und fand das Klosetthäuschen.

Als sie dort fertig war, kehrte sie zum Hof zurück, und da Will nirgendwo zu sehen war, ging sie zur offenen Tür der Blockhütte.

Er war dabei, ihr Gepäck mitten in dem einzigen Raum der Hütte aufzustapeln, und ein grimmiger Ausdruck prägte seine Züge dabei. Die Truhen und Kisten bildeten eine sehr willkommene Raumteilung, erschien es Bess.

Sie würde in dem ordentlich gemachten Bett mit dem auf Hochglanz polierten Bronzegestell und der sauberen Decke schlafen, während Will sich auf dem Bärenfell am anderen Ende des Raums vor dem Kamin ausstrecken konnte. Ja, das erschien ihr eine akzeptable Lösung, zumindest, bis sie entschieden hatte, ob sie bleiben oder gehen sollte, und sie zögerte nicht, Will ihre Überlegungen mitzuteilen.

Er warf ihr einen fassungslosen Blick zu, richtete sich auf und straffte seine breiten Schultern.

»Wie bitte?« fragte er in leisem, aber nichtsdestoweniger bedrohlichem Tonfall. »Sie verlangen von mir, daß ich mein Bett aufgebe?«

Bess blieb in der Tür stehen, weil sie dachte, daß sie vielleicht jederzeit die Flucht ergreifen mußte, und antwortete mit unerschütterlicher Überzeugung: »Es ist nicht mehr, als was Sie von diesem Ladenbesitzer erwartet hätten. Sie haben ihm sogar Vorwürfe gemacht, weil er es versäumt hatte, wenn ich mich recht entsinne.«

Für einen Moment sagte Will nichts, blieb verdächtig still. Dann klatschte er ganz unvermittelt in die Hände und lächelte. »Die Siedler haben einen Brauch, den sie ›Einpacken‹ nennen«, sagte er. »Und genau das werden wir tun, bis Harlan herkommt und uns traut.«

Bess verzichtete auf den Einwand, daß sie einer Heirat noch nicht zugestimmt hatte. Sie war auf die Gastfreundschaft dieses Mannes angewiesen und wollte ihn nicht kränken. »›Einpacken‹?« wiederholte sie verwundert und mit etwas unsicherer Stimme.

»Ja, einpacken«, antwortete Will, als er sich wieder daranmachte, die Gepäckstücke einigermaßen übersichtlich anzuordnen. »Hören Sie auf, in der Tür herumzustehen, als wollten Sie jeden Augenblick hinausstürzen und davonrennen. Auf dem Herd steht ein Topf mit Speck und Bohnen, und es müßte auch noch Kaffee da sein, falls nicht irgendein Indianer vorbeigekommen ist und es sich hier gemütlich gemacht hat, während ich Sie in der Stadt abgeholt habe.«

Bess schluckte, entdeckte schnell den Herd und setzte sich dann in Bewegung. Sie fragte nicht nach Indianern ohne Manieren – sie hatte noch immer an jenem anderen Wort zu knabbern, das er benutzt hatte, das Wort, das ihre Vereinbarung für die Nacht betraf und beunruhigend behaglich klang.

»Was meinten Sie mit ›einpacken‹?« fragte sie noch einmal, während sie den Deckel von einem Topf warmer Bohnen mit Speck aufhob und fast ein wenig schwankte von dem jähen Hunger, der sie plötzlich überwältigte.

Sie hatte schon einen Teller gefunden und etwas von der köstlich duftenden Suppe ausgeschenkt, bevor Will antwortete, und als er es tat, stand er direkt hinter ihr.

»Das ist ganz einfach.« Er sprach ruhig, sachlich, und dennoch haftete seiner Stimme noch etwas ganz anderes an – etwas Elementares, Männliches, das man besser überhörte. »Zu den Anfängen der Siedlerzeiten, als ein Mann einen langen Weg zurückzulegen hatte, um seine Liebste zu besuchen, durch gefährliches Gelände und miserables Wetter, wäre es sehr unbarmherzig gewesen, ihn fortzuschicken und heimreiten zu lassen, wenn der Besuch vorüber war. Deshalb befestigte der Vater des Mädchens ein Brett als Barriere in der Mitte ihres Betts, und sowohl die junge Dame wie auch ihr Verehrer wurden so fest in Decken eingewickelt wie die ägyptischen Mumien, über die man lesen kann. So konnten sie zusammen liegen und die ganze Nacht lang reden, wenn sie wollten, aber es bestand keine Gefahr, daß sie Unzucht trieben, weil sie sich nicht ohne fremde Hilfe aus der Decke wickeln konnten.«

Da war es wieder, dieses unziemliche Wort. *Unzucht treiben*, wiederholte sie im stillen, um sich gegen jeden weiteren Schock in dieser Art zu wappnen.

Bess' Hände zitterten ein wenig, aus Nervosität und Hunger, als sie ihren Teller auf den Tisch stellte, der aus einfachen Kiefernbrettern zusammengenagelt war, und sich auf eine umgedrehte Obstkiste setzte, um zu essen. »Das klappt nicht, Mr. Tate«, wandte sie bescheiden ein und wagte nicht, den Blick zu seinen mutwilligen Augen zu erheben. »Und man sollte meinen, Sie wären vernünftig genug, es selbst zu sehen. Nur einer von uns könnte ›eingepackt‹ werden, da dann keiner mehr da wäre, um es bei dem anderen zu tun.«

Sie spürte seine Belustigung, die auch in seinem Ton mitschwang, als er darauf antwortete.

»Nun ja, dann werden wir uns wohl mit einem Brett im Bett begnügen müssen, Bessie-Liebling, weil ich nicht die Absicht habe, auf dem Fußboden zu nächtigen.«

Bess, die mit unverhohlenem Appetit die würzige Bohnensuppe löffelte, wagte endlich aufzuschauen, »Na schön. Dann schlafe *ich* auf dem Bärenfell. Tun Sie mir nur den Gefallen, sich in Zukunft nicht als einen größeren Gentleman als diesen Ladenbesitzer zu bezeichnen, Mr. Tate, denn Sie sind auch nicht besser.«

Sie hatte den Eindruck, als würde Will ein wenig erröten, obwohl das bei dem dichten Bart schwer zu sagen war. »Keine Dame schläft unter meinem Dach auf dem Fußboden«, erklärte er entschieden, »und das ist mein letztes Wort zu dieser Angelegenheit.«

Bess beschloß, daß es sinnlos gewesen wäre, noch weiter auf dem Thema zu beharren, und zuckte nur die Schultern. Wenn es Nacht wurde, würde sie einfach am Kamin sitzenbleiben, und sofern er nicht die schlimmste Art von Schurke war, würde er sie bestimmt nicht dazu zwingen, das Bett mit ihm zu teilen.

Und falls er es doch versuchte, dann mußte sie eben das Risiko eingehen, den wilden Indianern zu begegnen, die draußen herumschlichen.

Mit diesen und ähnlichen Gedanken beendete Bess die erste warme Mahlzeit, die sie seit anderthalb Tagen zu sich nahm. Will sagte, er habe zu tun und zeigte auf das Brennholz, die Zinkwanne und ein Stück gelber Seife, bevor er auf die Felder ging.

Bess war todmüde und sehnte sich nach einem heißen Bad, aber es dauerte eine ganze Weile, bis sie sich dazu überwinden konnte, sich im Hause eines fremden Mannes auszuziehen. Doch dann schürte sie das Feuer und holte Wasser aus dem Bach, der hinter der Blockhütte vorbeifloß, um es auf dem Küchenherd zu erhitzen. Als das geschehen war, baute sie ihre Koffer zu einer Art Wandschirm vor der Wanne auf und ließ sich endlich dankbar und nackt, wie Gott sie geschaffen hatte, in das warme Wasser sinken.

Will wartete, so lange er konnte, aber als die Sonne im Zenit stand und sein Magen nach einem Morgen anstrengenden Pflügens vor Hunger knurrte, betrat er seine Hütte.

Keine Spur von Bess, die ein verirrter Weihnachtsengel hätte sein können mit diesen kornblumenblauen Augen und dem wunderhübschen blonden Haar. Einen Moment lang dachte er, sie sei vielleicht in die Berge geflohen, und die Enttäuschung darüber raubte ihm fast den Atem. Doch dann vernahm er ein Geräusch – ein leises Schnarchen.

Lautlos näherte er sich der Wand, die sie aus ihren Koffern errichtet hatte, und spähte mit angehaltenem Atem über ihren Rand.

Da saß sie, in dem großen Waschzuber, mit gekreuzten Beinen und nackt wie eine Statue, und schlief tief und fest. Der Anblick bewegte etwas in Wills Herz, etwas Kaltes, Verrostetes, wie ein Schlüssel, der ein altes, schon lange nicht mehr benutztes Schloß bewegte.

2. Kapitel

Bess' Anblick, wie sie da in der Wanne schlief, ihr blondes Haar in wirren, feuchten Wellen auf ihren Schultern, ihre schlanken Arme vor der Brust gefaltet, erfüllte Will Tate mit einem Hunger, der tief in seiner Seele wurzelte. Es war nicht nur der Wunsch, mit Bess zu schlafen, obwohl er das natürlich wollte, und je eher, desto besser ... Nein, diese ungestüme Sehnsucht, die ihr Anblick in ihm weckte, war erheblich mehr als das.

Er wollte hören, wie sie lachte und sang und ihn abends zum Essen rief. Er stellte sich vor, wie es wäre, beim Abendessen über den Tisch zu schauen und sie dort zu sehen ... wie sie ihn anlächelte und wie ihr blondes Haar im sanften Schein der Petroleumlampen fast golden schimmerte. Es war ein überaus erfreulicher Gedanke, daß sie ihm Wasser auf die Felder bringen und nach einem harten Arbeitstag seinen müden Rücken massieren würde ...

Sie öffnete ihre kornblumenblauen Augen und blinzelte verwirrt, als erstaunte es sie, ihn hier zu sehen. Dann, mit frostiger Miene, griff sie nach einem Handtuch – einem sehr hübschen, flauschigen, das Will nicht kannte – und bedeckte damit ihren nackten Körper.

»Wir sind noch nicht verheiratet, Mr. Tate«, sagte Bess in einem Ton, den man nur als frech bezeichnen konnte. »Tatsächlich hege ich sogar ernste Zweifel, daß es jemals dazu kommen wird, und wäre Ihnen dankbar, wenn Sie nicht herumschleichen und mir nachspionieren würden, während ich mit meinen ganz privaten Angelegenheiten beschäftigt bin.«

Will war verärgert und amüsiert zugleich und wunderte sich, daß er so lange ohne die Gesellschaft einer Frau zurechtgekommen war. Obwohl Bess ausgesprochen reizbar war, empfand er ihre Anwesenheit an diesem einsamen Ort wie ein süßes Wunder.

Er kehrte ihr den Rücken zu, aber erst, nachdem er noch einige Sekunden stehengeblieben war, um ihr klarzumachen, daß er nicht jedesmal springen würde, wenn sie pfiff. Will hatte nicht die Absicht, seine Braut zu tyrannisieren, aber er dachte auch nicht daran, sich von ihr bevormunden zu lassen.

»Es wird höchste Zeit, daß Sie das Mittagessen auf den Tisch bringen«, sagte er und war froh, daß sie sein Lächeln nicht sehen konnte. »Ein Mann muß schließlich essen, wenn er arbeitet.«

Sie seufzte, und er hörte leises Rascheln, als sie sich ankleidete. Der Gedanke an ihre saubere, nackte Haut und die zarte, gerüschte Unterwäsche, die darüberglitt, löste ein jähes, stürmisches Verlangen in ihm aus – was ein weiterer Grund war, warum er froh war, sich von ihr abgewandt zu haben.

»Sie scheinen anzunehmen, daß ich nicht kochen kann«, sagte Bess, und er hörte, wie sie sich zwischen ihren Truhen, Kisten und Koffern herumbewegte, etwas öffnete und wieder zuklappte. »Sie denken wohl, ich sei mein Leben lang verwöhnt worden und hätte niemals etwas tun müssen. Aber da irren Sie sich gewaltig, Mr. Tate – William, meine ich. Unsere Köchin mußte uns im letzten Sommer für eine gewisse Zeit verlassen, weil ihre Schwester Grippe hatte, und da habe ich Minervas Pflichten übernommen und so gut erfüllt, daß Papa und Simon schworen, sie wüßten nicht, wie sie ohne meine Kekse leben sollten.«

Will versteifte sich, obwohl das natürlich albern war, da dieser Simon Sowieso mindestens zweitausend Meilen entfernt sein mußte und somit keine ernst zu nehmende Konkurrenz für ihn darstellte. »Simon?« fragte er jedoch, als er zum Waschtisch an der Hüttentür ging, wo er sein Hemd auszog, um Staub und Schweiß von seinem Gesicht und Oberkörper abzuwaschen – aber vor allem, um sich auf irgendeine Art und Weise zu beschäftigen. Womit er nicht gerechnet hatte, war, daß er Bess in dem Spiegel sehen würde, der an der Wand über dem Waschtisch hing.

Und prompt vergaß er den mysteriösen Simon.

Allmächtiger Gott im Himmel – was war sie für ein

hübsches Ding! Ihr bloßer Anblick genügte, um sein Herz bis in die Kehle hinaufrutschen zu lassen. Sie trug eine Weste und einen schwarzen Rock, Kleider, die eigentlich viel zu elegant und unpraktisch für die Wildnis waren, und Will dachte, daß er noch nie in seinem Leben etwas Schöneres gesehen hatte.

Bess ertappte ihn dabei, wie er sie ansah, und runzelte die Stirn, und rasch richtete Will den Blick auf sein eigenes Bild im Spiegel. Er war verblüfft über den langhaarigen, bärtigen Einsiedler, der ihn aus dem kleinen, halbblinden Spiegel ansah. Will konnte sich nicht entsinnen, wann er zum letzten Mal etwas für sich getan hatte, abgesehen davon, daß er regelmäßig im Bach badete und seine Kleider so sauber hielt, wie es ihm möglich war, und war deshalb zutiefst schockiert über den Anblick dieses ungepflegten Mannes, den er da im Spiegel entdeckte.

Verdammt, dachte Will, während er ein sauberes Hemd vom Haken an der Wand neben dem Waschtisch nahm, *es ist ein Wunder, daß Bess Campbell nicht schon nach dem ersten Blick auf mich die Flucht ergriffen hat.*

Langsam, während er sein Hemd zuknöpfte, drehte er sich um und deutete mit dem Kopf auf den Berg ihrer Gepäckstücke. »Sie haben nicht zufällig eine gute Schere zwischen all diesen Sachen?«

Sie lächelte, strich ihr blondes Haar zurück und brachte dann Wills Herz beinahe zum Stillstand, indem sie die Arme hob, um ihr Haar zu einem dicken Knoten im Nacken zusammenzufassen. Während sie das tat, zeichneten sich ihre wohlgeformten Brüste auf verführerischste Weise unter ihrer Bluse ab, und das verlockte Will so sehr, daß er sich erneut gezwungen sah, sich von ihr abzuwenden.

»Falls es ein Haarschnitt ist, was Sie sich wünschen«, sagte sie zu seinem Rücken, »kann ich Ihnen gerne den Gefallen tun. Es wird allerdings eine Weile dauern, bis ich mein Nähzeug finde, glaube ich.« Damit begann sie ein Lied zu summen und klapperte mit Töpfen und Pfannen auf dem alten, halb verrosteten Herd, den Wills Eltern vor langer, langer Zeit aus Illinois mitgebracht hatten.

Will hatte das Gefühl, daß er Bess jetzt gefahrlos wieder anschauen konnte.

Sie schürte das Feuer und öffnete dann Blechdosen, Fäßchen und Säcke, um nachzuschauen, was sie enthielten.

Wie durch ein Wunder hatte sie kurz darauf ein Maisbrot im Ofen garen und Dosenwürstchen in der Pfanne schmoren.

Will schaute ihr staunend zu. Er hatte viele Frauen gekannt in seiner Zeit und war mit einigen von ihnen sogar intim gewesen, obwohl er wirklich nicht viel von Unzucht hielt, aber irgend etwas war ganz anders an Bess Campbell, irgend etwas, was ihn schlicht und einfach faszinierte.

Zum ersten Mal, seit er sich entsinnen konnte, war Will diesem nichtsnutzigen Träumer von Bruder dankbar, daß er wieder einmal auf- und davongegangen war, um seinen Illusionen nachzujagen. Denn, wenn John geblieben wäre, wäre Bess *seine* Frau gewesen, und ihn, Will, hätte es wahrscheinlich für den Rest seines Lebens tief in seinem Innersten nach ihr verlangt. Und an einigen anderen Körperstellen auch.

Mach dich nützlich, schalt er sich.

Er trat hinter die Wand aus Koffern, hob den Waschzuber mit dem Badewasser auf, der selbst für ihn sehr schwer war, und schleppte ihn zur Tür. Nachdem er das Wasser ausgeschüttet hatte, was die Hühner gackernd in alle Richtungen die Flucht ergreifen ließ, kehrte er in die Hütte zurück.

Ganz plötzlich erfaßte Will eine Schüchternheit, wie sie ein unerwarteter Gast empfinden mochte, den man sehr herzlich aufgenommen hatte. Was ein wirklich eigenartiges Gefühl war angesichts der Tatsache, daß er diese Hütte selbst erbaut hatte und so tief mit diesem Ort verwurzelt war wie die hohen Kiefern in den Wäldern auf den Bergen.

»Wo sollen wir dieses Zeug bloß alles unterbringen?« fragte er, eine Spur zu scharf vielleicht, weil er nervös geworden war. Er bezog sich natürlich auf die Truhen und

Koffer – er hatte noch nie eine Frau gekannt, die soviel Gepäck mit sich herumschleppte.

»Wir lassen es einfach dort, wo es jetzt ist«, erwiderte Bess mit Nachdruck, während sie Teller und Becher aus blauer Emaille auf den Tisch stellte, so selbstverständlich, als lebte sie schon zwischen diesen Wänden, seit Will sie als Schutz gegen die kalten Winde aus den Bergen errichtet hatte. »Sie geben eine prächtige Wand ab.«

Will wollte keine Wände zwischen sich und dieser Frau, aber natürlich war es noch zu früh, um irgend etwas in dieser Art zu sagen. »Haben Sie frischen Kaffee aufgebrüht?« fragte er.

Bess warf ihm einen spitzen Blick zu, der besagte, daß er sich nicht zu benehmen wußte, was vermutlich sogar stimmte, verglichen mit den Männern, die sie in Philadelphia gekannt hatte.

»Wer ist Simon?« fragte er brüsk, weil es ihm jetzt wieder einfiel. Er war froh über seinen Bart, zumindest in diesen kritischen Momenten, weil er die Hitze verbarg, die auf seinen Wangen brannte. Oder zumindest hoffte er das.

Ein belustigtes Lächeln spielte um Bess' schöne, volle Lippen, und sie ließ sich sehr viel Zeit mit ihrer Antwort. »Simon ist mein Bruder.«

Die Erleichterung, die Will verspürte, als sie endlich seine Frage beantwortete, war vollkommen absurd – er zog eine der Obstkisten an den Tisch und setzte sich, weil plötzlich alle Kraft aus seinen Knien gewichen war. Was in aller Welt war bloß los mit ihm?

Sein Bruder hatte recht gehabt bei jener letzten, lautstarken Auseinandersetzung, die sie geführt hatten, kurz bevor John in Richtung Norden aufgebrochen war. Er *war* schon viel zu lange allein.

Bess bedachte ihn mit einem Blick, der ihm fast die Haut versengte. »Ein Gentleman setzt sich erst, wenn alle anwesenden Damen Platz genommen haben«, wies sie ihn pikiert zurecht.

Wieder errötete er unter seinem dichten Bart und wurde sehr verlegen. Und das empörte ihn.

Er stieß seine Kiste um, als er sich abrupt erhob und um den Tisch herumstürmte, um *Ihrer Königlichen Hoheit* die Ehre zu erweisen. Als sie auf der umgedrehten Holzkiste mit der Aufschrift ›Reines Salz‹ Platz nahmen, deutete Will eine spöttische Verbeugung an.

Bess ignorierte ihn und nahm sich eine sehr großzügige Portion des warmen Maisbrots, der Bohnensuppe und der gebratenen Würstchen. Will dachte, daß es sie vermutlich nicht im geringsten kümmern würde, ob er sich jetzt wieder an den Tisch setzte oder verhungerte.

Auch er griff kräftig zu, weil er hungrig war und etwas brauchte, um sich abzulenken von diesem schönen Geschöpf, das ihm da gegenübersaß. Wieso war ihm nicht schon in Sickles Krämerladen aufgefallen, daß sie so bezaubernd war wie eine jener Prinzessinnen aus den Märchen, die seine Mutter ihm so oft erzählt hatte?

Nun ja, *fast* so bezaubernd jedenfalls wie diese Prinzessinnen. Sie war erheblich boshafter als irgendeine, die er aus den Märchen kannte, und in der kurzen Zeit ihrer Bekanntschaft war Will bereits zu dem Schluß gekommen, daß Bess nicht zu den Frauen gehörte, die hundert Jahre herumliegen und darauf warten würden, daß irgendein Prinz kam, um sie mit einem Kuß aus ihrem Dornröschenschlaf zu erwecken.

Nein, Sir. Bess Campbell war ganz eindeutig der Typ Frau, die sich aufmachen würde, um sich selbst einen Prinzen auf einem weißen Pferd zu suchen. Und wenn sie ihn gefunden hatte, würde sie ihn von seinem Pferd reißen und ihn an Händen und Füßen fesseln, damit er ihr nie wieder entkommen konnte.

Will betrachtete sie durch die dichten Wimpern, die ihm früher, als er noch ein Schuljunge gewesen war, soviel Neckerei und Kummer eingetragen hatten, und lächelte verstohlen.

Als sie gegessen hatten, machte Bess keine Anstalten, den Tisch abzuräumen, und Will vermutete, daß sie damit warten wollte, bis sie zusammen noch eine Tasse Kaffee getrunken und sich ein bißchen unterhalten hatten. Gott wußte, daß sie kaum ein Wort gesagt hatte beim Essen, aber das hatte vielleicht etwas mit den an der Ostküste herrschenden Manieren zu tun.

»John hat einen Brief für Sie zurückgelassen«, sagte er, weil es ihm plötzlich wieder einfiel. Die Worte waren heraus, bevor er eine Chance hatte, sie abzuwägen, und als er Bess' ärgerliche Miene sah, wünschte er, er hätte den Mund gehalten.

Da es dafür jedoch zu spät war, stand er auf und ging zu der Truhe aus schlichtem Kiefernholz am Fußende des Betts, in der er seine Kleider aufbewahrte sowie persönliche Dinge wie das Hochzeitsbild seiner Eltern und die kleine, abgegriffene Bibel, die seine Mutter in ihrer Schürzentasche quer durch das ganze Land getragen hatte.

Johns Brief war ein bißchen nach unten gerutscht, da sein Bruder schon seit Wochen fort war, und deshalb dauerte es eine Weile, bis Will ihn fand.

Er trug den versiegelten Umschlag zu Bess und legte ihn vor ihr auf den Tisch, wo ihr Teller gestanden hatte, bevor sie ihn achtlos beiseite geschoben hatte.

Sie schaute den Brief an, als wäre er ein Ochsenfrosch, der sie jeden Augenblick anspringen konnte. Dann, mit zitternden Händen, hob sie den Umschlag auf und öffnete ihn behutsam ...

Bess wünschte, Will möge nicht herumstehen und sie beobachten, während sie den Brief seines Bruders öffnete, aber sie konnte ihn ja wohl kaum aus seiner eigenen Hütte schicken.

Sie biß sich unwillkürlich auf die Lippen, als sie das einzelne Blatt entfaltete, das in dem Umschlag steckte.

Bess hatte John Tate gewiß nicht geliebt – sie hatte ihn nicht einmal richtig *gekannt* –, aber er war schon der zweite Mann in ihrem Leben, der sie um ihre Hand gebeten und dann sitzengelassen hatte, und das verlieh seinen Worten eine bittere Bedeutung.

Meine liebe Elizabeth, hatte er in sauberer, ordentlicher

Schrift geschrieben. *Ich bitte Dich aufrichtig um Verzeihung, daß ich Dich verlassen muß, bevor wir vor einen Priester treten konnten, aber ich denke, ich wäre Dir auch ganz sicher nicht von großem Nutzen gewesen, wenn ich geblieben wäre. Ich hätte ständig an Alaska denken müssen und an all das Gold, das dort auf dem Grund von Flüssen und Bächen liegt, und eine schöne Frau wie Du hat etwas Besseres als mich verdient.*

Mein Bruder Will ist ein zuverlässigerer Mensch als ich und sieht sogar recht gut aus unter all dem Haar, und ich weiß, daß ich mich darauf verlassen kann, daß er für Dich sorgen wird. Es gibt Schlimmeres, als ihn zum Mann zu nehmen, Liebes – mich zu heiraten, zum Beispiel. Will ist ein guter Mann, der weder trinkt noch wettet, und er flucht auch nicht übermäßig viel.

Das erste, was ich tun werde, sobald ich mich im Norden eingerichtet habe, ist, Dir einen Scheck zu übersenden über soviel Geld, wie ich zusammenkratzen kann. Denn auf diese Weise kannst Du selbst entscheiden, ob Du bei Will bleiben und die dreihundertzwanzig Hektar Land abstecken willst, die Dir vom Gesetz her zustehen, oder ob Du lieber woanders hingehen willst, um ein neues Leben zu beginnen.

Wie immer Du Dich auch entscheiden magst, schöne Elizabeth, ich wünsche Dir das Beste und hoffe, daß Du Deinem untreuen Freund John Tate mit der Zeit verzeihen kannst.

Bess faltete den Brief, nachdem sie ihn zweimal gelesen hatte, und steckte ihn zurück in das Kuvert. Dann stand sie auf, ohne Will anzusehen, und begann den Tisch abzuräumen.

»Du solltest auf die Felder zurückkehren, William«, sagte sie brüsk. »Du vergeudest gutes Tageslicht.«

Will setzte zu einer Erwiderung an, hielt dann jedoch inne, wandte sich ab und ging hinaus, ohne die Tür der Hütte hinter sich zu schließen. Der große gelbe Hund kam hereingeschlichen, legte sich vor die Feuerstelle und schaute hechelnd zu, wie Bess Wasser für den Abwasch aufsetzte.

Während sie arbeitete, dachte sie über John Tates Worte nach und fragte sich zum tausendsten Mal, ob es ihr an irgend etwas mangelte, an irgendeiner Eigenschaft, die in einem Mann den Wunsch erweckte, bei einer Frau zu bleiben.

Was immer es auch sein mag, dachte Bess betrübt, ihre Mutter hatte es besessen. Ihre Eltern waren siebenunddreißig Jahre glücklich verheiratet gewesen.

Für eine Weile vermißte Bess ihre Mutter und ihren Vater so sehr, daß sie sicher war, die Trennung von ihnen nicht mehr zu ertragen. Doch tapfer verdrängte sie ihre Tränen, weil Will sie nicht weinen sehen sollte, falls er aus irgendeinem Grund früher zurückkehrte.

Laurel und Preston Campbell waren sehr bekümmert gewesen, als Bess ihnen ihren Entschluß mitteilte, für immer fortzugehen, und Simon und seine hübsche junge Frau, Jillie, hatten sie angefleht zu bleiben. Irgendwann werde sie Mollys Verrat überwinden, hatten sie gesagt, und ihrer treulosen jüngeren Schwester vielleicht sogar verzeihen, und wenn ihr das gelang, dann würde sie auch frei sein, sich in den richtigen Mann zu verlieben.

Bess stieß ein verächtliches kleines Schnauben aus, das den Hund veranlaßte, den Kopf von den Pfoten zu heben und sie prüfend anzusehen.

»Ich werde niemals wieder einen Mann lieben«, versicherte sie dem Hund. »Und ich werde auch niemals wieder einer Frau vertrauen.«

Sie sah den langen Schatten über den groben Holzboden fallen, noch bevor sie die schroffe Stimme hörte.

»Das wäre wirklich schade«, bemerkte Will. »Es ist nämlich sehr schwer, in dieser Welt zurechtzukommen, wenn man nicht an andere Menschen glaubt.«

Bess wischte ihre feuchte Wange an der Schulter ab, bevor sie die Schüssel mit dem Spülwasser zur Tür hinübertrug. Will, der entweder die Wahl hatte, beiseitezutreten oder von ihr überrannt zu werden, trat beiseite, um ihr Platz zu machen.

Doch er folgte ihr auf den Hof hinaus und versperrte ihr den Weg, als sie die Schüssel ausgeleert hatte und sich umwandte, um in die Hütte zurückzukehren.

Ein völlig unbegreifliches Bedürfnis erfaßte sie, sich in

seine Arme zu werfen und sich von ihm trösten zu lassen, aber sie widerstand dem Impuls, obwohl es ihre ganze Kraft erforderte.

Ihm nachzugeben, und wenn auch nur lange genug, um sich an Wills einladend breiter Schulter auszuweinen, hieße, ihm zu vertrauen, und da sie wußte, welche Qual das bringen konnte, trat sie einen Schritt zurück und schob das Kinn vor.

»Offensichtlich führt diese Farm sich ganz allein«, sagte sie. »Sie scheinen jedenfalls ungemein viel Freizeit zu besitzen, Mr. Tate.«

Will verschränkte die Arme vor der Brust. »Sie brauchen mir nicht zu sagen, wie ich diese Farm zu führen habe, Bess – ich habe es bisher auch ganz gut ohne Sie geschafft.«

Mit einer Hand ihre Röcke raffend, versuchte sie, sich an ihm vorbeizudrängen, aber er trat ihr einfach wieder in den Weg. Es machte sie so wütend, daß sie ihm am liebsten die leere Spülschüssel über den Kopf geschlagen hätte.

»Was wollen Sie?« fragte sie ärgerlich.

»Wir werden Mann und Frau sein«, erklärte Will, während er vor ihr aufragte wie einer jener unbezwingbaren Berge, die dieses wilde Land umringten. »Und deshalb sollten wir gar nicht erst damit beginnen, unsere Gefühle voreinander zu verbergen.«

Bess atmete tief ein und langsam wieder aus. Sie war erschöpft von ihrer langen Reise, vor allem von der letzten Etappe, die sie in einem Frachtwagen zurückgelegt hatte, und jeder einzelne ihrer Muskeln schmerzte von der Anstrengung. Aber nichts war wunder als ihr Herz.

»Ich sage es Ihnen noch einmal«, erwiderte sie, als sie ihren Zorn wieder einigermaßen unter Kontrolle hatte. »Es ist noch lange nicht entschieden, ob wir heiraten. Und ganz abgesehen davon lasse ich mir so oder so nichts vorschreiben. Meine Gefühle gehören mir, und wenn ich sie verbergen will, werde ich das verdammt noch mal auch tun!«

Will starrte sie sprachlos an, und einen flüchtigen Moment lang glaubte sie, so etwas wie Bewunderung in seinem Blick zu sehen, aber dann dachte sie, daß sie es sich vielleicht nur eingebildet hatte. »Sie sind ganz anders als alle Frauen, denen ich bisher begegnet bin«, meinte er, und Bess hätte nicht sagen können, ob seine Worte als Kompliment oder als Beleidigung gedacht waren. Seine nächsten Worte räumten jedoch jeden Zweifel aus. »Es ist besser, in der Wüste zu leben und Heuschrecken zu essen, als sich an eine streitsüchtige Frau zu binden, rät die Bibel. Und seit ich Sie kenne, Bess – obwohl wir uns erst heute begegnet sind –, ist mein Respekt vor dem, was in der Heiligen Schrift steht, sehr gewachsen.«

Bess ließ ärgerlich die Schüssel fallen, die klappernd gegen einen Stein prallte und dann in dem weichen, duftenden Gras neben dem Fußweg liegenblieb. »Wenn Sie in der Wüste leben wollen, Mr. Tate«, zischte sie, »können Sie es von mir aus gerne tun!«

Will bückte sich, hob die Schüssel auf und gab sie Bess zurück. »Sie machen einen großen Fehler, wenn Sie alle Männer für etwas verdammen, was Ihnen ein einziger Schurke angetan hat«, antwortete er so leidenschaftslos und ruhig, daß sie sich unverzüglich ihres Ausbruchs schämte. »Sie sollten zusehen, daß Sie sich von diesem Haß befreien, bevor er Sie von innen auffrißt.«

Und damit wandte er sich ab und ging.

Bess sah ihm nach, als er zum Feld zurückkehrte, sich die Riemen des Pflugs über die Schultern legte und dem Pferd einen Befehl zuschrie. Als es sich in Bewegung setzte, umklammerte er die Holzgriffe und lenkte den Pflug so, daß er gerade, saubere Furchen in die fruchtbare Erde zog.

Wieder in der Hütte, hockte Bess sich auf die Kante von Wills Bett und schlug die Hände vors Gesicht. Der kurze Wortwechsel mit ihm hatte sie in Verwirrung versetzt und sehr verärgert, aber er hatte auch eine ganz eigenartige Freude in ihr ausgelöst.

Seufzend streckte sie sich auf der weichen Matratze

aus, ohne sich die Mühe zu machen, ihre Schuhe abzustreifen oder auch nur aufzuknöpfen. Sie wollte bloß für einen Moment die Augen schließen, um in Ruhe nachzudenken, wie sie sich entscheiden sollte.

Bess drehte sich auf die Seite und gähnte, als sie die Möglichkeiten erwog, die sich ihr boten. Will Tate ist kein Hauptgewinn, dachte sie, und oft führt er sich wie ein Bär auf, der einen Dorn in seiner Pranke hat, aber wenigstens war er aufrichtig und ehrlich. Es konnte nicht der geringste Zweifel an seinen Überzeugungen entstehen, weil er sie offen äußerte, und er schien auch anständig und seriös zu sein.

Bess kuschelte sich noch tiefer in die Kissen, und dabei fiel ihr auf, daß die alte Flickendecke unter ihr nach Sonnenschein und Wills ganz persönlichem Duft roch. Ja, Will war ein Gentleman, trotz seiner einschüchternden Erscheinung – denn wenn er es nicht gewesen wäre, hätte er vermutlich längst ihre Lage ausgenutzt und ihr Gewalt angetan. Bess erschauderte. Es gab genug Männer, die so etwas Abscheuliches getan hätten, vor allem an einem so abgelegenen Ort wie diesem hier, wo es offenbar im Umkreis vieler Meilen keine andere Menschenseele gab.

Zum zweiten Mal an diesem Tag, als Will seine Hütte betrat, traf er Bess Campbell schlafend an. Er war belustigt und empört zugleich – es war fast, als ob der Herrgott ihn beständig in Versuchung führen wolle. Zuerst hatte er Bess nackt gesehen, und jetzt war sie zwar angekleidet, lag dafür aber ausgestreckt auf seinem Bett …

Will schluckte und erlaubte sich für einen Moment die Vorstellung, wie es sein würde, wenn er und Bess ein Ehepaar waren. *Falls* sie sich überhaupt bereit erklärte, seine Frau zu werden.

Der bloße Gedanke an die üppigen, wohlgeformten Rundungen unter diesen kostspieligen Kleidern, die sie trug, brachte Wills Blut in Wallung, und er spürte, wie eine heftige sinnliche Erregung ihn erfaßte.

»Großer Gott«, murmelte er, und einen flüchtigen Moment lang überlegte er, ob es nicht besser wäre, zum Bach hinabzugehen und sich hineinzustürzen; das hätte ihn vielleicht beruhigt.

Bess bewegte sich und gab ein leises, wimmerndes Geräusch von sich, und Will glaubte zu sterben vor Verlangen. Lange Zeit blieb er reglos vor dem Bett stehen und ertrug die Qual. Dann, sehr langsam und nur äußerst widerstrebend, wandte er sich ab, ergriff zwei Eimer und machte sich auf den Weg zum Bach.

Er konnte sich nicht dazu überwinden, hineinzuspringen – das Wasser kam von dem schmelzenden Schnee hoch in den Bergen und war kälter als das Herz eines Politikers. Am Samstag, als er sein letztes Bad genommen hatte, waren seine Glieder über eine Stunde lang taub und starr vor Kälte gewesen, und es hatte fast genauso lange gedauert, bis seine Zähne aufhörten zu klappern.

Will füllte die beiden Eimer und kehrte in die Hütte zurück, wo er sich bemühte, so leise wie möglich zu sein, als er das Feuer schürte und das Reservoir auf der einen Herdseite mit dem frischen Wasser füllte. Er ging noch dreimal zum Bach, bevor er überzeugt war, daß er nun genügend Wasser für ein richtiges, zivilisiertes Bad hatte.

Bess schlief und schnarchte ein wenig, während Will sich leise durch die Hütte bewegte. Er holte saubere Hosen aus seiner Truhe, ein Hemd und eine Haarbürste, die er schon seit geraumer Zeit nicht mehr benutzt hatte.

Als das Wasser heiß genug war, füllte Will es in die Zinkwanne, in der Bess an diesem Morgen gebadet hatte, und trug sie aus der Hütte in den Hinterhof. Der Hund und die Hälfte des Federviehs versammelten sich in dem hohen Gras, um ihn neugierig zu beobachten, als er sich bis auf die Haut entkleidete, in die Wanne stieg und sich von Kopf bis Fuß abschrubbte. Er hätte gern auch seine Haare und seinen Bart gestutzt, aber er besaß keine Schere und wollte nicht in Bess' Gepäck nach einer suchen.

Die Hühner verzogen sich schon bald gelangweilt, doch Calvin blieb und winselte ab und zu leise. Wahrscheinlich wußte er, daß sein Herrchen sich in eine schwierige Frau verliebt hatte, und wollte ihm auf diese Art und Weise sein Mitleid ausdrücken.

Da Will keine Handtücher besaß, ließ er sich in der Nachmittagssonne trocknen. Er hatte gerade seine Hosen angezogen und griff nach seinem Hemd, als Bess plötzlich um die Hüttenecke kam, um zum Klosett zu gehen.

Sie zuckte zusammen, als sie ihn sah, und legte erschrocken eine Hand an ihre Brust, und Will war so verlegen, daß er überzeugt war, ihr nie wieder in die Augen sehen zu können. Die Tatsache, daß er Hosen trug und sie ihn bereits früher am Tag ohne Hemd gesehen hatte, vermochte daran nichts zu ändern.

Er errötete wie eine Jungfrau.

Bess' Augen weiteten sich vor Erstaunen, dann lachte sie. »Sie müßten jetzt Ihr Gesicht sehen!« rief sie entzückt, bevor sie summend zum Toilettenhäuschen weiterging.

Will schickte ein rasches Dankgebet zum Himmel, daß sie ihn nicht splitternackt erwischt hatte, leerte die Wanne und trug sie zum Bach, um sie auszuspülen. Als er nach geraumer Zeit – die er benötigt hatte, um seine Haltung wiederzuerlangen – zur Hütte zurückkehrte, blieb er wie angewurzelt auf der Schwelle stehen, als er die Geräusche hörte, die von drinnen kamen.

Bess sang. Irgendein albernes kleines Liedchen über ein Mädchen, das sein Herz einem Seefahrer geschenkt hatte, aber es hätte genausogut der frohlockende Gesang von Engeln sein können, so wie es sich auf Will auswirkte. Die Melodie berührte seine Seele und ging ihm zu Herzen.

Die Zinkwanne in der Hand, stand er in der zunehmenden Abenddämmerung vor der Hütte und wünschte inständig, ein kultivierter, gutaussehender Mann wie sein Bruder John zu sein. Natürlich hatte auch er, Will, als Junge eine Menge Mädchen gekannt, die ihn bewundert hatten, aber dies hier war etwas völlig anderes. Denn jetzt war er erwachsen, war groß wie ein Berg und machte den Eindruck, als hätte er in seinem ganzen Leben noch nie einen Barbier gesehen.

Gott allein wußte, wie lange er dort noch gestanden hätte, hin- und hergerissen zwischen seinem Unglück und einer geradezu lächerlichen Freude, wenn Bess nicht die Tür geöffnet und ihm einen neugierigen Blick zugeworfen hätte.

»Wollen Sie dort draußen Wurzeln schlagen, William?« fragte sie auf ihre brüske Art und Weise. »Das Essen ist gleich fertig, und danach werde ich die Schere nehmen und Ihnen Ihre Mähne stutzen. Ein Rasiermesser werden Sie doch haben, oder?«

Will kam sich dümmer vor als je zuvor, und das sollte etwas heißen nach allem, was er im Verlauf dieses einzigen Tages bereits durchgemacht hatte. Es war unglaublich, was für einen Aufstand eine einzige Frau in derart kurzer Zeit verursachen konnte!

»Was gibt es zum Abendessen?« entgegnete er nach einem verlegenen Räuspern und hängte die Zinkwanne an ihren Haken draußen an der Wand, während er auf Bess' Antwort wartete.

»Ich habe die Bohnen im Ofen überbacken und ein paar Erbsen und Möhren dazu gekocht«, antwortete sie und blieb in der Tür stehen, bis Will kam. »Gebackenes Huhn mit Kartoffelpüree wäre noch besser gewesen, aber ich glaube nicht, daß ich mich dazu überwinden könnte, eins dieser armen, dummen Geschöpfe einzufangen und ihm den Kopf abzuhacken.«

Nach dieser Erklärung wandte Bess sich ab, um ins Haus zurückzugehen, und Will dachte, daß sie, so wie er sie sah, genügend Mut besaß, um *beinahe* alles tun zu können. War sie etwa nicht ganz allein über fast den gesamten Kontinent gereist?

Das Essen war köstlich – obwohl es wirklich nichts Besonderes war, wußte Bess, wie man selbst den einfachsten Gerichten Geschmack verlieh.

Während er aß, kam Will zu der verblüffenden Erkenntnis, daß er glücklich war. Bisher war ihm nie aufgefallen, daß er es nicht gewesen war, und ihm war auch nicht bewußt gewesen, wie einsam er sich fühlte, seit er das Stadtleben aufgegeben hatte, um auf einer Farm zu leben.

Nach dem Essen räumte Bess den Tisch ab, holte dann ihre Schere und befahl Will, eine der Obstkisten, die sie als Sitzgelegenheit benutzten, ans Feuer zu schieben. Eine Lampe brannte auf dem Kaminsims, deren Licht sie brauchte, um sehen zu können.

Will ließ es sich gefallen, daß Bess ihm einen alten Mehlsack um den Hals band, bevor sie anfing, sein Haar zu schneiden. Ein kleines Feuer brannte im Kamin, und ab und zu warf sie eine Handvoll Haare auf die Scheite, wo sie für einen kurzen Moment lang aufflammten, um unmittelbar darauf zu Asche zu zerfallen.

Als Bess offenbar der Ansicht war, sein Haar ausreichend gekürzt zu haben, begann sie seinen Bart zu schneiden. Will, der ein wenig eingedöst war, während sie an seinem Haar herumgeschnippelt hatte, fuhr zusammen und wollte aufspringen.

Bess legte eine Hand auf seine Schulter. »Bleiben Sie ruhig sitzen«, befahl sie. »Sie werden danach viel besser aussehen.«

Will fühlte sich verwöhnt auf eine Art und Weise, wie er es bisher noch nie erlebt hatte: er brauchte plötzlich Bess' Gesellschaft, ihre Stimme und ihre Kochkünste. Die Erkenntnis verdroß ihn etwas, wie all die anderen Erkenntnisse, die er heute schon gesammelt hatte. »Kommen Sie mir bloß nicht mit dem Rasiermesser«, knurrte er. »Ich bin sehr wählerisch in der Auswahl jener, die mich rasieren dürfen.«

»Das ist offensichtlich, Mr. Tate«, sagte sie spöttisch, als sie ihm den Mehlsack abnahm und damit zur Tür ging.

Während sie draußen war und den improvisierten Frisierumhang ausschüttelte, ging Will rasch zu dem kleinen Spiegel über dem Waschtisch und warf einen mißtrauischen Blick hinein. Sein Haar war nicht übertrieben kurz, es reichte ihm noch immer bis zum Kragen, und es war nicht abzustreiten, daß er schon erheblich besser aussah.

Er schärfte sein Rasiermesser, nahm seinen Rasierpinsel

und die Seife und füllte eine Schüssel mit heißem Wasser aus dem Reservoir im Herd. Irgendwann war Bess wieder hereingekommen, hatte den Besen geholt und begonnen, die Hütte auszufegen.

Will rasierte sich, wobei er sich ein paarmal schnitt, aber während er mehr und mehr von seinem früheren Gesicht freilegte, begann sich langsam ein zufriedenes Grinsen darauf auszubreiten.

Als er sich schließlich zu Bess umwandte, glitt ihr die Pfanne, die sie gerade spülte, aus der Hand und fiel laut scheppernd auf den Boden.

3. Kapitel

Obwohl Bess bereits vermutet hatte, daß Will Tate unter all diesem Haar ein gutaussehender Mann sein mußte, war sie in keinster Weise auf den Anblick vorbereitet, den er dann tatsächlich bot.

Er hatte ein kräftiges, markantes Kinn – kein schwaches, fliehendes, wie es so viele Männer unter ihrem Bart versteckten. Seine haselnußbraunen Augen funkelten vor Übermut und Lebensfreude, und er war ganz offensichtlich bedeutend jünger, als sie angenommen hatte.

Verlegen bückte sie sich, um die Pfanne aufzuheben, die ihr aus der Hand gerutscht war, als Will sich zu ihr umgedreht hatte. Seltsam, dachte sie, wie schnell mein Herz klopft, und wie mein ganzer Körper plötzlich prickelt und pocht.

»Sehe ich jetzt besser aus?« fragte Will. Die Frage klang eher unschuldig als raffiniert; er wußte anscheinend gar nicht, wie atemberaubend attraktiv er war.

»Viel besser«, bestätigte Bess, wenn auch nur sehr widerstrebend und ganz ungewöhnlich heiser.

Will schien damit zufrieden und durchquerte den Raum, um das Feuer im Kamin zu schüren. »Ich weiß nicht, ob Sie schon müde sind«, sagte er, ohne sie anzusehen. »Aber für mich war es ein langer Tag, und ich möchte mich jetzt hinlegen.«

Bess spürte, wie das Blut ihr in die Wangen stieg, und war froh, daß Will beschäftigt war und es nicht sah. Sehnsüchtig schaute sie zum Bett hinüber, das sehr bequem war, wie sie bereits wußte, und schluckte unsicher. Obwohl sie an diesem Morgen in der Badewanne eingeschlafen war und auch einen Mittagsschlaf gehalten hatte, war sie immer noch erschöpft. Die lange Reise aus Pennsylvania bis zum Washingtoner Territorium hatte ihr viel mehr abverlangt, als sie je gedacht hätte.

Wieder räusperte sie sich. »Sie sprachen heute morgen von einem alten Brauch der Siedler – Sie nannten ihn *einpacken*, glaube ich. Wie genau soll das vor sich gehen?«

Will wandte sich vom Feuer ab und warf einen riesigen Schatten an die Hüttenwand. Bess dachte, daß sie für einen Moment das kurze Aufblitzen seiner weißen Zähne sah, aber sie konnte sich nicht sicher sein, da er sie immer noch nicht anschaute. »Sie würden auf der einen Seite des Betts schlafen und ich auf der anderen«, erwiderte er, achselzuckend und um einen sachlichen Ton bemüht.

»Und was wäre zwischen uns?« beharrte sie.

»Wir könnten etwas von Ihrem Gepäck zwischen uns auf die Matratze stellen – aber das ist eigentlich nicht nötig, glaube ich. Ich gebe Ihnen mein Wort darauf, daß ich Sie nicht anfassen werde, bis wir verheiratet sind, und da ich noch nie in meinem Leben ein Versprechen gebrochen habe, wäre es sinnlos, jetzt auf einmal damit anzufangen.«

Bess glaubte ihm, sagte sich jedoch im gleichen Augenblick, daß sie den Verstand verloren haben mußte. Ihre eigene Schwägerin, Simons Frau, hatte ihr einmal verraten, daß kein Mann imstande war, einer *liegenden* Frau zu widerstehen. *Sie könnten gar nicht anders, als sie zu besteigen*, hatte Jillie behauptet – obwohl eine Frau das mit etwas Glück auch durchaus genießen könne ...

»Ich bin sicher, daß mein guter Ruf für immer ruiniert wäre«, murmelte sie nachdenklich.

Will löschte die einzige Petroleumlampe auf dem Tisch, und Dunkelheit breitete sich in der Hütte aus, die nur noch der schwache Schein des ersterbenden Feuers ein wenig erhellte. Wills Lachen beunruhigte und entzückte Bess zugleich. »Es ist niemand hier, den es kümmern würde, was mit Ihrem ›guten Ruf‹ geschieht. Außerdem haben Sie den bestimmt sowieso schon vor langer Zeit verloren, als Sie sich per Post als Braut anboten und sich auf den Weg in den romantischen Westen machten.«

Bess hätte ihn vorher vielleicht noch geohrfeigt für seine Einschätzung ihrer Situation, aber das Abendessen und die friedvolle Beschäftigung, Wills Haar zu schneiden, hatten ihr aufbrausendes Temperament besänftigt. Sie dachte an die grausam unterdrückten Indianer, die sie nach der Überquerung des Mississippi River gesehen hatte, die häßlichen, verwitterten Gebäude, die die Landschaft verschandelten, die unzähligen toten Büffel neben den Eisenbahnschienen, die aus reiner Lust am Töten abgeschlachtet worden waren, und Mr. Sickles, den schmierigen Eigentümer eines rattenverseuchten Kramladens.

»Ich würde den Westen nicht gerade romantisch nennen«, antwortete sie. »Aber er ist wenigstens groß genug, um den verschiedenartigsten Leuten Platz zu bieten.«

Falls Will es merkwürdig fand, daß sie in der Dunkelheit stand und plauderte, ließ er sich jedenfalls nichts anmerken. Er ging einfach nur zum Bett, setzte sich auf die Kante und zog seine Stiefel aus. Bess wandte den Blick ab, als er die Hosenträger über die Schultern streifte und sein Hemd aufknöpfte.

»Das ist das letzte Mal, daß ich es es Ihnen sage, Bess«, bemerkte er ruhig. »Sie sind hier sicher. Sie können sich völlig unbesorgt hinlegen und sich ausruhen – ohne Angst zu haben, ich würde Sie mißbrauchen.«

Bess stieß einen tiefen, etwas hilflosen Seufzer aus, ging zum Berg ihres Gepäcks und klappte einen Koffer auf. Nachdem sie ihr bravstes Flanellnachthemd herausgenommen hatte, ihre Zahnbürste und eine kleine Dose Zahnputzpulver, wandte sie sich langsam um zu Will.

»Na schön«, sagte sie in einem Ton, als erwiese sie ihm einen riesigen Gefallen. »Wenn Sie jetzt bitte aufstehen und mich zum Klosett begleiten würden …?«

Die Bettfedern knarrten, als Will seine langen Glieder auf dem Bett ausstreckte. »Nehmen Sie die Laterne und den Hund mit«, sagte er. »Sie werden draußen sowieso nichts Größeres als eine Feldmaus antreffen.«

Bess warf dem Hund einen mißtrauischen Blick zu und überlegte, ob sie eine ganze Nacht durchhalten würde, ohne vorher zur Toilette gegangen zu sein. Die Antwort darauf war nein, doch sie war viel zu ängstlich, um allein hinauszugehen, und auch viel zu stolz, um Will zu bitten, sie zu begleiten.

»Werden Sie kommen, wenn ich schreie?« fragte sie.

»So schnell ich kann«, erwiderte er gähnend.

Bess legte ihr Nachthemd und die Zahnbürste auf den Tisch, zusammen mit dem Zahnpulver, und hob die Laterne auf. Mit einem Streichholz, das sie am Kamin anstrich, zündete sie die Lampe an und wandte sich tapfer in Richtung Tür. Der Hund, der auf seinem Platz vor dem Kamin gelegen hatte, stand auf und folgte ihr.

»Du wenigstens bist ein Gentleman, Calvin«, lobte sie das Tier und bemühte sich nicht, ihre Stimme zu dämpfen, während sie den schweren Holzbalken vor der Tür entfernte. »*Du* weißt wenigstens, was sich gehört.«

Draußen vor der Hütte war die Welt finster und unendlich weit, voll lauernder Schatten und eigenartiger Geräusche, die ein Stadtmädchen wie Bess nicht näher zu bestimmen wußte. Von bloßer Willenskraft aufrechtgehalten, marschierte Bess um die groben Holzwände herum und stapfte durch das hohe Gras zum Klosetthäuschen hinüber.

Sie war schon auf dem Rückweg und beglückwünschte sich gerade zu ihrer Tapferkeit, als sie merkte, daß der Hund verschwunden war. Und da begannen auch schon die Hühner schrill zu gackern, und aus der Hütte ertönten Flüche und ein lautes Krachen, als Will aus dem Bett sprang.

Bess sah einen Schatten auf sie zuhuschen und war so entsetzt, daß sie wie gelähmt war und sich nicht rühren konnte. Einen flüchtigen Moment lang stand ein Indianer in zerlumpten Kleidern vor ihr, und sie sah noch, daß er zwei ängstlich gackernde und mit den Flügeln schlagende Hühner in den Händen hielt, bevor er in der Finsternis verschwand.

Der Dieb war bereits im dichten Wald hinter der Hütte untergetaucht, als Will endlich erschien, nur mit seinen Hosen bekleidet und ein geladenes Gewehr in seiner Hand.

Wie durch ein Wunder fand Bess ihre Stimme wieder. »Sie kommen viel zu spät«, sagte sie vorwurfsvoll. »Wenn Sie mich begleitet hätten, wie es Ihre Pflicht gewesen wäre, dann hätten Sie den Indianer noch erwischt.«

Will fluchte und schaute im schwachen Licht des Monds zum Wald hinüber. Dann schüttelte er den Kopf, nahm Bess' Arm und schob sie auf die Hütte zu. »Es ist offensichtlich, daß er bloß die Hühner wollte, wer immer es auch gewesen sein mag, und ganz gewiß keine gelbhaarige weiße Frau mit scharfer Zunge.«

Seine Worte riefen Bess all die schaurigen Geschichten ins Gedächtnis, die sie über gefangene weiße Frauen bei den Indianern gehört oder gelesen hatte, und sie begann so stark zu zittern, daß Will ihren Arm loslassen mußte, um ihr die Laterne abzunehmen, bevor sie sie fallen ließ. »Machen Sie sich bloß nicht lustig über mich«, sagte sie, während sie neben ihm daherstolperte. »Im übrigen bin ich überzeugt, daß ich keine schlechtere Gefangene abgäbe als jede andere Frau.«

Calvin begann in der Ferne zu bellen, aber Bess dachte, daß er nur Theater machte. Der Hund wollte sie wohl glauben machen, er habe den Eindringling verscheucht, obwohl sie sich ziemlich sicher war, daß er beim ersten Anzeichen von Gefahr in den Wald geschlichen war und sich dort versteckt hatte.

Sie hatten inzwischen Gott sei Dank die Hüttentür erreicht, und Will trat zurück, um Bess vorangehen zu lassen. »Die Indianer hier in dieser Gegend haben schon genug Schwierigkeiten, sich selbst zu ernähren – da wäre es sehr unwahrscheinlich, daß sie Sklaven nehmen würden.«

Bess erschauderte, und ihr war ganz schwindlig vor Erleichterung, wieder in Sicherheit zu sein, bei Will, der sie beschützen würde. »Aber wieso denn?« fragte sie erstaunt. »Man sagt doch, die Indianer wären exzellente Jäger.«

Will verriegelte die Tür, stellte die Laterne wieder auf den Tisch und hängte das Gewehr an seinen Platz über dem Kamin, bevor er antwortete. »Der letzte Winter war ganz besonders hart, so daß dieses Jahr nicht viel Wild da ist. Außerdem hatten sie Ärger mit einem Stamm aus dem Norden – die fremden Indianer kommen ab und zu aus Kanada herunter und rauben ihnen ihre Pferde und ihre Frauen.«

Bess ging zu Wills Bett – ohne Zögern, aber auch ohne ihre Kleider auszuziehen. Nichts hätte sie jetzt noch davon abhalten können, sich aus der Sicherheit seiner Nähe zu entfernen. »Frauen?« wiederholte sie mit unsicherer Stimme.

Will lachte, so ruhig und gelassen, als schlüge er jeden Abend einen Indianerüberfall zurück. »*Indianer*frauen«, erklärte er. »Beide Stämme halten ›Boston‹-Frauen für viel zu anstrengend – und das sogar in guten, fetten Zeiten.«

Bess setzte sich auf die Kante der Matratze, an der Seite, die der Wand am nächsten war, und ihre Finger zitterten so sehr, daß sie große Mühe hatte, ihre Schuhe aufzuknöpfen. »Warten Sie nur, bis ich Mama und Papa und Jillie und Simon von dieser Nacht berichtet habe«, sagte sie, im qualvollen Bewußtsein dessen, daß Will sich schon wieder hingelegt hatte und wahrscheinlich sogar seine Hosen vorher ausgezogen hatte.

Und wenn sie nun in der Nacht auf seine Seite hinüberrutschte – durch reinen Zufall selbstverständlich – und ihn berührte?

Er seufzte wieder, das tiefe, zufriedene Seufzen eines starken Mannes, der müde von der harten Tagesarbeit war, und meinte: »Machen Sie bloß nicht gleich ein Massaker aus einem einzigen verdammten Hühnerdieb und erschrecken Ihre Leute daheim zu Tode.«

Damit schlief er ein und überließ es Bess, vorsichtig unter die Decken zu schlüpfen, komplett angezogen bis auf ihre Schuhe. Das heißt, das Korsett hatte sie schon morgens nach dem Bad nicht wieder angelegt. Ihr war, als ob die Hüttenwände immer dünner würden, mit jedem verstreichenden Moment, während die nächtlichen Geräusche draußen immer lauter wurden.

In ihrer lebhaften Phantasie stellte Bess sich Indianer in Lendenschurzen vor, mit schweißglitzernder, kupferfarbener Haut, die um ein loderndes Feuer hockten und Pläne für einen Überfall schmiedeten …

Sie erwachte vom Klappern einer Pfanne auf der eisernen Platte des Küchenherds und war erstaunt – und sehr erleichtert –, daß die Hütte in helles Tageslicht getaucht war.

Der Herr des Hauses schlug mehrere Eier in die Pfanne und wandte dann den Kopf, um Bess über die Schulter anzugrinsen. Es versetzte ihr einen Stich, dieses neue, glattrasierte Gesicht zu sehen, und wieder begann ihr Herz wie wild zu hämmern.

»Morgen«, sagte er freundlich.

Die Tür der Hütte stand weit offen, um Sonne und frische Luft hereinzulassen, und der nutzlose Hund war von seiner feigen nächtlichen Herumstreiferei zurückgekehrt und lag an seinem Platz vor dem Kamin.

»Guten Morgen«, erwiderte Bess steif und bemüht, den richtigen Ton für diese eigenartige Situation zu finden, in der sie sich befand. Sie hatte noch nie einem Mann beim Kochen zugesehen, schon gar nicht vom Bett aus, weshalb es ihr ungeheuer schwerfiel, Will nicht anzustarren.

Er schenkte einen Becher Kaffee ein und stellte ihn auf den Tisch, und das verlockende Aroma begann sich rasch im Zimmer zu verbreiten. Als Will Bess einen Blick zuwarf und sie auf seine unnachahmliche Weise angrinste, stand sie auf und ging zum Tisch, um sich zu setzen.

»Ich habe nachgedacht«, verkündete er gutgelaunt.

Bess griff nach dem Becher Kaffee, und ihre Hände zitterten wie die eines alten Trunkenbolds nach einem dreitägigen Trinkgelage. »Worüber?« fragte sie, obwohl ihr von vornherein klar war, daß sie ihre Frage bereuen würde.

»Wir könnten noch weitere dreihundertzwanzig Hektar Land beanspruchen, wenn wir verheiratet sind«, sagte er, während er zwei Scheiben selbstgebackenes Brot aus dem Ofen nahm, das er dort geröstet hatte. »In spätestens einem Jahr hätten wir dann genug für ein weiteres Maisfeld gerodet und könnten auch noch Rinder züchten.«

Bess hatte keine Ahnung, wie man Land rodete, Mais anbaute oder Rinder züchtete, und auch kein Verlangen, es zu lernen, aber das behielt sie wohlweislich für sich. »Wer hat das Brot gebacken?« fragte sie statt dessen.

»Eine Nachbarin«, sagte Will. »Sie heißt Mae Jessine.«

Neugierig richtete Bess sich ein bißchen gerader auf. Es würde vieles vereinfachen, wenn sie eine andere Frau in ihrer Nähe hätte; jemanden, mit dem sie reden und dem sie sich anvertrauen konnte, einen Menschen, der ihr helfen konnte, zu entscheiden, was sie tun sollte. »Ich dachte, du hättest keine Nachbarn«, erwiderte sie.

»Nun ja, die Jessines leben zehn Meilen von hier – hinter der nächsten Bergkette«, antwortete Will, während er Spiegeleier und Toastbrot auf den Tisch stellte und die blauen Emailleteller aus dem Schrank nahm. »Wenn ich sie besuche, muß ich dort übernachten, und deshalb sehen wir uns eigentlich nur selten. Aber da Mr. Kipps – das ist der Wanderprediger – jede zweite Woche hier vorbeikommt, gibt Mae ihm immer frisches Brot mit.«

Bess richtete sich noch ein bißchen gerader auf. »Soll das heißen, daß er – der Priester, meine ich – erst in *zwei Wochen* wieder hier vorbeikommt?«

Will setzte sich und nahm sich etwas von den Eiern und dem Brot. Er sah so anders aus und war so attraktiv mit seinem kürzeren Haar und den glattrasierten Wangen, daß Bess sich sehr beherrschen mußte, um ihn nicht anzustarren. Gleichgültig zog er die Schultern hoch. Kipps wird kommen, wann es ihm beliebt. Und jetzt, wo mehr und mehr Leute in diese Gegend ziehen, ist das bei ihm nicht mehr so genau vorauszusagen.«

Bess' knurrender Magen erinnerte sie daran, daß sie hungrig war, und sie nahm sich ein Ei und eine Scheibe Toast und begann zu essen. »Ihr Bruder schrieb in seinem Brief, er wolle mir Geld schicken, sobald er welches hat«, teilte sie Will mit. »Wenn ich beschließe, fortzugehen, würde Mr. Kipps vielleicht so freundlich sein, mich bis Onion Creek mitzunehmen, wo ich den Frachtwagen bis ...«

Will legte abrupt die Gabel nieder; sein Gesicht wurde hart, und sein Blick verdüsterte sich. »Sollten Sie den Fehler machen, sich auf meinen Bruder zu verlassen«, sagte er, »dann können Sie sich auf eine herbe Enttäuschung gefaßt machen. Man sollte meinen, das hätten Sie inzwischen eingesehen.« Er hielt inne, wandte den Kopf ab, und an seinem Kinn zuckte ein Muskel. Als er Bess wieder ansah, war der Glanz in seinen braunen Augen erloschen. »Aber falls Sie wirklich fort wollen, brauchen Sie es nur zu sagen, denn dann bringe ich Sie in die Stadt zurück und werde dafür sorgen, daß Sie sicher heimkehren.«

Bess verspürte einen leisen Schmerz bei seinen Worten und wünschte plötzlich, Philadelphia nie verlassen zu haben, nie an diesen fernen Ort gekommen zu sein und Will Tate nie kennengelernt zu haben. Denn so anstrengend dieser Mann auch war, es würde nicht leicht sein, ihn zu verlassen, und selbst wenn es ihr gelang, würde sie ihn bestimmt ihr ganzes Leben lang vermissen. Um nicht länger darüber nachdenken zu müssen, fragte sie: »Halten Sie es für möglich, daß dieser Indianer wiederkommt?«

Sie wird fortgehen, dachte Will grimmig, als er an diesem Morgen hinter dem Pflug herstolperte, ohne den würzigen Duft der frischaufgeworfenen Erde oder die hellen, warmen Sonnenstrahlen wahrzunehmen. *Verdammt – sie wird fortgehen, obwohl sie nicht einmal weiß, wohin sie gehen soll!*

Er warf einen Blick zurück zur Hütte und war verblüfft, als er Bess in seine Richtung kommen sah. Vorsichtig schritt sie zwischen den Erdfurchen entlang, in einer Hand einen Wasserkrug und mit der anderen ihre weiten, viel zu eleganten Röcke raffend.

Wills Herz zog sich zusammen, und im ersten Moment wollte er sie schon ignorieren, doch dann brüllte er »Hoh!«, um das Pferd anzuhalten, hielt die Handgriffe des Pfluges fest umklammert und beobachtete Bess, wie sie sich ihm näherte. Es war das, was er sich erträumt hatte – eine schöne Frau, die ihm Wasser brachte, wenn er auf den Feldern schuftete – aber wenn sie ging, würde die Erinnerung daran während der langen, einsamen Jahre, die auf ihn zukamen, immer wieder von neuem schmerzen.

Sie lächelte. »Ich dachte, Sie hätten vielleicht Durst«, sagte sie und reichte ihm den Krug.

Will nahm ihn, sah, daß Bess die Hälfte des Wassers auf dem Weg verschüttet hatte, und trank dankbar, was noch davon übrig war. »Danke«, erwiderte er und fragte sich, wann er eigentlich angefangen hatte, Bess zu lieben ... und wünschte, daß es nie geschehen wäre.

»Sie brauchen von heute an nicht mehr auf frisches Brot von Mr. Kipps zu warten«, fuhr sie fort. »Ich habe Hefe in Ihrem Vorratsschrank gefunden und schon einen Brotteig angesetzt.«

Will hätte sie gern berührt und wenn auch nur ihre Wange oder ihr seidig glänzendes Haar, aber er wagte es einfach nicht. Es wäre nur eine weitere dieser Erinnerungen gewesen, die ihn quälen würden, wenn sie nicht mehr da war. »Großartig«, meinte er und gab ihr den Krug zurück.

Das glückliche Lächeln um ihren Mund verblaßte.

Das war noch etwas, worüber Will nicht nachdenken wollte: ihr Mund. Er konnte sich nur zu lebhaft vorstellen, wie es sein würde, sie zu küssen, ihre Lippen sanft zu öffnen und mit der Zunge die warme Höhlung ihres Mundes zu erforschen …

»Stimmt irgend etwas nicht?« fragte Bess.

Will legte die Hände wieder auf den Pflug und wollte gerade dem Pferd pfeifen, damit es seine Arbeit fortsetzte, als Bess ihre Hand ganz sachte auf seinen Arm legte. Er konnte sich jedoch zu keinem Lächeln durchringen, und so zog er nur schweigend eine Braue hoch, als wollte er damit sagen: *Was gibt's?*

»Ich dachte, Sie hätten gesagt, wir wollten unsere Gefühle voreinander nicht verbergen«, sagte sie leise und sanft.

»Das war, als ich noch dachte, daß Sie bleiben würden,« antwortete er kühl.

Sie blinzelte, und Will dachte bestürzt, daß er es nie für möglich gehalten hätte, daß die Augen einer Frau so blau sein konnten, daß es weh tat, sie anzusehen.

»Ich habe mich noch nicht entschieden, fortzugehen«, meinte Bess nach einem langen, spannungsgeladenen Schweigen. »Ich habe nur laut gedacht.«

»Sie *werden* gehen«, sagte Will, und diesmal stieß er wirklich einen schrillen Pfiff aus, und das Pferd machte einen Satz nach vorn. Der Pflug schwankte und zog eine schiefe Furche, bevor Will ihn wieder fest im Griff hatte.

Bess stolperte neben ihm her, ohne die geringste Notiz zu nehmen von der Erde, die den Saum ihres hübschen Sommerkleids beschmutzte. »Wie können Sie es wagen, so etwas vorauszusetzen, wenn ich selbst noch gar nicht weiß, ob ich fortgehe oder bleibe?« fragte sie keuchend.

Will tat, als sähe er sie nicht, obwohl er sie aus den Augenwinkeln beobachtete. »Dies ist ein hartes, einsames Land, und Sie sind ein Stadtmensch«, erwiderte er schroff. »Sie würden wahrscheinlich nicht einmal den ersten Winter überstehen.«

Eine dunkle Röte stieg in ihren Wangen auf. »Daß ich

ein ›Stadtmensch‹ bin, wie Sie es nennen, heißt noch lange nicht, daß ich auch ein Schwächling bin«, sagte sie und machte immer größere Schritte, um auf gleicher Höhe mit ihm zu bleiben. »Verdammt, Will, *würden Sie jetzt endlich stehenbleiben*?«

Er tat es, und eine süße Hoffnung stieg dabei in seinem Herzen auf – eine Hoffnung, die er beim besten Willen nicht mehr unterdrücken konnte.

Bess stützte beide Hände in die Hüften, obwohl sie in der einen noch immer den Wasserkrug hielt, und schaute wütend zu Will auf. »Das Leben in den Städten kann genauso hart sein, Mr. Tate. Abgesehen von den Aufständen, die die Leute von der Gewerkschaft in letzter Zeit anzetteln, gibt es Typhusepidemien; Menschen werden von Straßenbahnen überfahren und von Kutschen, wenn sie nicht gerade von Ratten gebissen oder von Bankräubern erschossen werden!«

Will preßte die Lippen zusammen. »Und was wollen Sie damit sagen?« fragte er.

Bess kochte fast vor Wut. »Was ich damit sagen will, William, ist, daß ihr Siedler Not und Elend nicht gepachtet habt und ich Ihnen dankbar wäre, wenn Sie aufhören würden, so zu tun, als wären Sie der einzige Mensch auf dieser Welt, der kämpfen muß, um etwas zu erreichen. Das müssen wir nämlich alle, Mr. Tate!«

Will wandte sich ab, um seine Arbeit wieder aufzunehmen, aber Bess duckte sich unter seinem Arm hindurch und stellte sich ihm in den Weg, zwischen die Griffe seines Pflugs und so nahe, daß es seine Haut versengte.

»Falls ich beschließen sollte, diesen Ort zu verlassen«, fuhr sie fort, »dann werde ich es tun, weil ich es für das Richtige halte, und nicht, weil ich mich vor harten Wintern, Indianern oder irgend etwas anderem fürchte!«

Vielleicht war es bloß ihre Nähe, die Will den Kopf verlieren ließ, oder vielleicht war es auch ihr Temperament. Er hätte es jedenfalls nicht sagen können, als er seine großen Hände um ihre Taille legte und den Kopf senkte, um sie so leidenschaftlich zu küssen, wie er noch nie zuvor eine Frau geküßt hatte.

Bess versteifte sich, aber nur für einen Moment, ließ den Wasserkrug fallen und schlang die Arme um Wills Nacken, um seinen Kuß mit einer unschuldigen Leidenschaft zu erwidern, die das Blut in seinen Adern in Wallung brachte.

Wahrscheinlich hätte er sie jetzt aufgehoben und in die Hütte getragen, um sie dort zu lieben, wenn er nicht plötzlich das heisere Wiehern eines Maulesels und eine vertraute Stimme hätte rufen hören: »Hallo – ist jemand zu Hause?«

Mit einem tiefen Seufzer entließ Will eine errötende, atemlose Bess aus seinen Armen.

»Das wird Mr. Kipps sein«, murmelte er heiser und wagte nicht, Bess anzublicken, weil er befürchtete, Erleichterung in ihrem Gesicht zu sehen – oder Zorn. Wahrscheinlich war sie so empört, daß sie bereit war, ihn für seine Unverfrorenheit zu skalpieren, und es war anzunehmen, daß sie jetzt den Priester nach Onion City begleiten würde, um ihre Tugend nicht aufs Spiel zu setzen.

Bess war so erschüttert, daß jeder Nerv und jede Faser ihres Körpers von den Nachwirkungen dieses Kusses bebten. Sie war froh über die Ankunft des Besuchers, denn wenn er nicht gekommen wäre, hätte sie sich Will vielleicht hingegeben, hier, mitten auf dem Feld, wie irgendeine billige Straßendirne.

Sie bückte sich, um den Krug aufzuheben, strich dann mit der freien Hand ihr Haar und ihre Röcke glatt und setzte ein Lächeln für den alten Mann auf, der sich ihnen auf seinem Maulesel langsam näherte. Er war fett wie eine Weihnachtsgans, hatte einen buschigen, weißen Bart und langes, weißes Haar, und dazu trug er eine Melone, einen abgetragenen, aber farbenfrohen Rock, geflickte Hosen und weiche Ledermokassins.

»Mir scheint, ich bin gerade noch im rechten Augenblick gekommen«, rief Mr. Kipps von weitem und warf dann den grauen Kopf zurück und lachte so laut, daß das Pferd vor dem Pflug erschrocken wieherte und scheute.

Will beruhigte es mit einem Wort, aber sein Gesicht war verdächtig rot, und seine whiskeyfarbenen Augen waren schmal, als er den Wanderprediger anblickte. »Ich wäre Ihnen dankbar, wenn Sie mir diese Bemerkung näher erklären würden«, sagte er verärgert.

Bess stieß ihn in die Rippen. Es war nicht Mr. Kipps Schuld, daß er sie bei einer unziemlichen Umarmung ertappt hatte, und außerdem war ihr der dicke Kleriker bereits sympathisch. »Sie brauchen gar nichts zu erklären«, meinte sie liebenswürdig. »Sie sind unser Gast. Kommen Sie herein und machen Sie es sich gemütlich. Will wird Ihren Maulesel versorgen, und ich decke inzwischen den Tisch. Sie werden uns doch beim Essen Gesellschaft leisten?«

Kipps schaute Will an, zog eine buschige, weiße Braue hoch und unterdrückte ein Lächeln, was ihn sichtliche Anstrengung zu kosten schien. »Selbstverständlich werde ich das«, erwiderte er.

Bess warf Will einen Blick zu, sah, daß seine Federn sich etwas geglättet hatten, und glaubte nun sicher sein zu dürfen, daß er in ihrer Abwesenheit nicht unhöflich zu Mr. Kipps sein würde. Zufrieden wandte sie sich in Richtung Hütte und rief den Männern über die Schulter zu: »Beeilt euch – das Essen ist gleich fertig.«

Will hatte am Morgen ein Huhn geschlachtet, das Bess, nicht ohne einen gewissen Abscheu zu empfinden, in kochendes Wasser getaucht, gerupft und zerteilt hatte, um es dann zu braten. Ein köstlicher Duft empfing nun die Männer in der Küche, wo das Hühnchen bereits in der Pfanne brutzelte.

Bess hatte auch Kartoffelbrei und eine Sauce zubereitet. Mr. Kipps und Will griffen beide herzhaft beim Essen zu. Aber es war der Wanderprediger, der fast die gesamte Unterhaltung bestritt. Er erzählte ihnen, was es bei den

Nachbarn Neues gab, sagte, daß Mrs. Jessine nun jeden Tag ihr Baby haben würde und bestimmt froh wäre, eine Frau in der Nähe zu haben, wenn der Tag der Geburt heranrückte, und schloß dann mit der freimütigen Erklärung, auf die Will und Bess schon die ganze Zeit gewartet hatten.

»Es schickt sich nicht, daß Sie beide hier zusammenleben, ohne verheiratet zu sein. Gehe ich richtig in der Annahme, daß Sie sich nicht einmal bemüht haben, Gottes Segen einzuholen?«

Will wirkte zunächst ein wenig schuldbewußt, doch dann zuckte er die Schultern. »Es war niemand hier, der uns hätte trauen können«, sagte er. »Bess schlief auf einem Haufen Futtersäcke, als ich sie fand, und der alte Sickles ist ganz sicher nicht berechtigt, eine Trauung vorzunehmen.«

»Trotzdem«, beharrte Kipps, schob seinen Stuhl zurück und verschränkte die Hände vor seinem umfangreichen Bauch. »Ich kann dieses Haus nicht guten Gewissens verlassen, wenn ich nicht entweder die Dame mitnehme oder Sie beide traue, solange ich noch hier bin.«

Bess' Herz begann wieder zu rasen, und sie errötete. Von einer jähen Scheu erfaßt, wandte sie den Blick ab und wagte nicht, Will anzusehen.

»Wir müssen noch darüber reden«, sagte er. »Bess und ich, meine ich. Allein.«

Als Mr. Kipps den Hinweis überging und unbeeindruckt sitzenblieb, stand Will auf, ergriff Bess' Hand und zog sie in den Hof hinaus, um ungestört mit ihr zu reden.

»Nun?« flüsterte er und spreizte hilflos seine Arme. »Was tun wir jetzt? Das ist ein Mann Gottes, der da drinnen sitzt, und wir können nicht einfach ignorieren, was er sagt!«

Bess verschränkte die Arme vor der Brust. »Was schlagen Sie denn vor?« fragte sie, obwohl sie die Antwort bereits kannte und die Vorstellung eine süße, atemlose Schwäche in ihr auslöste. Wenn sie Will heiratete, dann würde er sie küssen, so wie vorhin draußen auf dem Feld, und noch ganz andere Dinge mit ihr tun ... Und sie wußte jetzt schon, daß es ihr gefallen würde.

»Ich möchte, daß du mich heiratest«, knurrte Will. »Verdammt, Bess, das weißt du selbst, aber du mußtest mich ja unbedingt zwingen, es auszusprechen!«

Bess lächelte. »Das war der unromantischste Antrag, den ich je gehört habe, Mr. Tate – aber ich nehme ihn an. Unter einer Bedingung.«

Ein Lächeln erhellte Wills Gesicht, das jedoch rasch von einem Stirnrunzeln ersetzt wurde. Bess hatte den Eindruck, daß er den Atem anhielt – zumindest, bis er fragte: »Und was für eine Bedingung wäre das?«

»Daß wir nicht intim miteinander sind, bis wir uns besser kennen.«

Will beugte sich zu ihr vor, bis seine Nasenspitze nur noch Millimeter von ihrer eigenen entfernt war. Seine braunen Augen funkelten vor Ärger und noch irgendeinem anderen Gefühl, das nicht so leicht zu definieren war. »Was willst du denn noch über mich wissen?« fragte er. »Ich sage es dir gern – hier und jetzt und auf der Stelle.«

Bess schüttelte den Kopf, und das schwache Lächeln, das sie sich erlaubte, wirkte ein kleines bißchen selbstgefällig. »Ich fürchte, so einfach ist das nicht«, erwiderte sie. »Ich werde mich nicht einem Mann hingeben, den ich erst seit heute kenne, und das ist mein letztes Wort.«

Will deutete ärgerlich in Richtung Feld. »Es ist noch keine Stunde her, seit du mich geküßt hast, als ob du mich verdammt gut kennen würdest!«

»Dräng mich nicht, Will. Entweder du akzeptierst meine Bedingungen, oder ich fahre mit Mr. Kipps, wenn er in die Stadt zurückkehrt.«

Will schob sich an ihr vorbei und stürmte in die Hütte, wo Mr. Kipps sie schon erwartete. »Wir werden heiraten«, teilte er mit, und es klang, als hätte er sich lieber an einen Pfahl in einem Ameisenhaufen binden lassen, von Kopf bis Fuß mit Honig eingeschmiert. »Sagen Sie die Worte, Mr. Kipps, und bringen wir es hinter uns.«

Nun mischte Bess sich ein. »Einen Moment, Will«, sagte

sie empört. »Dies ist mein Hochzeitstag, den ich für den Rest meines Lebens in Erinnerung bewahren möchte. Ich will wenigstens ein hübsches Kleid anziehen und mein Haar frisieren, und du wirst in der Zwischenzeit hinausgehen und einen Strauß Blumen pflücken, wenn du weißt, was für dich gut ist.«

Mr. Kipps' blaue Augen zwinkerten. »Sie hören, was die Dame sagt, Will«, bemerkte er. »Ich werde nach meinem Maulesel sehen, während Miss Bess sich schönmacht, und Sie gehen derweil aufs Feld und pflücken einen Strauß für sie.«

Als Will Bess ansah, wich plötzlich alle Härte aus seinen Zügen, und sie wußte nun, daß die Sache mit den Blumen ihm gar nicht so furchtbar lästig war, wie jeder, der ihn eben noch reden gehört hatte, vermutet hätte. Er wollte sie also unbedingt zur Frau, selbst wenn das bedeutete, daß er für unbestimmte Zeit auf seine ehelichen Rechte warten mußte ... Die Erkenntnis entzückte sie und stimmte sie auf ganz absurde Weise glücklich.

So glücklich war ich nie, als ich dachte, ich würde Jackson Reese heiraten, dachte sie, während sie in ihren Truhen nach dem schönsten Kleid suchte, einem elfenbeinfarbeben Ballkleid mit feinster Stickerei an Saum und Ausschnitt.

Als Bess fertig angekleidet war, bürstete sie ihr Haar und steckte es locker am Hinterkopf zusammen, so daß es wie eine seidige goldene Haube ihr Gesicht umrahmte.

Ein leiser, bewundernder Pfiff veranlaßte Bess, sich umzudrehen, und dort, an der Tür, stand Will, einen Strauß Margeriten in der Hand und das Herz in seinen Augen.

4. Kapitel

Will betrat die Hütte beinahe schüchtern, als ob sie ein neuer, unbekannter Ort für ihn wäre, und legte den Strauß gelber und weißer Mageriten auf den Tisch. Er wirkte fast andächtig, als sein Blick über Bess' prachtvolles Kleid und ihre elegante Frisur glitt, und er schluckte mehrmals. »Petrus wird bestimmt einen vermissen, wenn er heute abend seine Engel zählt«, sagte er heiser.

Die Worte rührten etwas an in Bess' Herz, an einer Stelle, zu der bisher noch niemand vorgedrungen war. Sie hatte zu ihrer Zeit mehr als genug Komplimente von Männern gehört, aber die meisten hatten nur einem ganz bestimmten Zweck gedient. Wills Kompliment hingegen war vollkommen aufrichtig gemeint, das wußte sie.

»Wird es Zeit?« fragte sie.

Will hatte sich gewaschen, in dem eisigen Bach wahrscheinlich, der hinter der Blockhütte vorbeifloß, und sein Hemd stand bis zur Taille offen. »Ja, Ma'am«, antwortete er und wandte errötend seinen Blick ab. »Es wird Zeit.« Dann kniete er vor der Truhe nieder, in der er seinen persönlichen Besitz aufhob, und nahm ein sauberes weißes Hemd heraus. Als er das gefaltete Kleidungsstück aufs Bett gelegt hatte, griff er noch tiefer in die Truhe und zog eine hölzerne Streichholzdose daraus hervor. Während Bess ihn beobachtete, klappte er den Deckel auf und nahm einen kleinen Gegenstand heraus. Was immer es auch sein mochte, er hielt es in der Hand verborgen und schloß einen Moment die Augen, als betete er oder erinnerte sich, bevor er die Hand dann in die Hosentasche steckte.

Dann erhob er sich und bedachte Bess mit einem Lächeln, das sie erschütterte wie eine unverhoffte Sturmbö. »Ich ziehe mich nur schnell an«, meinte er, »und dann wird geheiratet.«

Die Trauung fand draußen statt, mit dem Bach, den Bergen und dem frischgepflügten Feld als Kirche, und war nur kurz, obwohl Mr. Kipps sich die größte Mühe gab, die Zeremonie so lange wie möglich auszudehnen.

Als er an die Stelle mit den Ringen kam, hatte Bess Will keinen anzubieten, obwohl sie doch eigentlich mit der Idee zu heiraten in den Westen gekommen war. Will hingegen zog einen schmalen Goldreif aus der Hosentasche – das mußte der Gegenstand sein, den er vorhin so ehrfürchtig aus der Truhe genommen hatte – und streifte ihn Bess über den Ringfinger.

Tränen schimmerten in ihren Augen, und ihre Kehle wurde eng, obwohl sie weder für das eine noch das andere eine Erklärung wußte. Dann, endlich, erklärte Mr. Kipps sie zu Mann und Frau und forderte Will mit einem Lächeln auf, die Braut zu küssen.

Das tat Will, und nun war nichts mehr von der Scheu zu spüren, mit der er Bess betrachtet hatte, als er in die Hütte gekommen war und sie in ihrem Hochzeitskleid gesehen hatte. Nein, Will küßte Bess mit der gleichen ungestümen Leidenschaft wie vorhin auf dem Feld, und sie glaubte, sterben zu müssen vor Sehnsucht und Verlangen, als er sie endlich wieder freigab.

»Ich werde hier draußen neben dem Bach kampieren«, sagte Mr. Kipps, nachdem er den beiden jungen Menschen gratuliert hatte. »Mein alter Maulesel und ich, wir schlafen am liebsten unter Gottes hellen Sternen.«

Bess war schon im Begriff, den alten Mann einzuladen, auf dem Bärenfell vor dem Kamin zu schlafen, aber Will hinderte sie daran, indem er sie sanft, aber entschieden in den Po kniff.

»Ich habe es mir nicht anders überlegt, Will«, sagte sie einige Minuten später ärgerlich, als sie in der Hütte waren und die Tür hinter sich geschlossen hatten. »Wir werden diese Ehe nicht sofort vollziehen, und deshalb besteht kein Grund, diesen armen alten Mann draußen im Freien übernachten zu lassen!«

»Der arme alte Mann ist zäher als Stiefelleder und boshafter als Geronimo, und außerdem schläft er *nie* unter irgendeinem Dach, bevor der erste Schnee gefallen ist«, erwiderte Will genauso aufgebracht. »Im übrigen will ich in meiner Hochzeitsnacht mit meiner Frau allein sein, Mrs. Tate, ob sie mir nun erlaubt, sie zu berühren, oder nicht. Denn alles andere wäre ausgesprochen peinlich und beschämend!«

Bess hielt es für an der Zeit, das Thema zu wechseln. Außerdem war der Brotteig, den sie am Morgen geknetet hatte, bereit, um in den Ofen geschoben zu werden, das Abendessen mußte zubereitet werden, und Will hatte draußen noch einiges zu erledigen, bevor es dunkel wurde. »Wenn du so freundlich wärst, hinauszugehen«, sagte sie, sich brüsk abwendend, »dann könnte ich mich jetzt umziehen.«

Sie hörte, wie die Tür sich öffnete und schloß, und war froh, wieder allein zu sein. Den Hochzeitsmarsch summend und glücklicher, als sie sich selbst gegenüber eingestand, löste Bess die winzigen Perlenknöpfe am Vorderteil ihres Kleids und stieg vorsichtig heraus. Dann streifte sie auch ihre weiten Unterröcke ab, und als sie nur noch ihre Unterwäsche trug, hob sie beide Hände, um die Nadeln in ihrem Haar zu lösen.

Als sie sich schließlich wieder zum Bett umwandte, stieß sie einen Schrei aus und bedeckte unwillkürlich mit beiden Armen ihre Brust, weil Will dort stand und ihr mit dem breitesten Grinsen, das sie je bei einem Mann gesehen hatte, zuschaute.

Im nächsten Augenblick jedoch schon wurde er wieder ernst, und eine tiefe Zärtlichkeit erschien in seinem Blick.

»Willkommen zu Hause, Mrs. Tate«, sagte er. »Ich habe lange Zeit auf dich gewartet.«

Mit diesen Worten wandte er sich von ihr ab, zog sein gutes weißes Hemd aus und hängte es auf einen Bügel. Die ausgeprägten Muskeln seines Rückens zeichneten sich deutlich unter seiner sonnengebräunten Haut ab, und Bess verspürte plötzlich ein überwältigendes Bedürfnis, seine Schulterblätter zu berühren und die Kerbe dazwischen zu küssen.

»Woher hattest du den Ehering?« fragte sie, weil sie

irgend etwas sagen mußte und nicht wagte, in diesem kritischen Augenblick ein anderes Thema anzuschneiden. »Gehörte er deiner Mutter?«

Will hatte sein Arbeitshemd angezogen und drehte sich zu seiner Braut um, während er es zuknöpfte. »Und vor ihr gehörte er ihrer Mutter«, erzählte er.

Wieder war Bess gerührt. Jackson Reese hätte ihr einen diamantbesetzten Ring geschenkt, der das Vielfache des schlichten Goldreifs gekostet hätte, den ihr frischgebackener Ehemann ihr über den Finger gestreift hatte, doch kein Geschenk hätte für sie kostbarer als das von Will sein können.

Fast hätte sie gesagt, sie liebte ihn, aber da begann der Hund zu bellen, Mr. Kipps Maulesel wieherte, und die Gelegenheit war vorbei. Will ging hinaus, einen unterdrückten Fluch murmelnd, und Bess zog hastig das Kleid über, das sie früher an diesem Tag getragen hatte.

Bei Einbruch der Abenddämmerung kamen Mr. Kipps und Will zum Essen, gefolgt von Calvin, dem großen, gelben Hund, und Bess servierte ihnen stolz eine leckere Mahlzeit aus aufgewärmtem Hühnerfleisch mit Sauce, Erbsen und frischgebackenem Brot.

Wenn sie ganz aufrichtig zu sich war, ärgerte es sie ein wenig, wie Will sich an diesem Abend bei Tisch verhielt. Er war zwar nicht unmanierlich oder so, und aß mit Appetit, was sie ihm vorsetzte, aber er redete fast die ganze Zeit mit Mr. Kipps über Politik – als hätte er vergessen, daß er heute geheiratet und nun eine Frau hatte.

Doch nachdem das Geschirr abgeräumt war, zog Mr. Kipps eine Mundharmonika aus seiner Rocktasche und begann ein munteres Lied zu spielen, und Will nahm Bess in die Arme und tanzte mit ihr durch die Hütte, bis Bess ganz atemlos vor Lachen war und so schwach, daß sie sich an ihn lehnen mußte.

Und da räusperte Mr. Kipps sich, wünschte ihnen eine gute Nacht und verließ die Hütte. Den Hund nahm er mit, da sein Maultier als Gesellschaft ihm offenbar nicht zu genügen schien.

Will stützte Bess und schob sie ein wenig von sich ab, nahm aber seine Hände nicht von ihren Schultern. Dann, während der Feuerschein dunkle Schatten auf seine Züge warf, schaute er ihr lange, lange in die Augen.

Bess dachte schon, daß er sie jetzt küssen würde, und wollte auch, daß er es tat, aber da trat er zurück.

»Ich komme wieder, wenn du eingeschlafen bist«, meinte er kühl. Obwohl er eben noch gelacht und getanzt hatte, schien ihm nun jegliches Gefühl der Freude abhanden gekommen zu sein. »Möchtest du, daß ich dich nach draußen begleite, für den Fall, daß dort wieder irgendein Indianer lauert?«

Bess wollte etwas ganz anderes. Sie hatte gehofft, daß Will sich zu ihr legen, sie in die Arme nehmen und ihr helfen würde, sich an seine Nähe zu gewöhnen, doch natürlich war sie viel zu stolz, um irgend etwas davon zu erwähnen. Und obwohl sie sich noch genauso vor der Dunkelheit fürchtete wie in der Nacht zuvor, erlaubte sie sich nicht die Bitte, Will möge doch mit ihr hinausgehen.

Sie schüttelte den Kopf. »Ich komme schon zurecht.«

Dann ging sie, und als sie zurückkehrte, sah sie das Licht einer Laterne in der Finsternis und hörte das Klingen von Metall an Stein. Was in aller Welt tat Will hier draußen? Bess unterdrückte ihre Neugier und das eigenartige Gefühl der Enttäuschung, das sie erfaßte, und ging zur Hütte weiter. Dort blies sie die Lampe aus, tauschte ihre Kleider gegen ein Nachthemd, wusch ihr Gesicht und reinigte ihre Zähne, bevor sie an ihren Truhen und Koffern vorbei zum Bett hinüberging.

Sie hatte damit gerechnet, sofort einzuschlafen, da es ein langer, ereignisreicher Tag gewesen war, doch statt dessen lag sie hellwach in der Finsternis, lauschte auf die eigenartigen Geräusche aus dem Wald und fragte sich, was sie bedeuten mochten. Und was alles nur noch schlimmer machte, war, daß sie sich unerträglich einsam fühlte in der Hütte – und vor allem in dem breiten Bett.

Als sie es nicht mehr aushielt, stand Bess auf, zog ihre Schuhe an, ohne sich damit aufzuhalten, sie zuzuknöpfen, und schlüpfte in einen Morgenmantel. Dann, nachdem sie rasch ihr Haar zu einem dicken Zopf geflochten hatte, zündete sie eine Laterne an und ging hinaus, um Will zu suchen.

Mr. Kipps lagerte, wo er gesagt hatte, am Ufer des Bachs, und hatte ein Feuer angezündet, um sich aufzuwärmen. Er lehnte an seinem Sattel und spielte ein sehnsüchtiges Lied auf seiner Mundharmonika, und Bess hoffte, daß er zu sehr in seine eigenen Gedanken versunken war, um zu bemerken, daß sie die Hütte verlassen hatte.

Eine Zeitlang, die ihr wie eine kleine Ewigkeit erschien, folgte Bess dem Lichtstrahl in den Wald. Zweige zerrten an ihrem Morgenrock und an ihrem Haar, und mehr als einmal zuckte sie vor Schreck zusammen, wenn irgendein eigenartiges Geräusch aus dem Dickicht ertönte. Als sie den Ort erreichte, wo Wills Laterne brannte, befand sie sich in ziemlich aufgebrachter Stimmung.

Er hielt sich in einer Art Höhle auf, und im Lichtschein seiner und ihrer eigenen Laterne erkannte Bess, daß ihr Mann mit einer Spitzhacke auf eine Wand aus solidem Stein einschlug. Sein Oberkörper war nackt und glänzte vor Schweiß.

»Was, um Himmels willen, tust du hier?« fragte Bess in scharfem Ton. Ihre Geduld wurde heute abend auf eine harte Probe gestellt, und sie brachte es nicht über sich, einen etwas freundlicheren Ton anzuschlagen, obwohl es sicher klüger gewesen wäre.

Will ließ die Hacke sinken und wischte mit einem seiner schmutzigen Arme den Schweiß von seiner Stirn. »Das gleiche könnte ich dich auch fragen«, entgegnete er ohne Groll. »Warst du es nicht, die gestern abend Angst hatte, allein zum Klosett hinauszugehen?«

Bess stampfte mit dem Fuß auf, und die Laterne schwankte bedrohlich in ihrer Hand. »Hör auf, mir auszuweichen«, zischte sie. »Ich will wissen, was du machst in diesem … diesem *Eis*keller – und das in unserer Hochzeitsnacht!«

Will zuckte mit den Schultern, bückte sich, um seine eigene Laterne aufzuheben, und richtete sich dann wieder auf. »Es ist nicht kälter hier als in deinem Bett«, sagte er, »da du dich weigerst, mich in deine Nähe zu lassen.«

Tränen traten in Bess' Augen, als sie dachte, wie paradox es war, daß sie Will zwar in dieser besonderen Nacht an ihrer Seite haben wollte, ihm jedoch die Intimität verweigerte, die ein Ehemann von seiner Frau erwartete. Und sie verstand sich selbst nicht besser, als Will sie zu verstehen schien.

»Ich habe Angst«, sagte sie und war über ihre Worte mindestens genauso überrascht wie Will. Sie hatte nicht bewußt darüber nachgedacht, bevor sie sie geäußert hatte, aber jetzt waren sie heraus und ließen sich nicht mehr zurückholen. »Ich habe Angst und brauche jemanden, der mich in den Armen hält.«

Will kam auf sie zu, und obwohl sein Gesichtsausdruck in der Dunkelheit nicht zu erkennen war, fürchtete sie sich nicht vor ihm. Nein, was Bess Angst einjagte, waren die Gefühle, die er in ihr weckte – all diese atemberaubenden Bedürfnisse und Wünsche, all diese überwältigende Freude und den Kummer, der ihr das Herz zerriß.

Will nahm ihre Laterne und löschte das Licht, um das gleiche dann mit seiner eigenen zu tun. Als er beide Lampen fortgestellt hatte, hob er Bess auf die Arme und begann mit ihr den Pfad zurückzugehen, der aus den Wäldern führte, und den ein silberner Mond erhellte.

Selbst als sie wieder in der Hütte waren, sagte Will kein Wort. Er legte Bess nur sehr behutsam auf das Bett, zog ihr die Schuhe aus, stellte sie beiseite und verließ sie dann. Sie konnte ihn nicht sehen, weil es dunkel war und das Gepäck ihr den Blick versperrte, aber sie hörte das Klappern des Deckels auf dem Wasserreservoir des Herds und kurz darauf ein Plätschern.

Sie lag auf dem Rücken, hielt sich dicht am Rand ihrer Seite der Matratze und wünschte, sie hätte nichts gesagt, als Will ins Bett kam. Noch immer schweigend, zog er sie an seine harte, glatte Brust, legte sein Kinn auf ihren Scheitel und streichelte mit seiner rechten Hand beruhigend ihren Rücken.

»Du bist ein netter Mann«, sagte sie leise und hätte fast geweint, weil sie seine Zärtlichkeit so dringend brauchte und weil er sie ihr schenkte, ohne im Ausgleich dazu irgend etwas von ihr zu erwarten.

Wills Lachen kam tief aus seiner Brust heraus, und es klang ein bißchen wehmütig. »Es gibt Momente«, bekannte er, »in denen ich wünschte, ich wäre es nicht.«

Bess hatte keine Träne vergossen, als sie erfuhr, daß Molly und Jackson zusammen fortgelaufen waren und es keine schöne, elegante Hochzeit geben würde, und auch während der langen, gefahrvollen Reise in den Westen hatte sie nicht ein einziges Mal geweint. Nicht einmal in jener Nacht, als sie sich gezwungen sah, in Mr. Sickles' schmutzigem Laden zu übernachten, auf einem Haufen alter Säcke auf dem Fußboden, und mit dem Wissen, daß sie bald einen Fremden heiraten würde, hatte sie geweint, obwohl Angst, Reue und furchtbares Heimweh sie quälten ...

Doch ausgerechnet jetzt, als sie sicher in Will Tates starken Armen lag, verlor Bess die Beherrschung über sich und begann zu schluchzen.

Ein anderer Mann wäre vielleicht in Panik geraten, aber Will blieb ruhig. Er lag einfach da, streichelte ihr Haar und hielt sie in den Armen.

Erst als sie sich ein wenig beruhigt hatte, sprach er wieder. »Wenn du zu deiner Familie heimkehren möchtest«, sagte er ernst, »werde ich dir keine Steine in den Weg legen.«

Bess zog sehr undamenhaft die Nase hoch. »Ich glaube, ich bleibe lieber noch ein bißchen hier, wenn es dir nichts ausmacht«, wisperte sie.

Sie spürte sein Lächeln mehr, als daß sie es sah. »Dann laß uns mit dem Kennenlernen beginnen, auf das du so versessen bist«, sagte er. »Was genau ist es, was du über mich wissen willst, Bess?«

Sie lachte und stieß ihn in die Rippen. »Also gut, hier ist

meine erste Frage. *Was* hast du dort draußen in der Höhle im Wald getan?«

»Nach Gold gesucht. Oder Silber.«

Bess hätte nicht überraschter sein können, wenn er erwidert hätte, er wollte einen Tunnel bis nach China graben. »Du?« Sie war fast ein bißchen enttäuscht von ihm, obwohl sie sich bemühte, es vor ihm zu verbergen. »Ich dachte, du wolltest das Land bearbeiten und die Goldsucherei deinem Bruder überlassen.«

Will küßte ihren Scheitel und obwohl es eine ganz und gar unschuldige Geste war, fühlte Bess ein wohliges Prickeln durch ihren Körper gehen, das sich bis in ihre Zehenspitzen fortsetzte.

»Alles, was ich mir je gewünscht habe, waren Land, eine gute Frau und so viele Kinder, wie der Herr uns schenken wollte«, antwortete er, und es klang ein bißchen melancholisch, als zweifelte er daran, all diese Dinge jemals zu erlangen. »John hatte mit dieser Mine begonnen, bevor die Wanderlust ihn so heftig packte, daß er nach Norden aufbrach. Er hatte sogar Erz gefunden – Kupfer hauptsächlich –, aber es ging ihm viel zu langsam. Ich dachte, wenn ich dir mehr bieten könnte, wärst du vielleicht eher bereit, bei mir zu bleiben.«

Heftiges Schuldbewußtsein, aber auch eine tiefe Zärtlichkeit für Will trieb Bess erneut die Tränen in die Augen. Will war ein intelligenter, einfühlsamer Mann; er hatte einen der Gründe, warum sie die Ehe nicht zu schnell vollziehen wollte, erraten – solange sie nicht intim miteinander gewesen waren, konnten sie die Ehe noch annullieren lassen.

Bess schmiegte sich fester an ihn und küßte seinen warmen Nacken. »Hab Geduld mit mir«, bat sie. »Ich brauche Zeit, um nachzudenken und mir über einiges klarzuwerden.«

Er gab ein komisches, knurrendes Geräusch von sich, als sei er ärgerlich, drehte sich dann aber auf die Seite, zog Bess an sich und schmiegte sich an ihren Rücken. »Verlang nur nicht, daß ich zu lange warte«, murmelte er rauh, und sein warmer Atem streichelte ihren Nacken. »Denn darüber würde ich den Verstand verlieren, Bess.«

Ihre Augen wurden groß vor Überraschung, weil sie durch den Stoff ihres Nachthemds Wills Verlangen spüren konnte und zutiefst verblüfft war über das imponierende Ausmaß seiner männlichen Erregung. Wenn – und falls – sie ihm ihre Zustimmung erteilte, würde es vielleicht gar nicht so einfach sein, ihn in sich aufzunehmen …

»Will?«

»Hm?« murmelte er schläfrig.

»Tut es weh?«

»Tut was weh?«

»Wenn ein Mann … sich mit einer Frau vereinigt … Ich meine … ist das nicht ein bißchen eng?«

Will lachte leise. »Beim ersten Mal wahrscheinlich schon«, erwiderte er. »Aber danach wird es dir gefallen, mich in dir zu haben. Das verspreche ich dir.«

Sie drehte sich um und stützte sich auf den Ellbogen, um ihn anzusehen. »Wie kannst du so etwas versprechen?« entgegnete sie neugierig.

Er gab ihr einen Kuß auf die Lippen, der ein fast schmerzhaftes Ziehen an ihrer intimsten Körperstelle auslöste.

»Ich weiß, wie ich eine Frau erfreuen kann«, sagte er.

Bess versetzte ihm einen kleinen Stoß und legte sich wieder hin, versuchte aber nicht, sich seinen starken, warmen Armen zu entziehen. »Ich wüßte gern, wo du das gelernt hast, wo du doch so gegen Unzucht bist!« flüsterte sie, verärgert von der Vorstellung, daß Will bei einer anderen Frau gelegen hatte.

Er lachte. »Ich habe nie behauptet, daß ich etwas anderes als ein Sünder wäre«, sagte er.

Seine Worte waren Bess kein großer Trost, und sie besänftigten auch nicht den Aufruhr, der in ihr ausgebrochen war. Wenn Will sündigen wollte, sollte er es mit ihr tun, denn sonst würde sie ihm bei lebendigem Leib die Haut abziehen.

»Bess.«

Sie lag steif in den Armen ihres Bräutigams, den Rücken an seiner starken Brust. »Laß mich in Ruhe«, sagte sie. »Ich will schlafen.«

»Nein, das willst du nicht«, entgegnete Will mit ruhiger Zuversicht. »Du willst wissen, wie es ist, von einem Mann geliebt zu werden«, meinte er, drehte sie auf den Rücken und küßte sie auf den Hals. »Und du willst mich in dir spüren.«

Sie zitterte und hatte das Gefühl, daß ihre Haut sich schälen müsse, so heiß war sie. »Du hast es versprochen, Will«, erinnerte sie ihn.

»Und ich werde mein Wort auch halten«, versicherte er ihr, doch noch während er es sagte, begann er schon ihr Nachthemd aufzuknöpfen. Und sie war nicht imstande, ihn daran zu hindern, obwohl sie wußte, daß sie es später bereuen würde, wenn sie sich jetzt von ihm verführen ließ. »Entspann dich, Bess«, bat er leise, »und laß dir zeigen, was ich in der großen Stadt gelernt habe.«

Sie schnappte nach Luft, als Will ihr Nachthemd öffnete, den Stoff beiseite schob und eine ihrer üppigen Brüste entblößte. Als er seine warme Hand darumlegte und mit dem Daumen über ihre zarte Spitze strich, stieß sie in ungeziertem Entzücken einen tiefen Seufzer aus.

Will beugte sich über sie und berührte mit der Zunge die empfindsame kleine Knospe, und Bess stöhnte auf und krümmte ihren Rücken. Sie war erzogen worden in dem Glauben, daß ein Mann Befriedigung aus solch nächtlichem Gerangel bezog, während eine Frau nur ihre Pflicht erfüllte, und nichts in ihrer Erziehung hatte sie auf die Empfindungen vorbereitet, die sie jetzt mit aller Macht bedrängten.

Als Will die Lippen um ihre Brustspitze schloß und mit Zunge und Zähnen ein aufregendes Spiel begann, stieß sie ein leises, entzücktes Schluchzen aus und bog ihm ihren Körper entgegen, als könne sie gar nicht genug von seinen Liebkosungen bekommen.

Will war jedoch ein sehr geduldiger Liebhaber und nahm sich sehr viel Zeit für diese eine Brust, bevor er sich der anderen widmete und sie mit der gleichen trägen Leidenschaft liebkoste. Während Wills Mund und seine Lippen die süßesten Empfindungen in Bess wachriefen, begann er mit den Händen langsam ihr Nachthemd hinaufzuziehen, bis es sich hoch um ihre Taille bauschte.

Bess wußte, daß sie jetzt eigentlich widersprechen müßte, aber sie brachte kein Wort des Protests über ihre Lippen. Sie wollte, daß Will ihr noch mehr zeigte ... daß er sie zu den unbekannten Wundern führte, die ihr Körper sich instinktiv ersehnte.

Er spreizte ihr sanft die Beine, indem er eine Hand dazwischenschob, und Bess warf den Kopf von einer Seite auf die andere, als sie seine Finger in dem seidenweichen Haar zwischen ihren Schenkeln spürte.

»Will«, wisperte sie und bettelte um etwas, das sie nicht verstand. »O Will ...«

Er brachte sie mit einem Kuß zum Schweigen, glitt noch tiefer in die feuchte Wärme und begann sie dort zu streicheln, wo die süße Qual am größten war. Bess stöhnte an seinem Mund und schlang die Arme um seinen Nacken, und während er mit dem Daumen seine aufreizenden Liebkosungen fortsetzte, drang er sehr sachte, sehr behutsam mit dem Finger in sie ein.

Die wilde, ungestüme Lust, die dabei in ihr aufstieg, war überwältigender als alles, was sie sich jemals ausgemalt hätte, und noch immer hörte Will nicht auf, sie zu küssen.

Als Bess schon glaubte, in tausend Stücke zu zerspringen, und überzeugt war, daß das, was sie empfand, sich durch nichts mehr steigern ließ, löste Will seinen Mund von ihren Lippen und küßte noch einmal ihre Brüste, bevor er dann ganz langsam an ihrem Körper hinunterglitt ...

Bess stieß einen erstickten Schrei aus, als sie seinen Mund dort spürte, wo er sie eben noch gestreichelt hatte, und während Will sie auf aufreizendste Weise küßte und liebkoste, bäumte sie sich auf, umklammerte seine Schultern und stöhnte heiser seinen Namen.

Eine beinahe schmerzhafte Spannung begann sich in ihr aufzubauen, denn die Lust, die Will ihr schenkte, war fast unerträglich, aber er ließ keine Gnade walten. Ganz gleich, wie sehr Bess sich wand und krümmte, er hielt sie unerbittlich fest ... Und dann loderte ganz plötzlich eine unsichtbare Flamme in ihr auf und explodierte in einem Meer aus Farben und Ekstase.

Bess ertrug dies alles tapfer, obwohl ihre Vorsicht ihr riet, sich vor den Gefahren des Unbekannten zu verstecken, doch als ihr Körper sich unter den unglaublichsten Gefühlen aufbäumte und sich krümmte, konnte sie nichts anderes tun, als in hilflosem Entzücken Wills Namen zu rufen.

Sie wußte, daß er sie begehrte – sie konnte seine starke männliche Erregung an ihrem Schenkel spüren – und war ganz sicher, als die Erregung langsam in ihr abebbte, daß er sie nun vollständig in Besitz nehmen würde.

Aber das tat er nicht, sondern zog sie nur mit einem leisen Seufzen in die Arme.

Es dauerte nicht lange, und er war eingeschlafen, wie Bess an seinen tiefen, gleichmäßigen Atemzügen hören konnte.

Sie selbst hingegen lag noch lange wach, staunte über das, was Will in der großen Stadt gelernt hatte, und überlegte, was er sonst noch alles wissen mochte.

Bess empfand ein Gefühl des Friedens und des Wohlbehagens, als sie am nächsten Morgen von dem Duft frischaufgebrühten Kaffees und gebratenen Specks erwachte. Sie hatte jedoch kaum die Augen geöffnet und sich gestreckt, als Reue und Verlegenheit sie überwältigten.

Sie zog die Decke über den Kopf und dachte beschämt daran zurück, wie sie sich in der Nacht zuvor in Wills Bett aufgeführt hatte ...

Will pfiff ein munteres Liedchen, und Bess errötete unter der Bettdecke.

Sie hörte seine Stiefel auf dem Boden und dann, als sie

wußte, daß er neben dem Bett stand, brach das Pfeifen ab. Im nächsten Augenblick wurden Decke und Laken zurückgeschlagen, und Bess sah sich hilflos seinen Blicken ausgesetzt – in einem Nachthemd, das über der Brust weit offenstand, und dessen Saum bis zur Taille hinaufgerutscht war.

»Guten Morgen, Mrs. Tate«, sagte Will fröhlich, und ihr kam flüchtig der Gedanke, daß sein unnachahmliches Grinsen nicht nur mutwillig, sondern sogar ausgesprochen sündhaft war. Warum war ihr das nicht schon früher aufgefallen? »Es wird allmählich Zeit, daß du aufstehst und dich von Mr. Kipps verabschiedest.«

Verlegen und ärgerlich zugleich, knöpfte Bess mit zitternden Fingern rasch ihr Nachthemd zu. Sie wollte den Priester gar nicht sehen, weil sie befürchtete, daß er in der Nacht ihre lustvollen Schreie und ihr Stöhnen gehört hatte, sogar durch die dicken Wände der Blockhütte, und einen flüchtigen Moment lang fragte sie sich, ob Will ihr jetzt wohl glauben würde, wenn sie behauptete, sich nicht wohl zu fühlen.

Seine Augen funkelten belustigt, als hätte er längst erraten, was ihr durch den Kopf ging. Er zog die Decken ans Fußende des Betts, ließ seinen Blick noch einmal langsam über Bess' Körper gleiten, was ein lustvolles Prickeln in ihr auslöste, das sie wieder an die Ereignisse der Nacht erinnerte, und kehrte dann pfeifend zum Herd zurück.

Bess stand hastig auf, aus Angst, daß Mr. Kipps jeden Augenblick hereinkommen könne, und zog ein braunes Baumwollkleid mit einem hohen, steifen Kragen an, das vorn mit einer langen Reihe winziger Knöpfe geschlossen wurde.

Es gelang ihr gerade noch, ihr Haar zu bürsten und aufzustecken, bevor der Prediger an der Tür anklopfte, die Will offengelassen hatte, und über die Schwelle trat.

Bess versuchte es, konnte sich aber einfach nicht dazu überwinden, Mr. Kipps ins Gesicht zu sehen.

Sie hatten das Frühstück schon fast beendet, als der Prediger etwas sagte, was Bess endlich doch dazu veranlaßte, ihn anzusehen.

»Es wäre nett, wenn Sie nach Mae Jessine schauen würden, Mrs. Tate, falls Sie die Reise schaffen. Sie erwartet jeden Tag ihr Baby, und es würde sie sicher sehr beruhigen, eine Frau bei sich zu haben, die ihr in diesen schwierigen Momenten beisteht.«

Bess legte ihre Gabel nieder, und ihre Augen wurden groß, als sie zuerst den Prediger und dann Will ansah. Erwarteten diese Männer etwa allen Ernstes, daß sie sich als Hebamme betätigen würde? Glaubten sie vielleicht, sie wüßte, was zu tun war, bloß weil sie selbst eine Frau war?

»Ja, ich denke, das läßt sich einrichten«, antwortete Will und hob seine Kaffeetasse an die Lippen, um einen Schluck zu trinken, bevor er fortfuhr. »Ich bin fast fertig mit dem Pflügen und dem Säen.«

Errötend wandte Bess den Blick von seinen Lippen ab, weil sie sich daran erinnerte, wie weich und warm sie waren, und sie an all die intimen Stellen dachte, wo er sie geküßt hatte. Um Wills Blick nicht erwidern zu müssen, schaute sie zu Mr. Kipps hinüber – nur um ein nachsichtiges, wissendes Lächeln in seinen gütigen, alten Augen zu entdecken.

Dann deutete er mit dem Kopf auf ihre Koffer, Truhen und Kisten. »Mae ist in Ihrem Alter, Mrs. Tate,und hat auch Ihre Kleidergröße«, sagte er. »Aber die Jessines haben schwere Zeiten hinter sich, und Mae trägt dasselbe Kleid, seit ich sie kenne.«

Bess verstand den Hinweis und war durchaus bereit, ihre Kleider mit der weniger glücklichen Mae zu teilen, aber vorher wollte sie noch etwas klarstellen. »Ich habe nicht die geringste Ahnung, was bei einer Niederkunft zu tun ist«, sagte sie.

»Dann sollten Sie es lernen, denn es wird Ihnen hier draußen in der Wildnis sehr zugute kommen«, erwiderte Mr. Kipps mit unvermindert guter Laune.

Bess' Herz sank bis in ihren Magen und ließ keinen Platz mehr für das köstliche Frühstück, das Will zubereitet hatte. Sie hörte weder Mr. Kipps' Abschiedsworte noch ihre eigenen, und als der Priester auf seinem Maulesel davongeritten war, mit lauter Stimme eine Hymne singend, war sie noch immer so stark beunruhigt, daß sie beim Abtrocknen einen Teller fallen ließ und ihn noch einmal spülen mußte.

Sie zuckte zusammen, als Will hinter sie trat und die Hände auf ihre Schultern legte. »Wir können hier draußen nur überleben, indem wir uns gegenseitig beistehen, Bess«, sagte er ruhig. »Wir brechen zu den Jessines auf, sobald ich mit der Aussaat fertig bin.«

Bess straffte die Schultern und nickte zustimmend, aber sie war sicher, daß sie erheblich tapferer wirkte, als sie sich tatsächlich fühlte.

5. Kapitel

Wie sich dann herausstellte, brauchten Will und Bess gar nicht zu den Jessines zu fahren, denn zwei Tage nach der Hochzeit kamen die Nachbarn zu ihnen. Auf einem uralten, überdachten Wagen, der von zwei Mauleseln und einem Ochsen gezogen wurde, hatten sie ihre spärliche Habe mitgebracht.

Als die Besucher eintrafen, war Bess gerade dabei, ihre Truhen auszupacken und die praktischeren ihrer Kleider auf dem sonnenbeschienenen Gras zum Lüften auszubreiten. Will war auf der anderen Seite des Felds beim Säen, hörte aber sofort damit auf, als er den Wagen kommen sah.

Die Jessines waren offenbar noch ärmer, als Mr. Kipps beim Frühstück angedeutet hatte – ihre Kleider waren zerlumpt, und obwohl beide um die Zwanzig waren wie Will und Bess, wirkten sie mindestens doppelt so alt wie sie.

Mr. Jessine war ein hagerer, bekümmert aussehender Mann, der sich an die letzten Reste seines Stolzes klammerte. Mae war hochschwanger und bemitleidenswert dünn, trotz ihres umfangreichen Bauchs. Ihre Haut war fahl, und ihrem braunen Haar mangelte es an Kraft und Glanz, obwohl es offensichtlich sauber war.

Sie lächelte Bess traurig an, als Tom sie von dem hohen Bock des Wagens hob, schien jedoch zu schüchtern, um etwas zu sagen. Will nickte Mrs. Jessine zu und schüttelte ihrem Mann die Hand. »Hallo, Tom.«

Jessine klang, als werde er jeden Augenblick in Tränen ausbrechen, als er erwiderte: »Wir geben unsere Farm auf, Will, und gehen nach Spokane. Ich kann nur hoffen, daß ich dort bei der Eisenbahngesellschaft Arbeit finde.«

Bess, die in ihrem ganzen Leben nie echte Not gekannt hatte, schämte sich plötzlich ihrer feinen Kleider, ihrer makellosen Haut, glänzenden Haare und ihrer vornehmen Erziehung. Sie verdrängte das Gefühl jedoch rasch und ging auf Mae zu, um die andere Frau zu begrüßen, ihr etwas zu essen zu geben und zu versichern, daß alles in Ordnung kommen würde.

»Das ist meine Frau, Bess«, sagte Will, als sie an seine Seite trat. »Bess, das sind Tom und Mae Jessine.«

»Möchten Sie nicht hereinkommen?« sagte Bess zu Mae und überließ es Will, sich um seinen Freund zu kümmern. »Ich brühe uns eine Kanne Tee auf, und dazu können wir den Apfelkuchen essen, den ich heute früh gebacken habe.«

Maes schmales Gesicht hellte sich auf, aber sie war so erschöpft, daß jeder Schritt eine ungeheure Anstrengung für sie darstellte. Sie stolperte, und rasch legte Bess einen Arm um ihre Taille.

»Tom und ich möchten nicht stören«, sagte Mae schüchtern, als Bess sie auf eine der Obstkisten gesetzt hatte, die ihnen als Stühle dienten. »Wir dachten nur, wir fahren vorbei und sagen Will Bescheid, daß wir fortgehen, damit er sich keine Sorgen macht. Vielleicht könnten Sie auch Mr. Kipps sagen, daß wir nach Spokane gefahren sind, wenn er wieder einmal hier vorbeischaut?«

»Gern«, antwortete Bess und beschäftigte sich am Herd, damit Mae nicht sah, wie sehr sie sie bedauerte. Sehnsüchtig dachte sie an den bequemen Schaukelstuhl, der ungenutzt auf dem oberen Korridor ihres Elternhauses in Philadelphia stand. Er war weich gepolstert, dieser Sessel, und wäre Mae in ihrem gegenwärtigen Zustand ein großer Trost gewesen.

Vielleicht, dachte Bess, *wäre Mutter bereit, ihn bis Onion Creek zu schicken, wenn ich ihr schreibe und sie darum bitte …*

»Sind Sie eine Annoncen-Braut?« fragte Mae ganz unverblümt.

Bess hielt inne, errötete und nickte, noch immer mit dem Rücken zu der Schwangeren. Vorher hatte sie versucht, ihr Mitleid zu verbergen, doch jetzt hatte sie einen erheblich egoistischeren Grund, die andere Frau nicht anzusehen.

»Ja, ich glaube, das könnte man wohl sagen«, antwortete sie nach kurzem Schweigen.

»Sie hätten es nicht besser treffen können als mit Will«, fuhr Mae fort, die offensichtlich keine Schande darin sah, per Annonce einen Ehemann zu finden. »Mit seinem Bruder, John, wäre es allerdings etwas ganz anderes gewesen. Er hat ein Lächeln wie ein Engel – John, meine ich –, aber die meiste Zeit nichts anderes im Kopf als Unfug.«

Bess hatte sich endlich soweit beherrscht, daß sie sich umdrehen und Mae ansehen konnte. »Der Tee ist fast fertig«, sagte sie, was selbst in ihren eigenen Ohren ziemlich töricht klang.

Statt einer Antwort riß Mae die Augen auf und keuchte, und Bess beobachtete voller Entsetzen, wie der Bauch der Frau sich unter dem abgetragenen blauen Kattunkleid sichtbar zusammenzog.

Bess hatte immer gedacht, Geburtswehen setzten ganz allmählich ein, aber bei Mae war es ganz offensichtlich anders. Sie krümmte sich, stöhnend vor Qual, und wäre vielleicht sogar gestürzt, wenn Bess nicht rasch zu ihr gelaufen wäre und sie gestützt hätte.

»Kommen Sie«, drängte sie sanft, aber entschieden, war Mae beim Aufstehen behilflich und führte sie zum Bett.

Dort half Bess der Frau aus ihren schäbigen Kleidern, die von einer blutigen Flüssigkeit durchnäßt waren, und zog ihr eins der hübschen Baumwollnachthemden an, die sie aus Philadelphia mitgebracht hatte.

Während Mae sich schmerzgekrümmt auf der Matratze wand und qualvoll stöhnte, lief Bess zur Tür und rief Will und Tom. Die beiden Männer waren gerade dabei, die Zugtiere der Jessines am Bach anzupflocken, ließen aber auf Bess' Rufen hin alles stehen und liegen und hasteten zum Haus zurück.

Tom, der in seinem Leben bestimmt mehr gelitten hatte als jeder andere Mensch aus Bess' Bekanntschaft, erwies sich als vollkommen nutzlos angesichts der Qualen seiner Frau. Er murmelte etwas Unverständliches, wandte sich ab und stolperte blindlings aus der Hütte.

Will, Gott segne ihn, blieb bei Bess, biß die Zähne zusammen und krempelte seine Ärmel auf, ohne Mae Jessine auch nur eine Sekunde lang aus den Augen zu lassen. »Ist heißes Wasser da?« fragte er in ruhigem, beherrschtem Ton, und Bess konnte nicht anders, als ihn für seine Willenskraft zu bewundern.

»Ich hole welches«, sagte sie und hastete zum Herd.

Mae Jessine begann zu schreien und krümmte ihren Rücken in einer grimmigen Parodie der Lust, die Bess jede Nacht in diesem Bett erlebte, seit sie und Will ein Paar geworden waren. Sie hatten zwar die Ehe nicht vollzogen, aber Will hörte nicht auf, sie mit aufreizenden Zärtlichkeiten zu verwöhnen, und hatte seiner Frau eine Seite von sich gezeigt, die sie nie zuvor an sich vermutet hatte.

Aber jetzt war natürlich alles anders, auf tragische Weise anders. Bess lief zum Herd und goß heißes Wasser aus dem Reservoir in eine saubere weiße Emailleschüssel, zitterte jedoch so heftig, daß sie die Hälfte verschüttete.

Mae schrie, und ein Strom frischen Bluts färbte ihr Nachthemd rot. »Irgend etwas ist nicht mit ihr in Ordnung«, flüsterte Bess Will zu. »Du solltest lieber einen Arzt holen.«

Er warf ihr einen leidgeprüften Blick zu, aus dem auch leiser Ärger sprach. »Selbst ein Blinder würde erkennen, daß hier etwas nicht in Ordnung ist, Bess. Und einen Arzt gibt es nicht zwischen hier und Spokane. Wir müssen es allein durchstehen, egal, was kommt.«

Bess verlor beinahe den Kopf vor lauter Panik. Ein Teil von ihr, auf den sie überhaupt nicht stolz war, drängte sie, die Flucht zu ergreifen wie Tom Jessine. Ein anderer Teil von ihr jedoch war sicher, daß sie stark genug war, um durchzuhalten, ganz gleich, was auch geschehen mochte, solange nur Will an ihrer Seite war.

Bess blieb, aber Tränen der Angst rollten über ihre Wangen, und jedesmal, wenn Mae schrie, durchfuhr es sie wie eine Lanze.

Der Rest des Tags war höllisch, der Schmerz schien die arme Mae von innen zu zerreißen. Dann, endlich, bei Einbruch der Abenddämmerung, glitt ein winziges, regloses Wesen aus Maes gequältem Körper in Wills wartende Hände. Das Baby war tot, und beim Anblick seines armen, bleichen kleinen Körpers zerbrach etwas in Bess, von dem sie befürchtete, daß es nie wieder heilen würde.

Bis zu diesem Augenblick hatte sie nie richtig gewußt, wie häßlich und ungerecht das Leben sein konnte, vor allem an entlegenen Orten wie diesem hier, wo medizinische Unterstützung praktisch unerreichbar war.

Mae war bewußtlos, aber sie lebte noch, obwohl sie Unmengen von Blut verloren hatte, und stieß ab und zu ein leises Wimmern aus. Der gnadenlose Schmerz oder vielleicht auch das Wissen um ihren Verlust schienen ihr selbst im Schlaf keine Ruhe zu lassen.

Wie eine Frau in Trance wusch Bess das tote Kind behutsam und wickelte es in einen Seidenschal, den sie einst zu Gesellschaften getragen hatte – in jener fernen Welt, die sie so unbedacht und impulsiv verlassen hatte.

Während jener Momente hätte sie alles gegeben, um wieder daheim in Philadelphia zu sein und nichts zu wissen von all den furchtbaren Kümmernissen, die einen Menschen befallen konnten.

Will war hinausgegangen, um mit Tom zu sprechen, und Bess hörte den Verzweiflungsschrei des unglücklichen Vaters – ein einsames, wolfsähnliches Heulen, das sie nie vergessen würde. Als ihr Mann in die Hütte zurückkehrte, hatte Bess Mae gebadet, so gut sie konnte, und sie auf frische Laken gebettet. Sie selbst stand am Waschtisch und schrubbte ihre Arme und Hände mit der starken gelben Seife, als Will hinter sie trat und ihr die Hände auf die Schultern legte. Sie erkannte kaum die grimmige Frau mit dem wirren Haar, die ihr aus dem Spiegel entgegenstarrte, als sie den Blick erhob, um Will anzusehen.

Er blieb noch einen Moment so stehen und ließ die Hände auf ihren Schultern ruhen, aber dann, weil er wahrscheinlich wußte, daß es keine Worte gab, die ihr Entsetzen hätten mildern oder die schrecklichen Erinnerungen aus ihrem Kopf verbannen können, wandte er sich wortlos ab. Nachdem er das kleine, reglose Bündel aufgehoben hatte, ging er wieder still hinaus.

Bess schlug die Hände vors Gesicht. Wie hatte sie nur glauben können, sie wäre stark und tapfer genug, um in diesem wilden, unzivilisierten Land zu leben?

Erst als Will Bess abgeholt, ihr etwas zu essen gegeben und sie zu dem Bett geführt hatte, das er in der Scheune für sie zurechtgemacht hatte, ließ ihre eiserne Beherrschung nach, und endlich schrie sie ihren Schmerz heraus und ließ die Tränen ungehindert über ihre Wangen strömen.

»Das könnte uns auch passieren«, schluchzte sie an Wills Schulter, als sie endlich wieder imstande war, einen zusammenhängenden Satz zu formen. »Es könnte *unser* Baby sein, das wir das nächste Mal begraben!«

»Psst«, sagte Will und zog sie an sich. »Der Tod kann überall zuschlagen, Bess, das weißt du.«

Heftig schüttelte sie den Kopf. »In Philadelphia hätten wir einen Arzt geholt!«

»Bess, bitte – du mußt aufhören, dich so zu quälen. Was geschehen wäre oder hätte geschehen können, ist jetzt nicht mehr wichtig; es ist vorbei, und uns bleibt nichts anderes übrig, als weiterzumachen, so gut wir können.«

Seine Worte konnten Bess nicht trösten, aber sie war so müde, daß sie schon kurz darauf in einen tiefen Schlaf versank, in dem sie die furchtbarsten Alpträume quälten. Sie träumte, Indianer hätten Will erschossen, und daß sie ihn in den Armen hielt, während sein Blut ihr Mieder und ihre Röcke durchnäßte und die frischgepflügte Erde unter ihnen in roten Schlamm verwandelte. In einem anderen, noch grausameren Traum waren sie glücklich, die Sonne schien, und zwei kleine Töchter arbeiteten mit Bess im Garten, während zwei stramme Söhne Will auf dem Feld zur Hand gingen.

Plötzlich schob sich eine Wolke vor die Sonne, und die Kinder schlossen die Augen, alle vier auf einmal, und sanken in einem langsamen, anmutigen Todestanz zu Boden.

Bess erwachte schreiend, und Will mußte sie ganz fest in die Arme nehmen und sanft mit ihr reden, um sie wieder zu beruhigen.

Am nächsten Tag schlug Mae die Augen auf, und als Tom ihr schonend beibrachte, daß das Baby tot auf die Welt gekommen war und er es in einiger Entfernung von der Hütte begraben hatte, im Schatten eines Zedernbaums, schlug Maes leises Wimmern neue Wunden in Bess' blutendes Herz.

Mae stand bald wieder auf, obwohl sie sich noch längst nicht ausreichend erholt hatte, weder körperlich noch seelisch – aber Tom hatte es eilig, nach Spokane zu kommen, bevor alle Jobs vergeben waren, und weder Wills noch Bess' Bitten und Einladungen vermochten ihn von seinem einmal gefaßten Entschluß abzubringen.

Will verbrannte die alte Matratze und fertigte eine neue an, indem er zwei alte Decken zusammennähte und sie mit Stroh aus der Scheune füllte. Er war still und wirkte grimmig, und für Bess war es nur zu offensichtlich, daß er längst erraten hatte, was ihr durch den Kopf ging.

Trotzdem mußte sie ihm sagen, was sie vorhatte, offen, ehrlich und von Angesicht zu Angesicht. Denn das zumindest schuldete sie ihm – das und noch erheblich mehr.

Sie packte eine kleine Tasche – ihre anderen Sachen standen in der Scheune, um ihr später nachgeschickt zu werden – und gab sie Tom Jessine, damit er sie auf seinen Wagen lud.

Dann ging sie zur Mine, wo Will den ganzen Morgen geschuftet hatte, obwohl er noch nicht mit der Aussaat auf den Feldern fertig war. Bess wußte allerdings, daß er nicht die Hacke schwang, um Kupfererz zu finden, sondern weil er jetzt harte, brutale Arbeit brauchte, um sich abzureagieren.

Sie blieb in der gähnenden Öffnung der Mine stehen, damit ihre Augen sich an die Dunkelheit gewöhnen konnten, denn obwohl Will eine Laterne brennen ließ, war es immer noch sehr finster in der Höhle.

Das Herz stieg ihr in die Kehle, als sie Will erblickte, wie er mit nacktem Oberkörper, schweißbedeckt und mit bis zur Erschöpfung angespannten Muskeln die Hacke schwang und sie wieder und wieder gegen die harte Steinwand prallen ließ. Eine tiefe Verzweiflung lag in dem Geräusch, das sie erzeugte.

»Will«, sagte Bess leise.

Er hielt inne und ließ die Hacke sinken, wandte sich jedoch nicht zu Bess um, um sie anzusehen.

»Fährst du jetzt?« fragte er.

Bess nickte. »Ja«, antwortete sie erstickt. »Ich habe den Ring deiner Mutter auf den Tisch gelegt.« Wieder hielt sie inne und zwang sich, nicht zusammenzubrechen und in Tränen auszubrechen. »Ich wäre dir niemals eine gute Frau gewesen, Will. Ich bin dazu nicht stark oder tapfer genug, und du verdienst jemanden, der das Leben genauso mühelos meistert, wie du selbst es tust.«

Will fuhr sich mit einem Arm über das Gesicht und stützte sich mit der anderen Hand an die Wand der Höhle. Seine Stimme klang ganz ungewöhnlich schroff. »Auf Wiedersehen dann.«

Bess versuchte, noch etwas zu sagen; es gab so vieles, was sie ihm gern noch mitgeteilt hätte, aber sie brachte die Worte nicht über die Lippen. Und da sie auch ihre Tränen nicht länger verdrängen konnte, wandte sie sich ab und hastete davon, ohne die Zweige und Sträucher zu beachten, die ihr Gesicht peitschten und sich in ihren Kleidern verfingen, als sie lief.

Mae und Tom hatten sich bereits von Will verabschiedet, und Mae lag hinten auf dem Wagen, als Bess sich zu ihr setzte. Maes neueste Tragödie hatte tiefe Wunden in ihr hinterlassen; manchmal weinte sie still vor sich hin, wiegte ein unsichtbares Baby in den Armen oder starrte ins Leere, als sehnte sie sich danach, an einen besseren Ort heimgerufen zu werden.

An jenem Tag jedoch schien Mae bei klarem Verstand zu sein.

Als Bess aufgestiegen war, ging Tom um den Wagen herum nach vorn, stieg auf den Bock und ließ die Zügel klatschen, um die Zugtiere in Bewegung zu setzen.

»Du bist eine Närrin, Bess, einen Mann wie Will im Stich zu lassen«, sagte Mae von dem schmalen Lager, das Bess vorher mit Kissen und Decken für sie hergerichtet hatte. »Du kannst von hier bis China suchen, aber du wirst keinen besseren finden als deinen Will.«

Bess fühlte sich nicht in der Lage, sich mit vernünftigen Argumenten zu verteidigen, da auch in ihren eigenen Emotionen noch immer wilder Aufruhr herrschte, aber eins wußte sie: daß sie die Härten, die das Siedlerleben mit sich brachte, nie ertragen würde. Wenn sie Will begraben müßte oder ein Kind, das sie zusammen in die Welt gesetzt hatten, würde sie vor Kummer sterben.

»Ich weiß, daß es keinen besseren gibt als Will«, antwortete sie mit leisem Vorwurf in der Stimme, weil sie nicht begriff, wieso die sonst so stille, zurückhaltende Mae ausgerechnet diesen Moment gewählt hatte, um ihre Meinung kundzutun. »Es hat nie einen besseren gegeben und wird auch sicher niemals einen besseren geben.«

Mae schnaubte ärgerlich. »Was willst du denn jetzt tun? Heim rennen zu deinen reichen Eltern in Philadelphia?«

Bess schüttelte ärgerlich den Kopf. »Natürlich nicht. Ich könnte gar nicht dorthin zurückkehren und dort leben – dazu habe ich mich viel zu sehr verändert. Aber ich werde Papa schreiben und ihn um Geld bitten, und wenn er es mir schickt, werde ich eine kleine Pension eröffnen, in Spokane, wo das Leben hoffentlich schon ein bißchen zivilisierter ist.« Während sie sprach, stellte sie sich vor, wie sie langsam zur alten Jungfer wurde; nie würde sie einen anderen Mann heiraten, nachdem sie Will geliebt hatte, und deshalb sah ihre Zukunft sehr einsam und düster aus. Aber einsam zu sein war immer noch besser, als am Grab eines geliebten Menschen zu stehen und keinen anderen Wunsch zu kennen, als ihm nachzufolgen.

»Ich glaube trotzdem, daß du eine Närrin bist«, beharrte Mae. Ihre Stimme wurde leiser, sie schien jetzt wieder einzuschlafen. Da Bess der anderen Frau einen Großteil ihrer Kleidung geschenkt hatte, trug Mae nun ein bequemes, warmes Nachthemd aus Flanell.

Das letzte Mal war Bess mit Will diesen Weg gefahren, und das Holpern des Wagens über die unebene Straße brachte eine Fülle von Erinnerungen zurück. Sie versuchte, nicht an all das zu denken, was sie hinter sich zurückließ, und sich ausschließlich auf die Zukunft zu konzentrieren, aber das war unmöglich.

Sie mußten etwa eine Stunde oder so gefahren sein – sie kamen nur quälend langsam voran – als Tom plötzlich einen Schrei ausstieß und den alten Wagen abrupt zum Stillstand brachte. Mae schlief weiter, aber Bess' Augen weiteten sich vor Schreck, als sie das Wiehern zahlreicher Pferde hörte. Die Härchen in ihrem Nacken richteten sich auf, als sie sich zwang, an Kisten mit Nägeln und Gartenwerkzeugen vorbei durch die Öffnung in der Leinwand hinter Tom zu spähen.

Sechs Indianer auf ihren Pferden, in Hirschleder gekleidet und mit Kriegsbemalung im Gesicht, blockierten die Straße vor dem Wagen. Sie trugen Waffen und wirkten ausgesprochen feindselig.

»Was wollen sie?« flüsterte Bess Tom zu. Sie war viel zu fasziniert vom Anblick dieser Wilden, um wirklich Angst zu haben – oder zumindest jetzt noch nicht.

»Ich bin mir nicht sicher«, antwortete Tom in ruhigem Ton, ohne die Indianer aus den Augen zu lassen. Seine rechte Hand umklammerte das Gewehr, das er in weiser Voraussicht schon vorher auf den Sitz gelegt hatte. »Sie reden eine Sprache, die ich nicht verstehe. Am besten versteckst du dich im Wagen, Bess. Manchmal entführen sie blonde Frauen.«

Bess zog sich in den düsteren Wagen unter die Plane zurück, biß sich auf die Lippen und wartete ab. Jede einzelne Faser ihres Körpers vibrierte vor Angst, aber nicht etwa wegen des Risikos, von Wilden geraubt zu werden, so schrecklich diese Aussicht auch sein mochte. Nein, es war Will, um den sie sich sorgte, Will, der ganz allein dort oben in seiner Hütte war, ohne sich der Gefahr bewußt zu sein.

Den Geräuschen nach zu urteilen, die sie draußen hörte, ritten die Indianer um den Wagen herum, wahrscheinlich nur, um abzuschätzen, ob ein Überfall sich überhaupt lohnte. Als einer von ihnen die Leinwand am Ende des Wagens zurückschlug und hineinspähte, fuhr Bess erschrocken zusammen und schlug die Hand vor ihren Mund, um nicht aufzuschreien.

Angesichts der nun sehr realen Möglichkeit, entführt zu werden, kam Bess plötzlich zu einigen sehr ernüchternden Einsichten. Falls diese Männer wirklich beschließen sollten, sie zu rauben, würde sie niemals wieder eine Chance bekommen, Will wiederzusehen. Ganz abgesehen davon war natürlich anzunehmen, daß die Männer ihr Gewalt antaten, und der bloße Gedanke, von einem anderen Mann als ihrem eigenen angerührt zu werden, war ihr schlichtweg unerträglich.

Bess schloß die Augen und lehnte sich an eine Kiste, als der Indianer die Leinwand zurückfallen ließ und sich vom Wagen entfernte.

Darauf folgte viel Gerede, alles in sehr ärgerlichem Ton und in dieser fremden, gutturalen Sprache, die weder Tom noch Bess verstanden. Dann, wie durch ein Wunder, hörte Bess die Pferde davongaloppieren, und das einzige, was noch von den Indianern zu hören war, waren die schrillen Schreie, die der Wind zu den drei Weißen auf der Straße zurücktrug.

Bess brach sich fast den Hals bei dem Versuch, aus dem Wagen auf den Bock zu klettern. »Sind sie fort?« fragte sie Tom. »In welche Richtung haben sie sich gewandt?« Trotz ihrer Erleichterung konnte sie an nichts anderes mehr denken, als daß diese Wilden Will ahnungslos auf seinen Feldern überraschen und ihn töten würden.

Tom hatte ein Taschentuch aus seiner Hüfttasche gezogen und wischte sich den Schweiß von seiner Stirn, bevor er antwortete. »Nicht in Wills Richtung«, sagte er und bewies damit, daß er einfühlsamer war, als Bess ihn eingeschätzt hatte. »Aber sie könnten natürlich jederzeit wieder umkehren. Ich kenne einen Mann in Kelly's Gorge, der nichtsahnend in seiner Hütte saß, als ein paar Indianer ihn ganz unverhofft überfielen. Sie haben ihm Dinge angetan, über die ich lieber gar nicht reden will.«

Bess schnappte sich ihre kleine Reisetasche und kämpfte sich über Kisten und Kästen zum Ende des Wagens vor.

»Ich gehe zurück«, verkündete sie, nachdem sie abgesprungen war und nach vorn ging, um trotzig zu Tom aufzuschauen.

»Wir können jetzt nicht mehr umkehren«, protestierte er. »Und es wäre viel zu gefährlich für dich, den ganzen Weg zu laufen.«

Bess' Prioritäten hatten jedoch eine große Veränderung erfahren nach ihren letzten Überlegungen, und sie war fest entschlossen, sich auf gar keinen Fall von ihrer Entscheidung abbringen zu lassen.

»Es ist mir egal, ob es gefährlich ist«, antwortete sie. »Ich liebe Will und werde zu ihm zurückkehren, und kein Indianer soll es wagen, sich mir in den Weg zu stellen!«

Nachdem sie sich fürs Mitnehmen bedankt und sehr herzlich verabschiedet hatte, machte Bess sich auf den langen, mühevollen Weg, der zu Will zurückführte, zu ihm und all den Träumen, die sie geteilt hatten.

Tom schrie ihr nach, zurückzukommen, und schimpfte sie sogar ein verdammtes Frauenzimmer, aber Bess ging weiter, und irgendwann blieb Mr. Jessine nichts anderes mehr übrig, als seinen Weg fortzusetzen. In einigen Stunden würde es dunkel sein, und deshalb war es wichtig, in Bewegung zu bleiben, bevor die Nacht hereinbrach.

Bess' Füße waren wund, als Wills Blockhütte endlich in Sicht kam, aber als sie ihren Mann auf dem Feld erblickte, ließ sie ihre Tasche fallen und rannte los.

Calvin kam ihr bellend entgegengesprungen, und das veranlaßte Will, in seiner Arbeit innezuhalten und sich umzudrehen zu Bess, die durch die sauberen Furchen, die sie trennten, stolperte. Er bewegte sich nicht und lächelte auch nicht, und einen schrecklichen Moment lang dachte Bess, er habe es sich anders überlegt und wolle sie nicht mehr.

Als sie ihn erreichte, war sie zunächst verblüfft und dann zutiefst erschüttert, als sie sah, daß seine wundervollen, mutwilligen Augen feucht schimmerten.

Bess blieb ein paar Schritte vor Will stehen, schüchtern, hoffnungsvoll und furchtsam. »Ich liebe dich, Will. Und ich möchte bei dir bleiben, falls du mich noch haben willst.«

Er lächelte, öffnete seine sonnengebräunten Arme, und Bess stürzte sich hinein und schlang die Arme um seinen Nacken.

»Gott sei Dank«, wisperte er rauh. »Gott sei Dank!« Dann ergriff er Bess' Schultern und schob sie ein wenig von sich ab. Eine Träne hinterließ eine Spur in dem Schmutz, der sein Gesicht bedeckte. »Ich liebe dich, Bess, von ganzem Herzen, aber es gibt etwas, worüber du dir im klaren sein solltest. Ich habe genug von dieser Warterei – ich will endlich eine richtige Frau haben.«

Bess errötete, aber ihr Lächeln war strahlend wie die helle Morgensonne. »Das ist mir recht, Will«, antwortete sie, zitternd und kühn zugleich. »Denn ich möchte auch einen richtigen Ehemann.«

Endlich erschien ein Lächeln auf Wills Zügen. Er ließ Pflug, Pferd und alles andere auf dem Feld zurück, hob

Bess mit einem Jubelschrei auf seine Arme und trug sie die kleine Anhöhe hinauf zur Blockhütte.

Bess war außer Atem vor Erwartung, weil sie wußte, was geschehen würde, aber dann siegte ihre Vernunft. »Will, wir sind Indianern auf dem Weg begegnet. Sie hatten Pferde, und es könnte sein, daß sie sich in diese Richtung gewendet haben.«

Wills lange Schritte verlangsamten sich nicht. »Es ist offensichtlich, daß sie euch nicht belästigt haben. Alles in Ordnung mit Tom und Mae?«

Bess nickte und wunderte sich über alles, was sie für diesen großen Mann empfand, der von Kopf bis Fuß mit Staub und Schweiß bedeckt war und grinste wie ein Schuljunge. »Die Rothäute wollten uns nur erschrecken, glaube ich. Aber vielleicht dachten sie, die Jessines hätten schon genug Probleme – das müßte eigentlich für jeden offensichtlich sein.«

Ein Muskel zuckte an Wills Kinn. »Wahrscheinlicher ist, daß sie nichts gesehen haben, was die Mühe lohnen würde, es zu stehlen«, sagte er. »Wenn sie zu Pferd waren, müssen es Indianer aus dem Norden gewesen sein.«

Bess schluckte und fühlte sich absolut sicher in Wills Armen, obwohl sie natürlich wußte, daß dies, zumindest teilweise, eine Illusion war. »Glaubst du, daß wir sie noch einmal sehen werden?«

Will zuckte mit den Schultern. Der Wind packte seinen alten Hut und trieb ihn über den Hof, aber Will machte keine Anstalten, ihn zurückzuholen.

Statt dessen trug er Bess über die Schwelle seines kleinen Hauses und setzte sie so zärtlich auf die Beine, daß sie schwankte.

»Bevor wir weiterreden«, sagte er streng, »möchte ich wissen, warum du es dir anders überlegt hast. Was bringt dich her zu mir, Bess? War es wegen dieser Indianer?«

Bess senkte für einen Moment den Blick und erhob ihn dann zu Will. »Ich bin nicht zurückgekommen, weil ich Angst hatte, falls es das ist, was du meinst. Keine halbwegs vernünftige Frau würde aus Angst meilenweit durch die grelle Sonne laufen, mit Indianern in unmittelbarer Nähe. Nein, Will, ich bin heimgekehrt, weil mir klargeworden ist, daß ich egal, was mich erwartet, Freude oder Trauer, mein Leben mit dir teilen will. Und daß ich, falls dir irgend etwas Schlimmes zustößt, bei dir sein will.«

Seine strenge Miene wich einem weiteren seiner unnachahmlich schönen Lächeln. »Wenn das so ist, Mrs. Tate, dann mach es dir gemütlich. Ich werde mich ein bißchen waschen, und dann werden wir unsere Ehe beginnen, wie es sich gehört.«

Fasziniert und voller Liebe schaute Bess ihrem Mann dabei zu, wie er sein Hemd auszog, eine Schüssel füllte und sich wusch, bis er zumindest teilweise sauber war. Dann, zu ihrer Überraschung, nahm er ihre Hand und führte sie hinaus, zu einem schattigen Plätzchen auf der anderen Seite der Hütte, wo das Gras weich und duftend war.

»Ich möchte dich hier lieben, Bess, dieses erste Mal – auf dem Land, wo wir unser Leben verbringen werden.«

Sie nickte, sprachlos vor Rührung und Verlangen, und schloß die Augen, als Will langsam ihre Bluse aufzuknöpfen begann. Eins nach dem anderen, sehr sanft und sehr behutsam, zog er ihr jedes Kleidungsstück aus und legte es beiseite, bis sie nackt vor ihm stand.

Seine hellen braunen Augen glitten fast andächtig über ihren Körper, und dann beeilte er sich, sich auch seiner Kleidung zu entledigen.

Sein Kuß war sanft, aber verlangend, und seine Haut war wunderbar heiß an ihrer und Bess begehrte ihn verzweifelter als je zuvor, sogar noch verzweifelter als in den vergangenen Nächten, als er ihr mit seinen Küssen und Liebkosungen fast den Verstand geraubt hatte.

Aber dies war anders, irgendwie geheiligt, und Bess war wie in Trance, als Will sich über sie beugte, um sie auf den Hals zu küssen. Sie warf den Kopf zurück, hieß ihn willkommen, und ihr blondes Haar löste sich aus seinen Nadeln und fiel ihr auf die Schultern wie ein goldener Wasserfall.

Will küßte ihre Brüste, bis ihre rosigen Spitzen sich verlangend aufrichteten, dann nahm er wieder ihre Lippen in Besitz, und zusammen zündeten sie ein Feuer der Emotionen. Ihre Zungen trafen sich zu einem süßen Spiel, und Bess spürte, wie Will sie behutsam in das weiche Gras legte.

»Ich kann nicht mehr viel länger warten«, gestand Will, nachdem er sie eine Weile leidenschaftlich geküßt hatte. »Aber ich verspreche dir, daß ich so sanft wie möglich sein werde.«

Bess hätte fast geweint, so tief war ihre Liebe zu diesem wunderbaren Mann, und so zärtlich seine Zuneigung zu ihr. Ihr Haar bildete einen seidenen Teppich unter ihrem Körper. »Nein, Will – ich will nicht, daß du sanft bist. Ich möchte die ganze Macht deiner Leidenschaft spüren.«

Er widersprach nicht, sondern legte sich nur zwischen ihre Schenkel und drang mit einer kräftigen, entschiedenen Bewegung in sie ein.

Bess verspürte einen kurzen Schmerz, weil Will groß war und sie noch nie intime Beziehungen zu einem Mann gehabt hatte, doch als er sich zu bewegen begann, langsam und aufreizend, empfand Bess nichts mehr außer einer unfaßbaren Lust.

Aufstöhnend legte sie die Hände um Wills Gesicht, zog seinen Kopf zu sich herab und eroberte seinen Mund mit einem fieberhaften, ungestümen Kuß.

Will stöhnte auf, und sein kräftiger Körper versteifte sich einen Moment lang, als versuchte er, die Kontrolle über seine Emotionen zu bewahren. Doch dann begann er sich wieder zu bewegen, langsam und rhythmisch, und Bess krümmte den Rücken und bog sich ihm entgegen, als könne sie nicht genug von ihm bekommen.

Die sinnliche Reise endete, als Will sich aufbäumte und Bess ihre Beine um seine Hüften schlang und in schamlosem Triumph seinen Namen schrie.

Danach waren beide so ermattet und erschöpft, daß sie liegenblieben, bis die Sonne am Horizont verschwand und die ersten Schatten der Abenddämmerung sich sanft auf das hohe Gras legten. Und da fand Bess endlich die Kraft zu sprechen.

»Was ist, wenn diese verflixten Indianer uns beobachten?«

Will lachte und richtete sich auf, obwohl er darauf achtete, Bess nicht aus seinen Armen zu entlassen. »Dann sind sie verdammt unhöfliche Wilde«, sagte er und küßte sie. »Und jetzt, Mrs. Tate, werde ich meine Hosen anziehen und mein armes altes Pferd vom Feld nach Hause holen. Wirst du dich um das Abendessen kümmern?«

Bess strahlte ihn an. »Ja, *Mr.* Tate. Ich werde mich um das Abendessen kümmern.« Sie schaute zu, wie Will sich anzog und ging, bevor auch sie nach ihren Kleidern griff.

Vielleicht haben wir noch vierzig Jahre Liebe vor uns, dachte sie, und vielleicht auch nur einen Tag oder eine Stunde. Aber was immer Gott auch für sie vorgesehen haben mochte, sie war fest entschlossen, es zu nutzen und aus jedem kostbaren Moment das Beste zu machen.

ENDE